房地产周期

Real Estate Cycle

任泽平　夏磊　熊柴◎著

人民出版社

责任编辑:陈　登

图书在版编目(CIP)数据

房地产周期/任泽平,夏　磊,熊　柴 著. —北京:人民出版社,2017.8(2022.5
　重印)

ISBN 978－7－01－017989－6

Ⅰ.①房…　　Ⅱ.①任…②夏…③熊…　　Ⅲ.①房地产业-经济周期波动-
　中国　Ⅳ.①F299.23

中国版本图书馆 CIP 数据核字(2017)第 184886 号

房地产周期

FANGDICHAN ZHOUQI

任泽平　夏 磊　熊 柴　著

人民出版社 出版发行

(100706　北京市东城区隆福寺街 99 号)

北京汇林印务有限公司印刷　新华书店经销

2017 年 8 月第 1 版　2022 年 5 月北京第 13 次印刷
开本:710 毫米×1000 毫米 1/16　印张:26.75
字数:348 千字　印数:77,001-80,000 册

ISBN 978－7－01－017989－6　定价:68.00 元

邮购地址 100706　北京市东城区隆福寺街 99 号
人民东方图书销售中心　电话 (010)65250042　65289539

目　　录

1

第三篇　房地产政策与制度：短期调控和长效机制

导　　论

　　房地产是如此的重要，而又如此的广受争议。它是财富的象征、经济周期之母、金融危机的策源地、大类资产配置的核心，同时它关系民生福祉、社会稳定、实体经济竞争力。对于如此重要的问题，长期以来社会各界对于房价、泡沫风险、人口流动、城市规划、大城市病、长效机制等存在广泛的争论、分歧乃至误解。

　　本书是我们长期研究的一个总结，对关于房地产的一系列重要问题进行了长期认真的跟踪、研究和推敲，以期能够经得起时代的检验。我们采用广泛的国际视野、丰富的历史资料、扎实的数据逻辑，试图寻找那些争论和误解背后的真相以及事实，并建立分析房地产周期的逻辑框架，以期既能很好地解释过去，又能可靠地推演未来。本书以探索真相为出发点，以致良知、为民生为最终目的。

　　一、为什么研究房地产周期？房地产是周期之母，十次危机九次地产

　　为什么要研究房地产周期？答案显而易见，因为它太重要了！

　　1. 房地产是财富的象征、经济周期之母、金融危机的策源地、大类资产配置的核心

　　房地产是财富的象征。从财富效应看，根据拉斯·特维德在《逃不开的经济周期》中的测算,在典型国家,房地产市值一般是年度 GDP 的 2—3 倍,是可变价格财富总量的 50%,这是股市、债市、商品市场、收藏品市场等其他资产市场远远不能比拟的。以日本为例,1990 年日本全部房地产市值是美国的 5 倍,是全球股市总市值的 2 倍,仅东京都的地价就相当于美国全国的土地价格。我们估算 2017 年中国全国房地产市值约 300 万亿元左右,是 GDP 的 4 倍左右,是股市市值的 6 倍。美国总统特朗普是房地产商,香港家族财阀多是房地产商,一度中国首富是房地产商,房地产领域长期以来超级富豪扎堆,居民家庭的主要资产之一是房子。

房地产是周期之母。商品房兼具投资品和消费品属性,且产业链条长,房地产市场的销量、土地购置和新开工面积是重要的经济先行指标。从对经济增长的带动看,无论在发展中国家,还是在发达国家,房地产业在宏观经济中都起到了至关重要的作用。每次经济繁荣多与房地产带动的消费投资有关,而每次经济衰退则多与房地产去泡沫有关,比如 1991 年前后的日本、1998 年前后的东南亚、2008 年前后的美国。以中国为例,2016 年资本形成总额占 GDP 比重约为 44%,对经济增长贡献率高达 42.2%,考虑到消费波动性小,经济波动主要看投资。在全社会固定资产投资的构成中,2016 年房地产业投资占 22.3%、房地产开发投资占 16.9%,考虑到制造业投资一半左右跟房地产链相关、地方基建投资很大程度上受土地财政支撑、服务业部分领域投资跟房地产相关,我们测算房地产链上带动的相关投资占全社会固定资产投资的 50% 左右,房地产带动了家电、家具、装修、银行、建筑、建材、玻璃、水泥等一系列后周期行业。

房地产泡沫经常是金融危机的策源地。由于房地产是周期之母,对经济增长和财富效应有巨大的影响,而且又是典型的高杠杆部门,因此全球历史上大的经济危机多与房地产有关,十次危机九次地产。比如,1929 年大萧条跟房地产泡沫破裂及随后的银行业危机有关,

1991 年日本房地产崩盘后陷入失落的二十年,1998 年东南亚房地产泡沫破裂后许多经济体落入中等收入陷阱,2008 年美国次贷危机至今全球仍未完全走出阴影。反观美国 1987 年股灾、中国 2015 年股灾,对经济的影响则相对要小很多。

房地产是大类资产配置的核心。美林投资时钟研究了经济周期不同阶段股票、债券、商品、现金等的收益率表现,是大类资产配置的一个基本方法。房地产具有非常典型的顺周期特征,而且由于无论购地还是购房环节可以加杠杆,因此可以放大财富效应。但是由于房地产在萧条时期流动性差,不适合进行短期投资。长期来看全球货币超发是普遍现象,能够跑赢印钞机的资产不多,在多数国家大都市圈的房地产是其中之一,具有抗通胀属性。

2. 那些年关于房地产的争论和误解

房地产如此重要,但是长期以来却充满广泛的争议、分歧和误解。作者有一次参加一个座谈,与在座的政府官员、企业家、学者讨论"什么决定房价?",竟然得到了十多种答案! 比如,货币松紧、土地财政、人口流入流出、学校医院优劣、就业机会、生活质量、空气、交通拥挤、是否处于交通干线,等等。房地产的相关问题,始终是社会大众、金融投资和公共政策领域的热点话题,比如,什么决定房地产投资、什么决定人口流动、城市规划战略应是发展中小城市还是大都市圈、中国房地产是否有泡沫、如何建立长效机制,等等。

让我们来看看过去二十年社会上各种流行的对房地产的争论和误解:

自 1998 年房改以来,在社会舆论的巨大争议和此起彼伏的看空声浪中,一线房价出现了持续、猛烈而巨大的涨幅,北京、上海、深圳等一线城市房价 10 年 6 倍以上的涨幅即使放在全球房地产历史上也是相当惊人的。据说那些早期提出泡沫破裂、崩盘论的经济学家已经没有了听众。那些一度流行的看空逻辑,比如人口老龄化、房地产调控、城市化放缓、商品房存量大空置率高、房价过高、房产税试点等,都没有阻止房价的上涨,房地产成为中国最坚硬的"泡沫"。究竟什么决定房价?什么造就了过去二十年一线房价只涨不跌、涨冠全球的神话?未来一二线房价会脱离地心引力一直涨上去吗?理性思考中国房地产市场有哪些潜在风险?如何促进房地产持续健康发展?

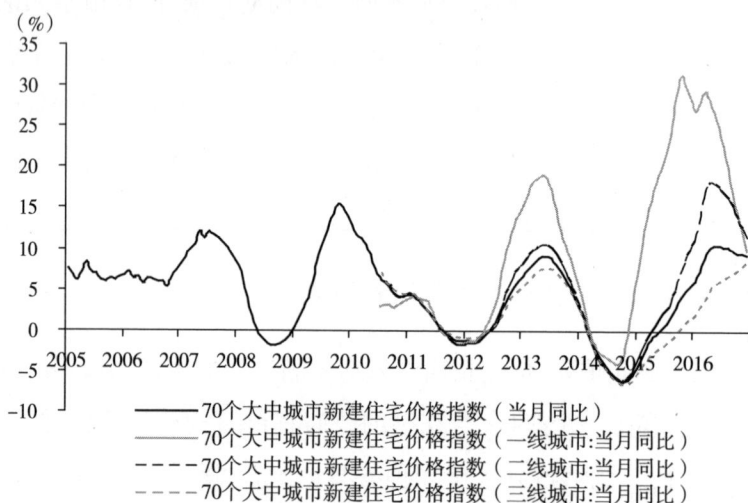

图 0-1　中国一线城市房价快速上涨

资料来源:Wind,方正证券。

　　长期以来,中国城市规划政策的指导思想是"控制大城市人口、积极发展中小城市和小城镇、区域均衡发展",因此,政策经常通过减少土地供应来控制大城市规模,同时,增加中小城市土地供应。但事与愿违,过去几十年,人口不断往大都市圈迁移,而土地供给错配,人地分离,造成了一二线城市高房价、三四线城市高库存。什么是驱动人口迁移的基本因素?国际上人口迁移的基本规律是什么?中国未来城市化的合理形态是什么?

　　长期以来,一些舆论和政策出于对"大城市病"的担忧,以交通拥堵、环境污染、资源约束为由,强调控制大城市特别是特大和超大城市人口规模。但是,当前北京、上海的轨道交通路网密度不超过 0.10 公里/平方公里,远低于纽约都市区、东京圈、首尔圈,这是造成北京轨道交通出行比例较低、较为拥堵的重要原因。国际经验表明,大城市比中小城市和城镇具有更大的集聚效应和规模效应,更节约土地和资源,更有活力和效率,这是几百年来城市文明的胜利,是城市化的基本规律。因不尊重人口集聚客观规律所造成的城市规划不足,才是导致一些"大城市病"的重要原因。强行控制人口的做法,一方面与尊重市场在资源配置中的决定性作用相违背,另一方面也不利于广大人民分享大城市发展的好处。未来中国应该如何治理"大城市病"? 如何解决职住分离带来的交通压力和"睡城"现象? 如何优化城市规划、人口空间分布和公共轨道交通?

社会各界经常把当前中国房地产泡沫风险与 1991 年日本相比,日本在那次巨大的泡沫破裂以后陷入失去的二十年。事实上,日本在 1974 年和 1991 年分别出现了两次房地产大泡沫,泡沫程度旗鼓相当,但是 1974 年前后的第一次调整幅度小、恢复力强,原因在于经济中速增长、城市化空间、适龄购房人口数量维持高位等提供了基本面支撑。但是,1991 年前后的第二次调整幅度大、持续时间长,原因在于经济长期低速增长、城市化进程接近尾声、适龄购房人口数量接近见顶等。从人均 GDP、城镇化率、增速换挡进程等指标特征来看,当前中国房地产市场具备 1974 年前后日本的很多特征,如经济有望中速增长、城镇化还有一定空间等基本面有利因素,如果调控得当,尚有转机。但许多因素也和日本 1991 年前后相似,如一线城市房价过高、置业人群到达峰值等。当前中国房地产市场风险有多大? 是否会重蹈日本泡沫破裂的覆辙? 如何避免寄希望于刺激房地产重回经济高增长的风险? 中国城市化和经济增长对于消化高房价还有多大空间?

3. 本书试图建立分析房地产周期的逻辑框架

理论是随时代发展应运而生的,理论以解释、解决所处时代的重大关键问题为使命。作者曾研究了 17 年宏观经济、10 年房地产,先后供职于高校、公共政策部门和金融机构,从学术研究、公共政策研究和商业研究等不同角度系统研究了房地产周期相关的一系列重要问题,在本书中我和我的团队采用广泛的国际视野、丰富的历史资料、扎实的数据逻辑,试图寻找那些争论和误解背后的真相以及事实。学术研究侧重是什么,公共政策研究侧重怎么办,商业研究侧重未来预测。经过长期专注的探索,我和我的团队先后推出了数十期《房地产周期研究》系列专题报告,对每篇报告我们均进行了长期认真的研究和推敲,以期能够经得起时代的检验。

在一系列研究的基础上,我们试图建立分析房地产周期的逻辑框架,以期既能很好地解释过去,又能可靠地推演未来,提出了"长期看人口、中期看土地、短期看金融"的分析框架。在此框架基础上,近些年我们进行了商业实战,在 2015 年市场流行"卖房炒股"时,提出"一线房价翻一倍",事实证明当时正处于房价暴涨前夜,随后深圳、北京、上海、杭州、南京、合肥等城市房价出现了大幅上涨,这一预测被评为年度十大经典商业预测;2016 年底当市场对房地产投资悲观时,我们发布报告《为什么我们对 2017 年房地产投资不悲观?》,随后 2017 年房地产投资超预期,房地产后周期的相关行业实现了高景气并牛股辈出,成就了漂亮 50。本书是长期以来我们对房地产周期系列研究的一个总结。

二、什么决定房地产周期? 长期看人口,中期看土地,短期看金融

经济总是从复苏、繁荣、衰退到萧条周而复始地轮回,经济周期在客观世界是市场经济中由个人或企业自主行为引发的商业律动,在主观世界则是亘古不变的人性。经济周期研究是进行经济形势分析、制定公共政策以及实施反周期宏观调控的基础。现实中的经济运行由

多股商业周期力量叠加而成:短波的农业周期(又称蛛网周期)揭示的
是农业对价格的生产反馈周期,1 年左右;中短波的库存周期(又称基
钦周期)揭示的是工商业部门的存货调整周期,2—4 年左右;中长波
的设备投资周期(又称朱格拉周期)揭示的是产业对生产设备和基础
设施的循环投资活动,6—11 年左右;长波的建筑周期(又称库兹涅茨
周期)主要是住房建设活动导致的,20—40 年左右;超长波的创新周
期(又称康德拉耶夫周期)是由创新活动的集聚发生所致,60 年左右。

表 0-1　周期类型

类型	常用名称	学术名称	长度	原因
商业周期	农业生产周期	蛛网周期	1—12 月	生产对价格的反应时滞
	工商存货周期	基钦周期	2—4 年	增长与通胀预期
	设备投资周期	朱格拉周期	6—11 年	经济景气、设备寿命
	住房建设周期	库兹涅茨周期	20—40 年	人口、移民
	创新周期	康德拉耶夫周期	50—70 年	创新的集聚发生及退潮
政治周期			4—5 年	选举、政府换届
社会周期				社会历史循环

资料来源:方正证券。

　　研究房地产周期,我们首先要对关键词进行准确定义(参见本书
第一章《中国房地产周期研究》,任泽平)。房地产包括住宅和商业地
产,其中以住宅为主。房地产兼具消费品属性(居住需求,包括首次置
业的刚需和第二次置业的改善性需求)和金融属性(投资或投机性需
求,在价格的博弈中获得价差,并且可以加杠杆)。影响房地产周期的
因素包括经济增长、收入水平、人口流动、城市化进程、人口数量和结
构等长期变量,也包括土地政策等中期变量,还包括利率、抵押贷首付
比、税收等短期变量。因此,房地产周期可以分为长中短周期,长期看
人口、中期看土地、短期看金融。从房地产的供需角度看,人口、金融
均属需求侧因素,土地则属于供给侧因素,人口、金融、土地综合决定

房地产周期。衡量房地产周期的指标包括销量、价格、开发商资金来源、土地购置、新开工、投资、库存等,衡量房地产市场泡沫化程度的指标包括房价收入比、租金回报率、空置率等。

1.长期看人口:人口迁移的趋势、超大城市的未来、人地分离的解决之道、大都市圈战略的确立

房地产周期在长期是人口周期的一部分。人口影响房地产市场的逻辑是:初期,在房地产周期的左侧,人口红利和城乡人口转移提升经济潜在增长率,居民收入快速增长,消费升级带动住房需求;20—50岁置业人群增加(20—35岁首次置业为主,35—50岁改善型置业为主),带来购房需求和投资高增长;高储蓄率和不断扩大的外汇占款,流动性过剩,推升房地产资产价格。随后,步入房地产周期的右侧,随着人口红利消失和刘易斯拐点出现,经济增速换挡,居民收入放缓;随着城镇住房饱和度上升,置业人群达到峰值,房地产投资长周期拐点到来。随着房地产黄金时代的结束,后房地产时代的典型特点是"总量放缓、结构分化",人口迁移边际上决定不同区域房市。

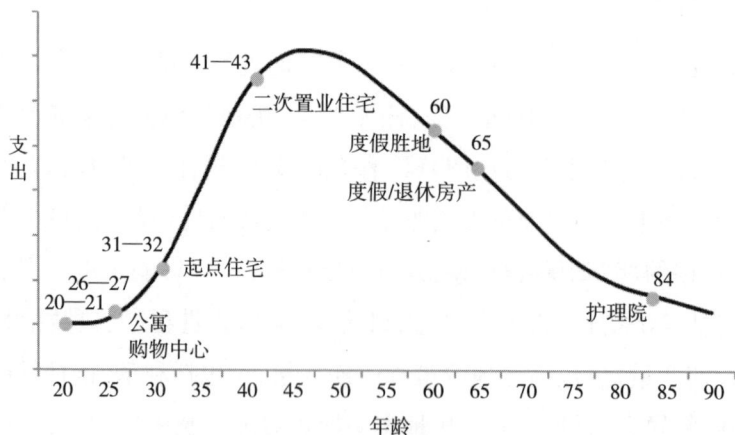

图 0-2　美国不同年龄段购房需求曲线

资料来源:U.S.Census Bureau,方正证券。

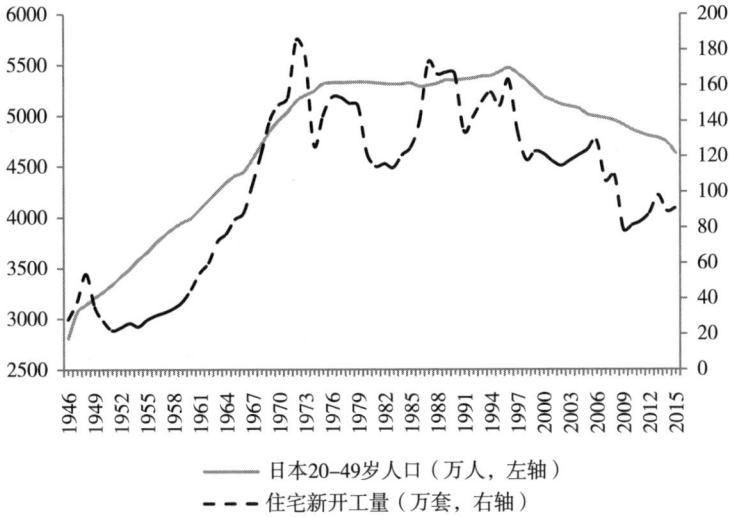

图 0-3　日本置业人群和住房开工量

资料来源:许伟(2013),日本总务省统计局,方正证券。

　　根据典型工业化经济体房地产发展的经验,其发展过程中具有明显的阶段性特征:(1)从高速增长期到平稳或下降期。在经济高速增长、居民收入水平快速提高、城镇化率快速上升的阶段,房地产销量和投资处于高速增长期,房价上涨有长期基本面支撑。当进入经济增速换挡、城镇化率放缓阶段,大部分人群的住房需求基本得到满足,大规模住宅建设高潮过去并转入平稳或者下降状态。住房开工量与经济增速以及城镇化水平的关联度下降,而与每年出生人口数量以及有能力、有意愿购买住房的适龄人口数量的关联性更强,房价受居民收入和利率政策影响较大。比如,20世纪五六十年代西方国家出现的婴儿潮,以及成功实现追赶之后日本社会的低生育率和老龄化,都对各自的房地产市场发展产生了显著的影响。(2)从数量扩张期到质量提升期。初期,住房饱和度不高,住宅开工高速增长,以满足居民快速增长的最基本的首次置业居住需求;随着住房趋于饱和(比如城镇户均一套),居民对住宅质量、成套率、人居环境等改善性需求的要求提高。

9

（3）从总量扩张期到"总量放缓、结构分化"期。综合典型国家城市化过程中经济发展阶段、产业结构和人口区域分布结构的关系来看，人口空间的分布大体上经历了农村、城市化、大都市圈化集聚三个阶段。

我们研究了人口迁移的国际规律和逻辑机理（参见本书第二章《人口迁移的国际规律与中国展望：城市的胜利》，任泽平、熊柴），这对理解未来中国人口迁移趋势、城市化布局和预测区域房价具有启发意义。研究发现：（1）美国、日本等人口迁移呈两大阶段。第一阶段，人口从农村向城市迁移，不同规模的城市人口都在扩张，而且在总人口的占比均在上升，第一个阶段与经济快速增长、产业以加工贸易中低端制造业和资源性产业为主相关，城市化率还没有达到55%。第二个阶段主要是大都市圈化，人口从农村和三四线城市向大都市圈及其卫星城迁移，一些中小型城市人口增长放缓甚至净流出，而大都市圈人口比重继续上升，集聚效应更加明显，这可能跟产业向高端制造业和现代服务业升级，以及大都市圈学校、医院等公共资源富集有关。对应的城市化率大致在55%—70%之间。我们还发现，在城市化率超过70%以后，人口继续向大都市圈集中，这时服务业占据主导地位。（2）大城市比中小城市和城镇具有更大的集聚效应和规模效应，更节约土地和资源，更有活力和效率，这是几百年来城市文明的胜利，是城市化的基本规律。这也就意味着，中国过去长期"控制大城市人口、积极发展中小城市和小城镇、区域均衡发展"的城镇化战略和大规模西部造城运动可能是不符合人口迁移和城市化规律的。（3）中国正处于人口迁移的第二个阶段，在未来中国的人口迁移格局中，大都市圈人口将继续集聚，城市之间、地区之间的人口集聚态势将分化明显。2015—2016年，全国房地产市场分化明显，一线城市和部分二线城市房价上涨明显，相当部分三四五六线城市房价平稳，表明中国城市化正步入第二个阶段：大都市圈化。（4）由于大量人口迁入，一二线城市房价不是由当地居民收入水平决定的，而是由经济体整体财富、贫富分化水平、富有阶层迁入、房屋供应能力等决定的。（5）除了人口迁入、货币超发、城市经济活力等因素外，一二线大城市房价还跟住宅用地供给有关，目前供给不足，房地产越来越货币金融化。

（％）

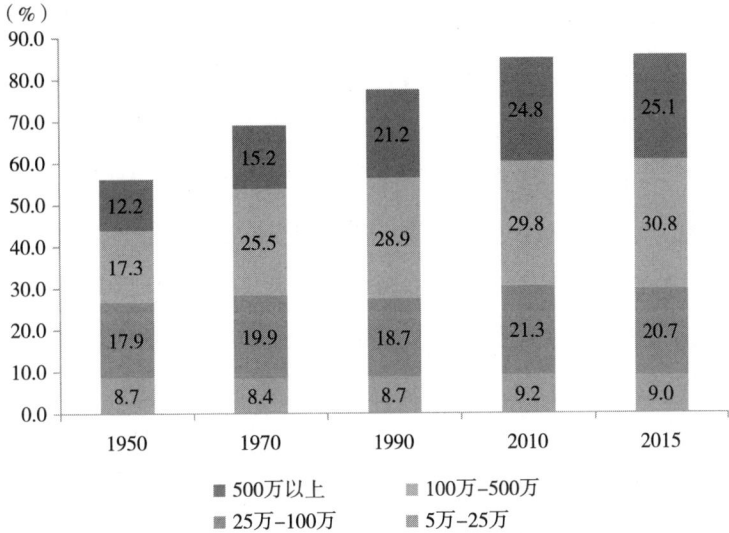

图 0-4　美国分规模都市区人口占全国比重

资料来源：U.S.Census Bureau，方正证券。

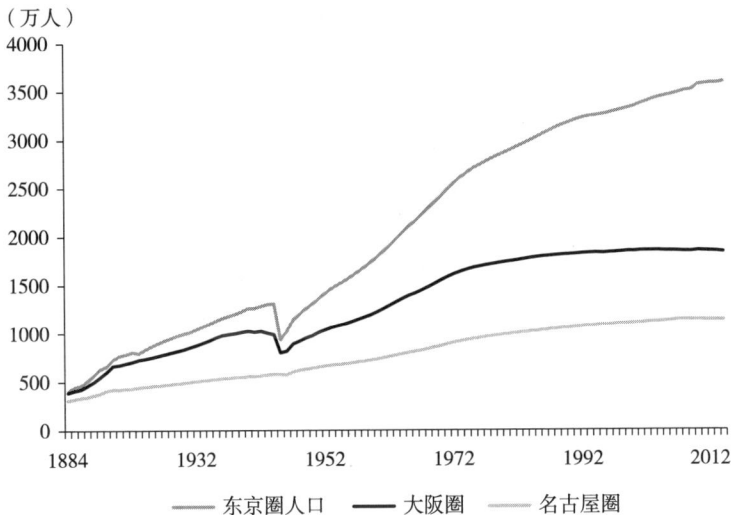

图 0-5　日本三大都市圈人口增长

资料来源：日本总务省统计局，方正证券。

11

中国政府长期实施"控制大城市人口、积极发展中小城市和小城镇、区域均衡发展"的城镇化战略,1980 年全国城市规划工作会议提出"控制大城市规模",1990 年开始实施的《城市规划法》规定"严格控制大城市规模",2014 年《国家新型城镇化规划(2014—2020 年)》中提出"严格控制 500 万人以上特大城市人口规模"。但是,从历史看,北京、上海等地政府制定或预测的人口控制目标不断被突破。当前北京、上海等地的新一轮城市总体规划均继续要求控制人口,《上海市城市总体规划(2016—2040)(草案)》要求把上海市常住人口到 2020 年控制在 2500 万人以内,《北京市城市总体规划(2016—2030)(草案)》要求北京市到 2020 年把常住人口控制在 2300 万人以内。

严控北京、上海等超大城市的人口规模是否合理? 从长期来看,人口控得住么? 未来大城市的重点是控制人口还是改善城市规划? 我们在《人口迁移的国际规律与中国展望:城市的胜利》中研究发现,人口向大都市圈迁移是国际城市化的基本规律。这也就意味着,试图限制大城市人口的行政性措施可能是违背经济规律的,出路在于着力解决城市规划和基础设施供给不足问题。

我们重点研究了国际上超大城市人口发展趋势及其对中国北京、上海等的启示(参见本书第三章《从国际经验看北京、上海等超大城市人口发展趋势:人口控制 VS 城市规划》,任泽平、熊柴)。研究发现:(1)城市人口集聚的基本逻辑是经济—人口分布平衡。从长期来看,决定一个城市人口集聚规模的关键在于该城市与所在国家其他地区的收入差距,这种区域收入差距用区域经济份额与区域人口份额的比值来表示。在完全的市场竞争和个体同质条件下,一个城市较高的人均收入将不断吸引区外人口净迁入,直至该地区人均收入与其他地区持平。OECD 城市功能区及美日韩的经验也证实了这一点,全球高收入国家 50 万人以上城市功能区的经济—人口比值的中位数为 1.01,平均值为 1.07。美国、日本、韩国等高收入经济体城市人口集聚的国际经验表明,经济—人口比值趋近1,如果高于1,将可能面临人口净迁入,如果低于1,将可能面临人口净迁出。(2)当前北京、上海的经济—人口比值高达1.9以上,人口增长仍有较大潜力,在北京、上海迈向世界城市或全球城市的路途中,经济—人口分布的内在平衡动力将驱动其未来人口显著增长。从全球主要都市区人口密度的国际比较看,北京、上海人口仍有较大的增长空间,增长空间分别超过1000万人、400万人,我们预计未来北京、上海都市圈人口都将超过3000万。受人口调控政策影响,近年北京、上海人口增量放缓。(3)交通拥堵、环境污染、资源约束均不是严控人口规模的理由。当人口规模超过一定水平时,城市交通情况与城市布局、城市交通设施水平及城市管理能力等更为相关。当前北京、上海的轨道交通路网密度不超过0.10公里/平方公里,远低于纽约都市区、东京圈、首尔圈,这是造成北京轨道交通出行比例较低、从而较为拥堵的重要原因。(4)北京、上海人口发展存在老龄化、人口分布失衡、职住分离等突出问题。从全球角度看,大量年轻外来人口涌入大都市圈是城市活力的源泉,国际大都市区的老年人口比重多明显低于本国平均水平。2015年北京、上海户籍人口60岁及以上人口占比分别高达23.6%、30.2%,北京市接近全国平均水平、上海市明显高于全国平均水平。北京市五环内、上海市外环内均集聚了接近一半的常住人口,人口密度明显高于其他大都市,这意味着北京市、上海市的核心区域人口已经严重饱和。北京、上海的就业分布相对集中,而居住分布比较分散,且二者相距较远,一些地区"睡城效应"十分明显。(5)改善北京、上海人口调控政策,优化城市规划、人口空间分布和公共轨道交通。可借鉴OECD的城市功能区视角,超越行政边界解决存在难题。放弃人口总量调控目标,保持相对开放的人口迁徙政策,年轻移民是城市活力的源泉。优化人口的空间分布,并促进职住平衡,向新城疏解中心城部分功能及部分优质公共服务资源。大力提高城市轨道交通路网密度,推进轨道交通系统制式多元化发展,改变当前以中心城为核心的放射型轨道交通体系为环状"井"字形。

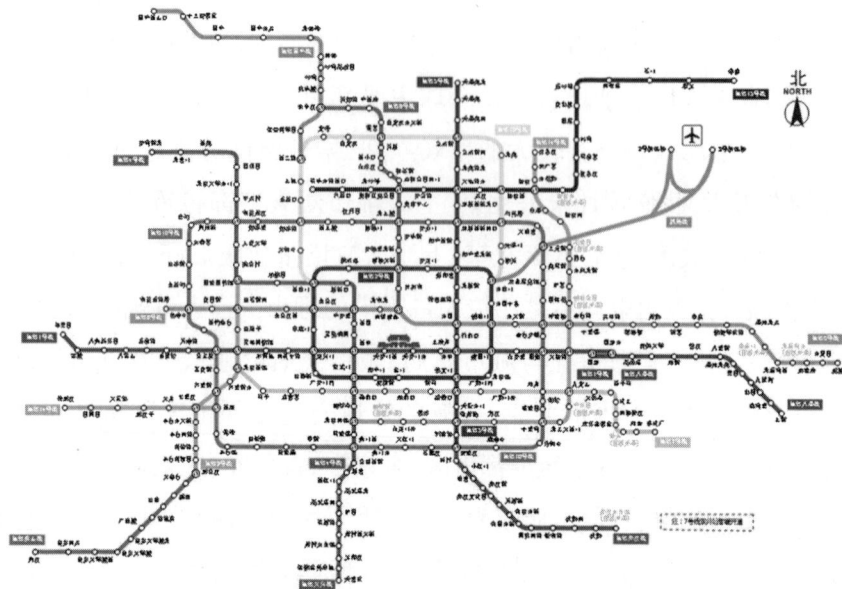

图 0-6　北京市轨道交通路线图

资料来源:北京地铁运营有限公司,方正证券。

　　长期以来,在"控制大城市人口、积极发展中小城市和小城镇、区域均衡发展"的城镇化思路指导下,土地供给向三四线城市城市倾斜,但人口向大都市圈集聚,人口城镇化与土地城镇化明显背离。由此形成了人地分离、土地供需错配,这是当前一线和部分热点二线城市房价泡沫、三四线城市库存泡沫的根源。解决之道不是控制需求的短期调控,而是建立居住导向、人地挂钩、大都市圈战略的长效机制。我们在第十二章《供需错配、人地分离:一线城市高房价、三四线城市高库存的根源》(任泽平、熊柴)中对此进行了探讨,研究发现:人口向大都市圈流入是世界各国城市化的基本趋势与规律。由于人口流动主要由市场机制决定,土地供给由政府决定,实行"控制大城市人口、积极发展中小城市和小城镇、区域均衡发展"战略的结果是:一线和部分热

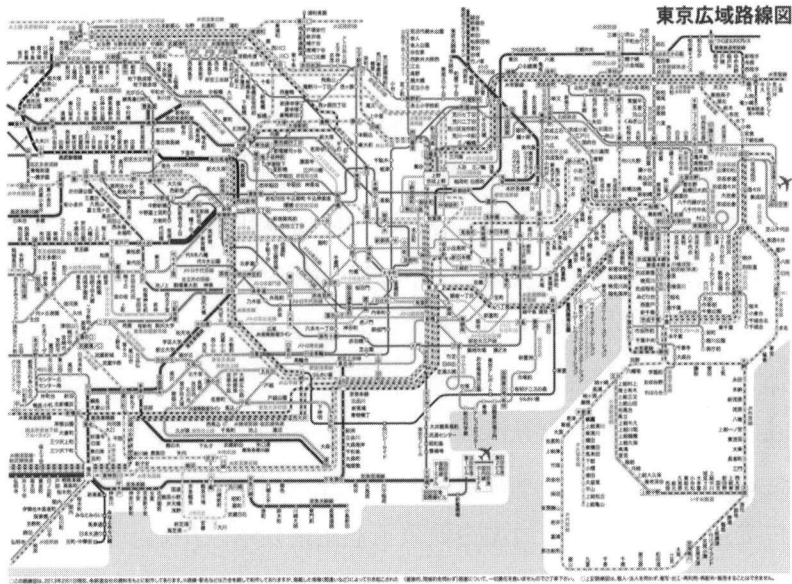

图 0-7　东京圈轨道交通路线图

资料来源：日本东京都，方正证券。

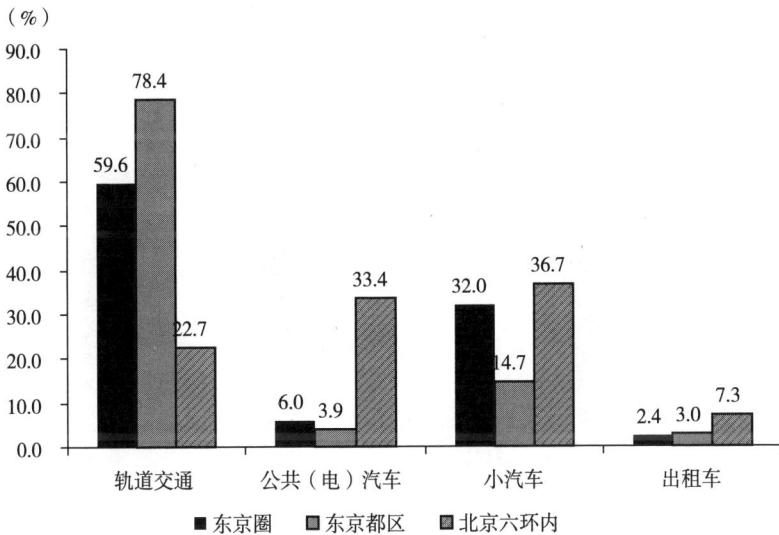

图 0-8　东京圈和北京主要出行方式比较

资料来源：日本总务省统计局，方正证券。

点二线城市人口快速增长、土地供给不足,三四线城市人口增长缓慢、土地供给过多,由此造成土地供需错配。解决之道在于从短期调控转向长效机制,从限制需求转向供给侧改革。2016 年 12 月中央经济工作会议提出"要坚持'房子是用来住的、不是用来炒的'的定位,综合运用金融、土地、财税、投资、立法等手段,加快研究建立符合国情、适应市场规律的基础性制度和长效机制",关键在于解决土地供需错配问题。(1)以超越行政边界的大都市圈战略替代中小城市战略,合理增加一线和部分热点二线城市居住用地供给,合理规划布局圈内产业、居住、交通和公共服务资源等。(2)适时重启跨省换地、占补平衡:实行跨省域的耕地占补平衡政策和城乡建设用地增减挂钩政策。(3)加快推进一线和热点二线城市低效工业用地转居住用地。(4)加快推进一线和热点二线城市的农村集体建设用地入市,并在符合规划和用途管制前提下,允许作为居住用地。(5)严格控制投机性投资需求,对炒房课以重税。(6)完善一二线大都市的城市规划、产业布局和轨道交通,改善出行效率。

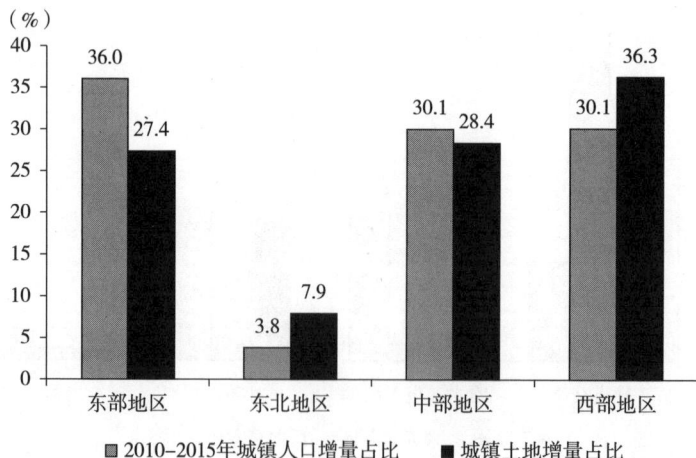

图 0-9 分地区城镇人口、土地增量占比

资料来源:国土资源部,国家统计局,方正证券。

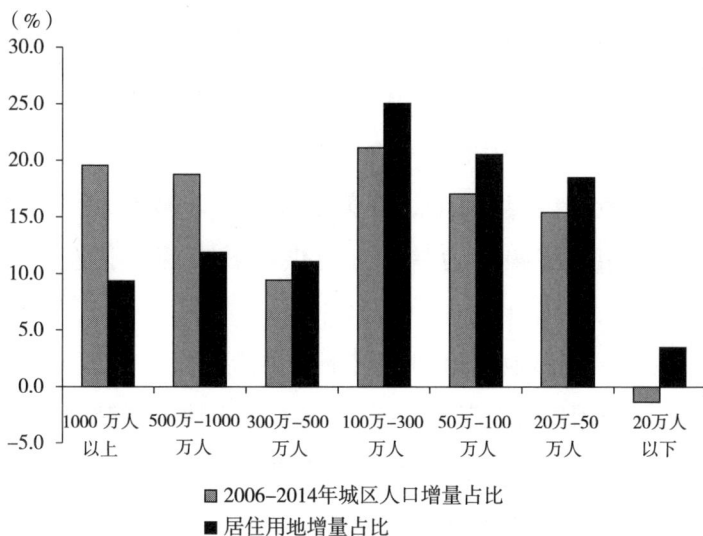

图 0-10 分规模城市城区人口、居住用地增量占比

资料来源：住建部，方正证券。

2. 中期看土地：香港批租制度、土地财政、地方 GDP 锦标赛、地价推高房价

金融、人口因素是影响房地产需求的主要因素，而土地则是影响房地产供给的主要因素。由于从供地到开发商拿地，到开工，再到预售或竣工待售形成住房供给，存在 2 年左右的时滞；并且，土地供给政策及计划还可能通过预期传导直接影响当期房地产市场。因此，土地因素对房地产周期的影响主要在中期，介于人口因素和金融因素之间。土地供应量的多少是住房市场供求平衡和平稳运行的重要基础。如果出现短期内土地供应过多（或过少），极易造成住房供给过剩带来的供求失衡（或供应不足造成的房价过快上涨），因此，土地市场供求平衡对中期住房供求平衡十分重要。

在发达经济体，土地大部分为私有，在用途和规划管制下可自由交易、在获得许可后建设住宅，但各国、各地区具体政策差异较大。国

17

内外普遍经验表明,土地供给对一个地区房地产市场波动影响显著。德国房价之所以波动较小、长期稳定,一个重要原因就是住房供给稳定充足,1978年住房套户比达1.21。在日本,除货币宽松外,1985—1991年房地产泡沫产生的另一个重要原因是土地投机过度、供给不足,而政府对此未能有效干预。在美国,2000—2006年,严格土地供给城市的房价年均涨幅约为弹性土地供给城市的2倍左右(张智,2009)。

在中国香港,土地批租和限制土地供给制度导致房价奇高。自1842年成为英国殖民地起,香港就开始实行土地批租制度,即土地归港英政府所有,由政府向开发商或土地使用者批租土地,开发商或使用者获得承租批准期限内的土地使用权,并向港英政府一次性缴纳规定期限内的土地使用权出让金。在香港回归以后,香港的土地批租制度并没有改变,1997年7月1日起,根据《中华人民共和国香港特别行政区基本法》规定,香港境内的土地属于国家所有,由香港政府负责管理、使用、开发、出租或批给个人、法人或团体使用或开发,其收入归香港政府支配。1985年港英政府出台了"每年供地规模不超过50公顷"的政策规定,这是1985—1994年间香港房价快速上涨的重要原因之一。2004—2011年间香港住房价格大幅上涨,也与当时出台"2002年宣布取消拍卖土地,暂停'勾地'一年,直至2004年5月再作土地拍卖"的政策规定密切相关。两年停止供地计划必然加剧了未来住房供给的短缺。2011年和2012年香港房价大涨,与前期土地供应量不足有密切关系。2008—2009年,新增住宅用地只有0.019公顷;2010年香港仅有约19800个住宅单位建成,不到2000年的四分之一。

相比于美国、欧洲等土地私有化,中国内地与香港的土地政策较为类似,20世纪80年代,内地改革开放,在土地政策方面引入了香港经验,效仿了土地批租和限制土地供给制度。在内地房地产发展的历程中,整个发展轨迹乃至许多关键词能看到香港模式的影子。从25

年前"中国土地第一拍"在深圳落槌,到之后的制度(包括土地出让制度、预售制度、按揭制度等)、产品(包括外观、层高、园林、会所等),甚至营销模式、物业管理,内地如今这一整套房地产运作规则都是在学习香港基础上发展而来。在改革开放之初,中国实行土地公有制,即城市土地国家所有、农村土地集体所有,由于宪法规定土地不允许买卖交易,中国制定了土地所有权与使用权分离的政策,对土地使用权实行出让、转让,实行国有土地有偿使用制度,并率先在深圳、广东、上海等试点,随后在全国推广,形成了中国土地财政制度。中国土地出让先是以协议出让为主,但由于不透明容易产生腐败,2002年以来规定经营性土地出让的方式必须采取招拍挂,这些方式看似公开透明,但却不断推高地价、产生地王,助推了房价持续上涨。有观点认为,香港的土地财政与限制土地供给,是导致房价高涨、伤害民众福利和实体经济的坏例子,内地错把香港的教训当经验引进。

在中国大陆,土地政策主要由国土资源部制定,并受到住房和城乡建设部、农业部、财政部等其他部门的影响。在全国层面,土地供应总量在中长期由国土资源部制定的土地利用总体规划决定,比如《全国土地利用总体规划纲要(2006—2020年)》,决定全国十五年土地供给总量。在土地利用总体规划下,有五年规划、年度计划。在地区层面,由中央划分各省指标,各省据此制定土地利用规划、五年规划、年度计划。在城市层面,除土地利用规划外,城市总体规划也列明了中长期土地供应指标,并落实到年度计划。

除了土地财政制度之外,中国内地一二线城市房价过高、三四线城市房地产库存过高,则与土地资源错配有关。由于"控制大城市规模、重点发展小城镇、区域均衡发展"的城市化指导思想,一线和部分二线城市建设用地规模被严格控制,而三四线城市土地供给偏多。在人口大都市圈化背景下,土地错配必然导致一二线城市高房价、三四线城市高库存。一二线热点城市每次限制土地供给均为下一次报复性上涨埋下伏笔。

为什么地方政府热衷于经营城市、对调控房价不积极？在房地产的盛宴里，谁切得了最大的蛋糕？利益结构决定博弈结构和行为模式。我们在本书第十章《谁是房地产盛宴的最大受益者：房价构成分析》(任泽平、宋双杰)中，透过房价构成，研究房地产市场的利益主体、激励机制以及各自的行为模式，这有助于判断房市的博弈结构和趋势。研究发现：(1)地方政府是最大受益者，政府所得占房价的6成左右，占比高。从宏观层面看，2014年土地出让金和房地产相关的税收占房地产销售额的85.8%；从中观城市看，2015年土地出让金和税收占房价的56.8%；从微观上市企业看，2015年土地转让金和税收占房价的56%。(2)从宏观层面看，1999—2015年，国有土地出让金从514亿元激增至3.25万亿元，增长63.3倍，占地方财政本级收入的比例从9.2%增加至39.2%。2004—2014年，5个房地产特有税种税收合计从1207亿元飙升至1.38万亿元，十年间增长11倍，占地方财政本级收入之比也从10.16%上升至18.21%。2004—2014年，6个房地产业相关的税种税收合计从1028亿元上升到7294亿元，增长7倍。2014年6个税种税收合计占地方财政本级收入的比重为9.61%。地价和房地产相关税收占商品房销售额已达8成。(3)从中观城市看，主要是土地价格推动房价上涨，各地方建安成本差异不大。通过回归分析发现，土地价格显著影响房价。(4)从微观企业看，房企净利占营收比重低且在下降，土地成本持续攀升。拿地成本占房价4成以上，税收占比约13%，政府这两项收入之和占房价的6成左右。(5)受益于土地财政，地方政府是房价上涨的最大受益者，占6—8成；由于地方政府对土地财政的依赖，天然追求土地出让收入最大化；客观看待过去几十年土地财政为中国城镇化融资的历史贡献，但也要正视地价推高房价、拉大财富差距等负面作用；土地财政难以持续，出路在于建立房产税、消费税、个人所得税等地方主体税，这涉及深层次的经济乃至政治改革,不动产实名制和金融实名制是现代国家治理的基础。

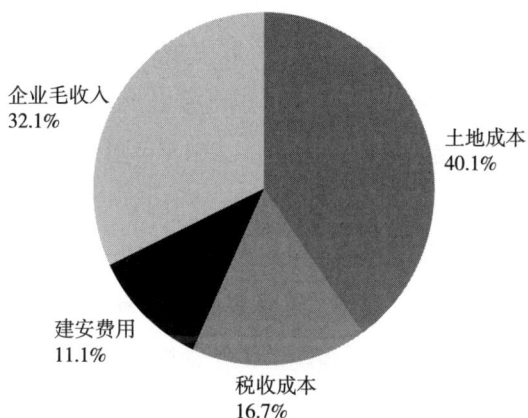

图 0-11　2015 年土地加税收成本占房价的 56.8%

资料来源:中国税务年鉴,国家统计局,方正证券。

过去十多年地王频出,高地价是高房价的重要推手,为什么地王频出?谁是地王的制造者和获益者?我们专题研究了土地财政问题(参见本书第十一章《地王之谜:来自地方土地财政视角的解释》,任泽平、宋双杰),研究发现:(1)地王频出和高房价背后的制度因素:土地财政。土地出让金约为地方一般预算收入的一半,再加上与房地产相关的税收收入,土地财政是地方政府财政的核心。因此,在土地财政制度设计中,地方政府和开发商是房价上涨的受益者,也是地王的制造者,地方政府是地王的最大获益者。除非受到来自中央调控措施的压力,一般来说地方政府在房价上涨时无逆周期调节动力,而在房市萧条时会出台刺激政策。(2)土地财政的历史和成因。土地财政是指地方政府通过"经营土地"获得的收入,包括以出让土地所有权为条件的土地出让金收入、与土地出让相关的各种税费收入、以土地抵押为融资手段获得的债务收入。土地财政的形成过程可概括为:在分税制改革后,中央上收财权但把大量外部性事权留在地方,地方政府事权多财权少,在中央允许和土地收储制度下,地方政府开始经营城市土地,政府对农地征收的国家垄断和土地变更的政府用途管制是土地财政的基础。在地方政府"GDP 锦标赛"激励下,受益于快速城镇化带来的房地产业爆发式增长,最终形成土地财政的独特现象。(3)土地财政是地方政府的核心。2014 年在不考虑土地融资的情况下,土地财政贡献了地方财政收入的 35.63%。2015 年国有土地使用权出让收入达到 4.26 万亿元,2003—2015 年间土地出让金与地方一般预算收入之比平均为 49.74%。2014 年与土地、房地产关联的税收占地方一般预算收入已接近 28%。2015 年地方债务总和为 18.4 万亿元,土地融资规模 3.68 万亿元。(4)客观认识土地财政在调动地方积极性、推动经济增长、完善城市公共基础设施方面的积极作用。地方政府通过低成本征收农业用地,低价格转让工业用地,高价格出让商、住用地,一方面刺激投资,另一方面获得高额土地出让金弥补财政缺口。巨额的土地出让收入用于征地和拆迁补偿、土地开发、城市建设、基础设施建设,成为中国经济发展的一个内生逻辑。(5)正视土地财政带来的待解问题。推高房价,形成资产泡沫;增加地方政府债务风险;地方政府一方面运用计划经济的方式低价购地,另一方面利用市场经济方式高价供地,形成"地价剪刀差",提供了"寻租"空间;地价房价大涨扩大收入差距;抬高实体经济成本,开工厂不如炒房子诱发产业空心化风险。(6)改革完善土地财政。建立和完善与事权相匹配的地方财政体制;减少地方政府对土地财政的依赖,扩展消费税、房产税等稳定、持续的地方主体税,保证地方政府提供公共产品的长期稳定税源;改变过去地方政府只以 GDP 论英雄,增加就业、创新、环保等考核权重,从"投资型政府"向"服务型政府"转变;明确农村土地产权,保护农村集体对土地的占有权、使用权和收益权,完善土地的征地范围、征地程序和补偿机制等制度建设;建立规范的地方债制度。

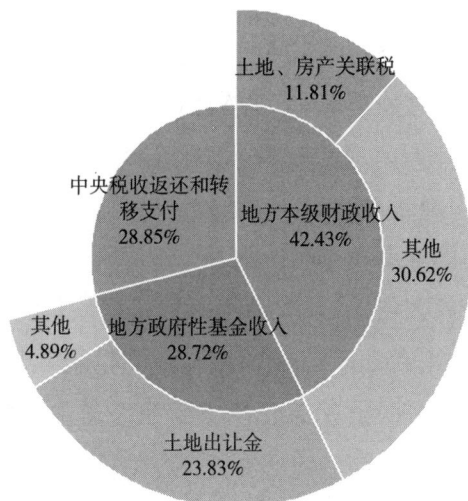

图 0-12　2014 年不考虑土地融资,土地财政贡献地方财政收入的 35.64％
资料来源:Wind,《中国税务年鉴》,国家统计局,方正证券。

3.短期看金融:利率、货币超发、支付能力、加杠杆、抵押物信贷加速器

金融政策(利率、流动性投放、信贷、首付比等)既是各个国家进行宏观经济调控的主要工具之一,也是对房地产市场短期波动影响最为显著的政策。住房的开发和购买都高度依赖银行信贷的支持,利率、首付比、信贷等政策将影响居民的支付能力,也影响开发商的资金回笼和预期,对房市供求波动影响较大。国内外房地产泡沫形成大多受低利率和充裕流动性推动,而房地产泡沫破裂则大多可归因于加息和流动性收紧。

房地产短周期是指由于利率、抵押贷首付比、税收等短期变量引发的波动,通过改变居民的支付能力和预期使得购房支出提前或推迟。比如,如果政策为刺激房地产,下调利率和抵押贷首付比,将提高居民支付能力,通过鼓励居民加杠杆来透支住房需求;如果政策为抑

制房地产,则可以采取提高利率和抵押贷首付比操作,以降低居民支付能力并延迟住房消费。由于商品房具有消费升级属性,且产业链条长,因此,房地产市场的销量、土地购置和新开工投资是重要的经济先行指标。一轮完整的房地产短周期为:政策下调利率和抵押贷首付比,居民支付能力提高,房地产销量回升,商品房去库存,供不应求,开发商资金回笼后购置土地,加快开工投资,房价上涨,商品房作为抵押物的价值上涨会放大居民、开发商和银行的贷款行为;当房价出现泡沫化,政策上调利率和抵押贷首付比,居民支付能力下降,房地产销量回落,商品房库存增加,供过于求,开发商资金紧张放缓购置土地和开工投资进度,房价回落,商品房作为抵押物的价值缩水会减少居民、开发商和银行的贷款行为。在这个过程中,情绪加速器、抵押物信贷加速器等会放大房地产短周期波动。

住房金融政策保持基本稳定是住房市场保持基本平稳的最重要条件。例如,德国在1981—2011年间的房价平均涨幅是1.5%左右,这三十年间实际利率水平基本维持在8.5%左右。美国1991—2000年的10年间,房价平均涨幅在3%左右(最高点只有5.6%),抵押贷款利率始终在7.0%—8.1%的区间里小幅波动。住房金融政策的大幅调整是房地产泡沫产生和破灭的主要原因。比如,日本、美国房地产泡沫的形成均与低息政策和流动性泛滥相关,而泡沫破灭则与加息和流动性收紧直接相关。

美国经验表明住房金融政策与住房市场波动密切相关。上一轮美国房地产泡沫,开始于2001年美联储的低息政策刺激:2001—2003年,美联储连续13次降息,累计降息5个百分点。至2003年6月,基准利率降至1.00%,美联储的低息政策一直延续到2004年上半年。在此期间过低利率刺激抵押贷款大幅增加,从而造成了房地产泡沫。随后美联储的连续加息则刺破了美国房地产泡沫。2004—2006年,美联储连续加息17次,累计加息4.25个百分点,直至2006年6月基准利率升至 5.25%;而美国标准普尔/CS10 个大中城市房价在 2006 年 6 月到达历史高点之后开始连续下跌,说明美联储加息政策是刺破美国房地产泡沫的主要原因。

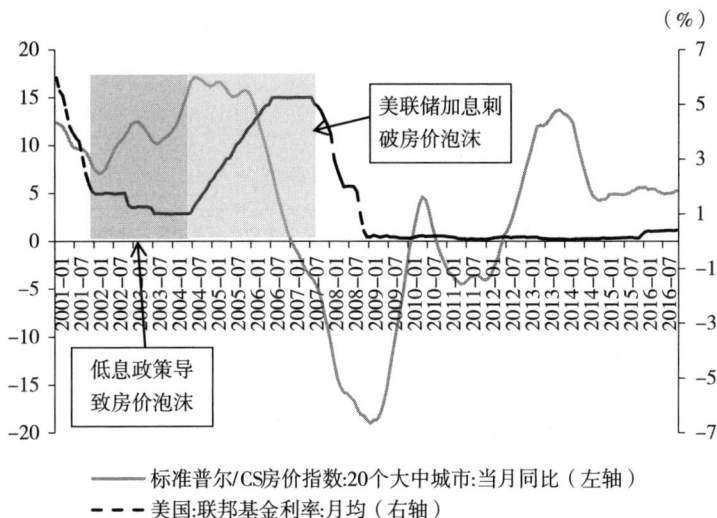

图 0-13　美国房地产价格波动与联邦基金利率

资料来源:Wind,方正证券。

日本经验同样表明住房金融政策与住房市场波动密切相关。日本的房地产泡沫与日本央行的下调利率有密切关系:1986—1987 年,日本银行连续 5 次降息,把中央银行贴现率从 5% 降低到 2.5%,不仅为日本历史之最低,也为当时世界主要国家之最低,日本央行维持低息政策长达两年之久。低息政策促进了房地产市场的空前繁荣,反映在土地价格的迅速上涨上。与美国相同,日本央行随后的加息刺破了日本房地产泡沫:1989 年 5 月 31 日,日本央行加息 0.75 个百分点;此后的 15 个月内,日本央行 4 次加息,将中央银行贴现率提高到 6%,连续加息对日本房地产市场造成了巨大打击,东京圈城市土地价格开始了长达 15 年的持续下跌。

从国内的经验来看,金融政策对国内房地产市场的影响同样非常

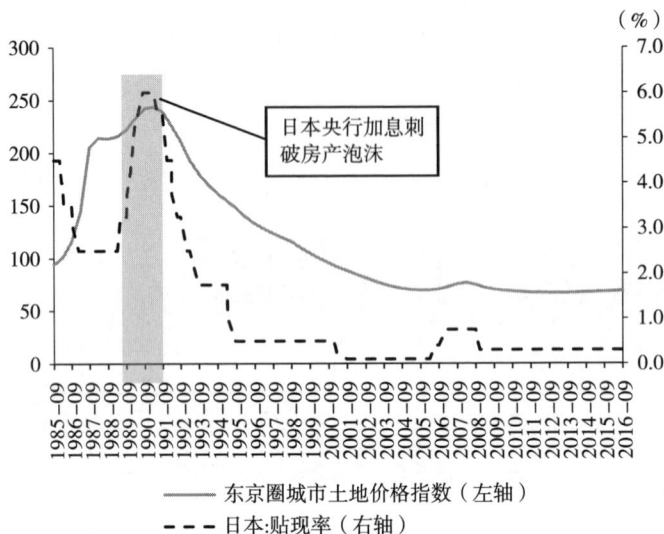

图 0-14　日本房价波动与利率

资料来源：Wind，方正证券。

显著。例如，1993 年央行大幅加息是海南房地产泡沫破裂的重要因素。作为当年宏观调控的 16 条措施之一，1993 年 5 月 15 日和 7 月 11 日，央行两次分别加息（一年期贷款利率）72 个基点和 162 个基点，累计加息 234 个基点。央行大幅加息导致海南房地产泡沫破裂，烂尾楼、积压房地产大量增加。据《财经》杂志 2007 年文《上世纪 90 年代海南房地产泡沫警示》，当时海南省"烂尾楼"高达 600 多栋、1600 多万平方米，闲置土地 18834 公顷，积压资金 800 亿元，仅四大国有商业银行的坏账就高达 300 亿元。

商品房需求包括居住需求和投机需求。居住需求主要跟城镇化、居民收入、人口结构等有关，它反映了商品房的商品属性。投机需求主要跟货币投放、低利率和土地供给垄断有关，它反映了商品房的金融属性。1998 年房改以来，中国一线城市房价涨冠全球，除了跟城镇化、经济增长和居民收入有关之外，还跟货币超发有关。房价上涨有没有泡沫，首先要区分基于基本面支撑的正常上涨和基于货币现象投机性需求的非正常上涨。过去几十年中国房价持续上涨存在一定基本面支撑:经济高速增长、快速城镇化、居民收入持续增长、20—50 岁购房人群不断增加和家庭小型化。1978—2015 年间,中国 GDP 年均名义增长 15.3%,城镇居民可支配收入年均名义增长 13.2%。1978—2015 年间,中国城镇化率从 17.92% 上升到 56.1%,城镇人口从 1.7 亿增加到 7.7 亿,净增 6 亿人,其中 20—50 岁购房人群不断增加。家庭小型化趋势也十分明显,人口普查数据显示,1982 年我国平均每户家庭人数 4.41 人,2000 年为 3.44 人,2010 年为 3.1 人。

但是,2000—2016 年间尤其 2014—2016 年房价涨幅远远超过了城镇化和居民收入增长等基本面数据所能够解释的范畴。金融属性的驱动力主要是货币超发和低利率。根据货币数量方程 $MV=PQ$,货币供应增速持续超过名义 GDP 增速(生产活动所需要的资金融通),将推升资产价格。商品房具有很强的保值增值金融属性,是吸纳超发货币最重要的资产池。2000—2016 年,M2、GDP、城镇居民可支配收入的名义增速年均分别为 16.1%、13.3%、11%,平均每年 M2 名义增速分别超过 GDP、城镇居民收入名义增速 2.8、5.1 个百分点。M2 名义增速超过 GDP 名义增速较高的年份往往是房价大涨的年份,比如 2009 年、2012 年、2015 年。因此,过去几十年房价持续上涨,一部分可以用城镇化、居民收入等基本面数据解释(居住需求,商品属性),另一部分可以用货币超发和土地供给垄断解释(投机需求,金融属性),这两大因素共同造就了过去二十年中国一线城市房价只涨不跌的不败神话。由于中国城镇化速度、居民收入增速和货币超发程度(M2－GDP)超过美国、日本等主要经济体,叠加一二线热点城市土地供给不足,造就了中国房价涨幅冠全球。2015—2016 年房价大涨相当大程度上是货币现象,即低利率和货币超发。不断降息提高了居民支付能力。自 2014 年"930"新政和"1121"降息以来,房价启动新一轮上涨。2015 年"330"新政和下半年两次双降,房价启动暴涨模式。货币超发

导致房价涨幅远超 GDP 和居民收入。2015 年 M2 名义增速超过 GDP
名义增速达到 6.9 个百分点,货币超发程度在过去十多年仅次于 2009
年,也大大超过了年均 2.8 个百分点的历史平均水平。

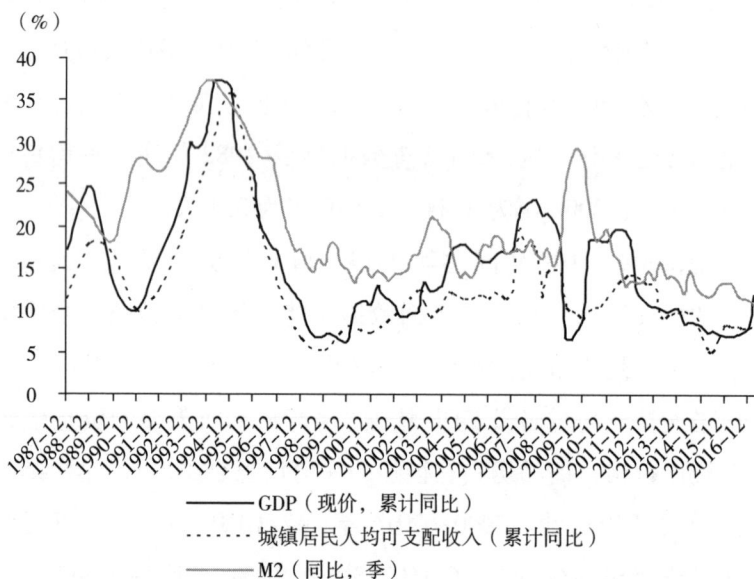

图 0-15　中国货币供应增速超过名义 GDP 和居民收入增速

资料来源:Wind,方正证券。

表 0-2　房价、收入与货币供应量:是房价涨的多还是货币发的多?

	城镇新建住宅销售均价 (元/平方米)	城镇人均可支配收入 (元)	M2 (亿元)
1998 年	1854	5425	104499
2016 年	7203	33616	1550067
2016 年/1998 年	3.89	6.20	14.83

资料来源:Wind,国家统计局,方正证券。

三、如何衡量房地产市场风险? 全球历次房地产大泡沫,中国房地产市场风险

十次危机九次地产,我们研究了全球历次房地产大泡沫的催生、

28

疯狂、轰然崩溃及启示(参见本书第四章《全球历次房地产大泡沫:催生、疯狂、崩溃及启示》,任泽平、卢亮亮),包括 1923—1926 年美国佛罗里达州房地产泡沫与大萧条、1986—1991 年日本房地产泡沫与失去的二十年、1992—1993 年中国海南房地产泡沫、1991—1997 年东南亚房地产泡沫与亚洲金融风暴、2001—2008 年美国房地产泡沫与次贷危机。往事并不如烟,时代变迁人性不变。研究发现:(1)历次房地产泡沫的形成在一开始都有经济增长、城镇化、居民收入等基本面支撑。比如 1923—1925 年美国佛罗里达州房地产泡沫一开始跟美国经济的"一战"景气和旅游兴盛有关,1986—1991 年日本房地产泡沫一开始跟日本经济成功转型和长期繁荣有关,1991—1996 年东南亚房地产泡沫一开始跟"亚洲经济奇迹"和快速城镇化有关。(2)虽然时代和国别不同,但历次房地产泡沫走向疯狂则无一例外受到流动性过剩和低利率的刺激。由于房地产是典型的高杠杆部门(无论需求端的居民抵押贷还是供给端的房企开发贷),因此房市对流动性和利率极其敏感,流动性过剩和低利率将大大增加房地产的投机需求和金融属性,并脱离居民收入、城镇化等基本面。1985 年日本签订《广场协议》后为了避免日元升值对国内经济的负面影响而持续大幅降息,1991—1996 年东南亚经济体在金融自由化下国际资本大幅流入,2000 年美国网络泡沫破裂以后为了刺激经济持续大幅降息。中国 2008 年以来有三波房地产周期回升,2009 年、2012 年、2014—2016 年,除了经济中高速增长、快速城镇化等基本面支撑外,每次都跟货币超发和低利率有关,2014—2016 年这波尤为明显,在经济衰退背景下主要靠货币刺激。(3)政府支持、金融自由化、金融监管缺位、银行放贷失控等起到了推波助澜、火上浇油的作用。政府经常基于发展经济目的刺激房地产,1923 年前后佛罗里达州政府大举兴办基础设施以吸引旅游者和投资者,1985 年后日本政府主动降息以刺激内需,1992 年海南设立特区后鼓励开发,2001 年小布什政府实施"居者有其屋"计划。金融自由化

29

和金融监管缺位使得过多货币流入房地产,1986 年前后日本加快金融自由化和放开公司发债融资,1992—1993 年海南的政府、银行、开发商结成了紧密的铁三角,1991—1996 年东南亚国家加快了资本账户开放导致大量国际资本流入,2001—2007 年美国影子银行兴起导致过度金融创新。由于房地产的高杠杆属性,银行放贷失控火上浇油,房价上涨抵押物升值会进一步助推银行加大放贷,甚至主动说服客户抵押贷、零首付、加杠杆,在历次房地产泡沫中银行业都深陷其中,从而导致房地产泡沫危机既是金融危机也是经济危机。(4)虽然时代和国别不同,但历次房地产泡沫崩溃都跟货币收紧和加息有关。风险是涨出来的,泡沫越大破裂的可能性越大、调整也越深。日本央行从 1989 年开始连续 5 次加息,并限制对房地产贷款和打击土地投机,1991 年日本房地产泡沫破裂。1993 年 6 月 23 日,时任国务院副总理朱镕基讲话宣布终止房地产公司上市、全面控制银行资金进入房地产业,24 日国务院发布《关于当前经济情况和加强宏观调控意见》,海南房地产泡沫应声破裂。1997 年东南亚经济体汇率崩盘,国际资本大举撤出,房地产泡沫破裂。美联储从 2004 年 6 月起两年内连续 17 次调高联邦基金利率,2007 年次贷违约大幅增加,2008 年次贷危机全面爆发。(5)如果缺乏人口、城镇化等基本面支持,房地产泡沫破裂后调整恢复时间更长。日本房地产在 1974 年和 1991 年出现过两轮泡沫,1974 年后的第一次调整幅度小、恢复力强,原因在于经济中速增长、城市化空间、适龄购房人口数量维持高位等提供了基本面支撑;但是,1991 年后的第二次调整幅度大、持续时间长,原因在于经济长期低速增长、城市化进程接近尾声、人口老龄化等。2008 年美国房地产泡沫破裂以后没有像日本一样陷入失去的二十年,而是房价再创新高,主要是因为美国开放的移民政策、健康的人口年龄结构、富有弹性和活力的市场经济与创新机制等。(6)每次房地产泡沫崩盘,影响大而深远。1926—1929 年房地产泡沫破裂及银行业危机引发的大萧条从金融危机、经济危机、社会危机、政治危机最终升级成军事危机,对人类社会造成了毁灭性的打击。1991 年日本房地产崩盘后陷入失落的二十年,经济低迷、不良资产高企、居民财富缩水、长期通缩。1993 年海南房地产泡沫破裂后,不得不长期处置烂尾楼和不良贷款,当地经济长期低迷。2008 年次贷危机至今,美国经济经过 3 轮 QE 和零利率才走出衰退,而欧洲、日本经济在 QQE 和负利率刺激下才走出低谷,中国经济从此告别了高增长时代,至今,次贷危机对全球的影响仍未完全消除。

在货币超发、低利率和政策鼓励居民加杠杆刺激下,2014—2016 年中国一二线城市房价、地价暴涨。中国房地产泡沫风险有多大? 体现在哪些环节? 我们从绝对房价、房价收入比、库存、租金回报率、杠杆、空置率等方面进行了定量评估(参见本书第五章《中国房地产泡沫风险有多大》,任泽平、杨为敩)。研究发现:(1)绝对房价:中国之都、世界之最,全球前十二大高房价城市中国占四席。过去中国是房价收入比高,经过 2014—2016 年这一波上涨,现在是绝对房价高,但中国是发展中国家。世界房价最高的城市中(中心城区房价),中国香港排第 1,深圳、上海、北京分列第 7、8、13 位。(2)房价收入比:一二线城市偏高,三四线城市基本合理。最新全球房价收入比最高的十大城市里面,北上广深占据了四席。中国一二线城市和三四线城市房价收入比的巨大差异可能反映了两个因素:一是收入差距效应,高收入群体向一二线城市集中;二是公共资源溢价,医院、学校等向一二线城市集聚。(3)库存:去化压力比较大的是部分三四线中小城市。库存去化压力比较大的城市大多为中小城市,且多集中在中西部、东北及其他经济欠发达地区,这与三四线城市过度投资、人口及资源向一二线城市迁移的过程相符。从美国、日本等国际经验看,后房地产时代人口继续向大都市圈迁移,农村、三四线城市等面临人口净流出的压力。因此,一二线城市主要是价格偏高风险,三四线城市主要是库存积压风险。(4)租金回报率:整体偏低。目前中国主要城市的静态租赁回

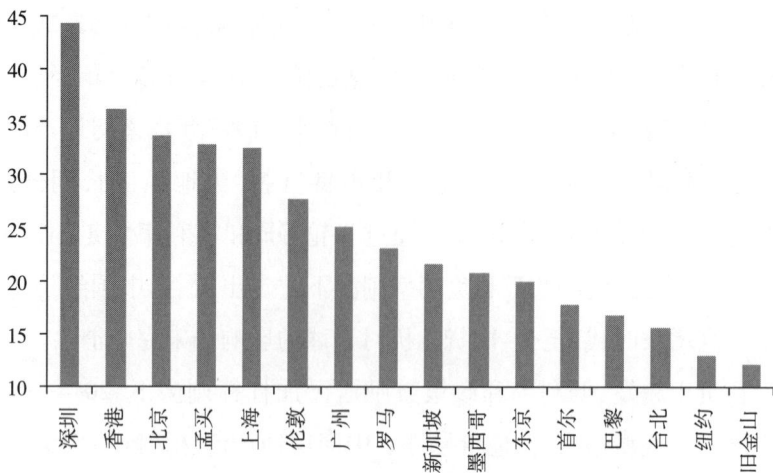

图 0-16 北上广深房价收入比位居全球主要城市前列

资料来源：Numbeo，方正证券。

报率为 2.6%，一线城市在 2% 左右，低于二三线城市。而国际静态租赁回报率为 4%—6%，中国水平远低于国际水平。中国的房地产并非简单的居住功能，而是一个捆绑着很多资源的综合价值体，比如户籍、学区、医院等。国人对房子和家有一种热爱以及文化依赖归属感，住房自有率在国际上较高。（5）空置率：三四线城市高于一二线城市。中国房地产空置率比较高，积压严重，三四线城市比一二线城市更严重。从住宅看，中小城市空置率更高可能是因为过度建设，大城市的空置率可能跟过度投机有关。（6）房地产杠杆：居民杠杆快速上升但总体不高，开发商资产负债率快速上升。房地产杠杆包括需求端的居民借贷杠杆和供给端的开发商债务杠杆，它衡量了财务风险。从国际比较看，中国居民杠杆水平低于主要发达经济体。目前，中国房地产贷款余额占银行贷款比重为 25%（其中个人购房贷款占 16.9%），虽然近些年这个比例不断攀升，但比美国水平低很多，美国次贷危机以来不动产抵押贷款占银行信贷的比重持续下降，但仍高达 33%。目前房地产开发资金来源中，大致有约 55% 左右的资金是依赖于银行体系，明显超过 40% 的国际平均水平。房地产行业的资产负债率从 2000 年

的 50%一路上升至 2016 年的 77%,流动比率从 2009 年的 1.88 下降至
2016 年的 1.65。

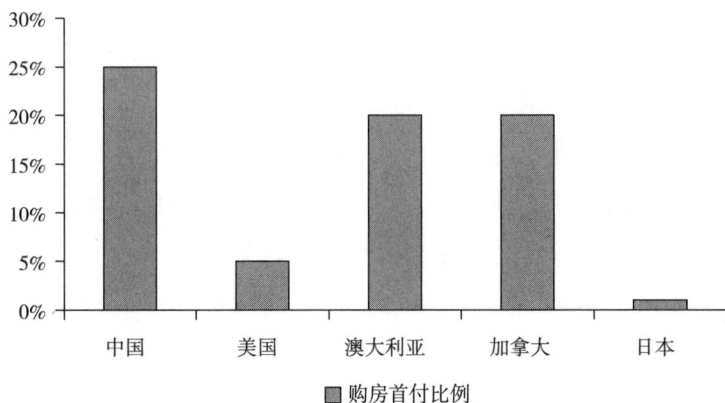

图 0-17　中国购房首付比例在国际上处于较高水平

资料来源:Wind,方正证券。

　　2015—2016 年中国一二线城市房价大涨,资产价格泡沫担忧加
剧。我们在本书第六章《这次不一样?——2015—2016 年中国房市泡
沫与 1991 年日本、2015 年中国股市比较》(任泽平、熊义明)中进行了
比较研究,研究发现:(1)与过去比:中国本轮房价大涨有五点不同。
一是涨速快。二是脱离基本面。本轮房价大幅上涨背景是经济增速
放缓,人口增速和城镇化明显放缓。三是货币超发。M2 与名义 GDP
增速的裂口不断扩大,杠杆明显上升,先后推升股市、房市泡沫和滞胀
预期。四是区域分化明显。一线城市大涨,三四线城市基本持平。五
是政策刺激。每一项重要政策出台后一线城市房价都出现了拐点性
变化。2014 年"1121"降息后止跌回升,2015 年"330 新政"后加速上
涨,"930 新政"后再次加速上涨。2016 年 2 月 2 日首付比例下调和 2
月 19 日契税和营业税调整后,房价在春节后跳涨。(2)与日本 1991
年前的房地产大泡沫比:一是涨速快。1987—1990 年间,日本六大城
市房价年均增速 24.6%,远超 1986 年前均值。二是脱离基本面。广

场协议后日本出口大降,实体经济困难,经济增速低于1986年前的均值。三是货币超发。从1986年开始,日本M2增速明显加快,利率大降。四是区域分化明显。1986—1991年间日本六大城市房价大涨,中小城市房价涨幅很小。五是政策刺激。1991年前,货币宽松催生了日本房地产泡沫,随后货币收紧又刺破了泡沫。当前中国房地产市场和日本1974年前的那轮泡沫也有相同点:经济有望中速增长、城镇化还有一定空间等,如果调控得当,尚有转机。(3)与2015年股市大泡沫比:"水牛",货币超发未流入实体经济;"政策牛""刺激牛",2014年以来不断出台刺激房地产政策;"杠杆牛",鼓励居民加杠杆,测算表明,居民加杠杆大多是"场内"的,全国房贷"场外配资"金额在500亿—800亿元左右,撬动的房地产成交额按照保守的5倍计算,杠杆成交金额超2500亿元。房地产杠杆总体低于发达国家;"疯牛",脱离基本面加速上涨。(4)避免悲剧重演。地产泡沫过高将降低一国实体经济竞争力,地产泡沫崩溃将引发经济金融危机。当前中国房地产市场泡沫跟1991年日本房地产市场大泡沫和2015年中国股市大泡沫有很多相似之处,同时也具备1974年日本房地产市场的很多特征和消化空间。我国住宅投资已告别高增长时代,房地产政策应适应"总量放缓、结构分化"新发展阶段特征,避免货币超发引发资产价格脱离人口、城镇化、经济增速等基本面的泡沫风险,尽快建立长效机制。

近年来关于"保汇率还是保房价"的讨论增多,房价和汇率之间的逻辑关系及影响机制是什么?我们研究了三个国家/地区应对汇率变动的不同方式,以及随后房价的变化(参见本书第七章《保房价还是保汇率:来自俄罗斯、日本和东南亚的启示》,任泽平、卢亮亮):2014年俄罗斯模式(弃汇率、保房价)、1991年日本模式(保汇率、弃房价)以及1997年东南亚模式(汇率和房价都未保住)。通过对三种模式的分析,展望未来中国房价和汇率之间的关系及走势。研究发现:(1)保房价还是保汇率这一现实命题涉及购买力平价理论、资产组合理论和不可能三角理论。(2)实体经济回报率是支撑汇率和房价的根基。1997年前后的东南亚和 2014 年的俄罗斯均面临实体经济回报率的下降,使得汇率面临贬值压力,房价泡沫缺乏居民收入支撑而更多地呈货币金融现象。1985—1991 年日元升值过快以及房地产泡沫过大导致实体经济企业外迁。(3)"保房价还是保汇率"这一选择题的存在,说明房价和汇率之间存在定价错误和套利机会,必须要进行修正,否则面临持续的资本出逃。比如 1990 年前后日本的案例中房价存在高估、汇率存在低估,1997 年前后东南亚的案例中房价和汇率都存在高估,2014 年俄罗斯的案例中汇率存在显著高估。东南亚和俄罗斯汇率高估的根源是实体经济回报率下降和前期货币超发推高国内资产价格泡沫,日本当年汇率低估主要是 20 世纪 80 年代没有顺势贬值以及1985—1990 年贬值过快。(4)在"保房价还是保汇率"之间的选择,实际上是内部目标和外部目标之间的权衡,三大案例表明,为保汇率而收紧货币金融条件增加了国内资产价格的压力,而弃汇率则国内资产价格表现较好。比如 1990 年前后日本由于受美国挟持,为保汇率而选择收紧国内货币金融条件,导致股市、房市崩盘;1997 年前后东南亚国家由于有大量对外负债而被迫保固定汇率制,结果国内金融条件收紧、资本出逃以及汇率和房价双失守;只有 2014 年的俄罗斯主动选择大幅贬汇率,国内房价震荡走高。(5)在金融自由化和资本账户开放的情况下,会放大国内经济结构不合理和金融体系不健全的风险暴露。根据不可能三角,资本自由流动、汇率稳定和货币政策有效性三者不可能同时兼顾。对于俄罗斯和东南亚"四小虎"这些经济结构单一、金融体系尚不健全的地区而言,资本项目的完全放开具有相当大的风险。在内外部流动性充裕时,如果该国实体经济的回报率不高,资本会进入房地产等资产领域进行投机;而当流动性逆转时,由于资本项目的开放,资金可以在毫无障碍的情况下逃出去,加速货币贬值。(6)在三种模式下,房价走高都是汇率升值预期导致国内流动性过剩引起的。俄罗斯在 2003 年后卢布随着大宗商品价格走强而开始缓慢连续升值,国际资本蜂拥而入,加上国内基准利率连续下调,房地产价格上升。日本则在签订《广场协议》后为了避免日元升值对国内经济的负面影响而持续大幅降息。1991—1996 年东南亚各国在金融自由化下国际资本大幅流入。在实体回报低迷的情况下,日本和东南亚各国的过剩流动性涌入资产领域,推升股市、房市价格。(7)三种模式下,政府和央行干预的对象都是汇率,房价的变动则是应对汇率变动的结果。俄罗斯单一的产品结构和薄弱的外储规模决定了俄罗斯央行无法对抗国际资本外逃和能源价格下跌引发的卢布贬值。在连续提高基准利率失效的情况下,俄罗斯放弃干预卢布汇率,大幅贬值。房价则在俄罗斯央行连续 5 次下调基准利率的情况下维持了震荡上行的走势。日本错误的估计了日元升值的不利影响而连续宽松货币,导致了严重的资产价格泡沫。在泡沫不断膨胀的压力下,日本政府采取了严厉的行政措施和紧缩性货币政策主动挤泡沫,导致了房地产价格的暴跌。东南亚各国在巨量的外债和国际投资者的做空压力下,一开始试图守住固定汇率,为了避免大量资本外逃和提高做空成本,各国纷纷提高利率,在国外流动性流失和国内紧缩性政策的双重挤压下,汇率失守,房价暴跌。(8)作为大国开放经济体,中国如果面临"保汇率还是保房价"选择时,可能首先考虑国内目标,同时加快供给侧结构性改革推动经济成功转型,则是汇率和房价稳定的基础。中国既不像 1997 年前后的东南亚那样有大量的对外负债,也不像 1985—1991 年的日本那样被美国挟持,在面临"保汇率还是保房价"选择时,可能会以国内经济金融稳定为首要目标,不太可能以牺牲国内目标来保汇率。同时也需要警惕,在改革转型面临阻力时,中国公共政策可能倾向于放松货币信贷刺激房地产来稳定短期经济,这将增加房地产泡沫、汇率贬值压力、产业空心化风险以及经济金融杠杆。面对结构性和体制性问题,中国经济的出路在供给侧改革破冰攻坚,这是化解一切风险的根基。

四、如何促进房地产健康发展？短期调控，长效机制

纵观全球，很少有国家可以保持房价长期稳定，但德国却"独善其身"。从 1977 年至今，德国人均收入增长约 3 倍，但同期名义住房价格仅上涨约 60%，房价收入比较低，这提高了民众的幸福度，也成就了"德国制造"。全球各国普遍受诱惑刺激房地产泡沫，而泡沫崩溃又带来沉重代价，比如 1991 年日本房地产泡沫和 2008 年美国次贷危机，唯有德国没有出现过严重的房地产泡沫和危机。德国房价为何长期稳定？对我们有哪些启示？（参见本书第八章《德国房价为什么长期稳定、在全球独善其身?》，任泽平、甘源），研究发现：(1)德国长期实行以居住导向的住房制度设计，并以法律形式保障。德国政府始终把房地产业看作是属于国家社会福利体系的一个重要组成部门，没有过多地强调其"支柱产业"的地位。政府重视发展高附加值和技术密集型的汽车、电子、机械制造和化工等产业，成就"德国制造"。德国的《住房建设法》《住房补助金法》《住房租赁法》和《私人住房补助金法》分别为社会保障住房供给、中低收入的房租补贴、租赁市场的规范和私有住房提供了法律框架，被称为德国住房政策的"四大支柱"（陈洪波、蔡喜洋，2015）。(2)充足稳定的住房供给，规范发达的租赁市场，住房拥有率低、租房比例高。经过战后重建，到 1978 年，德国平均每户家庭有 1.21 套住房，长期的住房紧张问题得到缓解。德国政府大力推动廉价住房，同时支持建设福利性公共住房，政府根据家庭人口、收入、房租给予居民房租补贴，确保每个家庭有足够的租房支付能力，86% 的德国人可以享受不同额度的租房补贴。保护承租者的租赁市场，德国《住房租赁法》规定房租涨幅不能超过合理租金的 20%，否则房东就构成违法行为，房客可以向法庭起诉；如果涨幅超过 50%，就构成犯罪。住房拥有率较低，租房比例较高，德国的住房拥有率平均

一直在 40% 多,有一半多的家庭均通过租房解决住房问题。(3)严厉遏制投机性需求和开发商暴利行为,保持合理稳定的住房投资回报率。德国先后出台了多项严厉遏制住房投资投机性需求和开发商获取暴利行为的政策。在住房交易中,若未满 10 年出售,需缴纳 25% 的资本利得税。如果开发商制定的房价超过合理房价的 20%,购房者就可以向法庭起诉。如果超过 50%,就定性为"获取暴利",开发商将面临高额罚款和最高三年徒刑的严厉惩罚。德国住房市场具有较为稳定的投资回报率,长期稳定在 4%—5% 之间。(4)货币政策首要目标是控通胀,物价长期平稳。德国联邦银行长期实行稳健的货币政策,通货膨胀水平长期维持在较低水平,CPI 基本控制在 2% 以内。德国央行的这一传统也在欧洲央行中得以传承。(5)实行长期稳定的房贷政策。德国实行"先存后贷"合同储蓄模式和房贷固定利率机制,为稳定购房者预期和房价水平提供制度保障。德国对住房储蓄业务实行严格的分业管理,购房者不会受到国家宏观调控政策特别是货币政策变动的影响,也不受通货膨胀等利率变动的影响。第一,德国居民要得到住房储蓄银行的购房贷款,必须在该银行存足相应款项,一般是存款额达到储蓄合同金额的 50% 以后,住房储蓄银行才把合同金额付给储户。第二,存贷利率固定不变。存贷款利率分别是 3% 和 5%,抵押贷款固定利率期限平均为 11 年半。(6)德国的城市体系是多核心且均衡发展。据 2006 年德国官方数据显示,德国有 11 个城市群,人口占比 71.98%,GDP 占比 73.14%。德国城市可以均衡化发展很大程度上源于差异化的特殊产业集群,如图特林根地区的医学技术研发区、科隆的展览区、法兰克福的金融服务区等。合理的城市布局,使大多数德国居民分散在众多中小城市里。

1998 年房改释放了中国房地产市场的洪荒之力。过去 20 年,一方面,房地产业迅猛发展成为支柱产业,对国民经济产生了巨大的带动作用。另一方面,房地产调控在稳增长和控房价之间几经反复,先

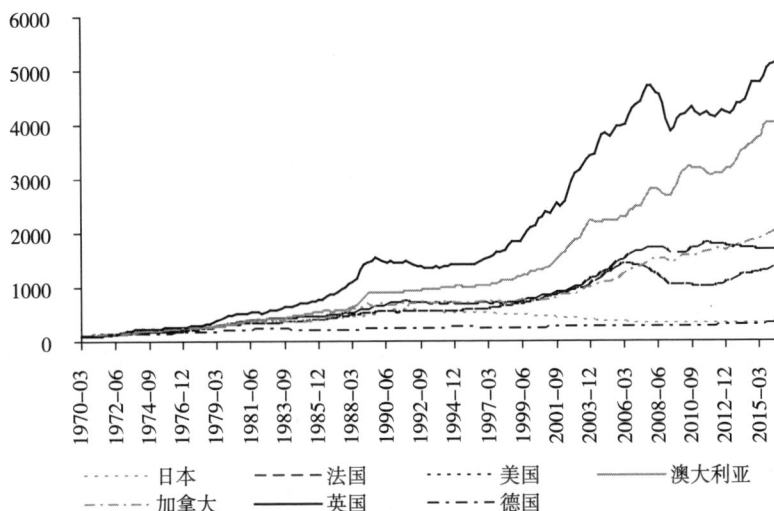

图 0-18　主要发达国家的名义住房指数变化对比图

注:以 1970 为 100,季度数据。
资料来源:世界银行,方正证券。

后动用了货币、信贷、税费、土地等各种政策工具,但房价越调越涨,北上深一线城市房价排在全球前列。在"房子是用来住的、不是用来炒的"新定位下,我们回顾历次房地产调控的背景、措施、效果,并反思经验教训(参见本书第九章《中国房地产调控二十年:问题、反思与抉择》,夏磊、任泽平、甘源、黄什)。研究发现:(1)过去 20 年六个调控阶段和两个调控目标。房地产调控的目标只有两个:避免过热和防止过冷。1998—2001 年,应对亚洲金融风暴,房改启动住房消费需求,推动住房分配从实物转向货币化、住房信贷、土地招拍挂等改革;2002—2007 年,房地产从出现过热苗头,到上涨压力巨大,政府先后出台调整土地供应、调节市场、信贷结构和开征交易税费等措施;2008—2009 年,国际金融危机爆发,为保经济增长、避免房地产市场下滑,政策开始转向刺激住房消费,推出信贷支持、增加保障房供应和税收减免政策;2010—2013 年,房地产市场强势复苏,平衡"保增长"和"遏制房价上涨",在土地供应、市场结构、税收和信贷调控基础上,全面祭出限购措施;2014—2016年9月,中国经济进入新常态,在稳增长和去库存目标下,出台四轮刺激政策,主要是放松限购限贷,加强信贷支持和税收减免,热点城市房价暴涨;2016年9月至2017年,政策转向"防风险",政策长短结合,短期依靠限购限贷,长期寻求建立长效机制。(2)调控的政策工具及效果。①货币政策直接影响购买力。房地产短期看金融,首付比例和贷款优惠利率直接决定房地产购买意愿和购买力。货币超发或收紧,冲击资产配置需求。②财税政策直接影响市场供应。税收政策直接影响房地产交易量,营业税、个人所得税、契税的优惠减免,对增加房地产供应有直接影响。土地增值税的征收和计算,也直接影响开发商的推盘节奏。③土地政策对不同城市效果不同。在三四线城市土地大量供给的同时,部分一二线城市甚至面临无地可卖的境地。④"限购"等行政措施短期影响直接。短期限购政策对房地产成交量影响显著,但是也导致"假离婚"等社会问题。且限购一取消,房价将迅速上涨,并未解决根本问题。(3)历次房地产调控的反思:重短期调控,轻建立长效机制,所以调控效果经常反复;重抑制需求,轻增加供给;经常使用行政手段,市场机制不完善;货币超发使得房地产越来越货币金融化,而脱离居住属性和居民收入基本面;土地收入是地方财政的保障,同时也成为了高房价的推手。

房产税是长效机制的重要支柱,但喊了十多年"狼来了",房产税和不动产联网却迟迟未推出。房产税是否有可能在短期推出?时机合适吗?房产税真的能有效抑制房价吗?我们的研究发现(参见本书第十三章《房产税会推出吗?——从历史和国际视角推断》,夏磊、任泽平、黄什、甘源):(1)从国际经验看,国内房地产税改革具有必要性和急迫性。房产税通常被成熟市场经济体作为地方财政收入的重要和稳定来源。随着存量房时代下土地出让金减少、交易环节税收减少,作为保有环节税收——房产税改革的紧迫性上升。当前中国房地产税负结构呈"重增量轻存量、重建设交易轻保有"的特征;房地产行业税负远高于全国整体水平。房地产税改革是对各环节税赋调整,若对居民住房开征房产税,则应相应减少交易环节税负;同时,简并税种、优化税收结构,为房地产税替代土地出让收入创造条件。(2)预计个人住房房产税短期内难以推出。主要有四个原因:一是6大前提条件尚不具备,包括开展全国的住房普查、建立全国统一的不动产登记系统、统一界定房屋性质等。二是短期难以替代土地财政:由于较高的豁免设置、较低的累计税率设置、大量房产难以统计和确权、真实城镇化率较低等因素,即使开征个人住房房产税,短期内也难以替代土地出让收入。三是无论是从国外还是重庆、上海试点看,房产税均不是稳定房价的有效手段。从国外房产税实践经验来看,房产税能作为地方财政收入的重要来源,但对房地产市场调控的效果均不理想。四是无助于降房价,不利于去库存:在一线和强二线城市由于供不应求,一致性预期下房产税转嫁,会推高房价和房租;在三四线城市,房产税将抑制改善性和投资性需求,仅剩城镇人口增加和棚改动迁两个途径去库存。(3)中国房产税历史和效果。目前按1986年《中华人民共和国房产税暂行条例》征收房产税。由于征税对象范围窄、税基偏小,目前房产税收入在地方财政税收收入中占比有限,2007—2015年维持在3%左右。2010年国务院和财政部三次发文,推进个人住房房产税改革。2011年上海和重庆率先试点改革,并未获得可观财政税收,也未对房地产市场形成有效调节。此后个人住房房产税试点陷入停滞。

在货币超发、土地财政、人地分离、中小城市化战略等因素作用下,中国房价尤其一二线城市房价呈脱离基本面的泡沫化趋势,房地产泡沫具有十分明显的负作用:房价大涨恶化收入分配,增加了社会投机气氛并抑制企业创新积极性;房地产具有非生产性属性,过多信贷投向房地产将挤出实体经济投资;房价过高增加社会生产生活成本,容易引发产业空心化;房地产泡沫破裂对经济和社会影响深远。

促进房地产持续健康发展,关键是从短期调控到长效机制,从限制需求转向供给侧改革。（1）适应房地产新发展阶段特征。住房市场具有非常明显的阶段性特征，增速换挡期，住宅投资从高速增长步入平稳或下降状态，从数量扩张步入质量提升，从总量扩张步入"总量放缓、区域分化、人口继续向大都市圈迁移"。房地产政策应适应新发展阶段的特征，避免寄希望于刺激房地产重归高增长轨道，否则将形成泡沫酝酿金融危机，日本在1969—1973年、韩国在1992—1996年都曾犯过类似的错误。新阶段的房地产政策应注重提高住房质量、改善人居环境、提高住房成套率，更注重区域差异。（2）建立居住导向的比较完善的住房法律体系（邵挺，2012）。通过法律形式明确以居住为导向的住房制度设计，建立遏制投资投机性需求的长效机制是德国的主要经验，对中国有很大的启示。我国在《城市房地产管理法》基础上，应抓紧起草《住宅法》《住房租赁法》和《住房保障房法》等各项专门法律，构建完整的住房法律体系。借鉴德国经验，法律首先要明确住房的居住属性，"房子是用来住的，不是用来炒的"，强化对市场投机性需求和开发商"囤地""囤房"等扰乱市场正常秩序行为的法律约束和处置。其次，要构建租户和购房者利益维护机制。对房东和开发商短期内过快提高租金和房价的行为，法律要明确严厉的处罚措施，以法律形式遏制漫天涨价行为。同时，要建立独立的房地产价格评估机制，对不同地段、不同类型的住房必须定期制定详细的基准价格作为执法依据。（3）实行长期稳定的住房信贷金融政策。从国际经验看，首付比例和贷款利率变动对购房者支付能力影响很大。购房需求容易受到房贷政策影响而出现集中爆发现象，短期内易推动房价过快上涨。建议研究和探索居民购房时的首付比例和贷款利率固定或两者反向变动的房贷政策，以稳定购房者预期，避免购房需求短期内提前释放。为减少通胀水平对贷款利率的影响，中长期可考虑成立专门的住房储蓄银行，通过与通胀水平挂钩，使真实贷款利率长期不变。（4）逐步建立城乡统一的建设用地市场和住房发展机制。建立城乡统一的建设用地市场是中共十八届三中全会提出的任务。在符合规划和用途管制的前提下,应允许农村集体建设用地以出让、租赁等方式,与国有土地同等入市、同价同权,增加住宅用地供应主体,提高重点城市土地供给弹性。2015 年开始,全国人大常委会授权国务院在全国 33 个县市区组织开展农村土地征收、集体经营性建设用地入市和宅基地管理制度改革试点,试点将在 2017 年底结束;《土地管理法》修改已列入十二届全国人大常委会立法规划,有望在 2018 年推动。推动"多规合一"试点,逐步把农村集体建设用地的建成区,以及一些城中村,纳入城镇化规划,统一建筑标准、基础设施标准和住宅与商业发展规划。(5)改变"控制大城市人口、积极发展中小城市和小城镇、区域均衡发展"的指导思想,确立城市规划的大都市圈战略导向,推进人地挂钩。人口向大都市圈迁移是城市化第二阶段的基本趋势,大都市圈相比中小城市和小城镇更节约土地、更节约资源、更有规模效应、更有活力,大力解决人地分离、供需错配的矛盾,增加大城市建设用地,优化城市工业用地、住宅用地和商业用地结构。完善大都市圈的城市规划、产业布局和轨道交通。(6)实行跨省的耕地占补平衡和城乡用地增减挂钩。长期以来,耕地占补平衡政策和城乡建设用地增减挂钩政策多局限在县域、地级市范围内,至多省域范围内,这严重限制了土地资源在全国范围内的优化配置,限制了东部地区的建设用地供给,特别是一线和热点二线城市的建设用地供给。当前耕地占补平衡政策已从早期的数量平衡发展到数量—质量—生态平衡,这意味着只要严格执行该政策,被占用的优良耕地可以得到补充平衡。并且,只要价格合理,当前日益进步的农业技术大多可以逐渐改良补充耕地质量。同时,探索并推行中西部地区外出农民工大省与东部地区农民工接收大省之间的城乡建设用地增减挂钩政策。2017 年 1 月,《中共中央国务院关于加强耕地保护和改进占补平衡的意见》发布,其中一个亮点是"以县域自行平衡为主、省域内调剂为辅、国家适度统筹为补充,落实补充耕地任务"。(7)逐步推动土地财政向房产税的转型。推动不动产联网和房产税立法,保障税基广泛、税源透明、税率公平。不动产实名制和房产税不仅是财税改革的重要内容,而且是现代国家治理的制度基石。

第一篇

房地产周期的基本规律与国际经验:一线房价只涨不跌的神话

第一章　中国房地产周期研究

[本章要点]

作者曾在2014—2015年提出三大预测:经济"新5%比旧8%好"、A股"5000点不是梦"、房市"一线房价翻一倍"。三大预测先后验证,2015—2016年一线城市房价暴涨。

"房地产是周期之母"、"十次危机九次地产",房地产对经济和资本市场影响深远。

本章作者提出一个分析框架:"房地产周期长期看人口、中期看土地、短期看金融",影响房地产周期的因素包括经济增长、收入水平、城市化进程、人口数量和结构、人口迁移等长期变量,也包括利率、抵押贷首付比、税收等短期变量,还包括土地政策等中期变量。人口、金融均属需求侧因素,土地则属于供给侧因素,人口、土地、金融综合决定房地产周期。长期看人口,后房地产时代的典型特点是"总量放缓、结构分化",人口迁移边际上决定不同区域房市,根据国际经验,人口将继续往大都市区迁移聚集。中期看土地,从供地到开发商拿地,到开工,再到预售或竣工待售形成住房供给,存在2年左右的时滞,土地政策直接影响房地产供给。在人口大都市圈化背景下,土地错配必然导致一二线城市高房价、三四线城市高库存。短期看金融,由于利率、抵

47

押贷首付比、税收等短期变量引发的波动,通过改变居民的支付能力和预期使得购房支出提前或推迟。本文采用上述分析框架研究了房地产周期的国际案例、中国历史及政策工具传导机制。

房地产对经济和资本市场影响深远,经济史上有名言:"房地产是周期之母""十次危机九次地产"。房地产周期缓慢、持久且振幅很大,在向上时具有很强的带动力,在反转向下时势大力沉。同时,房地产长周期拐点和人口周期拐点一起成为引发德日韩台等经济体增速换挡的重要驱动力。

■ 第一节 房地产周期的决定因素:长期看人口、中期看土地、短期看金融

房地产包括住宅和商业地产,其中以住宅为主,住宅和商业地产的周期具有一致性。房地产兼具消费品属性(居住需求,包括首次置业的刚需和第二次置业的改善性需求)和金融属性(投资或投机性需求,在价格的博弈中获得价差,并且可以加杠杆)。影响房地产周期的因素包括经济增长、收入水平、城市化进程、人口数量和结构等长期变量,也包括利率、抵押贷首付比、税收等短期变量,还包括土地政策等中期变量。因此,房地产周期可以分为长中短周期,长期看人口,中期看土地,短期看金融。从房地产的供需角度看,人口、金融均属需求侧因素,土地则属于供给侧因素,人口、金融、土地综合决定房地产周期。

衡量房地产周期的指标包括销量、价格、开发商资金来源、土地购置、新开工、投资、库存等,衡量房地产市场泡沫化程度的指标包括房价收入比、租金回报率、空置率等。

一、长期看人口

房地产周期在很大程度上也是人口周期的一部分。人口影响房

地产市场的逻辑是:首先,在房地产周期的左侧,人口红利和城乡人口转移提升经济潜在增长率,居民收入快速增长,消费升级带动住房需求;20—50岁置业人群增加(20—35岁首次置业,35—50岁改善型置业),带来购房需求和投资高增长;高储蓄率和不断扩大的外汇占款,流动性过剩,推升房地产资产价格。其次,在房地产周期的右侧,随着人口红利消失和刘易斯拐点出现,经济增速换挡,居民收入放缓;随着城镇住房饱和度上升,置业人群达到峰值,房地产长周期拐点到来;随着房地产黄金时代的结束,后房地产时代的典型特点是"总量放缓、结构分化",人口迁移边际上决定不同区域房市,根据国际经验,人口将继续往大都市区迁移聚集。

根据典型工业化经济体房地产发展的经验,其发展过程中具有明显的阶段性特征:

第一,高速增长期和平稳或下降期。在经济高速增长、居民收入水平快速提高、城镇化率快速上升的阶段,房地产销量和投资处于高速增长期,并与上述变量呈显著的正相关性,房价上涨有长期基本面支撑。当进入经济增速换挡、城镇化率放缓阶段,大部分人群的住房需求基本得到满足,大规模住宅建设高潮过去并转入平稳或者下降状态。住房开工量与经济增速以及城镇化水平的关联度下降,而与每年出生人口数量以及有能力、有意愿购买住房的适龄人口数量的关联性更强,房价受居民收入和利率政策影响较大。比如,20世纪五六十年代西方国家出现的婴儿潮,以及成功实现追赶之后日本社会的低生育率和老龄化,都对各自的住宅发展产生了显著的影响。

第二,数量扩张期和质量提升期。初期,住房饱和度不高,住宅开工高速增长,以满足居民快速增长的最基本的首次置业居住需求;随着住房趋于饱和(比如城镇户均一套),居民对住宅质量、成套率、人居环境等改善性需求的要求提高。

第三,总量扩张期和"总量放缓、区域结构分化"期。综合典型国家城镇化过程中人口区域分布结构和经济发展阶段、产业结构的关系来看,人口空间的分布大体上经历了三个阶段。第一个阶段,人口从农村向城市转移,不同规模的城市人口都在扩张,而且在总人口当中的占比均在上升。这一个阶段和经济快速增长、制造业快速发展相关,而城镇化率还没有达到 55%。第二个阶段主要是郊区化,一些中小型城市增长放缓,而大都市圈人口比重继续上升,这一阶段伴随着制造业的绝对衰退、服务业的相对发展。对应的城镇化水平大致在55%—70%之间。第三阶段则是城镇化率超过 70% 以后,人口继续向大都市圈集中,中小型城市的人口增速缓慢。这一时期人口的聚集,与服务业比重占据主导之后经济和公共资源聚集程度的进一步提升有很大关系。

二、中期看土地

金融、人口因素影响房地产需求,而土地因素则决定房地产供给。由于从供地到开发商拿地,到开工,再到预售或竣工待售形成住房供给,存在 2 年左右的时滞;并且,土地供给政策还可能通过预期传导直接影响当期房地产市场。因此,土地因素对房地产周期的影响主要在中期,介于人口因素和金融因素之间。

国内外普遍经验表明,土地供给对一个地区房地产市场波动影响显著。德国房价之所以波动较小、长期稳定,一个重要原因就是住房供给稳定充足,1978 年住房套户比达 1.21。在日本,除货币宽松外,1985—1991 年房地产泡沫产生的另一个重要原因是土地投机过度、供给不足,而政府对此未能有效干预。在美国,2000—2006 年,严格土地供给城市的房价年均涨幅约为弹性土地供给城市的 2 倍左右(张智,2009)。

在中国香港,1985 年港英政府出台了"每年供地规模不超过 50 公顷"的政策规定,这是 1985—1994 年间香港房价较快上涨的重要原因之一。2004—2011 年间的住房价格大幅上涨,也与当时出台"2002 年取消拍卖土地,暂停'勾地'一年,直至 2004 年 5 月再作土地拍卖"的政策规定密切相关。两年停止供地计划必然加剧了未来住房供给的短缺。2011 年和 2012 年香港房价快速上涨,与前期土地供应量不足也有密切关系。2008—2009 年,新增住宅用地只有 0.019 公顷。2010年香港仅有约 19800 个住宅单位建成,不到 2000 年的四分之一。

在中国内地,2015—2016 年一线和部分二线城市房价暴涨、部分三四线城市涨不动,则与土地资源错配有关。由于推行控制大城市规模、重点发展小城镇、区域均衡发展等城镇化战略,一线和部分二线城市建设用地规模被严格控制,而三四线城市土地供给偏多。在人口大都市圈化背景下,土地错配必然导致一二线城市高房价、三四线城市高库存。具体来看,2012 年一线城市土地供应偏少,引起 2013 年房价大涨;2014—2016 年土地供应偏少,引起 2015—2016 年房价大涨。每次限制土地供给均为下一次报复性上涨埋下伏笔。

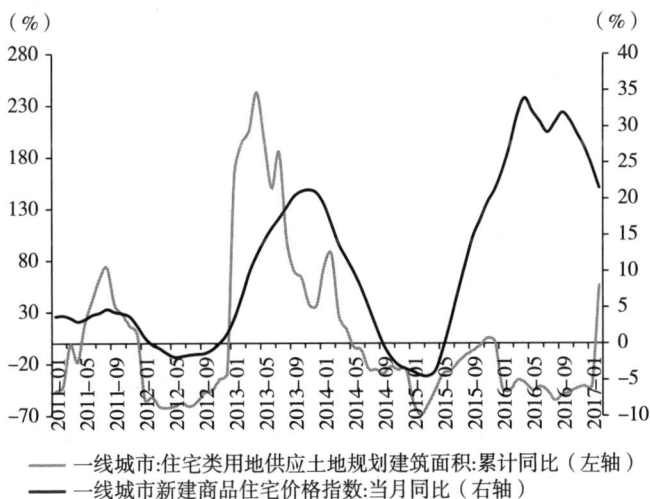

一线城市:住宅类用地供应土地规划建筑面积:累计同比（左轴）
一线城市新建商品住宅价格指数:当月同比（右轴）

图 1-1　一线城市土地供应与房价增速

资料来源:Wind,方正证券。

三、短期看金融

住房市场受政策变化影响较大,其中,住房金融政策对典型经济体住房市场的短期波动影响最为显著。房地产短周期是指在长周期趋势背景下,由于利率、抵押贷首付比、税收等短期变量引发的波动,通过改变居民的支付能力和预期使得购房支出提前或推迟。比如,如果政策为刺激房地产,下调利率和抵押贷首付比,将提高居民支付能力,通过鼓励居民加杠杆来透支住房需求;如果政策为抑制房地产,则可以采取提高利率和首付比操作,以降低居民支付能力并延迟住房消费。与长周期不同,短周期不改变房地产运行的长期趋势。

由于商品房具有消费升级属性,且产业链条长,因此,房地产市场的销量、土地购置和新开工投资是重要的经济先行指标。一轮完整的房地产短周期为:政策下调利率和抵押贷首付比,居民支付能力提高,房地产销量回升,商品房去库存,供不应求,开发商资金回笼后购置土地,加快开工投资,房价上涨,商品房作为抵押物的价值上涨会放大居民、开发商和银行的贷款行为;当房价出现泡沫化,政策上调利率和抵押贷首付比,居民支付能力下降,房地产销量回落,商品房库存增加,供过于求,开发商资金紧张,放缓购置土地和开工投资进度,房价回落,商品房作为抵押物的价值缩水会减少居民、开发商和银行的贷款行为。在这个过程中,情绪加速器、抵押物信贷加速器等会放大房地产短周期波动。

美国经验表明住房金融政策与住房市场波动密切相关。上一轮美国房地产泡沫开始于 2001 年美联储的低息政策刺激:2001—2003年,美联储连续 13 次降息,累计降息 5 个百分点。至 2003 年 6 月,基准利率降至 1.00%,美联储的低息政策一直延续到 2004 年上半年。在此期间过低利率刺激抵押贷款大幅增加,从而造成了房地产泡沫。随后美联储的连续加息则刺破了美国房地产泡沫。2004—2006 年,美联储连续加息 17 次,累计加息 4.25 个百分点,直至 2006 年 6 月基准利率升至 5.25%;而美国标准普尔/CS10 个大中城市房价在 2006 年 6 月到达历史高点之后开始连续下跌,说明美联储加息政策是刺破美国房产泡沫的主要原因。

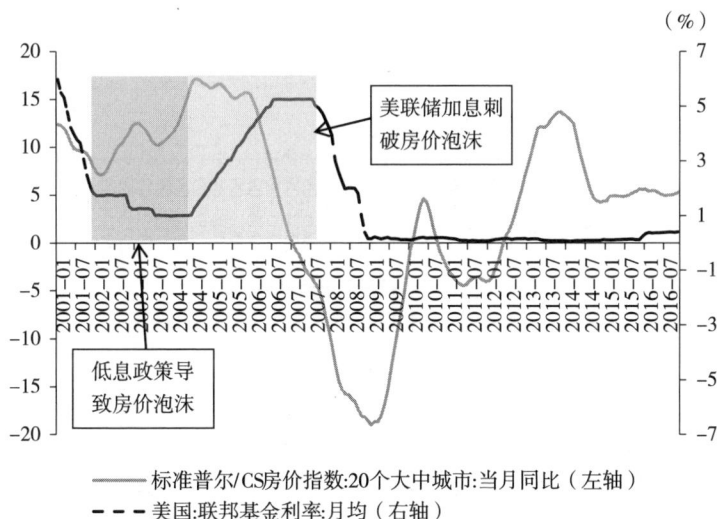

图 1-2　美国房地产价格波动与联邦基金利率

资料来源:Wind,方正证券。

日本经验同样表明住房金融政策与住房市场波动密切相关。日本的房地产泡沫与日本央行的下调利率有密切关系:1986—1987 年,日本央行连续 5 次降息,把中央银行贴现率从 5% 降低到 2.5%,不仅为日本历史之最低,也为当时世界主要国家之最低,日本央行维持低息政策长达两年之久。低息政策促进了房地产市场的空前繁荣,反映在土地价格的迅速上涨上。与美国相同,日本央行随后的加息刺破了日本房地产泡沫:1989 年 5 月 31 日,日本央行加息 0.75 个百分点;此后的 15 个月内,日本央行再度 4 次加息,将贴现率提高到 6%,连续加息对日本房地产市场造成了巨大打击,东京圈城市土地价格开始了长达 15 年的持续下跌。

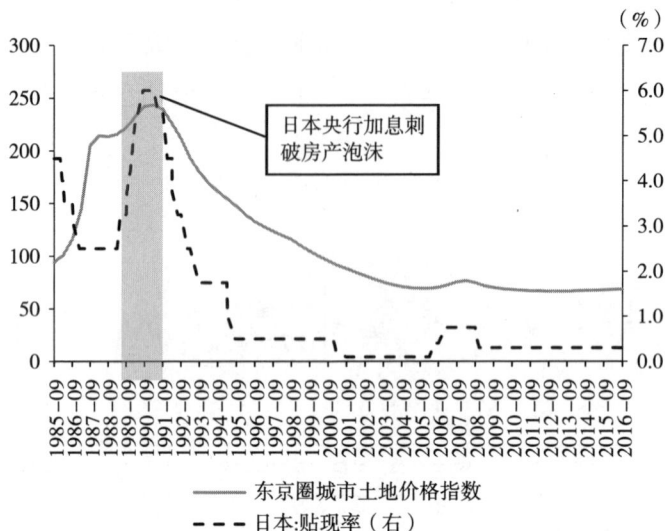

图 1-3　日本房价波动与利率

资料来源：Wind，方正证券。

　　从国内的经验来看，金融政策对国内房地产市场的影响同样非常显著。例如，1993 年我国央行大幅加息是海南房地产泡沫破裂的重要因素。作为当年宏观调控的 16 条措施之一，1993 年 5 月 15 日和 7 月 11 日，央行两次分别加息（一年期贷款利率）72 个基点和 162 个基点，累计加息 234 个基点。央行大幅加息导致海南房地产泡沫破裂，烂尾楼、积压房地产大量增加。据《财经》杂志 2007 年文《上世纪 90 年代海南房地产泡沫警示》，当时海南省"烂尾楼"高达 600 多栋、1600 多万平方米，闲置土地 18834 公顷，积压资金 800 亿元，仅四大国有商业银行的坏账就高达 300 亿元。

■　第二节　房地产长周期的阶段性特点：理论逻辑与
　　　　　　国际经验

　　房地产周期长期看人口，本节将重点研究经济增长、居民收入、城镇化率、产业结构、人口迁移等对房地产长周期发展阶段的影响,探索长期趋势、阶段特征、内在逻辑和国际经验。

一、在房地产市场发展初期,住宅开工数量的推动因素主要来自经济高速增长、居民收入水平快速提高、城镇化率快速上升

在房地产市场发展初期,推动因素主要来自经济高速增长、居民收入水平快速提高、城镇化率快速上升,新增大量买房需求的同时,居民购房支付能力快速上升。

美国第二次世界大战后经济高速增长,并叠加 1946—1964 年第一次婴儿潮影响,住宅开工数量大幅上升,从战前的年均不足 50 万套大幅上升至战后的年均 100 万套以上,到 20 世纪 70 年代住房开工量达到 170 万/年的水平。之后,住房发展基本稳定下来,并且和人均GDP、城镇化水平的关联度不再明显,更多地受人口出生数量和适龄购房人口数量影响。1960 年美国城镇化率已经高达 70%,2010 年80.7%,进程缓慢。

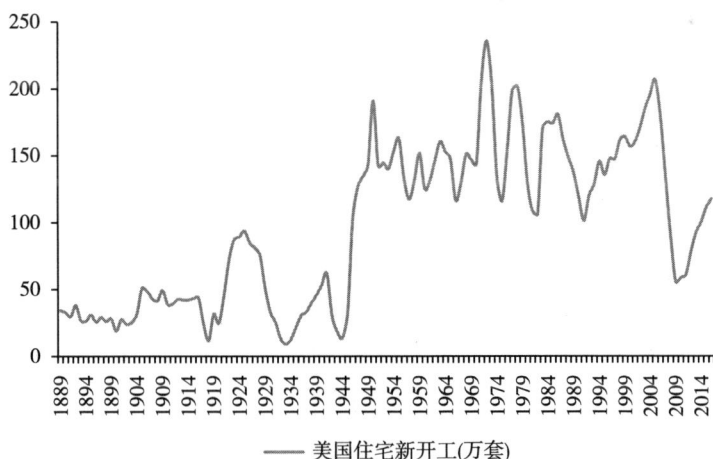

——美国住宅新开工(万套)

图 1-4　美国住宅开工量

资料来源:U.S.Census Bureau,方正证券。

日本在第二次世界大战后实现了二十多年的经济高速增长。其中,1960—1973 年期间 GDP 年均增长速度达到了 9.9%,人均 GDP 从 3986 美元增加到 11434 美元(1990 年购买力平价美元,下同),城镇化率从 63% 上升到 74%。住宅建设随着经济高速增长和城镇化水平快速推进而迅速上升。整个 20 世纪 50 年代,日本每年新开工建设的住宅数量平均不足 30 万套,1960 年以后加速上升,到 1973 年经济高速增长阶段基本结束时已经升至 176 万套。1973 年之后,日本经济增速和城镇化进程明显放缓,住宅新开工增速相应下降,每年开工量基本维持在 140 万套左右。在日本高速增长的阶段(1948—1973 年之间)人均 GDP 水平或城镇化率与住宅开工量呈现明显的正相关关系。

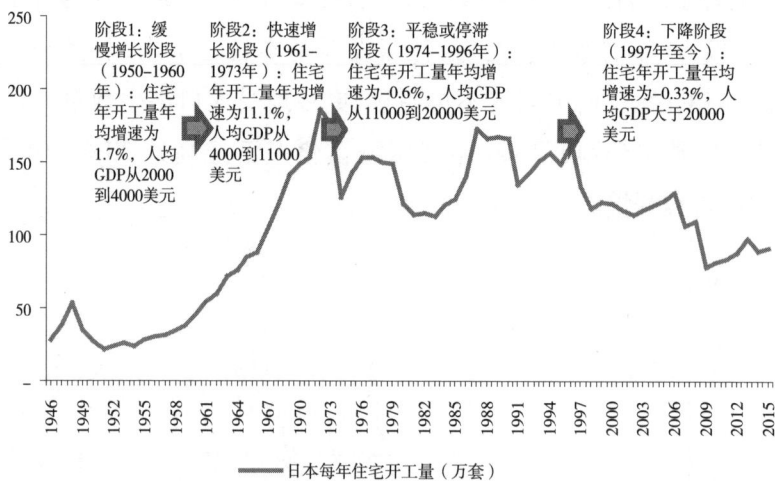

图 1-5　日本住宅开工量

资料来源:CEIC,许伟(2013),方正证券。

二、在房地产市场发展后期,住宅开工数量的推动因素主要来自人口出生数量和适龄购房人口数量

随着经济增速和城镇化进程放缓,住宅开工数量从高速增长期转入平稳或下降通道,驱动因素越来越受人口出生数量和适龄购房人口

数量影响。统计表明,人口出生数量领先住宅开工数量 20 年左右,20—50 岁是住宅消费主力人群和购房适龄人群。

美国、日本、中国等普查数据表明,20—50 岁是住宅消费主力人群和购房适龄人群,尽管三个国家发展阶段、模式、文化等都存在差异,这符合消费生命周期理论。自住购房的需求主要来自于两个年龄段,一是 20—34 岁的青年人群为了结婚而产生的首次置业需求,二是 35—50 岁人群为了改善居住环境所产生的改善性需求。20 岁以下的人群对住房需求的迫切性不高以及自身收入水平偏低,拥有住房比例较低。随着年龄、受教育水平、劳动技能和收入水平增长,拥有住房比例不断提高。到50 岁左右,拥有住房的比例逐步稳定下来,65 岁以后甚至出现下降,这可能与老年人开始将资产(包括房屋)出售用于消费有关系。

美国相关研究显示,大多数美国人 18 岁进入大学,22 岁开始工作,26 岁为平均结婚年龄,大多数在 30 岁前有小孩,首次置业则从 20岁开始,35 岁趋近高峰;随着小孩逐渐长大,35—42 岁开始二次置业的高峰;50 岁左右富裕的家庭在度假和旅游地区第三次置业。图 1-6总结了美国房地产的消费生命周期:

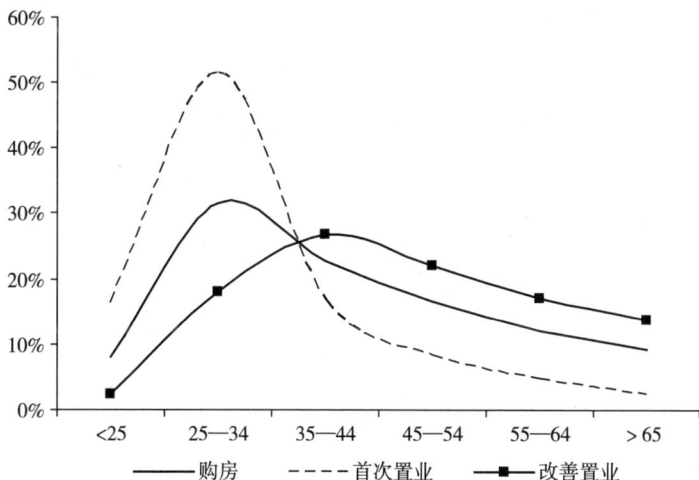

图 1-6　美国购房人群年龄分布

资料来源:Wind,方正证券。

57

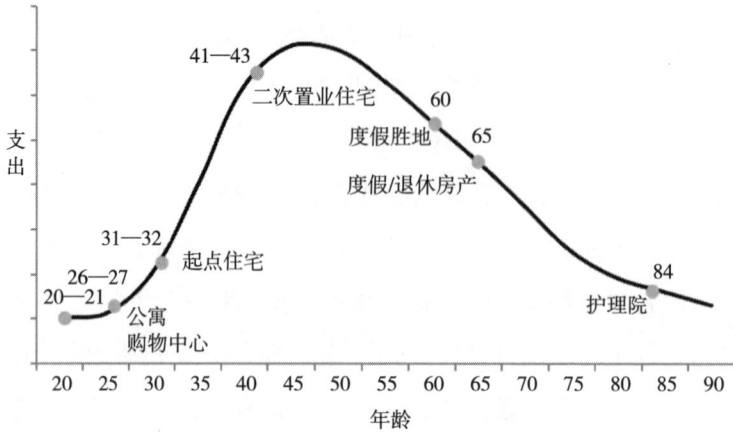

图1-7 美国不同年龄段购房需求曲线

资料来源：U.S.Census Bureau，方正证券。

下面我们重点检验各典型工业化经济体的人口出生数量和20—50岁适龄购房人口数量与房地产市场的关系。

日本增速换挡发生在1973年前后。1960—1973年间，日本人口出生数量进入了一轮上升周期，自1960年的160.6万上升至1973年的209.2万。之后，出生人口数逐步降低，1973—1990年间，出生人口数量年均下降5万人，年均下降幅度为3.1%。我们将人口出生数量与二十年之后的住房开工量进行比较发现，两者具有显著的正相关性。采用20—49岁年龄段人口数量和同期的住房开工量进行对比，两者同样具有显著的正相关性。

美国1945—1957年间出生人口数量快速增长，1957—1975年出生人口数量开始下降，从1957年的431万下跌到1975年的314万，随后1975—1990年间出现了显著的反弹，1990年回升到418万。与之相对应的是，1965—1977年住宅开工量快速增长，自1977年起逐步下行，在1995年到达底部，随后出现了明显的反弹。剔除金融危机的影响，人口出生数量和住宅开工投资之间具有很强的相关性。同样，当20—50年龄段人口上升时，住房开工量也同样逐步上升。

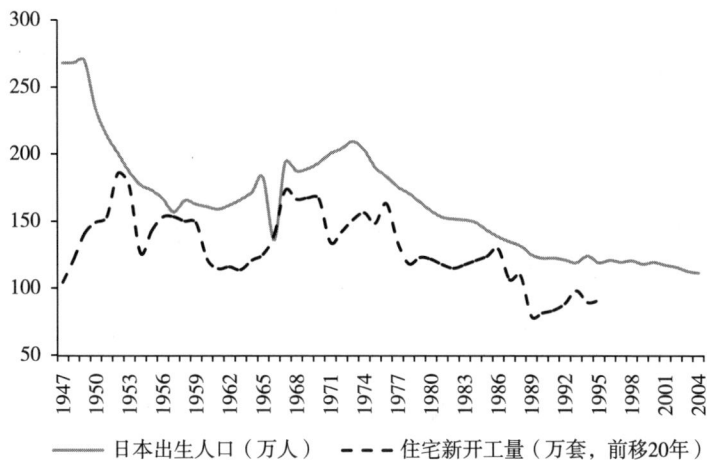

图 1-8　日本出生人口数量和住房开工量

资料来源:日本总务省统计局,方正证券。

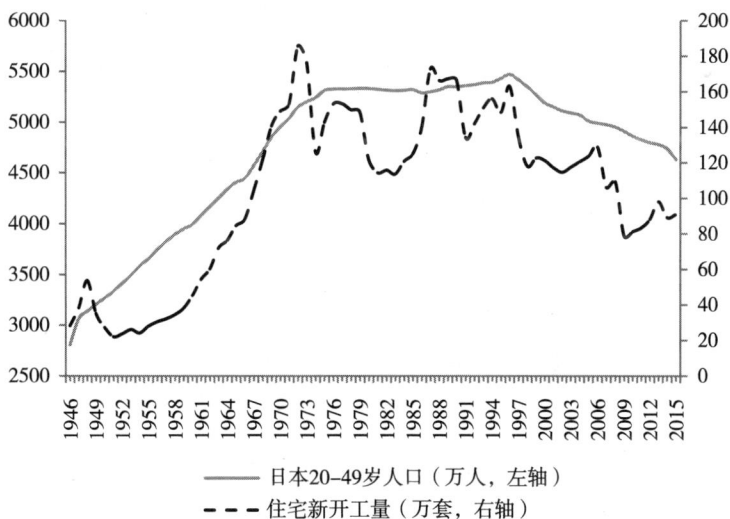

图 1-9　日本置业人群和住房开工量

资料来源:国务院发展研究中心许伟(2013),日本总务省统计局,方正证券。

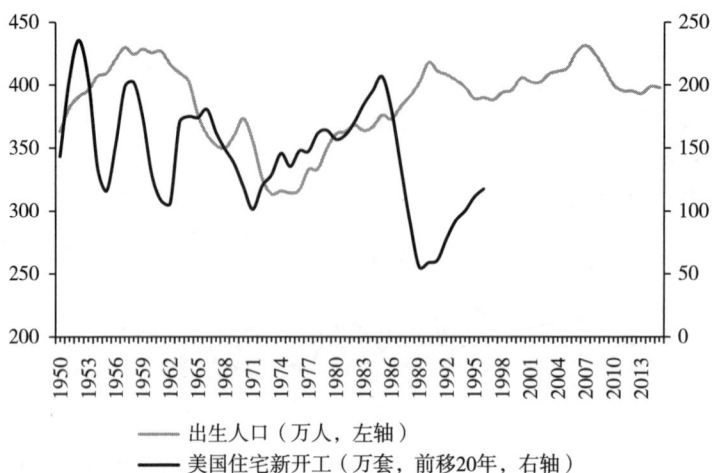

出生人口（万人，左轴）
美国住宅新开工（万套，前移20年，右轴）

图1-10 美国出生人口数量和住房开工量

资料来源：U.S.Census Bureau，U.S.Centers for Disease Control and Prevention，方正证券。

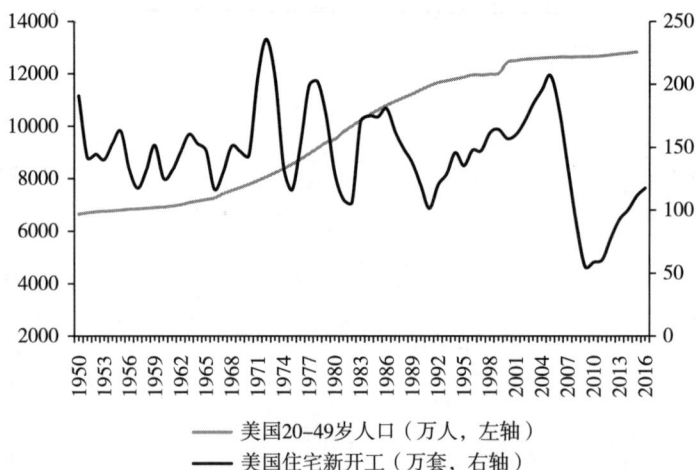

美国20-49岁人口（万人，左轴）
美国住宅新开工（万套，右轴）

图1-11 美国置业人群和住房开工量

资料来源：U.S.Census Bureau，U.S.Centers for Disease Control and Prevention，方正证券。

　　此外，家庭户规模小型化趋势增加房地产市场需求，但不足以抵消出生人口及主力置业人群规模下降的影响。家庭户规模小型化是社会、经济、文化、人口等多方面因素共同作用的结果，包括老龄化、单身主义、离婚率上升等。从人口变化的角度看，结婚年龄的推迟，不婚

60

率和离婚率的提高,低生育率、寿命的延长、人口老龄化、人口流动等,都导致家庭户规模的不断缩小,这增加了一定的房地产需求。美国家庭户规模从 1960 年的 3.33 人下降至 2014 年的 2.54 人;日本家庭户规模从 1960 年的 4.14 人下降至 2015 年的 2.39 人;韩国家庭户规模从 1980 年的 4.78 人下降至 2015 年的 2.73 人,韩国统计局预计到 2030 年将下降至 2.37 人。

（人）

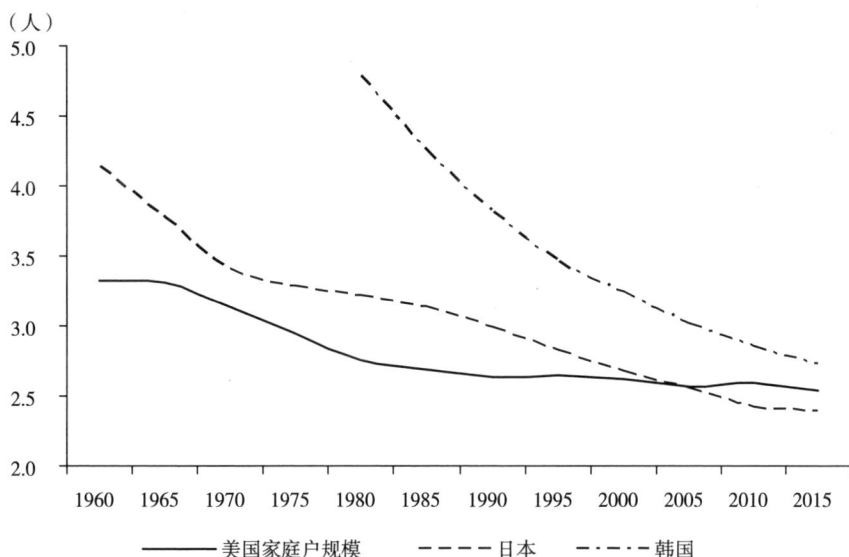

图 1-12　美日韩家庭户规模下降

资料来源:U.S.Census Bureau,日本总务省统计局,Statistics Korea,方正证券。

三、人口区域分布从总量扩张到"总量放缓、区域分化"

本部分讨论人口在空间上的分布规律、未来的演变趋势以及驱动因素,驱动人口空间分布的因素包括产业集聚效应、创新创业活力、公共资源差异等。综合典型国家城镇化过程中人口区域分布结构和经济发展阶段、产业结构的关系来看,人口空间的分布大体上经历了三个阶段。第一个阶段,人口从农村向城市转移,不同规模的城市人口都在扩张,而且在总人口当中的占比均在上升。这一个阶段和经济

快速增长、制造业快速发展相关,而城镇化率还没有达到55%。第
二个阶段主要是郊区化,一些中小型城市增长放缓,而大都市圈人
口比重继续上升,这一阶段伴随着制造业的绝对衰退、服务业的相
对发展。对应的城镇化水平大致在55%—70%之间。第三阶段则是
城镇化率超过70%以后,人口继续向大都市圈集中,中小型城市的
人口增速缓慢。这一时期的人口聚集,与服务业比重占据主导之后
经济和公共资源聚集程度的进一步提升有很大关系,高端制造业和
服务业比中低端制造业更具有集聚效应,大都市更能为创业者提供
思想交流的环境,更能为有才华的年轻人提供实现梦想的舞台。而
且随着居民收入水平的提高,大都市更能为高净值人士提供优质的
公共资源。

(一)日本人口区域分布的阶段性变化

第二次世界大战后,结合GDP增速、产业结构等经济方面的因素
来看,日本人口区域分布结构大体上经历了三个阶段的变化:

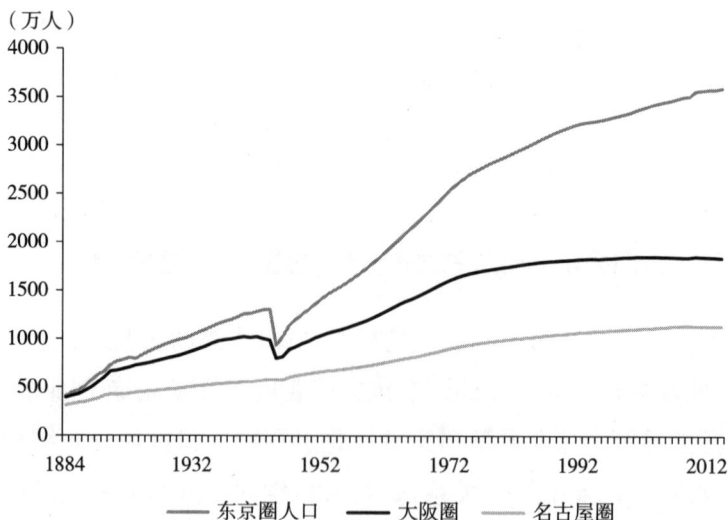

图1-13　日本主要都市圈人口增长情况

资料来源:日本总务省统计局,方正证券。

第一个阶段是日本战后起飞到 20 世纪 70 年代中期。这一时期，日本经济高速增长，城镇化水平迅速提高。主要都市圈的人口数量及其占全国人口的比重都有不同程度的提升。同时，这个时期也是日本制造业发展比较快的阶段。

第二阶段是从 20 世纪 70 年代中期到 90 年代初。第一次石油危机之后，日本经济高速增长阶段结束，转而过渡到中速增长阶段。在此后近 20 年的时间里，主要都市圈人口数量及其占全国人口的比重上升的势头明显，城镇化率业已超过 60%。与此同时，不同都市圈的人口增长趋势出现分化。其中，东京都市圈的人口数量以及占全国人口的比重继续上升，而第二大的大阪都市圈由于制造业转移，大量人口开始迁出这一区域，大阪的人口占全日本人口的比重开始下降。名古屋则由于丰田总部在爱知县，留住了部分与制造业相关的岗位，人口占比继续小幅上升。

第三个阶段是从 20 世纪 90 年代至今。这一时期，日本经济增速进一步降低，城市化率缓慢上升。与日本其他地区相比，日本人口继续向东京聚集。到本世纪初，东京都市圈以 3.5% 的土地，承载了 26% 的人口以及 31% 左右的产出。从更长的时间段来看，1920—2000 年期间，日本非大都市人口比重从 36.4% 下降至 17.9%，其中大部分被东京圈吸收（东京圈人口比重从 13.7% 上升至 26.3%），而大阪圈在 1970 年达到 14.9% 之后，就逐步稳定下来。

人口的不断聚集以及可能进一步聚集的预期，一定程度上也放大了房地产市场的波动。1985 年之后，东京和大阪地区的土地价格升幅就明显高于日本其他地区，虽然在变化方向上有一定的协同性。此外，值得注意的是，从泡沫开始破裂至今，与东京相比人口增长更为缓慢的大阪地区土地价格跌幅最大。

（二）韩国人口区域分布的阶段性变化

韩国人口的迁徙也与经济发展和产业发展相关，呈现一定的阶段

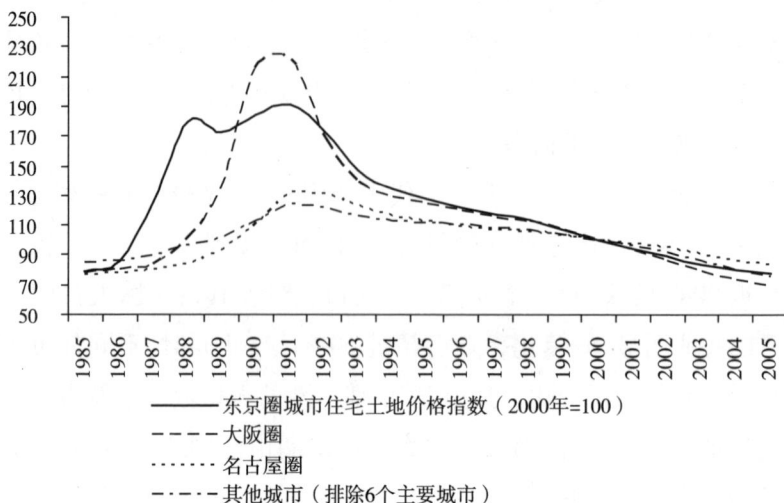

图 1-14　日本的土地泡沫

资料来源:日本总务省统计局,方正证券。

性。在 1990 年之前,人口基本都流向以首尔为核心的大都市圈(该都市圈由首尔、仁川以及京畿道组成)。1949—1990 年期间,韩国非都市圈人口占比从 79.3% 降至 38.3%,降幅接近 40 个百分点。同期,首尔市人口占比从 7.1% 上升至 24.4%,京畿道和仁川市①人口合计占比则从 13.6% 上升至 18.4%,升幅分别为 17.3 和 4.8 个百分点。也就是说,非都市圈的人口比重下降幅度的一半多被首尔圈的人口占比上升所吸收。1990—2010 年期间,韩国非主要都市圈的人口占比下降了7.1%,其中 6.1% 被首尔都市圈(首尔、仁川以及京畿道)吸收,光州和大田人口占比分别上升了 0.4% 和 0.7%,而大邱下降了 0.1%。这表明,在经济高速增长阶段基本结束之后,韩国的人口主要向大都市圈聚集。到 2010 年,整个首尔都市圈经济总量占韩国 GDP 的比重约为

---

① 仁川市在 1981 年前隶属于京畿道,后成为直辖市,所以韩国统计局并未在分省数据中统计之前年份的仁川市人口,而是合并在京畿道中。并且,仁川市还在 1989 年、1995 年分别两次合并了京畿道的部分地区:1989 年 1 月,原京畿道金浦郡桂阳面、瓮津郡永宗和龙游面并入仁川市;1995 年 3 月,原京畿道江华郡、瓮津郡、金浦郡黔丹面并入仁川市。

47%,该都市圈人口 2350 万人,约占韩国总人口的 49%。其中,首尔人口 960 万,约占韩国总人口的 20%,创造了韩国 GDP 的 23%。

与日本进行比较,韩国的人口迁徙可能还处在第二个阶段:制造业逐步向大城市周边分散,而大都市圈的核心地带服务业发展还不足以聚集更多的人口,从而造成大城市人口占比有些微下降,同时整个大都市圈的人口比重则在逐步上升,或者说大城市周边的人口增长最快。

表 1-1 韩国区域人口分布(占总人口比重)

单位:%

年份	1949	1955	1960	1966	1970	1975	1980	1985	1990	1995	2000	2005	2010
首尔	7.1	7.3	9.8	13.0	17.6	19.8	22.3	23.8	24.4	22.9	21.4	20.8	20.1
釜山	—	—	—	4.9	6.0	7.1	8.4	8.7	8.7	8.6	7.9	7.5	7.1
大邱	—	—	—	—	—	—	5.0	5.1	5.5	5.4	5.2	5.1	
仁川	—	—	—	—	—	—	3.4	4.2	5.2	5.4	5.4	5.5	
光州	—	—	—	—	—	—	—	2.6	2.8	2.9	3.0	3.1	
大田	—	—	—	—	—	—	—	2.4	2.9	3.0	3.1	3.1	
蔚山	—	—	—	—	—	—	—	—	—	—	2.2	2.2	2.2
京畿道	13.6	11.0	11.0	10.6	10.7	11.6	13.2	11.9	14.2	17.1	19.4	22.0	23.2
江原道	5.6	7.0	6.5	6.3	5.9	5.4	4.8	4.3	3.6	3.3	3.2	3.1	3.0
忠清北道	5.7	5.5	5.5	5.3	4.7	4.4	3.8	3.4	3.2	3.1	3.2	3.1	3.1
忠清南道	10.1	10.3	10.1	10.0	9.1	8.5	7.9	7.4	4.6	4.0	4.0	4.0	4.2
全罗北道	10.2	9.9	9.6	8.6	7.7	7.1	6.1	5.4	4.8	4.3	4.1	3.8	3.7
全罗南道	15.1	14.5	14.2	13.9	12.7	11.5	10.1	9.3	5.8	4.6	4.3	3.9	3.6
庆尚北道	15.9	15.6	15.4	15.3	14.5	14.0	13.2	7.4	6.6	6.0	5.9	5.5	5.4
庆尚南道	15.5	17.5	16.7	10.9	9.9	9.5	8.9	8.7	8.5	8.6	6.5	6.5	6.5
济州岛	1.3	1.1	1.1	1.2	1.2	1.2	1.2	1.2	1.2	1.1	1.1	1.1	1.1

资料来源:Statistics Korea,方正证券。

（三）美国人口区域分布的阶段性变化

与上述两个经济体相比较,美国的经济增长相对缓慢,而且人口密度也有很大的差异,但人口区域分布的结构也呈现比较明显的阶段性。1940 年以后,美国大都市人口分布大体上也分为三个阶段:

第一个阶段是从 1940 年开始到 1960 年,这一时期,不同规模的城市人口数量都有不同程度增长。这一时期,美国的制造业发展也比较快。

第二阶段是从 1960 年左右开始到 1990 年,这一时期,美国城市的发展呈现明显的郊区化特征,不同规模的城市人口增长出现分化。中型城市人口比重下降,而小型城市人口比重基本保持不变,100 万人以上的城市人口比重继续上升。

第三阶段是 1990 年以后至今,除了 100 万人以上的大城市人口还在继续增长以外,其他规模城市的人口比重均有不同程度的下降。

表 1-2　美国大都市区数量和人口演变情况（1940—2010 年）

规模类型		1940 年	1960 年	1990 年	2000 年	2010 年
城市数量（个）	5 万—10 万人	15	24	26	30	23
	10 万—25 万人	69	91	143	168	159
	25 万—50 万人	30	52	75	80	82
	50 万—100 万人	13	31	45	39	51
	100 万人以上	11	24	46	49	51
	全部大都市区	138	222	335	366	366
人口分布（比重,%）	5 万—10 万人	1	1.1	0.9	0.9	0.6
	10 万—25 万人	8.5	8.2	9.1	9.1	8.0
	25 万—50 万人	8.3	9.7	10.6	10.2	9.3
	50 万—100 万人	6.9	12	13.1	9.6	11.5
	100 万人以上	26.2	34.3	43.9	53.0	54.1
	全部大都市区	50.9	65.3	77.6	82.8	83.7

续表

规模类型		1940 年	1960 年	1990 年	2000 年	2010 年
人口数量（百万人）	大都市区	67.1	116.6	192.9	233.1	258.3
	美国	131.7	178.5	248.7	281.4	308.7

资料来源：美国人口普查：1990、2000 以及 2010；1940 年和 1960 年数据来自美国《各县数据手册》，许伟（2013），方正证券。

■　第三节　中国房地产周期：过去、现在与未来

在前面对房地产周期基本规律和国际经验总结的基础上，本节重点研究中国房地产周期的趋势和特征。

一、中国房地产市场的历史演变

计划经济时期所有物资均实行分配，中国没有商品房市场，只有房地产开发，事业单位或者企业单位造房子主要是用于内部职工福利分配。

从 1981 年开始，在深圳和广州开始搞商品房开发试点。由于当时搞试点比较成功，后来就小范围的开始试点开发。1992 年邓小平视察深圳后发现特区搞市场经济建设城市面貌翻天覆地，房地产开发非常成功，认为开发区的经验值得向全国推广，吹响了中国开发区热、房地产开发热，海南等地区甚至出现严重泡沫。

1993 年政府宏观调控，收紧银根，1993 年下半年到 1998 年上半年房地产热迅速降温。

1998 年面对亚洲金融危机，政府开始实施住房制度改革，成为房地产市场发展的关键分水岭，开启黄金发展阶段。1998 年 7 月国务院发布《关于进一步深化住房制度改革加快住房建设的通知》，宣布全国城镇从 1998 年下半年开始停止住房实物分配，全面实行住房分配货

币化,同时建立和完善以经济适用住房为主的多层次住房供应体系,发展住房金融,培养和规范住房交易市场。

1998—2003 年房地产市场快速恢复,随后 2004 年调控供给、2005年调控需求、2006 年调控结构、2007 年继续调整,但房地产市场在长周期力量支撑下销量、价格、投资等持续保持高增长。

直到 2008 年国际金融危机爆发,房地产市场受到短暂冲击,但2009 年降低首付比、利率等政策刺激房地产市场快速恢复并趋热。2010 年宏观调控开始重新收紧,2010—2011 年房地产市场略有降温,2012—2013 年再度恢复。

2014 年房地产投资长周期拐点出现,虽然"930""330"政策不断刺激,但房地产投资快速下滑,并呈"总量放缓、区域分化"的后房地产时代新特点。2015—2016 年在前期政策刺激作用下,一二线城市房价暴涨,随后 2016 年 10 月房地产开始"因城施策"的新一轮调控,12 月中央经济工作会议提出"加快研究建立符合国情、适应市场规律的基础性制度和长效机制"。

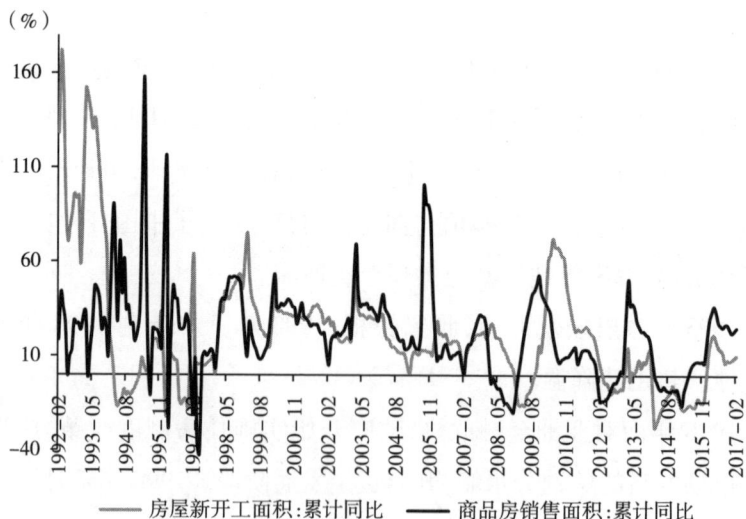

图 1-15　中国房屋销售和新开工面积增速

资料来源:Wind,方正证券。

二、长周期视角下的中国房地产发展阶段

对照典型工业化经济体房地产发展的历程,中国房地产发展正进入新阶段:从高速增长到平稳或下降状态;从数量扩张到质量提升;从总量扩张到"总量放缓、区域分化"。

(一)中国住宅开工从高速增长转入平稳或下降状态

根据典型工业化经济体房地产发展规律,在房地产市场发展初期,住宅开工数量的推动因素主要来自经济高速增长、居民收入水平快速提高、城镇化率快速上升。

过去三十多年,伴随着中国经济高增长和城镇化进程快速推进,中国住宅开工也处于高速增长期。

自2014年以来,中国住宅开工投资从高速增长转入平稳或下降状态。随着刘易斯拐点到来、2012年15—59岁劳动年龄人口开始净减少、2013年20—50岁置业人群达到峰值,中国经济已经告别高速增长期,步入增速换挡期,如果改革转型成功未来有望实现中速增长;中国城镇化率从1978年的17.92%快速上升到2016年的57.35%。根据国际经验,未来中国城镇化率还有10—20个百分点的上升空间,但城镇化推进速度将逐步放缓。根据国务院发展研究中心的研究,2014年中国城镇户均住房套数已达到1套左右[①]。

总的判断,中国住宅开工投资已经从高速增长期进入平稳或下降状态。未来人口出生数量和20—50岁适龄购房人口数量对住宅开工

① 2014年中国城镇化率54.77%,城镇常住人口约7.5亿人。按照户均2.85人折算,大体上有2.6亿个家庭(暂时不区分家庭户和集体户)。2014年,我国城镇住宅总面积大约为215亿平方米,人均拥有住房建筑面积28.7平方米;套均面积超过85平方米,住房总量超过2.5亿套。因此,按照常住人口口径推算,每户城镇家庭平均拥有的住房数量接近一套。另据第六次人口普查的结果,2010年我国城镇家庭数量为2.21亿,其中家庭户2.07亿,集体户1400万,占比分别为93.7%和6.3%。按此比例推算,截至2014年我国城镇家庭户数量约为2.5亿。按家庭户口径推算,每户城镇家庭拥有住房数量超过1套。

的影响将更为显著。

目前对房地产市场发展阶段判断的挑战性意见或争议来自于城镇化空间和家庭规模小型化将支撑住宅投资继续保持高增长。

根据联合国预测,2017—2030 年,中国城镇化率仍有超过 10 个百分点的提升空间,由此可以带动城镇适龄人口的增加,进而对房地产市场提供支撑。但是,城镇化进程所带来的城镇适龄人口增加的影响将逐渐减弱,难以抵消人口结构变动的影响。

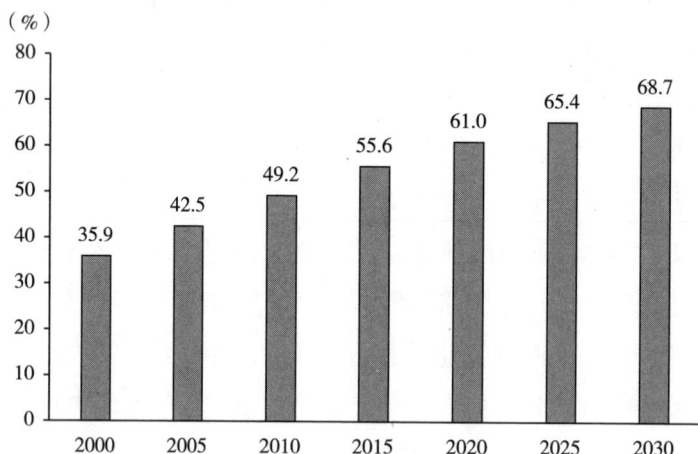

图 1-16　中国城镇化率

资料来源:United Nations(2014),方正证券。

此外,家庭规模小型化同样也是住房需求上涨的原因之一。第六次人口普查数据显示家庭户规模在改革开放后不断下降:1982 年每户家庭人数 4.41 人,2000 年为 3.44 人,2010 年进一步下降为 3.10 人,2015 年保持不变。与美日家庭户规模 2.4—2.5 人相比,中国家庭户规模尚有一定下降空间,但未来大幅下降的空间已经不大。

(二)房地产市场已从数量扩张转入质量提升,未来中国住宅开工的推动因素主要来自人口出生数量和适龄购房人口数量

根据典型工业化经济体房地产发展规律,在房地产市场发展后期,

（人）

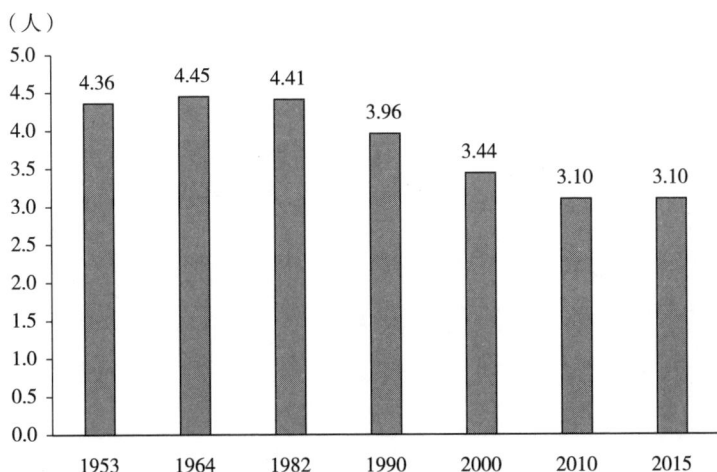

图 1-17 中国家庭规模小型化趋势

资料来源：Wind，方正证券。

住宅开工数量的推动因素主要来自人口出生数量和适龄购房人口数量。房地产市场从数量扩张转入质量提升，随着住房趋于饱和，居民对住宅质量、成套率、人居环境等改善性需求要求提高。购房需求结构也从20—35岁的首次置业为主演变为35—50岁的改善性置业为主。

就中国的情况而言，由于缺乏美国消费者支出调查（CES）类似的权威数据，因此我们采用人口普查数据中的年龄和住房面积估计生命周期对房产消费的影响，由于人口普查中的数据是以家庭为基本单位，通过 Mankiw 和 Weil(1989)[①]所提出的基于回归的分解方法，我们可以将家庭数据分解为个人住房需求，利用2000年第五次人口普查0.95%抽样样本数据所估计出来的个人住房需求如图1-18所示，图中所表示的个人住房需求是以住房面积所表示的。

从图1-18中可以看出，个人住房需求从20岁后开始快速上升，直到50岁后住房需求开始下降。由此可以推断，新生婴儿会在20年

---

① Mankiw, N.G. and Weil, D.N., "The Baby Boom, the Baby Bust, and the Housing Market", *Regional Science and Urban Economics*, 1989, 19(2):235-258.

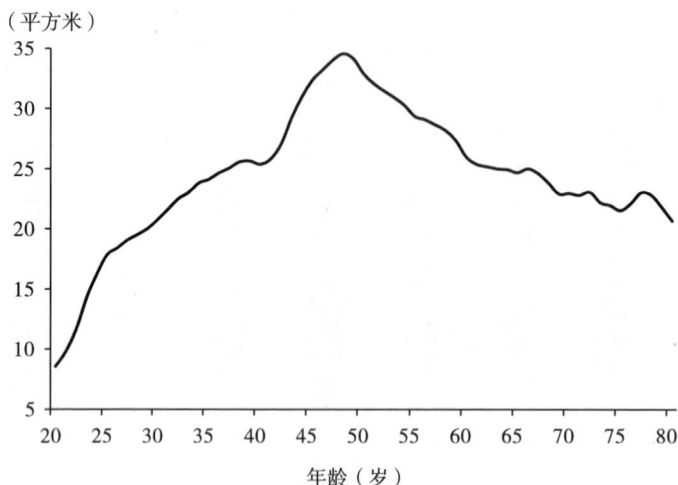

（平方米）

图 1-18　中国分年龄段住房需求

资料来源：第五次人口普查资料，方正证券。

后才开始逐步提高对住房的需求，主要影响到 20 年后的房地产市场。在 50 岁以后个人的住房需求逐年下降，因此不再是购房主力。基于以上的分析，我们将中国适龄购房人口年龄段界定为 20—50 岁，与美国、日本等国际经验相符。中国该年龄段人口长期上升趋势在 2013 年左右迎来拐点，为 7.06 亿；根据第六次人口普查数据推算，预计到 2030 年将降至 5.69 亿左右。

在出生人口方面，新中国成立后我国已出现三拨婴儿潮：1950—1957 年（年均出生约 2100 万人，峰值 2200 万人）、1962—1973 年（年均出生近 2600 万人，峰值 2900 万人）、1982—1991 年（年均出生约 2300 万人，峰值 2500 万人）。由于总和生育率大幅下降，出生率从 20 世纪 80 年代的约 20‰降至 2003—2015 年的约 12‰左右，第四轮婴儿潮并未如期出现。2011—2013 年中国住宅新开工面积呈峰值恰好与第二轮婴儿潮的改善性需求和第三轮婴儿潮的首次置业需求叠加对应。

2014 年单独二孩放开，出生人口未有明显上升，不及预期。2016 年全面二孩放开，2016 年出生人口升至 1786 万人，出生规模为 2000

年以来最高;出生率上升至 12.95‰,为 2002 年以来最高。而根据卫计委数据,2016 年全国住院分娩活产数达到 1848 万,较 2015 年增长11.5%,二孩及以上占比逾 45%。未来几年有望形成第四轮婴儿潮,增加住宅需求,但年均出生人口难以超过第三轮的年均约 2300 万人。当前全国符合全面两孩政策的夫妇有 9000 万对左右,60% 是在 35 岁以上,50% 是在 40 岁以上。根据卫计委发布的《"十三五"全国计划生育事业发展规划》,人口年均自然增长率预期为 6‰ 左右,以上限6.5‰ 计算,假定人口死亡率保持在 2015—2016 年的 7.1‰,则卫计委预期的出生率上限为 13.6‰,则 2017—2020 年年均出生人口约 1900万人。即便未来生育政策全面放开,甚至全面鼓励生育,由于抚养成本上升(高房价等)、生育观念转换以及生育能力下降等因素,出生人口大概率难以回升到第三轮婴儿潮的水平(年均出生约 2300 万人,峰值 2500 万人)。

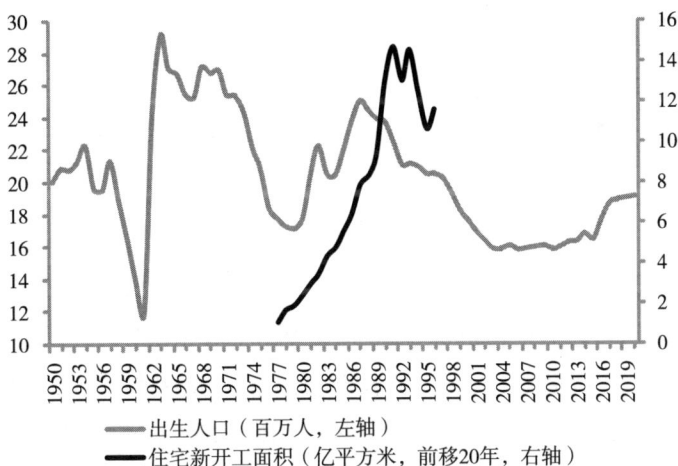

图 1-19 中国人口出生数量和新开工面积

资料来源:Wind,《新中国 60 年统计资料汇编》,方正证券。

综合人口出生数量和 20—50 岁适龄购房人口数量来看,2011—2013 年住宅开工数量已接近增长的极限并转入平稳或下降通道。

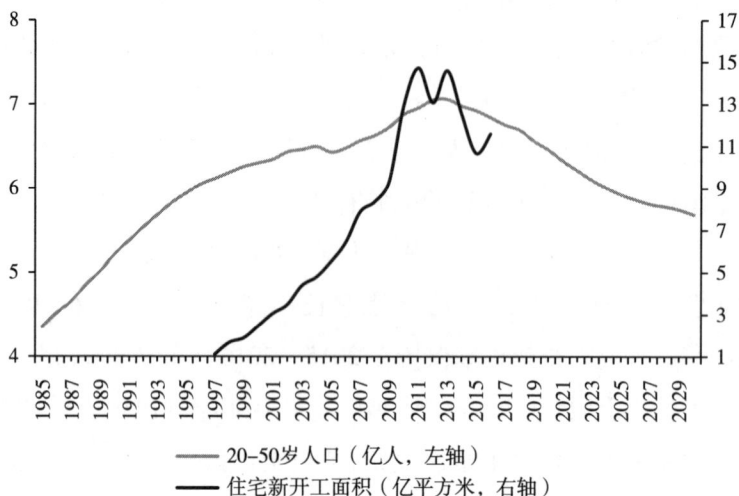

图1-20　中国置业人群和新开工面积

资料来源：Wind，人口普查资料，方正证券。

根据国务院发展研究中心（2013年、2014年）的研究，2011—2013年新开工量的阶段性高点基本得到确认，未来十年住房需求和投资增幅将明显下降。

（三）后房地产时代：总量放缓，区域分化，人继续往大都市圈迁移

人口的迁移跟区域发展紧密关联，中国区域发展呈大国雁阵式梯次跃迁特征。中国地区间发展极不平衡，在增速换挡的进程中，各地区呈现出大国雁阵模型中的梯次跃迁特征。从人均GDP、市场化程度、产业结构、创新活力、增速水平等指标看，大致分为三类：

第一类，可以认为已经基本跨越了中等收入陷阱的省份，比如天津、北京、上海、江苏、浙江、广东、福建、山东8个省市人均GDP超过1万美元，超过或接近高收入国家门槛值，这些省市在20世纪90年代初以后经历了对外市场开放和经济高增长，在2008年前后开始增速换挡，经过转型，近年增速相对平稳，高端制造业和现代服务业支撑作

用凸显,人口继续流入,类似韩国、中国台湾等新兴高收入经济体。

第二类,初步呈现掉入中等收入陷阱迹象的省份,比如部分东北和中西部地区资源型省市,经济起飞落后于东南沿海地区,在2003—2009年依靠资源经历了短暂的高增长,产业升级失败,并于2012年以后经济增速大幅下滑,人口出现净流出,类似拉美的资源陷阱。

第三类,处在从中等收入往高收入阶段跃迁的进程中,比如重庆、四川、河北、河南、湖南、湖北、江西、安徽等人均GDP6000—9000美元,受益于较好的工业基础和产业转移,经济增长和产业结构相对第二类条件较好,近年劳动力出现回流,具备跨越中等收入陷阱的条件,也面临较大的挑战,类似马来西亚、土耳其、越南等依靠工业化的追赶中经济体。

从人口区域分布的现状看,从第六次人口普查的县域数据来看,长三角、珠三角、京津冀、山东半岛、两湖、北部湾、成渝地区、哈大线等地是城镇人口密集地区。中国城镇人口主要集中在东部和中部地区,呈现组团分布的格局,城镇人口的分布与区域住房价格水平基本吻合。

从人口区域分布的趋势看,东部大都市圈人口占比继续上升但幅度放缓,东北、西部资源省份部分地区出现人口净减少。2014年以来,北京、上海因大力调控人口增长放缓,2016年增量分别为2.4万、4.4万人;但广州、深圳常住人口大幅增长,2016年增量分别为54.2万、52.9万人。这和日本、韩国在第一阶段基本结束时的情况比较类似:当经济潜在增速开始放缓,人口总量增速放缓的背景下,大都市圈吸收了大部分迁徙人口。与之相对照的是,受重化工业衰退、资源品价格暴跌等因素影响,东北、西部资源省份经济大幅回落,部分地区出现人口净流出现象。

从2011—2015年的情况看,总量放缓、区域分化的特征更加明显。京津、长三角、珠三角、成渝等大都市圈的人口聚集进程将延续,

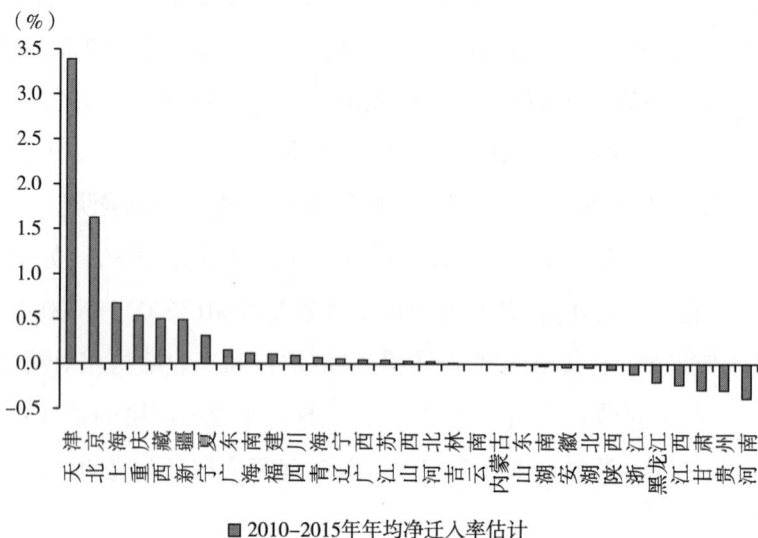

（%）

■ 2010-2015年年均净迁入率估计

图 1-21　2011—2015 年各省人口净迁入率估计

资料来源：国家统计局，方正证券。

大都市圈人口占全国总人口的比重还会继续上升。

　　总的来看，我国人口的区域分布结构正逐步从第一个阶段向第二个阶段过渡，随着产业从重化工业向高端制造业和现代服务业升级，未来农村人口将继续向城市转移，但大都市圈人口占比将继续上升但幅度放缓，大都市圈周边交通便利、产业基础较好的郊区县有望分流都市核心区转移的产业和人口，重化工业和资源型产业主导的东北及部分西部省份面临人口净流出的压力，大多数三四线城市人口迁移将放缓。中国房地产已告别高速增长阶段，步入后房地产时代，将呈"总量放缓，区域分化，人继续往大都市圈迁移"的新特点。

三、房地产对经济和资本市场的影响：周期之母

　　房地产对经济和资本市场影响深远，房地产周期缓慢、持久且振幅很大，在向上时具有很强的带动力，在反转向下时势大力沉，经济史称"房地产是周期之母""十次危机九次地产"。即使在美欧等发达国

家,房地产对经济的影响也举足轻重,比如2008年次贷危机本质上是一次房地产泡沫危机,1991年日本房地产泡沫破裂后陷入"失去的二十年"。房地产长周期拐点和人口周期拐点一起成为引发德日韩台等经济体增速换挡的重要驱动力。

商品房具有消费品属性,且产业链条长,因此,房地产市场的销量、土地购置和新开工投资是重要的经济先行指标。2016年资本形成总额占GDP比重约为44%,对经济增长贡献率高达42.2%,考虑到消费波动性小,经济波动主要看投资。在全社会固定资产投资的构成中,2016年房地产业投资占22.3%、房地产开发投资占16.9%,考虑到制造业投资一半左右跟房地产链相关、地方基建投资的很大程度上受土地财政支撑、服务业部分领域投资跟房地产相关,房地产链上带动的相关投资占整个固定资产投资的50%左右。

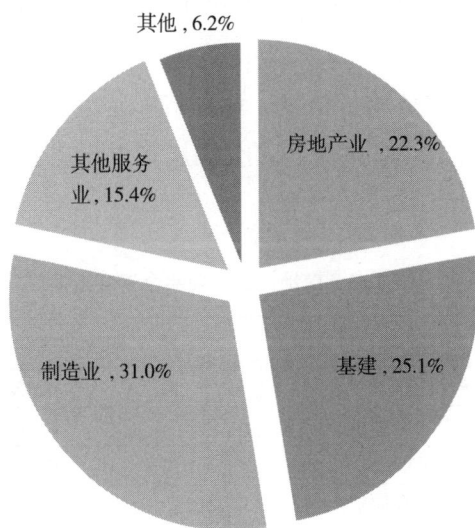

图1-22 2016年全社会固定资产投资构成

资料来源:Wind,方正证券。

在中国房地产开发投资的区域构成中,一线城市占12%左右,二线城市占35%左右,三四线城市合计占53%左右。2015—2016年中国房市呈"总量放缓、区域分化"的新阶段特征,一线和核心二线城市有销量没土地,表现为价格上涨和地王再现;三四线城市人口流入放缓、土地供应过剩,表现为商品房库存高企。这也就意味着,在占房地产开发投资 53% 的三四线城市去库存的背景下,房地产投资不可能重回高增长,所以我们看到,自 2014—2015 年的"930""330"刺激以来,一线和核心二线城市房价上涨,三四线城市房市继续去库存(大都市圈周边的三四线城市除外,受益于溢出效应),房地产投资增速从 2014年初的 19.3% 下滑到 2015 年的 1%,2016 年回升至 6.9%,试图依靠刺激房地产重归高增长的时代已经一去不复返了。

由上面的分析可见,房地产投资下滑对于经济的拖累有直接和间接两个方面。下面我们根据 2010 年投入产出表来测算房地产投资下滑对经济的间接影响。首先计算投入产出表中有关房地产的完全消耗系数,由于房地产投资主要体现在建筑业上,所以我们计算建筑业的完全消耗系数,即地产投资每增加一个单位,需要直接和间接消耗的各部门产品或服务的价值量。计算结果显示,房地产投资对钢铁、有色、建材、化工、机械、电力、石化、煤炭等重化工业具有明显的产业带动关联作用。

表1-3 房地产建筑业完全消耗系数

	建筑业完全消耗系数
金属冶炼及压延加工业	0.3246
非金属矿物制品业	0.3086
化学工业	0.2093
交通运输及仓储业	0.1781
电力、热力的生产和供应业	0.1425
通用、专用设备制造业	0.1251
石油加工、炼焦及核燃料加工业	0.1137
煤炭开采和洗选业	0.0871
电气、机械及器材制造业	0.0823
金属制品业	0.0797

	建筑业完全消耗系数
金属矿采选业	0.0748
石油和天然气开采业	0.0730
批发和零售贸易业	0.0671
金融业	0.0651
农林牧渔业	0.0594
交通运输设备制造业	0.0494
食品制造及烟草加工业	0.0442
通信设备、计算机及其他电子设备制造业	0.0405
木材加工及家具制造业	0.0384
非金属矿及其他矿采选业	0.0356
造纸印刷及文教体育用品制造业	0.0355
工艺品及其他制造业(含废品废料)	0.0347
住宿和餐饮业	0.0340
租赁和商务服务业	0.0301
信息传输、计算机服务和软件业	0.0278
综合技术服务业	0.0245
纺织业	0.0220
纺织服装鞋帽皮革羽绒及其制品业	0.0158
仪器仪表及文化办公用机械制造业	0.0144
建筑业	0.0133
居民服务和其他服务业	0.0133
房地产业	0.0109
文化、体育和娱乐业	0.0057
研究与实验发展业	0.0044
燃气生产和供应业	0.0035
卫生、社会保障和社会福利业	0.0029
水的生产和供应业	0.0021
水利、环境和公共设施管理业	0.0020
邮政业	0.0017
教育	0.0009
公共管理和社会组织	0.0005
合计	2.4987

资料来源:国家统计局,作者计算,方正证券。

■ 第四节　房地产政策工具的影响机制分析与国际比较

住房市场受政策影响较大,政府也经常通过对金融政策、土地政策、税收政策、住房保障政策等的调整来影响住房市场,这些政策对住房市场的影响机制是不同的。

一、住房金融政策尤其利率政策变化是影响房地产市场短周期波动的最重要因素

金融政策(利率、流动性投放、信贷、首付比等)既是各个国家进行宏观经济调控的主要工具之一,也是对房地产市场短期波动影响最为显著的政策。住房的开发和购买都高度依赖银行信贷的支持,利率、首付比、信贷等政策将影响居民的支付能力,也影响开发商的资金回笼和预期,对房市供求波动影响较大。国内外房地产泡沫形成大多受低利率和充裕流动性推动,而房地产泡沫破裂则大多可归因于加息和流动性收紧。

住房金融政策保持基本稳定是住房市场保持基本平稳的最重要条件。例如,德国在1981—2011年间的房价平均涨幅是1.5%左右,这三十年间实际利率水平基本维持在8.5%左右。美国1991—2000年的10年间,房价平均涨幅在3%左右(最高点只有5.6%),抵押贷款利率始终在7.0%—8.1%的区间里小幅波动(邓郁松、邵挺,2013)。住房金融政策的大幅调整是房地产泡沫产生和破灭的主要原因。比如,在前文我们已经研究过,日本、美国房地产泡沫的形成均与低息政策和流动性泛滥刺激相关,而泡沫破灭则与加息和流动性收紧直接相关。

二、土地政策对住房中期供求波动影响较大

土地政策是决定土地供给的主要因素。土地供应量的多少是住

房市场供求平衡和平稳运行的重要基础。如果出现短期内土地供应过多(或过少),极易造成住房供给过剩带来的供求失衡(或供应不足造成的房价过快上涨),因此,土地市场供求平衡对中期住房供求平衡十分重要。

在发达经济体,土地大部分为私有,在用途和规划管制下可自由交易、在获得许可后建设住宅,但各国、各地区具体政策差异较大。香港、日本住房市场波动历程表明,土地供应不足是房价过快上涨的重要原因。美国经验表明,严格土地供给城市的房价年均涨幅明显超过弹性土地供给城市。

在中国,土地政策主要由国土资源部制定,并受到住房和城乡建设部、农业部、财政部等其他部门的影响。在全国层面,土地供应总量在中长期由国土资源部制定的土地利用总体规划决定,比如《全国土地利用总体规划纲要(2006—2020年)》,决定全国十五年土地供给总量。在土地利用总体规划下,有五年计划、年度计划。在地区层面,由中央划分各省指标,各省据此制定土地利用规划、"十三五"规划、年度计划。在城市层面,除土地利用规划外,城市总体规划中也列明了中长期土地供应指标,并落实到年度计划。2012年以来一二三四线城市房价日趋分化,与人口大都市圈化的土地资源错配密切相关。

三、房产税收政策短期会对市场产生一定影响,但在防范长期的房地产泡沫等方面作用不明显

美国、英国等典型经济体普遍征收房产税,但这些经济体征收房产税的主要目的是为地方筹集税源,而并不是将其作为房地产调控的政策工具。从国际经验看,房产税既未起到稳定市场运行的作用,也无法防范房地产泡沫的产生和破灭。美国各州从19世纪中期开始就普遍征收房产税,但房产税的征收并没有改变美国房地产价格的波

动,也没有避免次贷危机的爆发。英国政府从1993年8月1日开始执行新的住房财产税,由英格兰、苏格兰、威尔士地方政府负责征收。从1993年至今,英国的房价仍然出现大幅上涨。香港的税收体系中与不动产直接相关的税种有房地产税、差饷税、遗产税、利得税和印花税等,虽然其不动产税制完备,但既没有解决香港的高房价问题,也没有解决香港房地产市场的暴涨暴跌问题。韩国2004年以后住房价格不断走高,出现泡沫积累迹象。为了抑制住房价格的过快上涨,2005年8月,韩国政府颁布了《不动产综合对策》,包括征收综合不动产税,2005年韩国房地产市场出现了明显降温(涨幅为−4.2%),但到2006年,韩国房价涨幅又达到11.6%。

这表明税收政策在实现住房市场平稳运行方面作用并不显著。因此,借鉴典型经济体的房产税政策,宜将重点放在完善税制、筹集财政收入等方面,而不宜将其作为房地产调控的主要政策选择。

■ 第五节 增速换挡期德日台韩的房市走势及启示

随着刘易斯拐点、房地产投资增速长周期拐点等出现,中国经济正步入增速换挡期和结构调整阵痛期,本节重点研究增速换挡期德日台韩的房市走势及启示。

一、日本增速换挡期的房地产市场

日本在1973年前后和1991年前后出现过两次房地产泡沫的形成与破裂,但这两次的影响差别很大。

日本的增速换挡发生在1968—1978年间。日本房地产投资长周期拐点出现在1969年前后,20—50岁置业人群开始接近峰值并增长放缓。虽然日本在1969年前后面临经济减速的要求,但是日本在1969—1972年间并没有认识到增速换挡的规律性和必然性,采取了刺激政策应对,大搞列岛改造,试图把全日本各岛都搞成三大都市圈一样发达(类似中国前几年中西部造城运动)。日本在 1969—1972 年大幅投放货币,M2 增速高达 20%—30%。受刺激政策影响,日本通胀高企,股市房市出现明显泡沫,1973 年住宅用地价格涨幅高达 28.9%。日本在 1973 年石油危机之后,采取中性偏紧的货币政策,房地产市场回归理性,进行产业结构合理化,增速换挡成功。

日本在 1985—1991 年间发生了第二次更为严重的房地产泡沫,这一次就没那么幸运。1985 年 9 月《广场协议》达成之后,日元大幅升值,为应对日元升值对国内经济的冲击,日本政府采取宽松的财政货币政策。1986 年 1 月至 1989 年 5 月日本央行连续五次降息至2.5%,货币供应量连续四年超过两位数增长,与此同时,实施扩大内需的财政政策。1980—1990 年间京都府、东京都和大阪府地价涨幅均在 4 倍以上,最高峰时日本土地价值约为当时美国的 4 倍多(巴曙松,2012)。但 1990 年 3 月大藏省启动了对房地产金融实施总量控制政策之后,房地产价格从 1991 年开始转为直线下滑,之后再也没有回升过(大野健一,2006)。日本经济陷入失去的二十年。

如果对照日本 1973 年前后和 1991 年前后房地产泡沫的形成与破裂,可以发现,1973 年后的第一次调整幅度小、恢复力强,原因在于经济中速增长、城市化空间、适龄购房人口数量维持高位等提供了基本面支撑。1973—1985 年日本虽然告别了高速增长,但仍实现了年均3.5%左右的中速增长。1970 年日本城市化率 72%,还有一定空间。1973 年 20—50 岁适龄购房人口数量接近峰值后,并没有转而向下,在1973—1996 年间维持在高水平。但是,1991 年后的第二次调整幅度大、持续时间长,原因在于经济长期低速增长、城市化进程接近尾声、适龄购房人口数量即将到顶等。1991 年以后日本经济年均仅 1%左右的增长,老龄化严重,人口抚养比大幅上升。1990 年日本城市化率已经高达 77.4%。1996 年以后,20—50 岁适龄购房人口数量大幅快速下降。

二、德国增速换挡期的房地产市场

德国的增速换挡发生在 1965 年前后。德国在 1965 年前后出现了房地产投资长周期峰值。西德的住房大部分是在第二次世界大战之后建成的。经历了战后恢复重建,居民的住房需求状况也有了很大改善,人口因素进而成为决定住房建设的一个关键变量。1950—1970年期间,德国的人口出生数量处在一个相对较高的水平,累计出生了2230 万人,战后的婴儿潮对后来的住房需求产生非常显著的影响。

1965 年前后,德国为了应对资本流入和输入性通胀压力,采取了偏紧的货币政策,并未形成房地产泡沫。

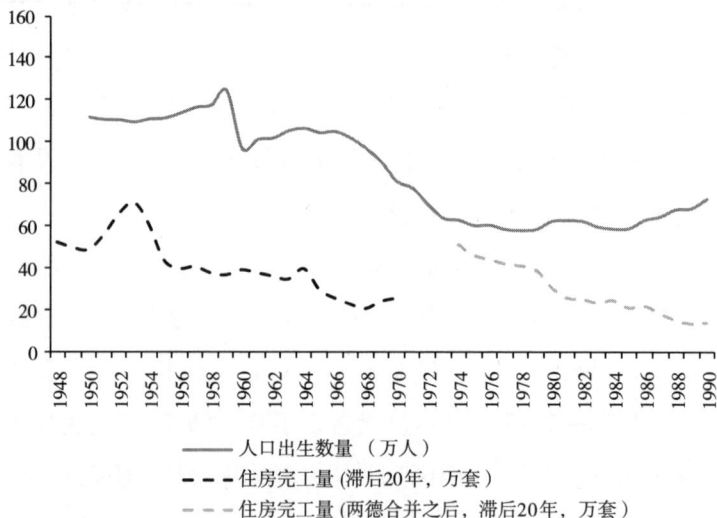

图 1-23　德国人口周期和房地产周期

资料来源:Wind,CEIC,国务院发展研究中心,方正证券。

放长远来看,第二次世界大战以来的 70 年间,德国房价总体上波动幅度不大,是世界公认的房地产市场运行平稳的榜样。半个多世纪以来德国房价长期处在低水平区间。1955 年到 2011 年第三季度,德国房价年均涨幅为 3.79%。1967—1992 年间上涨相对较快,年均涨幅是 5.79%。1992 年以后,房价涨幅持续回落并长期保持较低水平,1992 年到 2011 年第三季度,房价年均涨幅只有 1.27%。对比发现,德国房价指数同居民工资指数变化呈现较强正相关性,1962—2010 年间德国居民工资年均增幅 5.91%。1962—1992 年居民工资增幅较快,年均上升 8%,1993—2010 年居民工资年均增幅降至 2.6%,这与房价指数的变化率情况相当吻合。房价涨幅较快的阶段也是居民工资收入上升较快的阶段,使得整体房价水平处在居民合理支付能力范围内。以 2009 年为例,德国人均月收入在 2400—3000 欧元之间,普通住宅均价是 1000—2000 欧元/平方米。两口之家平均需要 2 年半的家庭收入即能购买一套 100 平方米的普通住宅(邵挺,2012)。

　　放在全球来看,德国房价合理,房价收入比偏低,保持了长期稳定的房价,在全球“独善其身”。1970—2015 年,德国新建住房名义价格指数增加 90%,扣除通货膨胀的影响,其实际价格下跌 11.3%,实际房价收入比下跌 62%。十次危机九次地产,1991 年日本房地产泡沫和 2008 年美国次贷危机,全球各国普遍受诱惑刺激房地产泡沫,而房地产泡沫崩溃又带来沉重代价,而德国一直没有出现过严重的房地产泡沫和危机。我们认为德国房价能够长期稳定、在全球“独善其身”主要有六大方面的制度原因:一是德国长期实行以居住导向的住房制度设计,并以法律形式保障;二是充足稳定的住房供给,规范发达的租赁市场,住房拥有率低、租房比例高;三是合理稳定的住房投资回报率,严厉遏制投机性需求和开发商暴利行为;四是德国的城市体系是多核心且均衡发展;五是货币政策首要目标是控通胀,物价长期平稳;六是实行长期稳定的房贷政策,德国实行“先存后贷”合同储蓄模式和房贷固定利率机制,为稳定购房者预期和房价水平提供制度保障(任泽平、甘源,2016)。

三、韩国增速换挡期的房地产市场

韩国增速换挡发生在 1989—2003 年间,刘易斯拐点出现在 20 世纪 80 年代末。韩国的房地产投资长周期拐点出现在 1989 年左右。韩国的人口总和生育率在 20 世纪 70 年代初期开始显著下降,每年出生人口数量从 1971 年的 102 万下降到 2016 年的 41 万人。2004 年韩国 20—49 岁的置业人群到达峰值之后回落。与此基本对应的是,韩国获批住宅建筑面积在快速增长后,于 1989 年至今进入平稳波动阶段,目前的峰值是 2015 年的 8552 万平方米、次峰值是 1990 年的 7093 万平方米。预计韩国新建住宅规模可能最迟在 5—10 年后转入下降通道。

20 世纪 90 年代初,韩国政府和企业并没有意识到经济减速的客观要求,寄希望于通过放松货币刺激经济重回高增长轨道,1992—1996 年间(金泳三执政时期)韩国 M2 和 CPI 增速高达 20% 多,房市出现泡沫,1998 年爆发金融危机,泡沫破裂。

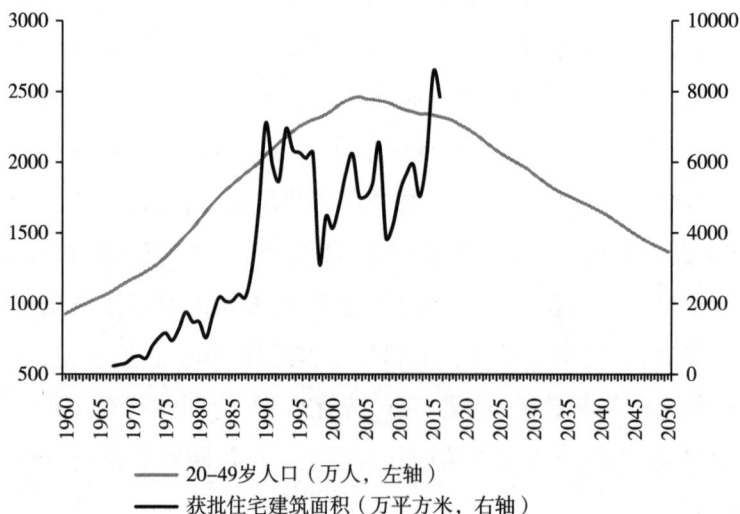

图例:
—— 20-49岁人口(万人,左轴)
—— 获批住宅建筑面积(万平方米,右轴)

图 1-24　韩国置业人群和获批住宅建筑面积

资料来源:Wind,Statistics Korea,方正证券。

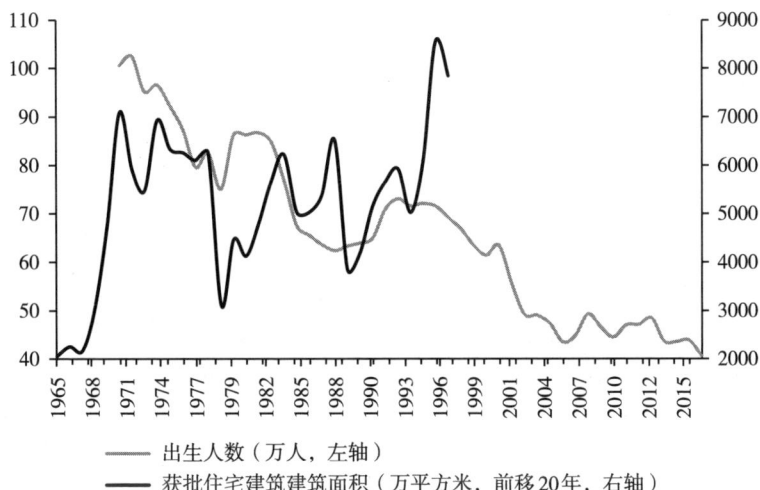

图1-25　韩国人口出生数量和获批住宅建筑面积

资料来源：Wind，Statistics Korea，方正证券。

四、中国台湾增速换挡期的房地产市场

中国台湾的增速换挡发生在1985—1993年间。20世纪80年代末，台湾劳动力成本出现加快上涨，住宅投资接近峰值。1960—1993年期间住宅投资保持快速增长。随着20—50岁置业人群的减少，到1993年，台湾地区的住宅投资（按照不变价格计算）达到峰值，对应的城市化率为67.4%，人均GDP为13354国际元（1990年国际元）。之后，城市化快速推进的阶段基本接近尾声，住宅投资逐步平稳甚至下降。

1985—1993年间，台湾进入增速换挡期，虽然经济在减速，但股市房市出现大幅泡沫，可能的原因是，由于台湾产业升级较快较顺利，从重化工业主导升级到电子信息和服务业主导，企业盈利大幅上升；依赖于电子信息产业强劲的出口竞争力，台湾贸易顺差大幅上升，M2增速高达20%以上，流动性极为充裕。但1993年由于收紧货币，股市房市泡沫破裂。

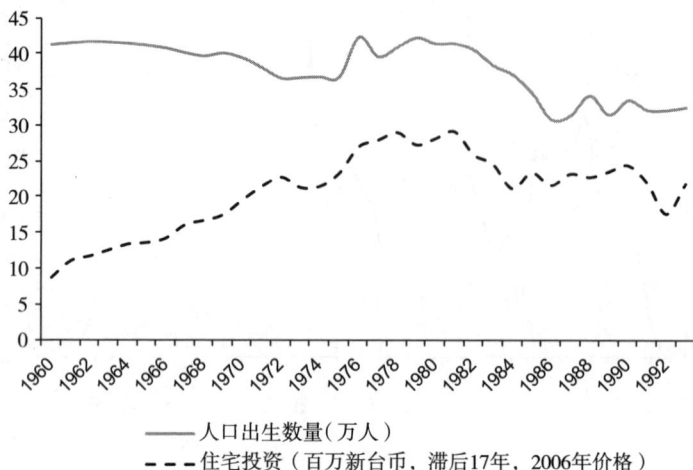

图1-26 中国台湾的人口出生数量与住房投资

资料来源:CEIC,许伟(2013),方正证券。

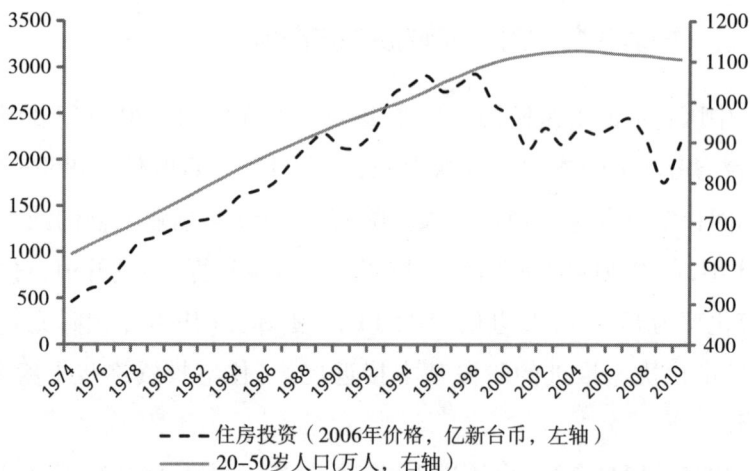

图1-27 中国台湾20—50岁年龄人口数量和住房投资

资料来源:CEIC,许伟(2013),方正证券。

五、启示

第一,增速换挡期,住宅投资告别高增长时代,房地产政策应适应新发展阶段特征,避免寄希望于刺激重归高增长的泡沫风险。住房市场具有非常明显的阶段性特征,增速换挡期,住宅投资从高速增长步入平稳或下降状态,从数量扩张步入质量提升,从总量扩张步入"总量放缓、区域分化、人口继续向大都市圈迁移"。房地产政策应适应新发展阶段的特征,避免寄希望于刺激房地产重归高增长轨道,否则将形成泡沫酝酿金融危机,日本在1969—1973年、韩国在1992—1996年都曾犯过类似的错误。新阶段的房地产政策应注重提高住房质量、改善人居环境、提高住房成套率,更注重区域差异。

第二,必须建立起比较完善的住房法律体系(邵挺,2012)。通过法律形式明确以居住为导向的住房制度设计,建立遏制投资投机性需求的长效机制是德国的主要经验,对我国有很大的启示。在我国《城市房地产管理法》基础上,应抓紧起草《住宅法》《住房租赁法》和《住房保障房法》等各项专门法律,构建完整的住房法律体系。借鉴德国经验,法律首先要明确住房的居住属性,"房子是用来住的,不是用来炒的",强化对市场投机性需求和开发商"囤地""囤房"等扰乱市场正常秩序行为的法律约束和处置。其次,要构建租户和购房者利益维护机制。对房东和开发商短期内过快提高租金和房价的行为,法律要明确严厉的处罚措施,以法律形式遏制漫天涨价行为。同时,要建立独立的房地产价格评估机制,对不同地段、不同类型的住房必须定期制定详细的基准价格作为执法依据。

第三,需要实行长期稳定的住房信贷金融政策。从国际经验看,首付比例和贷款利率变动对购房者支付能力影响很大。购房需求容易受到房贷政策影响而出现集中爆发现象,短期内易推动房价过快上涨。建议研究和探索居民购房时的首付比例和贷款利率固定或两者反向变动的房贷政策,以稳定购房者预期,避免购房需求短期内提前释放。为减少通胀水平对贷款利率的影响,中长期可考虑成立专门的住房储蓄银行,通过与通胀水平挂钩,使真实贷款利率长期不变。

第四,逐步建立城乡统一的建设用地市场和住房发展机制。建立城乡统一的建设用地市场是党的十八届三中全会提出的任务。在符合规划和用途管制的前提下,应允许农村集体经营型建设用地以出让、租赁等方式,与国有土地同等入市、同价同权,增加住宅用地供应主体,提高重点城市土地供给弹性。2015年开始,全国人大常委会授权国务院在全国33个县市区组织开展农村土地征收、集体经营性建设用地入市和宅基地管理制度改革试点,试点将在2017年底结束;土地管理法修改已列入十二届全国人大常委会立法规划,有望在2018年推动。推动"多规合一"试点,逐步把农村集体建设用地的建成区,以及一些城中村,纳入城镇化规划,统一建筑标准、基础设施标准和住宅与商业发展规划。

第五,进一步推进人地挂钩、跨省换地:实行跨省的耕地占补平衡和城乡用地增减挂钩。长期以来,耕地占补平衡政策和城乡建设用地增减挂钩政策多局限在县域、地级市范围内,至多在省域范围内,这严重限制了土地资源在全国范围内的优化配置,限制了东部地区的建设用地供给,特别是一线和热点二线城市的建设用地供给。当前耕地占补平衡政策已从早期的数量平衡发展到数量—质量—生态平衡,这意味着只要严格执行该政策,被占用的优良耕地可以得到补充平衡。并且,只要价格合理,当前日益进步的农业技术大多可以逐渐改良补充耕地质量。同时,探索并推行中西部地区外出农民工大省与东部地区农民工接收大省之间的城乡建设用地增减挂钩政策。2017年1月,《中共中央国务院关于加强耕地保护和改进占补平衡的意见》发布,其中一个亮点是"以县域自行平衡为主、省域内调剂为辅、国家适度统筹为补充,落实补充耕地任务"。

第二章 人口迁移的国际规律与 中国展望：城市的胜利

[**本章要点**]

我们在 2015 年预测"一线房价翻一倍，三四线涨不动"。2015—2016 年，全国房地产市场分化明显，一二线城市房价暴涨，相当一部分三四五六线平稳。除货币超发、土地供给限制等因素外，我们预测的一个重要逻辑是基于城市化进程中人口迁移的规律趋势。房地产周期"长期看人口、中期看土地、短期看金融"。本章重点研究人口迁移的国际规律和逻辑机理，这对理解未来中国人口迁移趋势、城市化布局和预测区域房价具有启发意义。

研究发现：

第一，美国日本等人口迁移呈两大阶段。第一阶段，人口从农村向城市迁移，一二线和三四线城市都有人口迁入，这可能跟这一阶段产业以加工贸易、中低端制造业和资源性产业为主有关。第二阶段，人口从农村和三四线城市向一二线大都市圈及卫星城迁移，三四线城市人口面临迁入停滞，大都市圈人口继续增加，集聚效应更加明显，这可能跟产业向高端制造业和现代服务业升级，以及大都市圈学校、医院等公共资源富集有关。

第二,大城市比中小城市和城镇具有更大的集聚效应和规模效应,更节约土地和资源,更有活力和效率,这是几百年来城市文明的胜利,是城市化的基本规律。这也就是意味着,中国过去控制大城市人口、中小城镇化战略和大规模西部造城运动可能是不符合人口迁移和城市化规律的。

第三,中国正处于人口迁移的第二个阶段,在未来中国的人口迁移格局中,一线城市和部分二线城市人口将继续集聚,城市之间、地区之间的人口集聚态势将分化明显。

第四,由于大量人口迁入,一二线城市房价不是由当地居民收入水平决定的,而是由经济体整体财富、贫富分化水平、富有阶层迁入、房屋供应能力等决定的。

第五,除了人口迁入、货币超发、城市经济活力等因素外,一二线大城市房价还跟住宅用地供给有关,目前供给不足,房地产越来越货币金融化。

2015—2016 年,全国房地产市场分化明显,一线城市和部分二线城市房价上涨明显,相当部分三四五六线城市平稳。除货币超发、土地供给限制等因素外,未来人口迁移的趋势规律、内在逻辑和国际经验是什么? 这对理解未来人口迁移趋势、城市化布局和预测区域房价具有启发意义。

■ 第一节　人口迁移的主要理论逻辑

一、拉文斯坦迁移法则

英国学者拉文斯坦(Ravenstein,1885)基于英国人口迁移特点提出了人口迁移的主要法则:(1)大多数迁移主要基于经济因素;(2)乡村居民较城镇居民更具迁移倾向；(3)迁移人口数量与迁移距离成反比；(4)人口迁移具有阶梯特征，即城市周边居民先迁入城市，留下的空隙地区由偏远地区居民迁移占据；(5)每一次移民潮发生后，总有一次反向的、补偿性的移民潮出现；(6)女性偏好短距离迁移；(7)经济与交通发展刺激移民增加；(8)长距离迁移以向大城市为主；(9)向外迁移主要发生在 20—35 岁。

二、推拉理论

博格(Donald J.Bogue)、李(E.S.Lee)等人提出的推拉理论认为，在市场经济和人口自由流动的情况下，人口迁移的原因是人们可以通过搬迁改善生活条件。人口迁移的发生是由迁入地的拉力因素和迁出地的推力因素共同作用的结果，包括自然、经济、社会等多方面原因。

三、发展经济学理论

刘易斯(W.A.Lewis)认为，由于工农业部门之间的劳动生产率和收入水平存在较大差异，使得劳动力不断从传统农业部门流向工业部门；当工农业部门的劳动生产率相等时，人口迁移将达平衡。费景汉(John C.H.Fei)和拉尼斯(Gustav Ranis)补充认为，农村劳动生产率提高，也将促使剩余劳动力向城市工业部门迁移。

四、经济—人口分布平衡法则

中国社科院人口所学者张车伟和蔡翼飞(2012 年、2013 年)以经济—人口分布平衡讨论区域发展差距。我们由此引申出城市人口集聚规律：在长期，决定一国范围内一个城市人口集聚规模的关键是城市经济规模及该城市与本国其他地区的人均收入差距，即经济—人口分布平衡。在完全市场竞争和同质性假设下，一个城市较高的人均收入将不断吸引区外人口净迁入，直至该城市人均收入与其他地区持平。

■ 第二节　国际上人口迁移规律：城市的胜利

一、美国人口迁移

美国城市化历程漫长，期间城乡划分标准多次调整。当前城市的基本定义为：50000 人以上的城市化区域（Urbanization Areas，UAs）和 2500—50000 人的城市簇（Urban Clusters，UCs）。1790—1840 年，美国城市化率从 5.1% 缓慢增至 10.8%；之后城市化进程明显加快，到 19 世纪 80 年代初期达到 30%，到 20 世纪 10 年代末期达到 50%，到 1970 年达 73.6%；之后城市化速度放缓，到 2010 年为 80.7%。

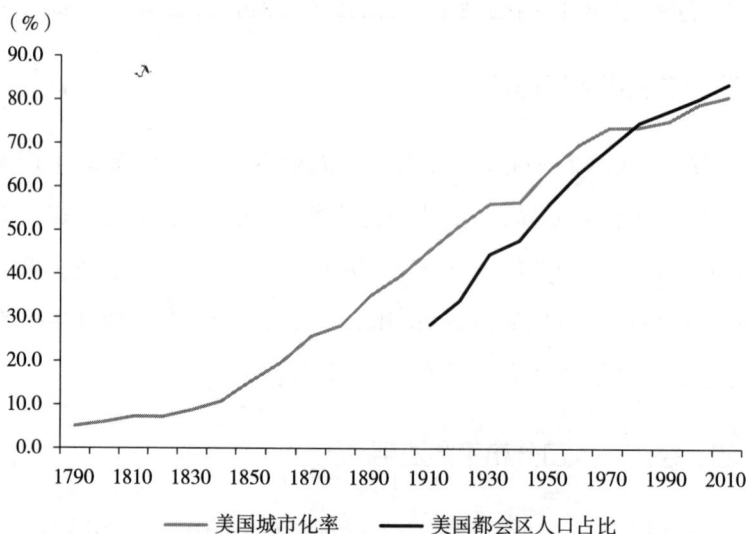

图 2-1　美国城市化率和都会区人口占比

资料来源：U.S.Census Bureau，方正证券。

基于经济社会高度联系的城市功能联系思想，美国商务部调查局于 1910 年开始逐渐形成都会区统计（Metropolitan Statistical Areas，最小规模为 5 万人以上）。1910—2010 年，美国都市区人口比重从

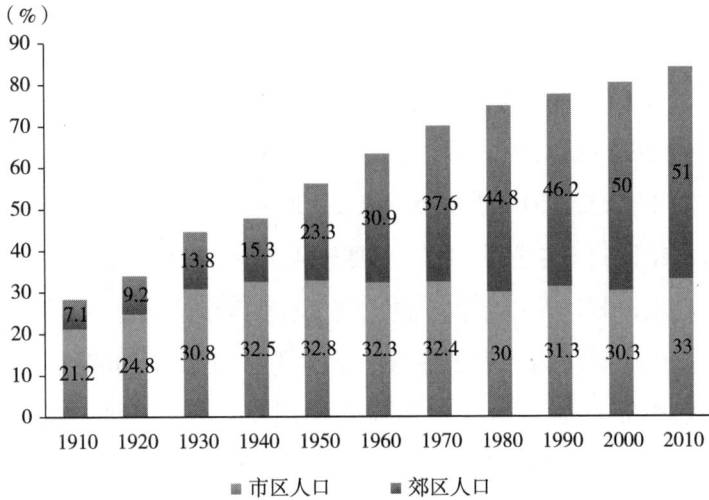

图 2-2　美国市区和郊区人口占全国比重

资料来源:U.S.Census Bureau,方正证券。

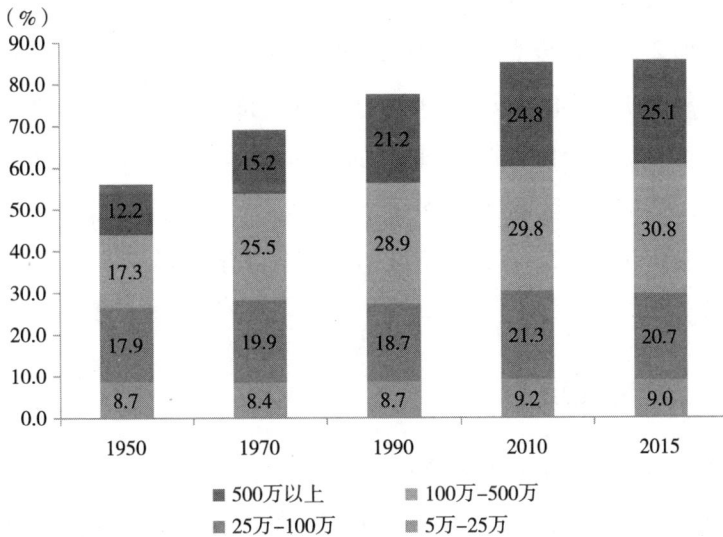

图 2-3　美国分规模都市区人口占全国比重

资料来源:U.S.Census Bureau,方正证券。

28.4%增至83.7%。在美国人口向都会区集聚的过程中,美国人口郊区化和大都会区化态势明显。

人口向郊区(suburbs)集聚明显。1910—1930年,美国市区(central cities)人口比重提高约10个百分点,明显超过郊区人口比重增幅(7个百分点)。但之后,市区人口比重基本保持不变,而郊区人口比重从14%增至51%。这意味着:1930年之前,人口主要迁入美国都会区的市区;但在之后,人口主要迁入郊区,包括市区人口外迁郊区。美国人口郊区化以小汽车的大规模使用为通勤的技术条件,其主要原因是中产阶级为寻求更好的中小学教育、更安全的邻里环境和更稳定的财产价值;而市区人口多为低收入者。不过2008年金融危机后,美国市区人口比重明显上升,主要原因可能在于就业考虑和市区房产不便出售等。

人口向大都市区集聚明显。1950—2010年,美国5万—25万人的都会区人口比重减少0.3个百分点,25万—100万人的都会区人口比重增加2.9个百分点,而100万—500万人、500万人以上的都会区人口比重分别增加12.2、12.4个百分点。特别是在1970—2010年,500万人以上都会区人口比重增加9.4个百分点,增幅远高于100万—500万人都市区的4.0个百分点、25万—100万人都市区的1.0个百分点和5万—25万人都市区的0.3个百分点,人口向大都市区集聚明显。

二、日本人口迁移

日本存在两个版本的城市化率统计:

第一,市部人口比重。该比重为国内学界广泛引用及世界银行数据库收录,但受行政区划调整影响太大。1898年日本市部人口比重仅为10.7%,1940年为37.7%,受战争影响1947年降至33.1%,1950年回升至37.3%。受20世纪50年代行政区划调整影响,市个数大幅增加,导致1960年日本市部人口比重激增至63.3%,之后增至2000年的78.7%。再次受行政区划调整影响,2010年日本市部人口比重达90.7%。

第二,DID人口比重。为克服行政区划影响、更好地了解城镇情况,日本统计部门在1960年定义人口集中地区(Densely Inhabited Districts, DID),即人口密度高于4000人/平方公里的调查区,和市区町村内互相邻接、人口合计超过5000人的调查区。日本DID人口比重从1960年的43.3%快速增至1990年的63.2%,再增至2010年的67.3%。

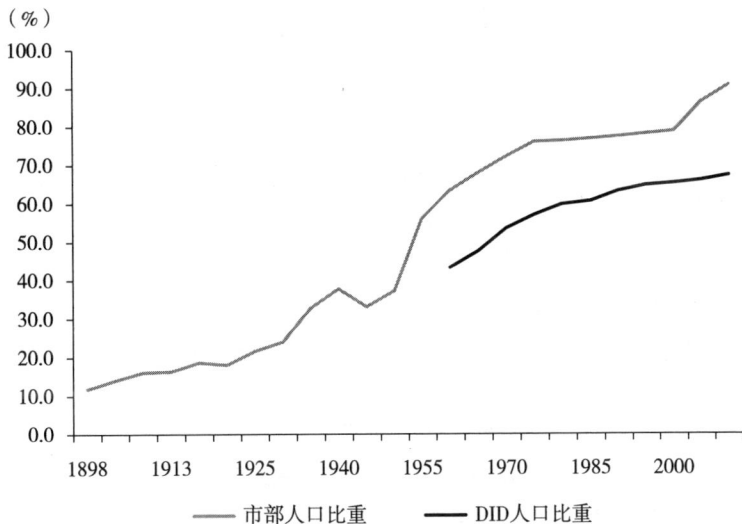

图2-4 日本城市化率

资料来源:日本总务省统计局,方正证券。

在日本城市化进程中,人口持续向大都市圈集聚,人口迁移从向"三极"集中转为向"一极"集中。

在20世纪70年代日本经济增速换挡以前,除1944—1945年受战争影响外,日本东京圈、大阪圈、名古屋圈三大都市圈人口保持大规模净迁入状态,人口持续快速增长。东京圈人口从1884年的406万人增至 1973 年的 2607 万人,占比从 10.8%增至 23.9%;大阪圈人口从 392 万人增至 1636 万人,占比从 10.5%增至 15.0%;名古屋圈人口从 311 万人增至 918 万人,占比从 8.3%增至 8.4%。

1973 年后,东京圈人口继续保持净迁入状态,大阪圈人口基本处于净迁出状态,名古屋圈人口基本呈现迁入迁出平衡状态。到 2014 年,东京圈人口增至 3592 万人,占比增至 28.3%;大阪圈人口为 1836 万人,占比降为 14.4%;名古屋圈人口为 1132 万人,占比增至 8.9%。该时期大阪圈和名古屋圈人口增长主要源于自然增长。

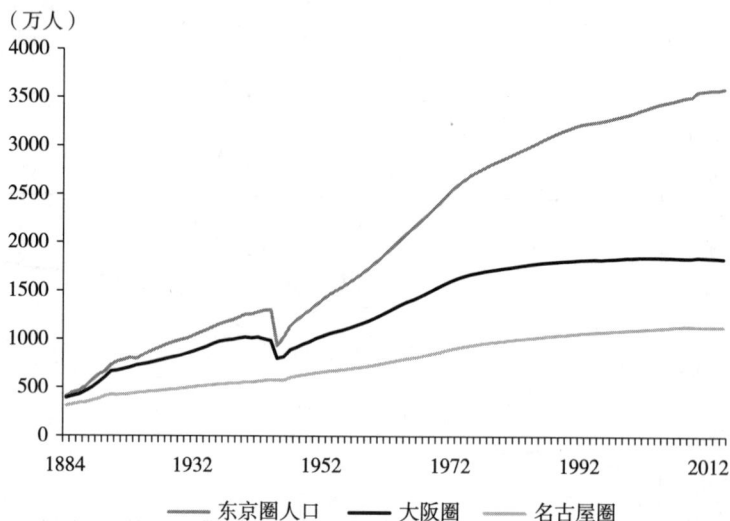

图 2-5　日本三大都市圈人口

资料来源:日本总务省统计局,方正证券。

期间,日本主要核心城市整体呈净迁入状态,但分化明显。在 1965 年之前,各核心城市基本保持人口净迁入;之后,差异明显。作为日本第一大城市、东京圈核心,东京都区人口在 1965—1995 年间持续外迁出至东京都其他区域、周边区域等,人口从 889 万降至 797 万;1995 年后重新呈净迁入,2015 年增至 910 万。作为日本第二大城市、东京圈第二大城市,横滨市人口持续增长,从 1950 年的 95 万增至 2015 年的 372 万。作为日本第三大城市、大阪圈第一大城市,大阪市

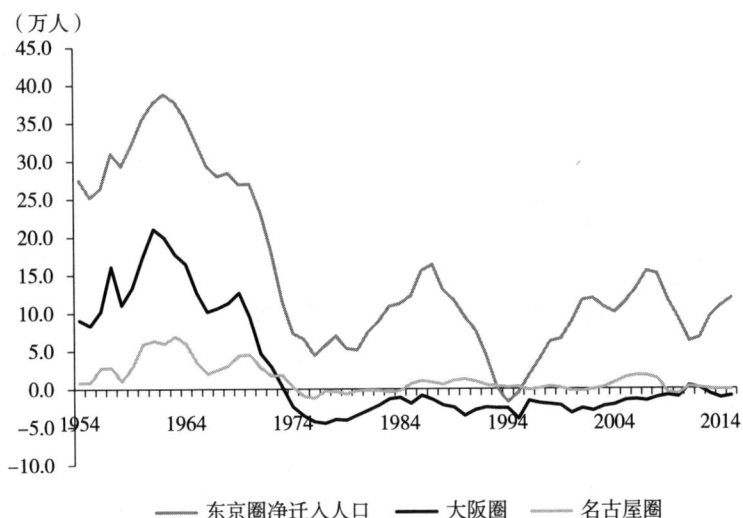

图2-6 日本三大都市圈净迁入人口

资料来源:日本总务省统计局,方正证券。

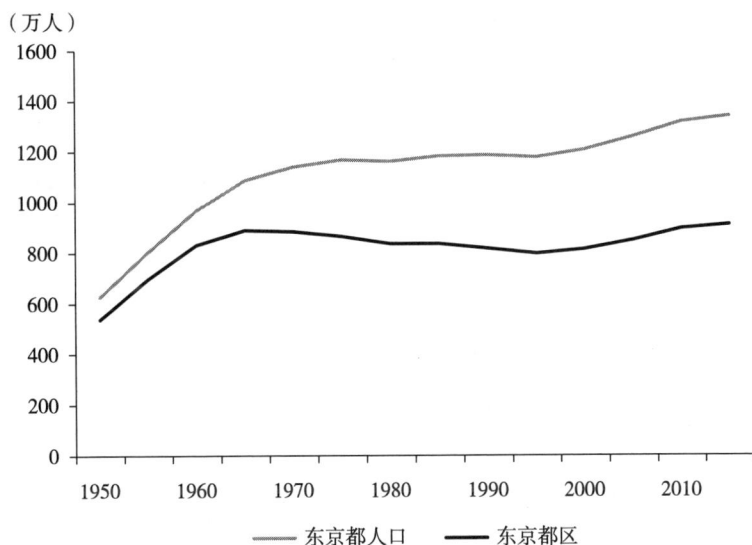

图2-7 日本东京都及东京都区人口

资料来源:日本总务省统计局,方正证券。

人口在 1965—1980 年持续净迁出,人口从 316 万降至 265 万,2000 年又降至 260 万,之后回升至 267 万。作为日本第四大城市、名古屋圈第一大城市,名古屋市人口从 1950 的 103 万增至 1975 年的 208 万,之后缓慢增至 2015 年的 226 万。

此外,人口在 100 万人以上的神户市、福冈市、川崎市、琦玉市、广岛市、仙台市均长期保持人口净流入;京都市在 1975 年之前为人口净流入,之后基本稳定,但 2010 年以来净迁出明显。

三、韩国人口迁移

韩国人口长期向首尔圈集聚。首尔圈由首尔市、仁川市、京畿道组成,土地面积 11830 平方公里,占韩国的 0.60%。朝鲜战争结束后,首尔圈人口快速增长,从 1955 年的 393 万人增至 2015 年的 2442 万人(不含外国人),占全国比重从 18.27% 增至 49.12%。其中,首尔市人口从 157 万人增至 1990 年的 1061 万人,再降至 990 万人;仁川市和京畿道人口合计从 236 万人持续增至 1537 万人。

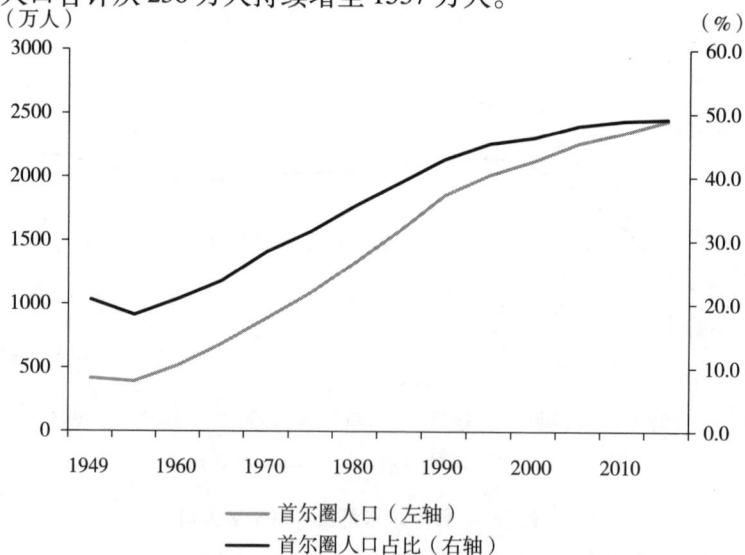

图 2-8　韩国人口向首尔圈集聚

资料来源:韩国统计局,方正证券。

■ 第三节 中国人口迁移趋势:步入第二阶段,向大都市圈集聚

改革开放前,中国城镇化进展缓慢,特别是在"文革"期间,基本处于停滞状态。改革开放后,中国城镇化进程逐渐启动,城镇化率从1978年的17.9%增至1995年的29.0%。20世纪90年代中期以来,城镇化速度明显加快,2015年末城镇化率达56.1%。

在快速城镇化进程中,中西部地区人口长期主要向东部地区的长三角、珠三角及京津地区集聚;但2011年以来,在东部地区的外来务工人员部分回流中西部地区,人口主要迁入一线城市和部分二线区域中心城市。对照国际经验,中国正处于人口迁移的第二个阶段。

需要注意的是,由于城乡区划划分标准不同,中国城镇化率与美国、日本等其他国家的可比性较差。

一、1985—1995 年:主要迁入珠三角、沪苏、北京

据1990年人口普查资料,1985—1990年省际净迁入规模最大的是广东,高达100.7万人。其他净迁入人口超过10万人的省(市、区)有5个省份:北京(54万人)、上海(53万人)、辽宁(25万人)、天津(17万人)、江苏(17万人)。其中,广东、北京、上海的省际净迁入人口合计占比高达67.4%。而净迁出规模最大的则是四川(含尚未直辖的重庆),为85万人。其他净迁出人口超过13万人的省份有5个:广西(45万人)、浙江(30万人)、湖南(26万人)、黑龙江(24万人)、安徽(20万人)。其中,浙江常住人口主要迁往上海、江苏、福建、江西等地。

据1995年1%抽样调查资料,1990—1995年省际人口净迁入规模最大的依然是广东,增至168万人;其他净迁入人口超过20万人的有

（万人）

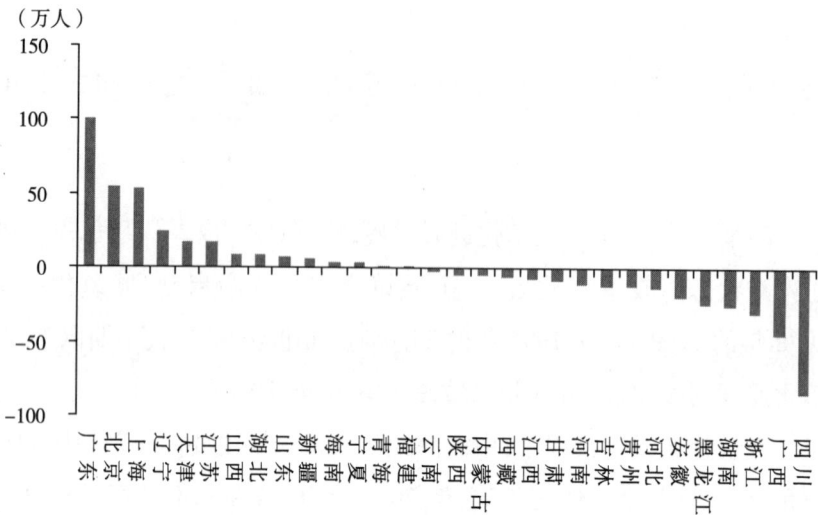

图 2-9 1985—1990 年中国省际人口净迁入

资料来源：国家统计局,方正证券。

（万人）

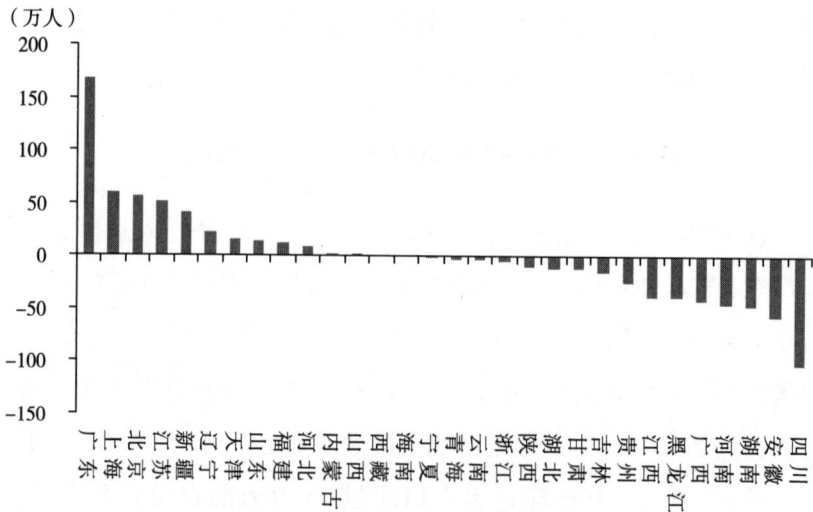

图 2-10 1990—1995 年中国省际人口净迁入

资料来源：国家统计局,方正证券。

5个：上海（59 万人）、北京（56 万人）、江苏（51 万人）、新疆（41 万人）、辽宁（23 万人）。省际人口净迁出规模最大的仍然是四川（含尚未直辖的重庆），为 103 万人；其他净迁出人口超过 15 万人的有：安徽

(57万人)、湖南(48万人)、河南(46万人)、广西(42万人)、黑龙江(38万人)、江西(38万人)、贵州(24万人)。该时期浙江人口依然净迁出,但净迁出规模已减少至不到5万人。

二、1995—2010年:主要迁入珠三角、长三角、京津

1995—2000年,人口主要迁往珠三角、长三角、京津、新疆、福建等地区,浙江从之前的净迁出变为净迁入。伴随着改革开放深入推进,20世纪90年代中期以来省际迁移人口规模大幅增长。据2000年人口普查资料,1995—2000年省际净迁入人口主要集中在广东(1165万人)、长三角地区(465万人)、京津地区(221万人),三者合计占87.1%。此外,新疆、福建、辽宁和云南也有大量的净迁入人口,分别为97万、76万、39万、35万人。净迁出人口主要来自四川(401万人)、湖南(305万人)、安徽(272万人)、江西(257万人)、河南(194万人)、湖北(169万人)、广西(163万人)、贵州(102万人)、重庆(69万人)、黑龙江(67万人)等地。

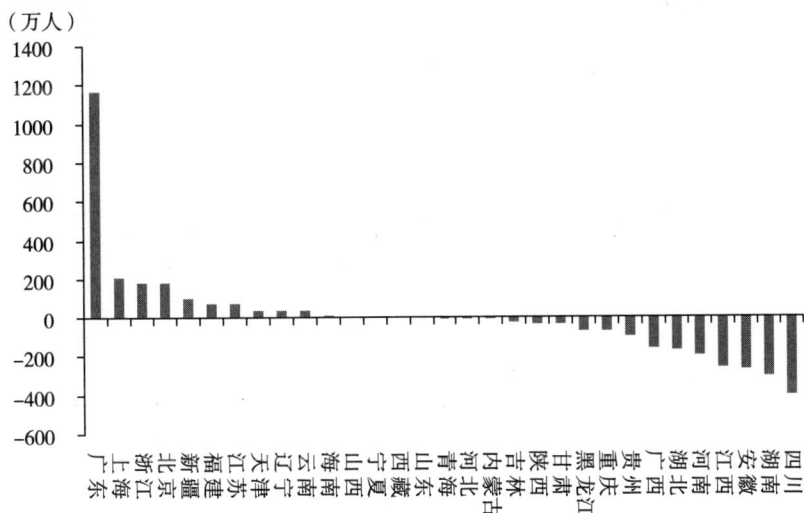

图2-11 1995—2000年中国省际人口净迁入

资料来源:国家统计局,方正证券。

2000—2005 年,人口仍主要迁入珠三角、长三角、京津和新疆等地区,但长三角集聚人口规模大幅增加。据 2005 年 1%抽样调查资料,2000—2005 年省际净迁入人口主要集中在广东(1028 万人)、珠三角(863 万人)、京津(272 万人),三者合计占 92.2%。其中,广东省净迁入人口较之前下降,长三角净迁入人口增加约 400 万,京津增加约 50 万。其他净迁入人口规模较大的地区还有福建、新疆、辽宁,分别为 113 万、40 万、26 万人。净迁出人口主要来自四川(318 万人)、安徽(317 万人)、河南(315 万人)、湖南(283 万人)、湖北(221 万人)、江西(198 万人)、广西(173 万人)、贵州(123 万人)、重庆(101 万人)。

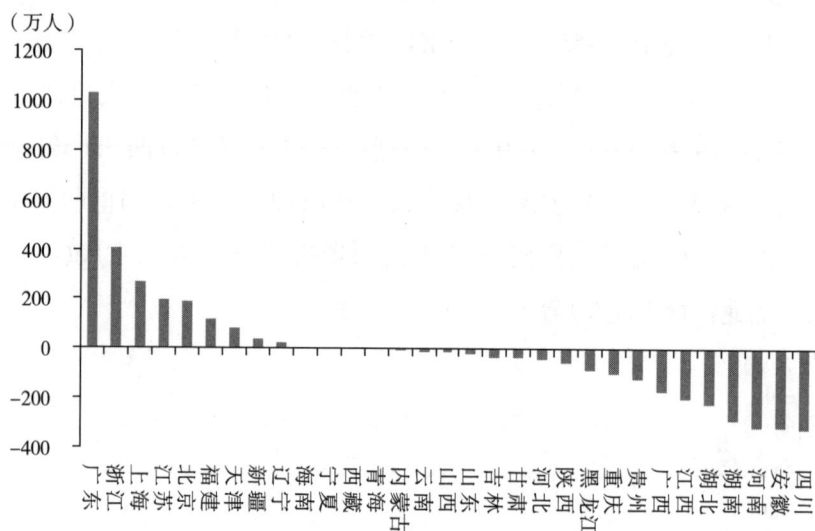

图 2-12　2000—2005 年中国省际人口净迁入

资料来源:国家统计局,方正证券。

2005—2010 年,人口仍主要迁入珠三角、长三角、京津、福建等地区,但珠三角的第一大人口净迁入地地位被长三角取代。据 2010 年人口普查资料,2005—2010 年省际净迁入人口主要集中在长三角(1453 万人)、广东(1226 万人)、京津地区(471 万人),三者合计占 91.8%。其他净迁入人口规模较大的地区还有福建、新疆、辽宁等,分别为 134 万、55 万、49 万人。净迁出人口主要来自河南(500 万人)、安徽(470万人)、四川(394万人)、湖南(390万人)、湖北(296万人)、江西(278万人)、广西(222万人)、贵州(209万人)、黑龙江(114万人)、重庆(111万人)、河北(109万人)。

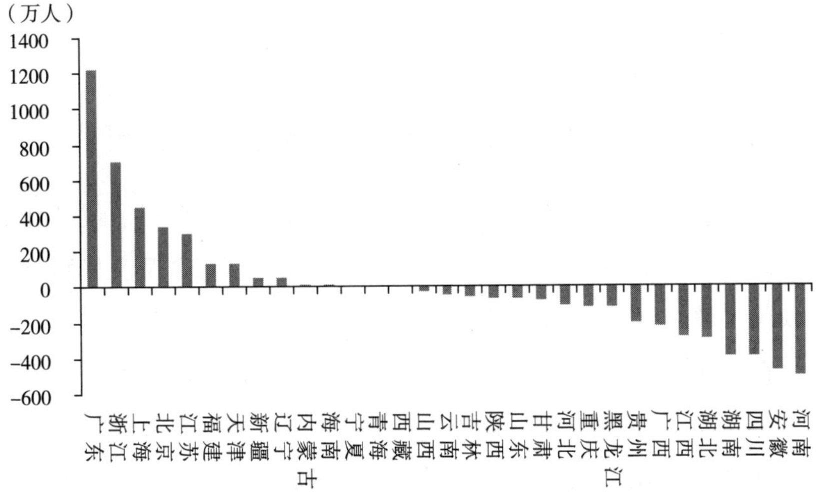

（万人）

图 2-13　2005—2010 年中国省际人口净迁入

资料来源:国家统计局,方正证券。

（万人）

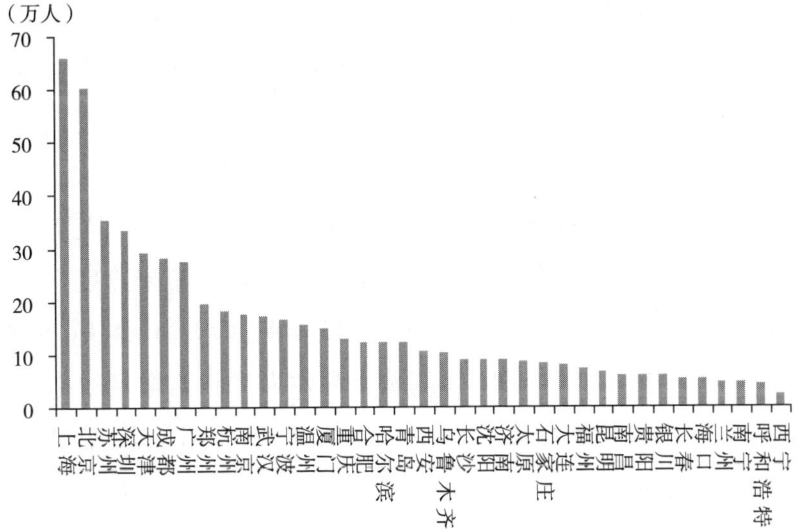

图 2-14　2001—2010 年中国主要城市人口增长

资料来源:国家统计局,方正证券。

在城市层面,2001—2010 年主要城市人口增长可大致分为四个层次:上海、北京常住人口年均增量超过 60 万人,苏州、深圳、天津、成都、广州常住人口年均增量在 27 万—36 万人之间,郑州、杭州、南京、武汉等城市常住人口年均增量在 10 万—20 万人之间,长沙、沈阳、济南、太原等城市常住人口年均增量在 10 万人以下。

三、2010—2015 年:主要迁入一线城市和部分二线城市

2011 年以来,中国经济逐渐进入新常态,东部沿海产业或外迁或内迁或转型升级,中西部地区就近城镇化开始推进,农民工特别是外出农民工增速放缓,人口迁移出现新的特点。

在省际层面,2010—2015 年省际人口流动明显减少,人口仍主要迁入长三角、珠三角、京津、福建等地区,但长三角、珠三角、福建的省际净迁入人口明显减少,京津的省际净迁入人口继续增加。据 2015 年人口抽样调查资料,2010—2015 年长三角、珠三角地区的省际净迁入人口规模分别为 956 万人、811 万人,分别较 2005—2010 年减少 497 万人、416 万人;京津地区省际净迁入人口 564 万人,较 2005—2010 年增加 94 万人。其他净迁入人口规模较大的地区有福建、新疆,分别为 110 万人、45 万人。省际净迁出人口主要来自河南(406 万人)、安徽(312 万人)、湖南(248 万人)、四川(205 万人)、江西(178 万人)、广西(176 万人)、湖北(150 万人)、贵州(150 万人)、河北(135 万人)。

在城市层面,人口向一线城市和区域中心城市集聚速度整体放缓,且分化明显,但趋势未改。2011—2015 年间,除天津、重庆(主城 9 区)、石家庄、南宁和福州外,其他城市常住人口年均增量较 2001—2010 年均有不同程度的减少。其中,天津、重庆(主城 9 区)常住人口年均增量较之前明显增加,天津常住人口增量从 2001—2010 年的 29 万人增至 51 万人,重庆(主城 9 区)常住人口年均增量从之前的 13.0 万增至 17.8 万;石家庄常住人口年均增量从之前的 8.2 万增至 10.8

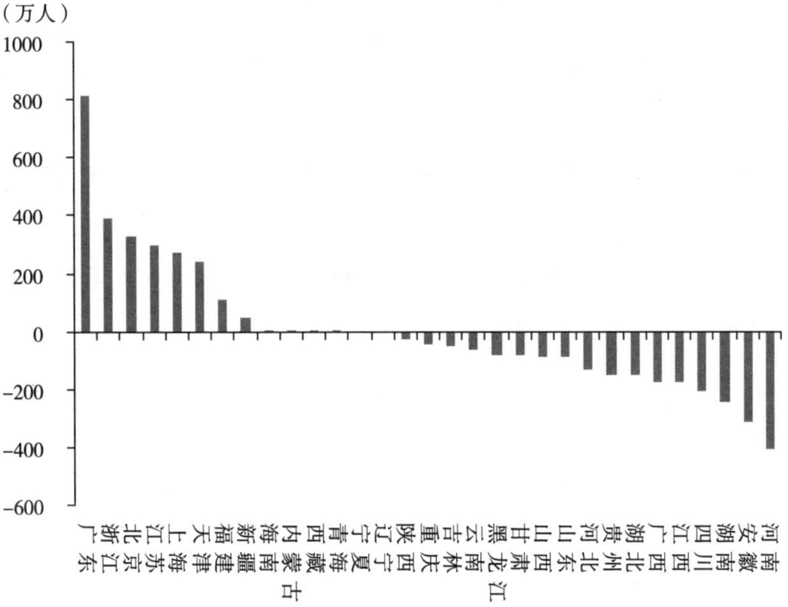

（万人）

图 2-15　2010—2015 年中国省际人口净迁入估计

资料来源:国家统计局,方正证券。

（万人）

■ 2001-2010年均增量　　■ 2011-2015年均增量

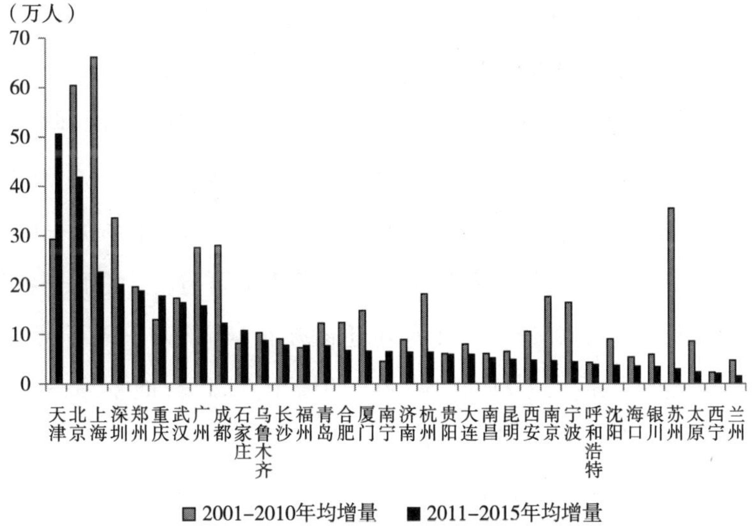

图 2-16　2011—2015 年中国主要城市人口增长

资料来源:国家统计局,方正证券。

万,南宁从之前的 4.5 万增至 6.5 万,福州从之前的 7.3 万增至 7.7
万;北京常住人口年均增量从 2001—2010 年的 60 万减少至 42 万,上
海从 66 万减至 23 万,广州从 28 万减至 16 万,深圳从 34 万减至 20
万;郑州、武汉常住人口年均增量较之前减少不到 1 万人,继续保持在
16 万—20 万人;苏州、南京、宁波等常住人口年均增量大幅减少,分别
从之前的 35.5 万降至 3.0 万、17.7 万降至 4.6 万、16.4 万降至 4.4
万,苏州可能呈现人口净迁出。

四、1990—2015 年:迁移类型演变

从省内外迁移结构看,中国人口迁移长期以省内迁移为主,省内
迁移比重长期占 2/3 强;其中,1990—1995 年为 67.9%,2000—2005 年
为 66.0%,2005—2010 年为 67.4%,变化不大。

在全国人口普查资料和 1% 人口抽样调查资料中,原住地类型分
为"乡、镇的村委会、镇的居委会、街道",现住地类型分为"城、镇、县
或乡村",由于乡镇区分难度大以及期间的大量"乡改镇",我们把人
口迁移分为四种类型:乡镇—城、城—城、乡镇—乡镇、城—乡镇迁移。

从迁移类型看,省内迁移中的乡镇—城、城—城、乡镇—乡镇迁移
基本形成三足鼎立之势;省际迁移则以乡镇—城、乡镇—乡镇为主。
在省内迁移方面,与 1990—1995 年相比,2005—2010 年乡镇—城迁移
比重基本保持不变,城—城迁移比重下降 2 个百分点,乡镇—乡镇迁
移比重上升 3.2 个百分点。在省际迁移方面,与 1990—1995 年相比,
乡镇—城迁移比例大幅增加,从 36.5% 增至 60.0%;而乡镇—乡镇迁
移比例大幅下降,从 44.5% 降至 29.7%。

在 2010—2015 年间,由于东部地区外来务工人员大量回流中西部
地区,该时期的省际人口迁移可能出现如下两个特点:(1)大量人口从
东部地区城市回流中西部地区城市,即城—城迁移比重上升。(2)大量
人口从东部地区乡镇回流中西部地区城市,即乡镇—城迁移比例上升。

■ 第四节　中国人口迁移展望:集聚与分化

美国日本人口迁移呈两大阶段:第一阶段,人口从农村向城市迁移,一二线和三四线城市都有人口迁入,这可能跟这一阶段产业以加工贸易、中低端制造业和资源性产业为主有关。第二阶段,人口从农村和三四线城市向一二线大都市圈及卫星城迁移,三四线城市人口面临迁入停滞,大都市圈人口继续增加,集聚效应更加明显,这可能跟产业向高端制造业和现代服务业升级,以及大都市圈学校、医院等公共资源富集有关。值得注意的是,在第一阶段到第二阶段过程中,会出现短期的大都市圈向区域中心城市回流现象,但不改变大的趋势。这也就是意味着,中小城镇化战略和大规模西部造城运动可能是不符合人口迁移规律的。

中国正处于人口迁移的第二个阶段,在未来中国的人口迁移格局中,一线城市和部分二线城市人口将继续集聚,城市之间、地区之间的人口集聚态势将分化明显。在东部地区,北上广深津等大城市将可能继续呈现大量人口净迁入;其他城市,特别是外来人口众多的中小城市,人口增长有可能放缓甚至停滞。在中西部地区,重庆、郑州、武汉、成都、石家庄、长沙等区域中心城市人口将快速增长。

中国城镇化仍处于快速发展期,城乡、区域之间的相对收入差距仍然较大,农村人口将继续大量进入城市;大城市就业机会多、发展前景广、文化包容性强、教育医疗等公共服务资源丰富,吸引农村居民及中小城市居民;随着中西部地区经济发展及就近城镇化推进,在东部地区的部分外来务工人员将可能继续回流,首要选择中西部地区的区域中心城市。

由于大量人口迁入,一二线城市房价不是由当地居民收入水平决定的,而是由经济体整体财富、贫富分化水平、富有阶层迁入、房屋供应能力等决定的。因此,一二线城市房价收入比难以衡量支付能力。同样,三四线城市房价收入比较低,但是在人口增长停滞甚至迁出的情况下,面临较长期去库存压力。

除了人口迁入、货币超发、城市经济活力等因素外,一二线大城市房价还跟住宅用地供给有关,目前供给不足,房地产越来越货币金融化。在土地财政制度下,地方政府垄断土地市场和用途管制,土地出让收入最大化符合地方政府利益。土地财政为城镇化融资作出了巨大贡献,但也推高房价,如不改革,将使城镇化和高房价走向畸形,拉大收入差距,绑架政策。

(本章及第三章、第十三章均为国家社科基金项目"我国人口城镇化与土地城镇化协调发展研究"(15CJY026)的阶段性成果)

第三章 从国际经验看北京、上海等超大城市人口发展趋势：人口控制 VS 城市规划

[本章要点]

过去中国长期实行控制大城市规模、发展中小城镇的战略，但我们研究发现，向大都市圈集聚是人口迁移和城市化的基本规律。当前北京、上海的城市规划再度要求控制人口，人口控制得住么？本章重点研究国际上超大城市的人口发展趋势及其对中国北京、上海的启示。研究发现：

第一，城市人口集聚的基本逻辑是经济—人口分布平衡，OECD城市功能区及美日韩的经验也证实这一点。

第二，当前北京、上海的经济—人口比值高达 1.9 以上，经济—人口分布的内在平衡动力将驱动北京、上海未来人口显著增长，人口密度仍有较大空间，据推算北京都市区的人口增长空间为 1239—1546 万人，上海的人口增长空间为 455—728 万人。

第三，交通拥堵、环境污染、资源约束均不是严控人口规模的理由。

第四，当前北京、上海城市发展存在老龄化、人口分布失衡、城市

布局不合理、职住分离严重、公共交通供给不足等问题。

第五,未来大城市不是控制人口的问题,而是应改善城市规划和公共交通,保持相对开放的人口迁徙政策以优化人口年龄结构,优化人口产业的空间分布并促进职住平衡,大力提高城市轨道交通路网密度,改变当前以中心城为核心的放射型轨道交通体系为环状"井"字形。

当前,北京、上海等地的新一轮城市总体规划尚未正式发布,2030年常住人口规模控制目标将在其中确定。2016年8月,《上海市城市总体规划(2016—2040)(草案公示读本)》发布,要求把上海市常住人口到2020年、到2040年均控制在2500万人以内。2017年3月,《北京市城市总体规划(2016—2030)(草案)》要求北京市到2020年把常住人口控制在2300万人以内。

中国政府一直具有严格控制大城市规模的倾向,从1980年全国城市规划工作会议提出"控制大城市规模",到1990年开始实施的《城市规划法》规定"严格控制大城市规模",再到2014年《国家新型城镇化规划(2014—2020年)》和《国务院关于进一步推进户籍制度改革的意见》中"严格控制500万人以上特大城市人口规模"等。但是,从历史看,北京、上海等大城市制定或预测的人口控制目标不断被突破。

严控北京、上海等超大城市的人口规模是否合理?从长期来看,人口控得住么?未来大城市的重点是人口控制还是改善城市规划?

■ 第一节 城市人口集聚的基本逻辑与国际经验

一、基本逻辑:经济—人口分布的内在平衡

影响城市人口集聚的因素有很多,比如地理、交通、功能定位、产

业结构等,但从长期看,决定一个城市人口集聚规模的关键是城市经济规模及该城市与本国其他地区的人均收入差距。在完全的市场竞争和个体同质条件下,一个城市较高的人均收入将不断吸引区外人口净迁入,直至该地区人均收入与其他地区持平。

这种区域收入差距可简单地用区域经济份额与区域人口份额的比值来表示。当该比值趋近于 0 时,表示该区域人均收入远低于全国平均水平,人口很可能呈净迁出状态;当该比值等于 1 时,表示该区域人均收入等于全国人均收入,人口净迁入规模很可能接近于 0;当该比值远大于 1 时,表示该区域人均收入远高于全国平均水平,人口很可能呈净迁入状态。

在短期,由于经济波动幅度多明显大于人口增长速度,所以经济—人口比值受经济波动的影响更大。在长期,由于市场不完全竞争以及城市之间、个体之间等存在明显差异,因而当城市发展比较稳定时,其经济份额与人口份额的比值虽不能等于 1,但将保持在 1 附近的水平。

二、OECD 城市功能区经验

在城市问题研究领域,由于各国城乡区域划分标准存在明显差异,包括行政边界、人口规模与人口密度、基础设施的完善程度和建筑密度等,这使得城市及城市化率的国际可比性较差。人们通常谈论的城市可能存在三个范围:以行政边界划分的行政城市、以建筑情况展现的物理城市和以就业联系的经济城市。比如,居住在河北燕郊、工作在北京,居住在江苏昆山、工作在上海。

为解决这一难题,经济合作与发展组织(OECD)基于城市功能经济联系的思想于 2012 提出一套测量"城市功能区"(Functional Urban Area)的方法,通过人口密度、人口规模和就业通勤等指标划分城市区域,并在 OECD 经济体范围内建立了 2000 年以来、281 个 50 万人以上城市功能区的相关数据库。由于 OECD 成员大多为已经完成工业化和城市化的高收入经济体,城市功能区的人口集聚情况较为稳定,因而其经济—人口比值对中国城市发展具有较高参考价值。

剔除新兴经济体墨西哥的数据,2012 年 OECD248 个城市功能区的经济—人口比值的中位数为 1.01,均值为 1.07;其中,有 195 个城市功能区的经济—人口比值处于(0.7,1.3)之间,占比为 78.6%;有 220 个城市功能区的经济—人口比值处于(0.6,1.4)之间,占比为 88.7%。在 500 万人以上的城市功能区中,经济—人口比值最大为 1.67,最小为 0.93,均值为 1.27。

中位数: 1.01   (0.3, 0.7):195个, 占78.6%
均　值: 1.07   (0.6, 1.4):220个, 占88.7%

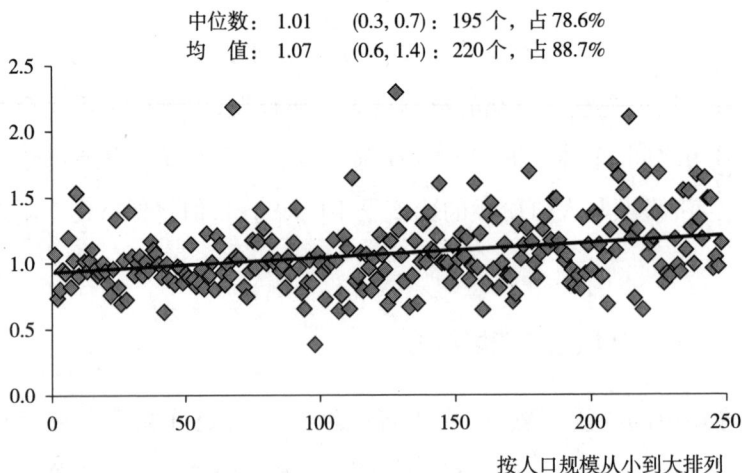

按人口规模从小到大排列

图 3-1　2012 年 OECD 城市功能区经济—人口比值(不含墨西哥)

资料来源:OECD,方正证券。

三、美国都市区经验

美国人口长期向大都市区集聚,当前 50 万人以上都市区经济—人口比值的均值为 0.98。美国从 1910 年开始逐渐形成基于都市区(Metropolitan Statistical Areas)的人口统计(最小规模为 5 万人以上)。1910—2015 年,美国都市区人口比重从 28.4% 增至 85.6%;其中,100

万人以上都市区人口占全国的比重从 1950 年的 29.4%增至 2015 年的 56.0%,500 万人以上都市区的人口比重从 12.2%增至 25.1%,人口向大都市区集聚的趋势明显。

2001—2015 年,美国 107 个 50 万人以上都市区的经济—人口比值的中位数从 0.99 降至 0.94,均值从 1.01 降至 0.98。在 53 个 100 万人以上的都市区中,经济—人口比值的中位数从 1.12 降至 1.07,均值从 1.13 降至 1.10;在 9 个 1000 万人以上的都市区中,经济—人口比值的中位数从 1.31 降至 1.22,均值从 1.26 降至 1.23。

纽约都市区(New York-Newark-Jersey City, NY-NJ-PA)是美国最大的都市区,土地面积为 17319 平方公里,2015 年人口为 2018 万,占比为 6.28%;GDP 为 16027 亿美元,占比为 8.89%,经济—人口比值为 1.42。2010—2015 年间,纽约都市区国内人口净迁入-70.1 万,但国际人口净迁入 77.4 万,国内外净迁入人口 7.3 万人。

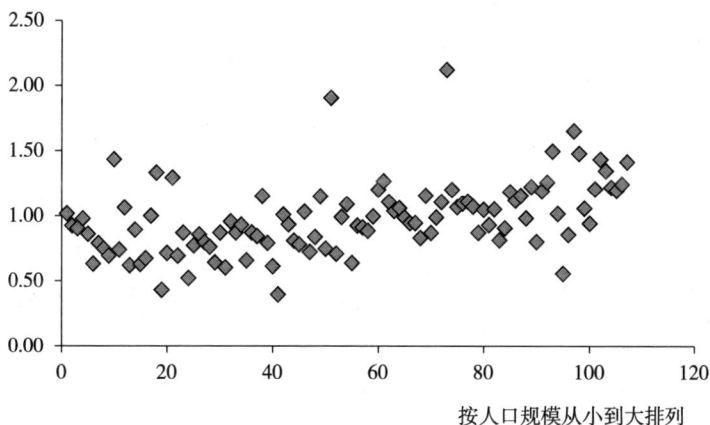

图 3-2　2015 年美国 50 万人以上都市区经济—人口比值

资料来源:U.S.Census Bureau,方正证券。

四、日本三大都市圈经验

日本人口长期向三大都市圈特别是东京圈集聚,当前东京圈经

济—人口比值为 1.15。东京圈、大阪圈、名古屋圈土地面积合计
38424 平方公里,占日本国土面积的 10.17%,当前人口份额和经济份
额合计均在 50%左右。在 20 世纪 70 年代日本经济增速换挡以前,除
1944—1945 年受战争影响外,三大都市圈人口持续快速增长,人口大
规模净迁入。东京圈人口从 1884 年的 406 万人增至 1973 年的 2607
万人,占比从 10.85%增至 23.89%;大阪圈人口从 392 万人增至 1636
万人,占比从 10.47%增至 14.99%;名古屋圈人口从 311 万人增至 918
万人,占比从 8.30%增至 8.41%。1955—1973 年,东京圈、大阪圈、名
古屋圈经济—人口比值分别从 1.38 降至 1.22、从 1.24 降至 1.13、从
1.12 波动变回 1.12。

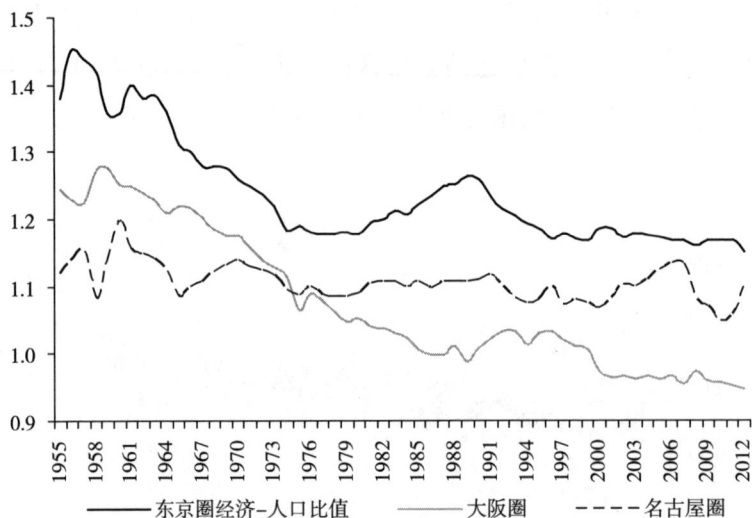

图 3-3　日本三大都市圈经济—人口比值

资料来源:日本总务省统计局,方正证券。

之后,东京圈人口继续保持净迁入状态,大阪圈人口基本处于净
迁出状态,名古屋圈人口基本呈现迁入迁出平衡状态。到 2014 年,东
京圈人口增至 3592 万人,占比为 28.27%;大阪圈人口为 1836 万人,
占比为 14.45%;名古屋圈人口为 1132 万人,占比为 8.91%。该时期
大阪圈和名古屋圈人口增长主要源于自然增长。2012 年,东京圈、大

阪圈、名古屋圈经济—人口比值分别为 1.15、0.95、1.10。与 1973 年相比，东京圈的经济—人口比值明显下降，大阪圈大幅下降，名古屋圈略降。

五、韩国首尔圈经验

韩国人口长期向首尔圈集聚，但当首尔圈经济—人口比值低于 1 后，人口从净迁入变为净迁出。朝鲜战争结束后，首尔圈人口快速增长，占全国比重从 18.27% 增至 49.12%。在人口持续大量迁入的同时，首尔圈经济—人口比值随经济波动逐渐下降，1985 年为 1.122，持续降至 2010 年的 0.998，然后在接近 1 的位置波动。最近五年来，首尔圈人口基本呈现净迁出状态，且净迁出规模持续扩大，净迁入人口分别为-0.8 万、0.7 万、-0.4 万、-2.1 万、-3.3 万人。

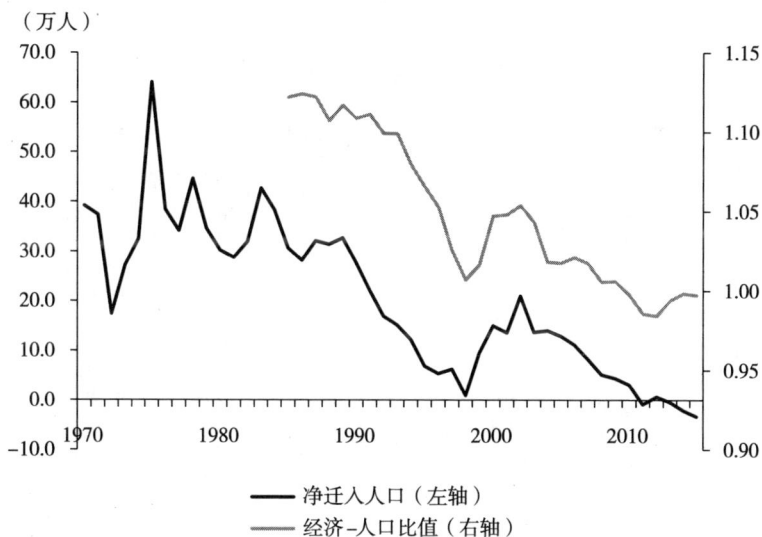

图 3-4　首尔圈经济—人口比值及净迁入人口

资料来源：韩国统计局，方正证券。

第二节　北京、上海人口增长仍有较大潜力

一、北京、上海近期人口增长态势

1949 年以来,北京市、上海市常住人口基本保持持续快速增长。北京市常住人口从 1949 年的 420 万人增至 2016 年的 2173 万人,占全国比例从 0.78% 增至 1.57%;上海市常住人口从 503 万人快速增至 2420 万人,占全国比例从 0.93% 增至 1.75%。

虽然中央政府及北京市政府等一直试图控制人口规模,但其制定的人口控制目标一次又一次被突破。除忽视市场机制作用、低估人口增长趋势外,政府在早期还存在对常住人口总量把握不准的问题。

表 3-1　北京市、上海市人口调控历史成效

地区	文件	规划目标	性质	突破年份	备注
北京	1983 年《北京市城市建设总体规划方案》	1000 万（2000 年）	约束性	1986 年	该规划估计 1981 年北京市常住人口已超过 1000 万人,要求对人口做减量;实际上 1982 年"三普"人口为 923 万
	1993 年《北京城市总体规划（1991—2010）》	1160 万（2000 年）;1250 万（2010 年）	约束性	1995 年;1999 年	由于人口统计误差,1995 年北京市常住人口比 1994 年异常增加 126 万人,因而"1160 万"的目标实际上在 1994 年或之前被突破。同理,"1250 万"目标实际上也早于 1999 年突破
	2005 年《北京城市总体规划（2004—2020）》	1800 万（2020 年）	约束性	2009 年	2000 万人的预留目标,也在 2011 年被突破

地区	文件	规划目标	性质	突破年份	备注
上海	2001 年《上海市城市总体规划（1999—2020年）》	1600 万（2020 年）	预测性	2000 年	规划原文为"2020 年，全市实际居住人口 1600 万左右"
	2003 年《上海市城市总体规划（1999—2020 年）中、近期建设行动计划》	2000 万（2020 年）	预测性	2007 年	规划原文为"按照 2020 年总人口为 2000 万左右的规模，考虑城市空间发展和重大基础设施建设"

资料来源：北京市政府，上海市政府，方正证券。

　　2014 年以来，北京市、上海市开始大幅加强人口调控，控制人口总量及过快增长甚至成为地方政府的第一要务。北京市、上海市的人口调控措施主要包括加强落户审批，清退一般性产业特别是高能耗产业，疏解部分非核心功能，对群租房、地下空间、城乡结合部等联合执法开展综合整治，上调公共服务价格（水、天然气、公共交通），控制土地供给等。受此影响，北京市常住人口增量从 2011—2013 年的年均51.0 万人降至 2014 年的 36.8 万人，再降至 2015 年的 18.9 万人、2016年的 2.4 万人；上海市常住人口增量从 2011—2013 年的年均 37.5 万人降至 2014 年的 10.5 万人，再降至 2015 年的－10.4 万人、2016 年的4.4 万人。但是，人口集聚可能会在短期由行政力量主导，但在长期仍将决定于市场力量。

　　与此同时，广州、深圳的常住人口大幅增长。广州市常住人口增量从 2011—2013 年的年均 7.2 万人增至 2014 年的 15.4 万人，再增至2015 年的 42.1 万人、2016 年的 54.2 万人；深圳市常住人口增量从2011—2013 年的年均 8.6 万人增至 2014 年的 15.0 万人，再增至 2015年的 60.0 万人、2016 年的 52.9 万人。其中原因除广州、深圳自身的经济增长速度相对较快、房价相对较低外，可能还在于北京、上海人口调控"赶人"的挤出影响。以四大一线城市加总看，2011—2016 年常

（万人）

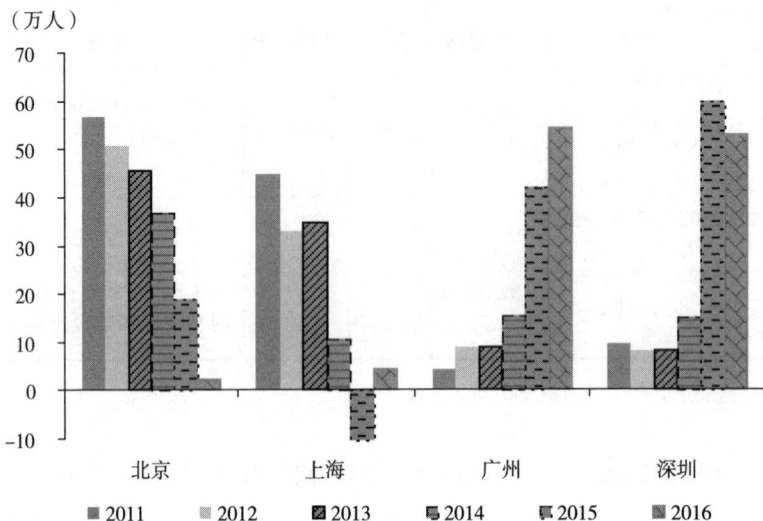

图 3-5 近期北上广深人口增量

资料来源:北京、上海、广州、深圳统计局,方正证券。

住人口年均增量分别为 115.2 万、100.4 万、97.2 万、77.7 万、110.6 万、114.0 万人,变化较为平稳。

当前,北京市、上海市、广州市、深圳市分别设定了到 2020 年不得超过 2300 万人、2500 万人、1550 万人、1480 万人的常住人口规模红线,2017—2020 年人口增长空间分别为年均 31.8 万人、20.1 万人、36.4 万人、72.3 万人。考虑到人口调控效果的边际递减及短期性,并参考近几年人口增量,可以预计未来几年北京市、上海市的人口调控压力很大,而广州市的压力较小、深圳市的压力很小。

二、北京、上海未来人口增长仍有较大潜力

从经济—人口分布的角度看,北京市的经济—人口比值呈波动式变化,但在 2004 年达 3.73 的阶段性峰值后基本呈下降趋势,2016 年为 2.13;上海市呈波动式下降,特别是 1978 年达 6.47 的阶段性峰值后呈明显下降趋势,2016 年为 2.11。即便考虑居住在区外、工作在区

内的人口,单纯对北京市、上海市常住人口各加 200 万,北京市、上海市的经济—人口比值依然高达 1.9 以上。

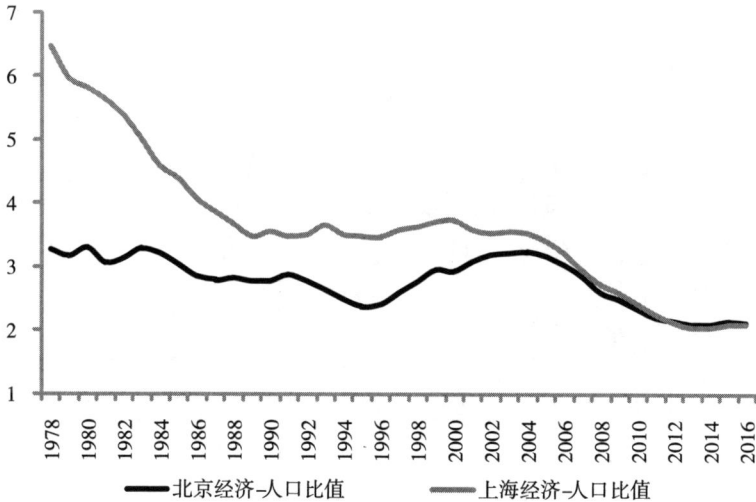

图3-6　北京、上海经济—人口比值

资料来源:国家统计局,方正证券。

　　目前,中央政府对北京市的功能定位是"全国政治中心、文化中心、国际交往中心、科技创新中心",建设目标是至 2050 年进入世界城市行列;上海提出至 2040 年建成"迈向卓越的全球城市,国际经济、金融、贸易、航运、科技创新中心和文化大都市"。从人均 GDP 看,北京、上海虽在国内领先,但远低于国际先进城市。以扣除延庆、怀柔等生态涵养发展区的北京都市区人均 GDP 计算,仅相当于纽约都市区的 25%、巴黎都市区的 30%、伦敦都市区的 34%、东京都市区的 44%、首尔都市区的 58%。而上海市的人均 GDP 比北京还稍低一些。从经济份额来看,由于中国是大国,北京、上海不可能像巴黎、伦敦、东京和首尔都市区那样占本国 GDP25% 以上的份额,但可以大致参照纽约都市区。目前,纽约都市区占全国的经济份额为 7.9%,远高于上海市的3.7%、北京都市区的 3.3%。因而,在北京、上海建设世界城市或全球城市的目标下,可以推测其经济份额不大可能会下降,相反极有可能上升。在这种情况下,可以预测,经济—人口分布的内在平衡动力将驱动北京、上海未来人口显著增长。

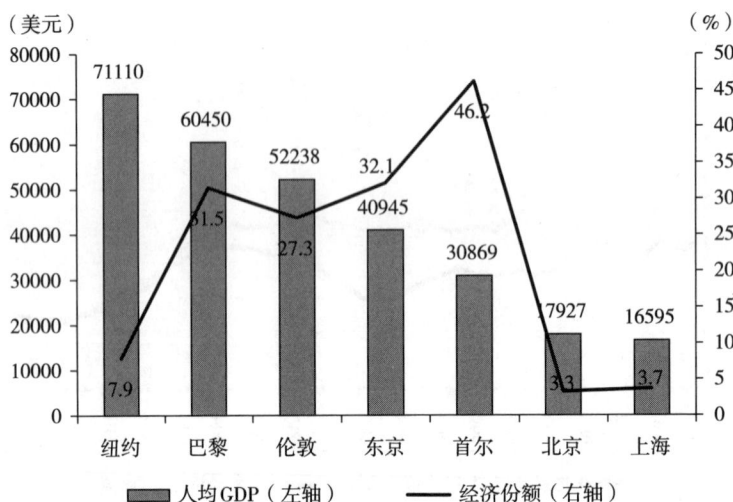

图3-7 全球主要大都市区经济份额与人均 GDP

资料来源:OECD,国家统计局,方正证券。

三、人口密度比较:北京、上海人口增长仍有较大空间

人口规模及人口密度的国际比较是从土地资源角度,判断一个区域人口增长是否存在空间的主要方法之一。但需要注意的是,这种比较需要遵循功能相近、面积接近两个基本原则。一方面,相关国际比较需在功能相同或相近区域进行。另一方面,相关国际比较需在土地面积接近的区域之间进行;如果土地面积差异太大,人口密度的国际比较则缺乏意义。

利用 OECD 的城市功能区数据,加上印度孟买都市区,可对北京都市区、上海市的人口规模和人口密度进行全球比较。由于乡镇级数据缺乏,尚不能利用 OECD 的方法划分北京都市区和上海都市区,这使得可比性存在一定问题,但较其他研究已有明显进步。

从人口规模看,上海以 2415 万人位居全球第三,居东京都市区

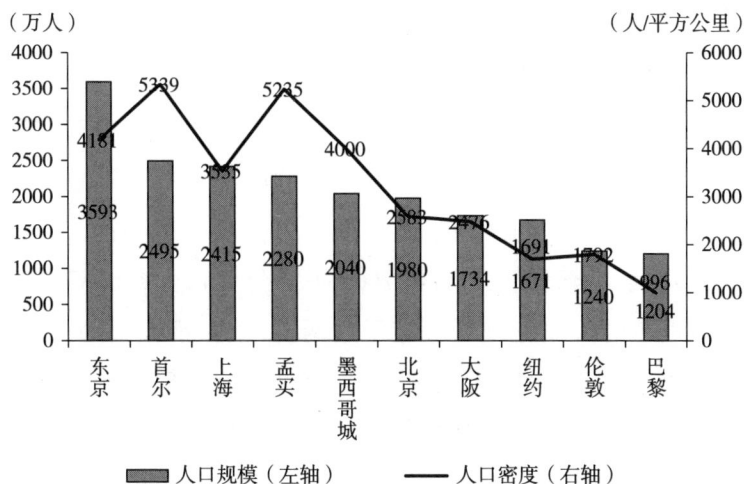

图3-8 全球主要大都市区人口规模及人口密度

资料来源：OECD，国家统计局，方正证券。

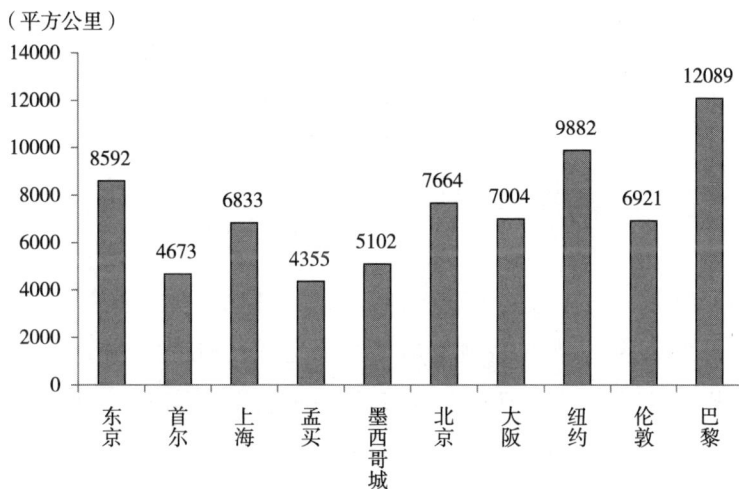

图3-9 全球主要大都市区土地面积

资料来源：OECD，国家统计局，方正证券。

3593万人、首尔都市区（2495万人）之后；北京都市区（1980万人）位居全球第六，中间还隔着孟买都市区（2280万人）、墨西哥城都市区（2040万人）。

123

从人口密度看,上海(3535人/平方公里)、北京都市区(2583人/平方公里)分别位居第五、第六。居于前四的分别是首尔都市区(5339人/平方公里)、孟买都市区(5235人/平方公里)、东京都市区(4181人/平方公里)、墨西哥城都市区(4000人/平方公里)。

从土地面积看,首尔都市区(4673平方公里)、孟买都市区(4355平方公里)明显小于北京都市区(7664平方公里)、上海(6833平方公里),且前两者的人口密度明显高于后两者;东京都市区的土地面积(8592平方公里)明显大于北京都市区和上海,但其人口密度仍然高于北京都市区和上海。这意味着北京都市区和上海的人口密度上限低值可参照东京都市区,上限高值则介于东京都市区与首尔都市区和孟买都市区之间。大致估计,北京都市区和上海的人口密度上限在4200—4600人/平方公里,据此推算北京都市区的人口增长空间为1239万—1546万人,上海的人口增长空间为455万—728万人。总的来说,从人口密度的国际比较看,北京、上海人口均还有较大的增长空间。

■ 第三节 交通拥堵、环境污染、资源约束与人口规模

长期以来,一些人出于对"大城市病"的担忧,以交通拥堵、环境污染、资源约束为由,强调控制大城市特别是特大和超大城市人口规模。然而,以上述理由要求控制大城市人口的逻辑并不成立。事实上,因不尊重人口集聚客观规律所造成的城市规划不足,才是导致一些"大城市病"的重要原因。强行控制人口的做法,一方面与尊重市场在资源配置中的决定性作用相违背,另一方面也不利于广大人民分享大城市发展的好处。

一、交通拥堵与人口规模

当人口规模超过一定水平时,城市交通情况与城市布局、城市交

通设施水平及城市管理能力等更为相关，而不是人口。荷兰交通导航服务商 TomTom 发布的全球部分城市拥堵报告显示（不含日韩城市），全球前十五大拥堵城市排名与人口规模排名并无相关性。比如，在拥堵指数上，上海<北京<曼谷；但在人口规模上，上海>北京>曼谷。高德地图发布的《2015 年度中国主要城市交通分析报告》显示，济南、哈尔滨、杭州、大连四个城市的人口规模均不到 1000 万，但拥堵指数却高于上海、广州、深圳；同样，青岛人口规模小于重庆，但拥堵指数高于重庆。

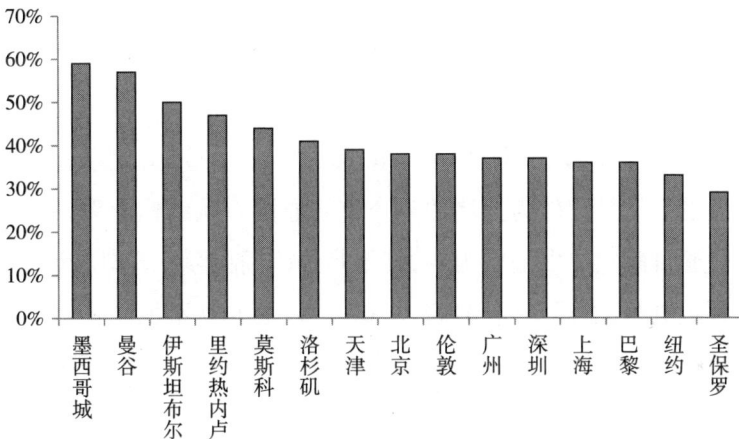

图 3-10　2015 年全球前十五大拥堵城市

资料来源：TOMTOM，方正证券。

交通拥堵情况与出行结构密切相关。从国际来看，在轨道交通、公共（电）汽车、小汽车、出租车四种主要出行方式中，东京圈轨道交通出行比例为 59.6%，东京都区更是高达 78.4%，而在北京这一比例仅为 22.7%。原因在于北京市轨道交通运营里程较短，路网密度明显较低。当前，纽约都市区、东京圈、首尔圈轨道交通运营里程分别高达3347 公里、2705 公里、1098 公里，路网密度分别为 0.34 公里/平方公里、0.31 公里/平方公里、0.23 公里/平方公里。而北京、上海的轨道交通运营里程分别为 683 公里、631 公里，路网密度分别为 0.10 公

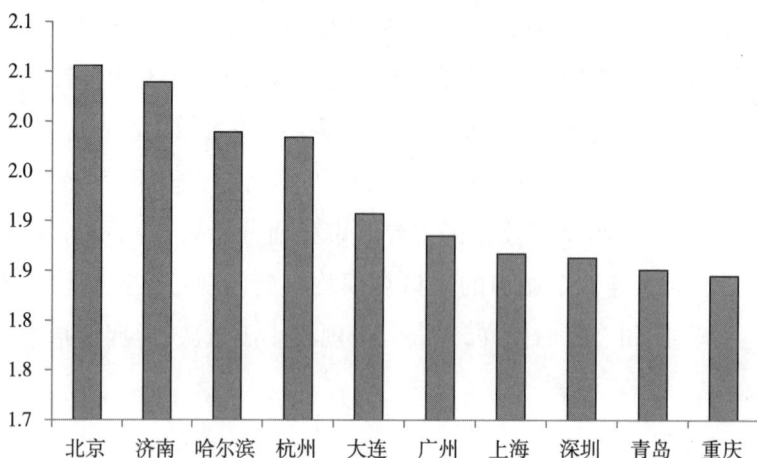

图 3-11　2015 年国内前十大拥堵城市

资料来源:高德地图,方正证券。

里/平方公里、0.08 公里/平方公里,差距很大。显然,北京、上海轨道
交通建设不足是其较为拥堵的一个重要原因。从结构上看,中国城市
轨道交通目前主要以地铁为主,其他制式(包括轻轨、单轨、市域快轨、
现代有轨电车、磁浮交通、APM 共 6 种)发展非常不足。

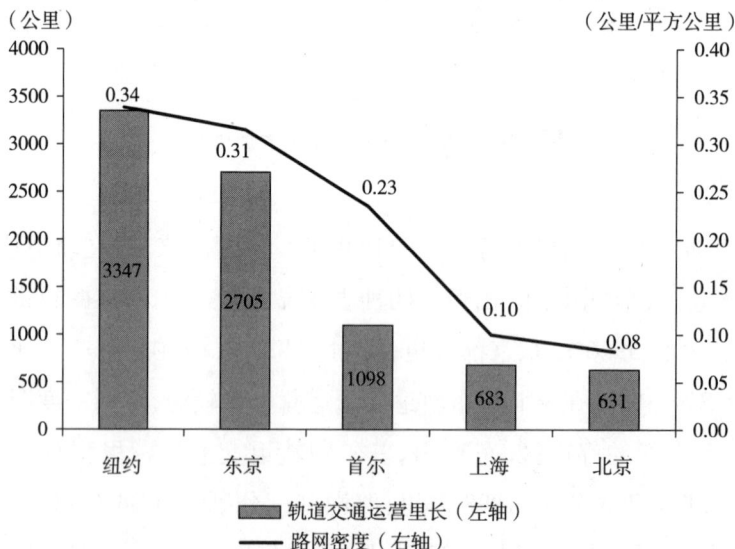

图 3-12　全球部分城市轨道交通情况

资料来源:美国纽约、日本东京、韩国首尔相关部门,中国城市轨道交通协会,方正证券。

此外,东京圈民用汽车(包括载货汽车)数量为 1413 万辆,远高于北京的 535 万辆、上海的 282 万辆。但东京圈小汽车出行比例相对较低,为 32.0%,特别是在东京都区,仅为 14.7%,明显低于北京六环内的 36.7%。东京圈没有通过购车摇号、单双号限行等行政手段限制汽车购买和使用,而是通过大力发展轨道交通、并在核心区域收取高额停车费来降低汽车使用。

（%）

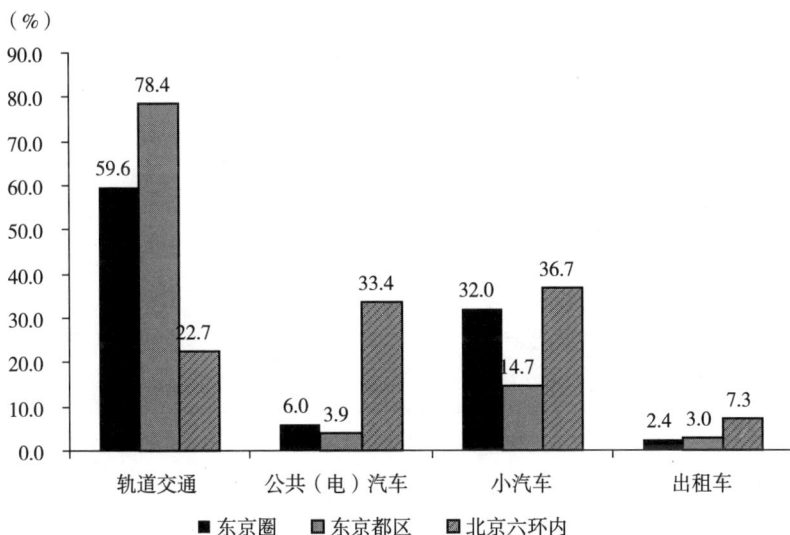

图 3-13　东京圈和北京主要出行方式比较

资料来源:日本总务省统计局,《北京市交通发展年度报告》,方正证券。

二、环境污染与人口规模

人口规模与城市空气质量等环境污染情况并不存在正相关性。从 2014 年 3 月 15 日、8 月 15 日全国 161 个城市的数据看,空气质量与城市人口规模并不具有显著的正相关性。当然,城市人口的增加对环境质量肯定存在一定影响,但这种影响要远低于不恰当的生产、生活方式及环境保护措施等产生的影响。比如,100 人使用私家车所造成的环境影响可能是 100 人使用公共交通的几倍到几十倍;一辆黄标

车的污染物排放量是国Ⅲ车的 14 倍、国Ⅳ车的 25 倍;一个人口 100 万
以重化工业为主的城市排放污染量很可能远大于一个人口 500 万但
以第三产业为主的城市。美国洛杉矶的例子表明,大城市的人口增加
与环境质量提高可以并行不悖。洛杉矶从 1943 年至 20 世纪 80 年代
也经历过严重的雾霾天气,突出表现是 1952 年 12 月和 1955 年 9 月的
光化学烟雾事件,通过努力,虽然此后人口规模和机动车数量大幅增
长,但空气质量却逐步改善。

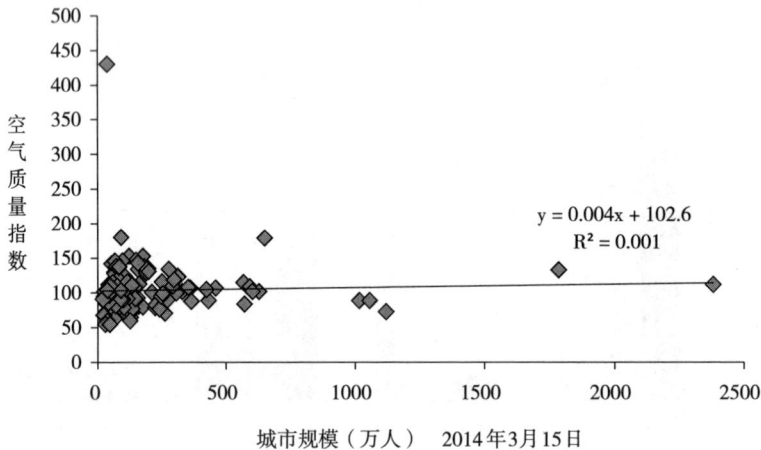

图 3-14　2014 年春季中国 161 个城市空气质量

资料来源:环保部,住建部,方正证券。

当前中国空气质量与发达国家存在明显差距的主要原因,一方面
在于中国尚未完成工业化和城市化,且在国际产业分工中处于中低
端,因而需要生产大量钢铁、水泥并消耗大量煤炭;另一方面在于经济
发展方式比较粗放,单位 GDP 能耗过高。2014 年中国单位 GDP 能耗
是全球平均水平的 1.64 倍、美国的 2.18 倍、日本的 3.02 倍、欧盟的
3.28 倍、丹麦的 5.67 倍。因而,即使在超大城市内部未布局钢铁、水
泥等高污染产业,其空气质量也不可避免地受到周边区域高污染产业
的影响。因此,北京市的空气质量改善还有赖于河北省、天津市等周
边地区的产业结构调整和环境治理。2014 年 11 月,环保部门通过在

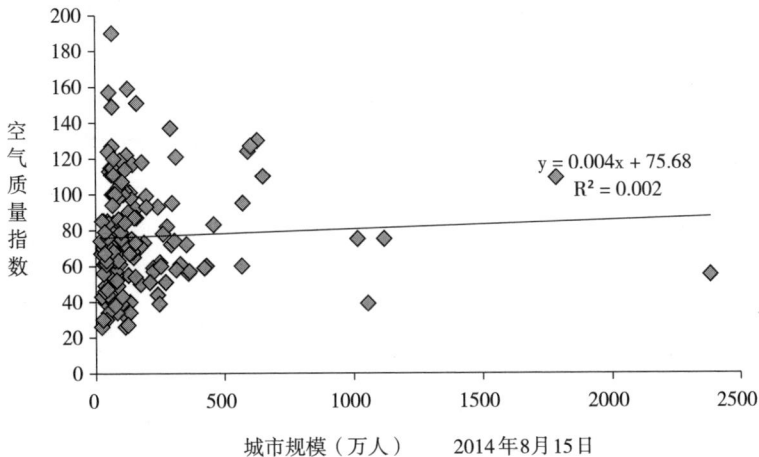

图 3-15　2014 年夏季中国 161 个城市空气质量

资料来源：环保部，住建部，方正证券。

北京市、天津市、河北省、山西省、内蒙古区、山东省 6 省市实行燃煤和工业企业停限产、工地停工、机动车管控等多项严格措施，最终保障了 APEC 会议期间北京市的"APEC 蓝"就是一个例证。

三、水资源约束与人口规模

水资源约束是北京市强调控制人口总量的一个重要理由。很多人对北京市水资源承载力进行了测算，虽然结果相差甚远，但结论多为北京市现有人口规模已经远超过其水资源承载力。然而，城市并非是一个封闭系统，一个城市的水资源承载力将随着水价、节水技术、海水净化技术及价格、雨水采集能力、再生水技术以及城市管理水平等因素的变化而不断变化。

从 1986—2014 年北京市人口规模与用水总量的变化来看，两者并无相关关系，原因在于产业结构变化、再生水利用等因素对用水的影响更大于人口增长。基于北京市统计局的相关数据，可以大致估算北京市水资源可支撑其人口增至 3000 万人以上。

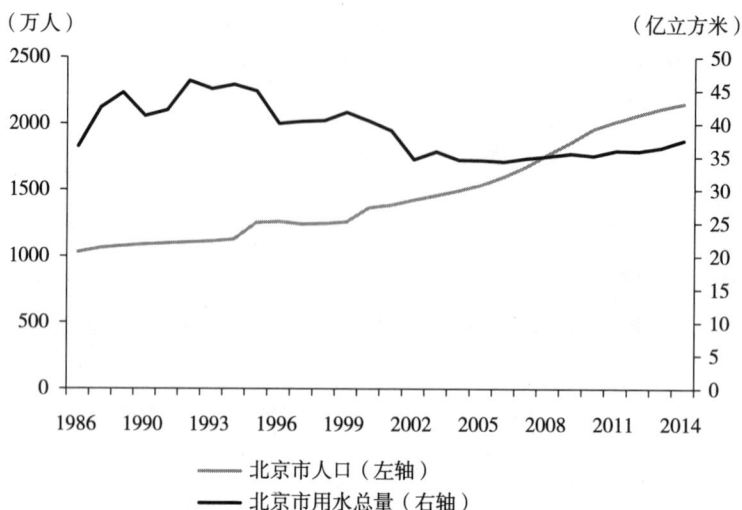

图 3-16　北京市人口规模与用水总量

资料来源:北京市统计局,方正证券。

从需求侧看:(1)生活用水。当前北京市人均日生活用水量约为216升,还有较大下调空间。以人均日生活用水量180升计,常住人口达3000万需生活用水 19.7 亿立方米/年。(2)环境用水。2008—2014年北京市人均日环境用水量从 40.5 升增至 91.7 升,其中 2014年激增15.3升,可能在于计入了大量输水损耗。以未来人均日环境用水量110升计,3000万人需要环境用水 12.0 亿立方米/年。(3)工农业用水。2014年两项合计为 13.3 亿立方米,其中工业用水量与2013年持平,农业用水量下降0.9亿立方米。考虑未来北京市继续疏解一般工业及发展高效节水农业等因素,工农业用水至少还有 1.0亿—1.5亿立方米的下调空间。上述加总,未来北京市用水需求总量为43.5亿—44.0亿立方米/年。

在供给侧,北京市可供利用的水资源主要来自三个方面:(1)本地水资源。2001—2014年间,北京市年均水资源总量为 23.9 亿立方米,以利用率90%计,则可利用本地水资源21.5亿立方米。(2)南水北调

130

供水。到 2020 年,南水北调工程可供水 14 亿—17 亿立方米。(3)再生水。假设再生水利用量进一步提高,从 2014 年利用 8.6 亿立方米提高至未来的 14 亿立方米。

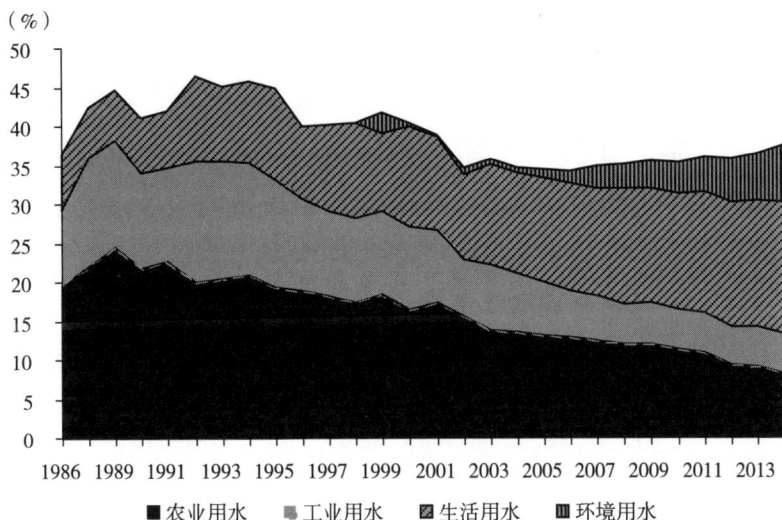

图 3-17　北京市用水结构

资料来源:北京市统计局,方正证券。

综合考虑,在不考虑淡化海水、雨水采集等因素的情况下,2020 年及之后北京市供水总量可达 49.5 亿—52.5 亿立方米,比测算的用水总需求量还多 5.5 亿—9.0 亿立方米,这完全可以逐渐弥补因超采地下水而造成的地下漏斗区,促进北京市生态恢复和可持续发展。

■ 第四节　北京、上海人口发展存在的突出问题

一、人口老龄化严重

人口老龄化是北京市、上海市人口发展中面临的一个突出问题。2015 年,北京市、上海市户籍人口中 60 岁及以上人口占比分别为

23.6%、30.2%,65 岁及以上人口占比分别为 15.9%、19.6%,远高于全国 16.1%(60 岁及以上人口比重)、10.5%(65 岁及以上人口比重)的平均水平。得益于大规模年轻外来人口的涌入,北京市、上海市常住人口的老龄化程度才大幅降低,其中北京市接近全国平均水平,上海市仍明显高于全国平均水平。

从国际视角看,高收入经济体普遍进入老龄化乃至深度老龄化阶段,主要大都市区的老龄化程度均明显高于北京市、上海市。2014 年东京都市区、巴黎都市区、纽约都市区、伦敦都市区的 65 岁及以上人口比重分别为 23.3%、13.5%、13.0%、12.6%。但除东京都市区的老龄化程度高于本国平均水平外,其他都市区的老龄化程度均低于本国平均水平。这得益于这些大都市区对外来人口的开放态度,通过大量吸纳外来年轻人口保持作为世界城市的活力和竞争力。

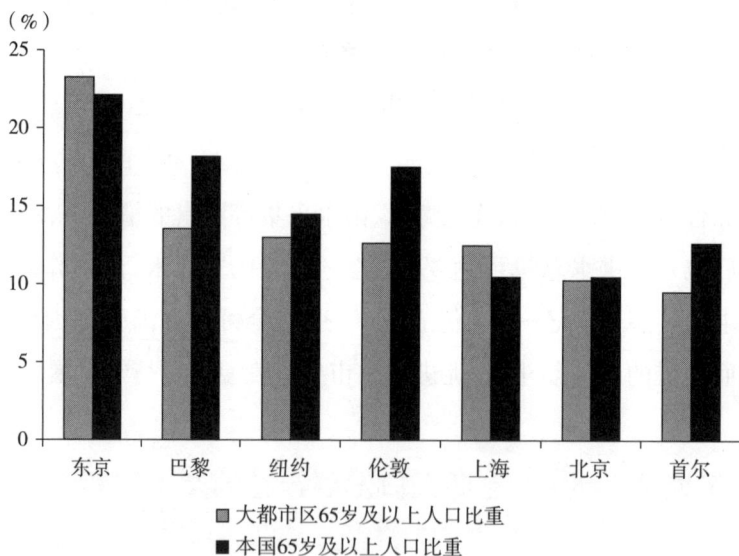

图 3-18　全球主要大都市区老年人口比重(2014 年)

资料来源:OECD,国家统计局,方正证券。

二、人口分布严重不平衡

北京市、上海市的人口分布的区域差异很大,北京市五环内、上海市外环内均集聚了接近一半的常住人口。分环线看,北京市的二环—三环人口密度最高,接近 27000 人/平方公里;其次是二环内、三环—四环、四环—五环。在五环—六环间,人口密度则不到 3600 人/平方公里;在六环外,人口密度更是低至不到 400 人/平方公里。上海市的人口密度呈现典型的中心—外围递减趋势,内环内人口密度接近 29000 人/平方公里,其次是内中环间、中外环间、外环外。上海市外环外人口仅有约 2000 人/平方公里,仅相当于内环内人口密度的 7%。

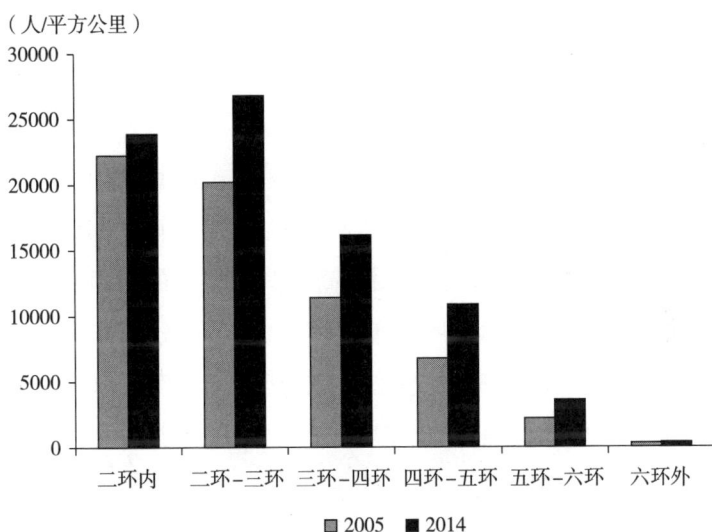

图 3-19　北京市分环线人口密度

资料来源:北京市统计局,方正证券。

从国际视角看,北京市和上海市的核心区域人口已经严重饱和,需要严格控制。北京五环内、上海外环内土地面积分别为 668 平方公里、664 平方公里,与孟买市、首尔市、东京都区的土地面积非常接近。当前,北京五环内、上海外环内人口密度分别为 15774 人/平方公里、

（人/平方公里）

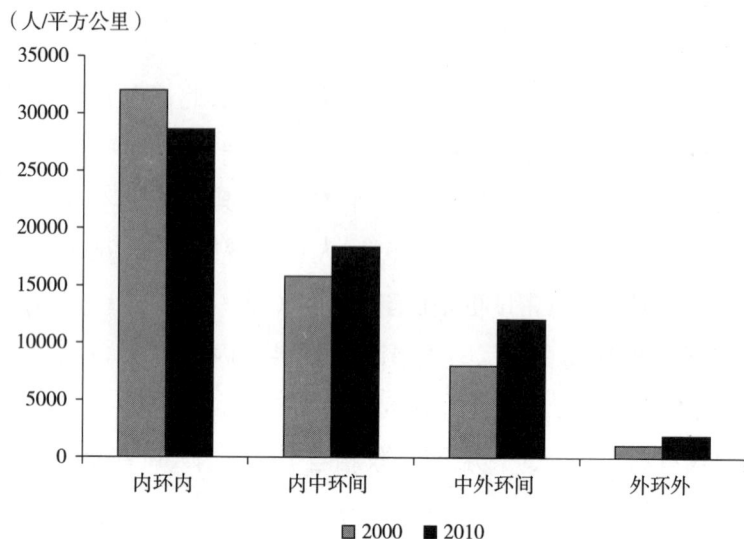

图 3-20　上海市分环线人口密度

资料来源：上海市统计局，方正证券。

17056 人/平方公里，而孟买市为 20692 人/平方公里、首尔市为 15807
人/平方公里（高峰曾达 17500 人/平方公里）、东京都区为 14525
人/平方公里。孟买市人口密度明显高于其他城市的原因在于贫民窟
的大规模存在，不能作为参照。东京都区、首尔市分别作为发达经济
体日本、韩国第一大都市区的核心区域，其人口密度可以作为北京五
环内、上海外环内的参照，这意味着北京五环内、上海外环内人口密度
已经偏高，需要严格控制。

　　城市功能和优质公共服务资源高度集中使中心城人口过密，中央
政府及北京市、上海市政府也认识到这一点，《京津冀协同发展规划纲
要》要求，到 2020 年北京城六区常住人口比 2014 年底降 15% 左右。
不过，北京城六区范围为 1368 平方公里，远大于核心区域，该政策有
可能存在打击范围过大的误伤。《上海市城市总体规划（2016—2040）
（草案公示读本）》也提出疏解中心城人口，但未提出量化目标。

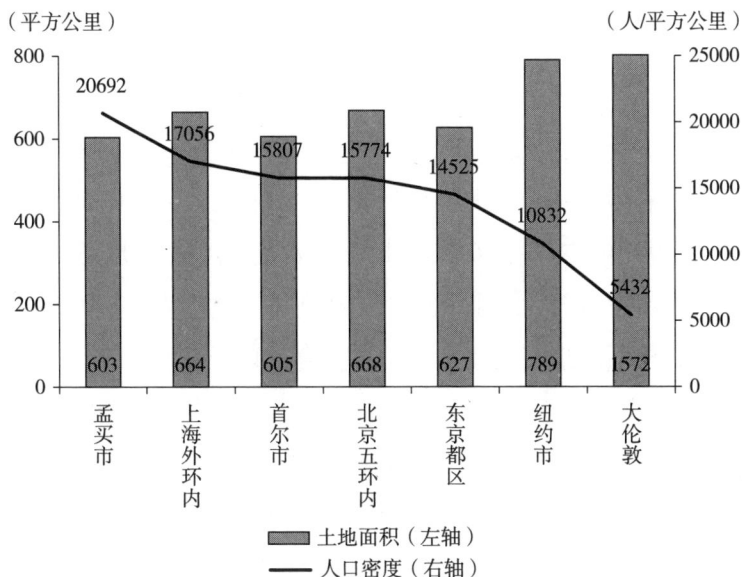

图 3-21　全球主要大都市区核心区域人口密度

资料来源：美国、英国、日本、韩国、印度等国统计部门，方正证券。

三、职住分离严重

就业与居住的分离（简称"职住分离"）现象不可能完全消除，但职住分离度可以降低。职住分离是国内外许多大城市交通拥堵的一个重要原因，这一情况在北京、上海尤其严重。比如，基于北京市地铁早晚高峰进出站客流量分布数据，可以清晰地发现北京市的就业分布相对集中，而居住分布比较分散，且两者相距较远（邓茂，2015）。北京市的就业中心主要集中在国贸周边区域、二环西段沿线地区、二环东段沿线地区等；居住中心主要有回龙观—霍营—育新地区、天通苑—东小口地区、宋家庄—蒲黄榆—刘家窑地区、十里河—潘家园—劲松—双井—国贸地区等。职住分离严重的一个重要原因是聚集大量人口的新城未布局足够的产业，"睡城效应"十分明显，比如北京回龙观—天通苑地区。

135

■ 第五节 完善北京、上海人口调控政策和城市规划

国际经验表明,人口迁移的基本趋势是向大都市圈迁移。大城市比中小城市和城镇具有更大的集聚效应和规模效应,更节约土地和资源,更有活力和效率,这是几百年来城市文明的胜利,是城市化的基本规律。这也就意味着,中国过去实施的控制大城市人口、中小城镇化战略和大规模西部造城运动可能是不符合人口迁移和城镇化规律的。

因此,北京、上海人口调控不能以控制人口总量为目标,而应着眼于改善人口年龄结构、人口分布结构及职住平衡度。并且,在城市发展中可借鉴 OECD 城市功能区的视角,超越行政边界处理问题。

第一,优化人口年龄结构。放弃人口总量调控目标,保持相对开放的人口迁徙政策。以主导产业和战略性新兴产业为方向,大力引导相应年轻人口,特别是年轻、高素质的人才进入城市工作、生活。并且,需要认识到,高端产业的就业者需要中低端产业就业者的大量服务。

第二,优化人口的空间分布,并促进职住平衡。严格控制中心城人口增长,推进新增人口向新城集聚,并积极在新城布局相应产业,包括向新城特别是重点新城疏解中心城部分功能及部分优质公共服务资源。

第三,进一步发展城市轨道交通。大力增加城市轨道交通运营里程、提高路网密度,推进轨道交通系统制式多元化发展,改变北京、上海当前以中心城为核心的放射型轨道交通体系为环状"井"字形,包括构建新城之间、新城与重要交通枢纽的快速交通体系。

第二篇

房地产市场风险：
十次危机九次地产

第四章　全球历次房地产大泡沫：催生、疯狂、崩溃及启示

[本章要点]

本章研究了全球历次房地产大泡沫的催生、疯狂、轰然崩溃及启示，包括 1923—1926 年美国佛罗里达州房地产泡沫与大萧条、1986—1991 年日本房地产泡沫与失去的二十年、1992—1993 年中国海南房地产泡沫、1991—1997 年东南亚房地产泡沫与亚洲金融风暴、2001—2008 年美国房地产泡沫与次贷危机。往事并不如烟，时代变迁人性不变。

研究发现：

第一，房地产是周期之母。

第二，十次危机九次地产。

第三，历次房地产泡沫的形成在一开始都有经济增长、城镇化、居民收入等基本面支撑。

第四，虽然时代和国别不同，但历次房地产泡沫走向疯狂则无一例外受到流动性过剩和低利率的刺激。

第五，政府支持、金融自由化、金融监管缺位、银行放贷失控等起到了推波助澜、火上浇油的作用。

第六,虽然时代和国别不同,但历次房地产泡沫崩溃都跟货币收紧和加息有关。

第七,如果缺乏人口、城镇化等基本面支持,房地产泡沫破裂后调整恢复时间更长。

第八,每次房地产泡沫崩盘,影响大而深远。

第九,中国应警惕并控制当前的房地产泡沫。

房地产是周期之母,十次危机九次地产。本章研究了全球历次房地产大泡沫的催生、疯狂、轰然崩溃及启示,包括 1923—1926 年美国佛罗里达州房地产泡沫与大萧条、1986—1991 年日本房地产泡沫与失去的二十年、1992—1993 年中国海南房地产泡沫、1991—1997 年东南亚房地产泡沫与亚洲金融风暴、2001—2008 年美国房地产泡沫与次贷危机。

■ 第一节　美国 1923—1926 年佛罗里达州房地产泡沫

世界上最早可考证的房地产泡沫发生于 1923—1926 年的美国佛罗里达州,这次房地产投机狂潮曾引发了华尔街股市大崩溃,并导致了以美国为源头的 20 世纪 30 年代的全球经济大危机大萧条。

一、背景:经济繁荣、享乐主义、消费信贷

经济超级繁荣。20 世纪美国作为超级大国在世界舞台上醒目崛起。从 19 世纪最后 30 年开始,美国经济就呈现出一种跨跃式发展的态势。进入 20 世纪后,美国经济更是快速赶超英法等老牌资本主义国家。在第一次世界大战前夕的 1913 年,美国工业生产已经占世界总额的三分之一以上,超过了英、法、德、日的总和。

美国远离第一次世界大战的战场。战争的特殊需求大大刺激了

美国经济,极大地增强了其国内生产能力。同时,劳动生产率的提高、政府与大企业的密切关系、信用消费形成等因素都促进了整个 20 世纪 20 年代美国经济的超级繁荣。

享乐主义兴起。到了 20 世纪 20 年代初,美国经济欣欣向荣,工作机会多,待遇优厚,除了本薪外又有休假,人人都在享受经济发达带来的繁荣,同时中产阶级也开始买得起私家车,可以自由驾车旅行,不再受制于火车了。由于经济的发展,物质主义、拜金主义、享乐主义开始流行,天性乐观的美国人现在更是花钱如流水——买车、买房、度假,沉浸在幸福之中的美国人相信,20 世纪的美国将会"永久繁荣"。

美国人乐观的心理首先表现在股票和房地产上。当时,股票价格不断上涨,很多投资者都一跃成为富翁,房地产市场也是一片欣欣向荣。看上去,只要进行合适的投资,任何人都可以发财致富。

现代消费信贷制度建立。随着美国步入消费社会,1916 年《联邦储备法》修正案以及 1927 年《麦克法登法案》开始允许国民银行发放非农业不动产贷款,而此前的不动产贷款仅仅适用于农场。同时,分期付款金融尤其是汽车金融开始流行。现代消费信贷制度的建立和发展为消费社会的形成提供了制度基础。据美国经济研究局的统计资料表明:1919—1929 年间,美国人的消费总量占 GNP 的比例从 67.63% 上升到 73.17%,其中耐用品消费(尤其是汽车)在信贷制度的推动下增加了 75.9%。

房地产需求大增。城市化进程和商业繁荣共同刺激着对房地产的需求,在汽车普及和道路改善的推动下,20 世纪 20 年代美国房地产行业迅速发展。1925—1927 年,由于经济繁荣、人口增加以及城市化进程多重推动,美国房地产业经历了疯狂扩张。与 1919 年相比,1925 年美国新房建筑许可证发放量上升了 208%,达到顶峰。当时虽然部分地区房价波动幅度较大,并吸引了大量投机资金,但是从全国范围来看,并没有形成大规模的房地产泡沫。1921—1925 年间,华盛顿城区的房屋价格涨幅也只有 10%左右。

随后,美国房地产业达到巅峰后逐渐进入到下行通道。房地产业在当时的大规模扩张,主要是来自新移民以及城市化所催生的大量需求。1926 年,新开工建筑物估值达到 121 亿美元,相当于当年 GDP 的 12.41%。1919—1927 年间,房地产投资占 GDP 的比例平均达到 10.52%。但是,从 1926 年始,房地产业就始出现持续下滑,不仅体现在价格下跌,房屋的建筑面积也不断减少。

二、狂热:政府支持、银行助推、投机盛行

(一)旅游兴起

佛罗里达州位于美国的东南端,靠近古巴。佛罗里达的气候类似中国海南岛,冬季温暖湿润,它成了美国人的冬日度假胜地。尤其是佛罗里达州迈阿密市以北的棕榈滩岛,更是成了美国富人聚集的天堂。棕榈滩岛东临墨西哥暖流,岛上草木茂盛,海滩上满布高大的棕榈树,优越的海洋性环境气候在世界众多一流的旅游胜地中名列前茅。每到旅游旺季,纽约等经济发达但冬季严寒的美国北部地区的富翁便纷纷南下佛罗里达。由于棕榈滩岛上汇集的富翁如此多,有人形象地说"美国四分之一的财富在这里流动"。

在第一次世界大战之前,由于地处偏僻,佛罗里达的土地均价一直较美国其他地方低得多。然而,汽车的迅速普及改变了这种状况。第一次大战结束后,许多拥有汽车的旅游者在冬季纷纷涌向佛罗里达,在那里休闲度假。佛罗里达因此变成了有钱人的玩乐之都,赌场、酒吧充斥迈阿密市——佛罗里达最繁华的城市。

冬季的度假热潮,对佛罗里达产生了很大的影响。在 1920 以前,大多数来佛罗里达的人是一些上了年纪的人、富翁或者来此休养的病人。但随着佛罗里达的旅游业开始兴旺发达,许多年龄较轻的中产阶级开始来到佛罗里达。对他们来说更愿意在这里购买一个冬天度假

的小屋或买块土地作为日后定居的理想场所。于是房地产也跟着逐渐繁荣起来。许多眼光敏锐的投资人看准了这一点,便到这里来购买房地产。佛罗里达成了很多人心目中理想的投资地。

(二)政府支持

佛罗里达州政府和各地方当局都全力以赴地改善当地的交通和公共设施,甚至不惜以高息大举借债来兴建基础设施,以吸引旅游者和投资者。到了20世纪20年代初,迈阿密近海的200公里地段,各种建设项目如雨后春笋般四处矗立,高尔夫球场、私人俱乐部、休闲山庄、临海公寓——整个佛罗里达变成了一个大工地。

(三)投机盛行

随着房价飙升,羊群效应使炒房成风。有一个数据能说明当时的疯狂:据统计,到1925年,迈阿密市居然出现了两千多家地产公司,当时该市仅7.5万人口,其中竟有2.5万名地产经纪人,平均每三位居民就有一位专做房地产买卖。《迈阿密先驱报》因刊载巨量的房地产广告而成为当时世界上最厚的报纸。到佛罗里达投资成了美国人致富的途径之一,开往迈阿密的火车轮船上,挤满了做发财梦的美国人。

一时间,无数的财富竞相投入到佛罗里达,市区街道两侧的房屋均被高价买下,甚至连郊区尚未规划的土地也分区卖出。事实上,这些买房的投机者根本不在乎房子的位置在何处,因为他们买房子不是为了自住,而是等待它上涨后卖出,从中获得差价。

1923—1926年,佛罗里达的人口呈几何级数增长,而土地的价格升幅更是惊人。棕榈滩上的一块地,1923年值80万美元,1924年达150万美元,1925年竟高达400万美元。当时买土地的定金是10%,因此土地价格每升10%,炒家的利润便是100%。与土地相比,房子的价格升幅更是惊人,一幢房子在一年内涨四倍的情况比比皆是,迈阿密地区的房价在 3 年内上涨了 5—6 倍。

在短短几年之内,佛罗里达的土地价格就上涨了差不多 3 倍而且价格并没有要停止上涨的迹象,并且房地产热开始传导至佛罗里达附近的州,全国土地价格纷纷上涨。

(四)银行助推

在炒房成风下,一向保守冷静的银行界也纷纷加入。随着房地产价格的不断升高,银行批准贷款也不再看借款人的财务能力而专注于房地产的价格。

投资者很容易地从银行获得贷款,佛罗里达当地银行宽松的贷款条件给这股房地产热火上加油。一般人在购房时只需 10% 的首付,其余 90% 的房款完全来自银行贷款。投资者只需支付一定的利息,就可以坐等一个好时机将房子转卖出去,而售价往往是原价的两倍以上。还清贷款后,所赚得的利润可达十倍以上。

三、崩溃及影响:飓风、房价暴跌、股市崩盘、1929 年大萧条、蔓延成世界经济危机

在房地产最疯狂的那几年,人们的口头禅就是"今天不买,明天就买不到了"!

投机的心理基础是预期未来价格的上升,一旦这种预期走向非理性的道路,投机需求中的"羊群效应"便会日益明显,资产价格将按照人们的预期被一步步地推高,而风险也在持续累积。这时候的高价格实际上是非常脆弱的,只要有任何的风吹草动,转手交易的下一个买主不再出现,泡沫的破灭就是必然。

1926 年 9 月一场飓风袭击佛罗里达州,最终引发佛罗里达州房地产泡沫破碎。一场大飓风以每小时 125 英里的速度横扫佛罗里达,整个地区立刻变成废墟,飓风引起的海啸将佛罗里达的两个城市夷为平

地,状况惨不忍睹,这次天灾摧毁了 13000 座房屋,415 人丧生。美国气象局把这次飓风描述为:"可能是有史以来袭击美国的最具破坏性的飓风。"飓风过后,昔日繁华的佛罗里达州一片狼藉,一些地方的海水涨到了二楼,人们只能爬到屋顶逃命。

1926 年底,不可避免的崩溃终于来临了,迈阿密的房产交易量从 1925 年的 10.7 亿美元急剧萎缩到了 1926 年的 1.4 亿美元。许多后来投入房市的人开始付不起每个月的房贷,于是破产的连锁反应就此展开。人们纷纷抛出自己手中的房地产,导致房价暴跌。持续狂热 4 年之后的佛罗里达房地产泡沫终于被飓风吹灭。

飓风之所以能吹灭佛罗里达州房地产泡沫,根本原因在于当地的房地产价格过高,而飓风不过是一个诱因。房地产泡沫一旦破灭,将导致整个资金链的断裂,大量房地产企业面临破产,银行爆出巨量坏账,甚至最终引发金融危机。美国佛罗里达州房地产泡沫破灭之后,导致许多企业和银行破产,一些破产的企业家、银行家或自杀或发疯,有的则沦为乞丐。据说美国商界大名鼎鼎的"麦当劳教父"雷·克洛克,当年因这场危机而一贫如洗,此后被迫做了 17 年的纸杯推销员。股票传奇炒手杰西·利弗莫尔也参加了这一游戏,他甚至认为佛罗里达的土地价格会继续攀升,可见身处史无前例的大泡沫之中股神也无法保持理智。

紧接着,这场泡沫又激化了美国的经济危机,结果引发了华尔街股市的崩溃,最终导致了 20 世纪 30 年代的世界经济大危机大萧条。

■ 第二节　日本 1986—1991 年房地产泡沫

1985 年日本经济空前繁荣,"买下美国""日本可以说不"盛行。在低利率、流动性过剩、金融自由化、国际资本流入等刺激下,1986—1990 年日本房地产市场催生了一场史无前例的大泡沫,仅东京都的地价就相当于美国全国的土地价格。随后在加息、管制房地产贷款和土地交易、资本流出等压力下,房地产大泡沫终于破灭,随后房价步入漫长下跌之旅,日本经济陷入失落的二十年。

一、形成:经济繁荣、《广场协议》、日元升值、低利率

(一)20世纪80年代初日本经济空前繁荣

从20世纪60年代开始,日本保持着高速经济增长。1964年东京奥运会,1966年大阪世博会,日本向全世界展示了从战败阴影中复兴的国家形象。

20世纪80年代初期日本连续赶超意大利、法国、英国和德国,成为亚洲第一经济强国和仅次于美国的世界第二经济强国。日本制造的产品遍布全球,日本企业在全球范围内大量投资和收购。日本的贸易和制造业直逼美国,在电子、汽车、钢铁、造船等领域更是超过美国。日本经济规模达到美国一半,外汇储备超过4000亿美元,占世界外汇储备的50%。1985年,日本取代美国成为世界上最大的债权国。美国人的银行、超市,甚至好莱坞的哥伦比亚电影公司和纽约的标志性建筑——洛克菲勒大楼都成为了日本人的囊中之物。

日本经济进入了令人炫目的鼎盛时期,在空前繁荣的背后,一场危机正在酝酿当中。

(二)《广场协议》:阴谋? 阳谋?

1978年,第二次石油危机爆发。由于能源价格大幅上升,美国国内出现了严重的通货膨胀现象。1979年夏天,保罗·沃尔克就任美联储主席。为了治理通货膨胀,他连续三次提高联邦基金利率,实施紧缩的货币政策。

这一政策使美国联邦基金名义利率上升到20%左右的水平,吸引了大量的海外资金流入美国,导致美元大幅升值。从1979年底到

1984年底,美元汇率上涨了近60%,美元对主要国家的汇率甚至超过了布雷顿森林体系崩溃前的水平。

美元过强导致美国对外贸易逆差大幅增长。为了改善国际收支不平衡的状况,美国希望通过美元贬值来增加产品的出口竞争力。

1985年9月,美国、日本、联邦德国、法国、英国5个发达国家的财政部长和央行行长,在纽约广场饭店举行会议,决定五国政府联合干预外汇市场,使美元兑主要货币有序地下跌,以解决美国巨额的贸易赤字,史称《广场协议》。

《广场协议》签订之后,五国开始在外汇市场抛售美元,带动了市场投资者的抛售狂潮。美元因此持续大幅度贬值,而世界主要货币对美元汇率均有不同程度的上升。其中,日元的升值幅度最大,三年间升值达到了86.1%。

图4-1 1985—1995年日元汇率走势

资料来源:Wind,方正证券。

这并不是美国第一次干预外汇市场。1971年12月,日本曾与美国签订《斯密森协议》。根据协议,日元对美元的汇率从1美元兑360

日元升值为 1 美元兑 308 日元,涨幅为 18%。此轮汇率改革导致了 1973 年日本地价的上涨,但由于石油危机的影响,仅持续了 1 年。

日元的大幅升值提高了日元在国际货币体系中的地位,促进了日本对外投资大幅度增加,为日本企业在海外扩张提供了机遇。但与此同时,日本经济也已经埋下了泡沫破灭的炸弹。

(三)低利率和放松金融管制

由于担心日元升值提高日本产品的成本和价格,日本政府制定了提升内需的经济扩张政策,并放松国内的金融管制。从 1986 年 1 月到 1987 年 2 月,日本银行连续 5 次降低利率,把中央银行贴现率从 5%降低到 2.5%,不仅为日本历史之最低,也为当时世界主要国家之最低。受货币宽松推动,1985—1990 年间日本 M2 同比增速从 8%上升至 12%以上,但 CPI 同比增速并不高,这给了日本央行错觉。

1986 年日本进一步推行金融市场自由化,企业可发行多种公司债券进行融资。据统计,日本企业在 1985—1989 年间融资金额上升了 5.5 倍。

在低利率和流动性过剩的背景下,大量资金流向了股市和房地产市场。人们纷纷从银行借款投资到收益可观的股票和不动产中。于是,股价扶摇直上,地价暴涨。但是当时,日本已经完成了城镇化建设,国内的城镇化率超过 90%。一个巨大的泡沫正在诞生。

二、狂热:银行推波助澜、国际热钱流入、投机盛行

(一)银行积极发放贷款

20 世纪 80 年代,日本银行开始推行银行资本金管理改革。为了推动银行国际化,日本政府决定实行双重标准:国内营业的可以按照本国 4%的标准,有海外分支机构的银行则必须执行 8%的国际标准。在此要求下,日本银行除了必须不断补充资本金之外,还得调整银行资产结构。

相对于一般公司贷款，房地产抵押贷款的风险权重较低。这意味着银行发放相同数量的贷款，房地产抵押贷款只需一半资本金。于是日本商业银行纷纷将资金投放到房贷领域。

房地产业巨大的泡沫刺激了金融机构的房贷增长，银行大量投资房地产业，发放了大量抵押贷款，鼓励土地持有者进行投机。在地产泡沫膨胀时期，对房地产贷款的增长比货币供应量更快。日本银行《经济统计月报》显示，1984—1989年，银行的房贷年均增长率为19.9%，远远超出了同一时期9.2%的贷款增速。大藏省的《法人企业统计季报》表明，日本企业同期购入土地所需外部资金大部分来源于银行贷款。

在房价持续上涨阶段，银行业低估了房地产作抵押的贷款所含的风险，甚至发放无抵押的信用贷款。部分银行高层以放贷规模作为员工考核指标。于是，房地产抵押贷款在日本全国银行的贷款总额中所占比例逐年增加。随着地价和股价的上涨，借款人的抵押能力增强以及账外资产增加，这部分利用不动产抵押贷款筹集到资金的企业，将其大部分资金用于购买将来有可能升值的土地、股票等，循环往复不断推升房价。

1986—1991年，日本银行的房地产抵押贷款余额翻了一番。1984—1991年日本城市地价指数上涨了66.1%，而同期消费者物价指数仅上升了12.6%，地价高企完全脱离实体经济增长，泡沫日益膨胀。

(二)国际热钱涌入

同一时期，国际热钱的涌入加速了日本房地产泡沫的膨胀。签订《广场协议》之后，日元每年保持5%的升值水平，这意味着国际资本只要持有日元资产，可以通过汇率变动获得5%以上的汇兑收益。

敏锐的国际资本迅速卷土重来，在日本的股票和房地产市场上呼

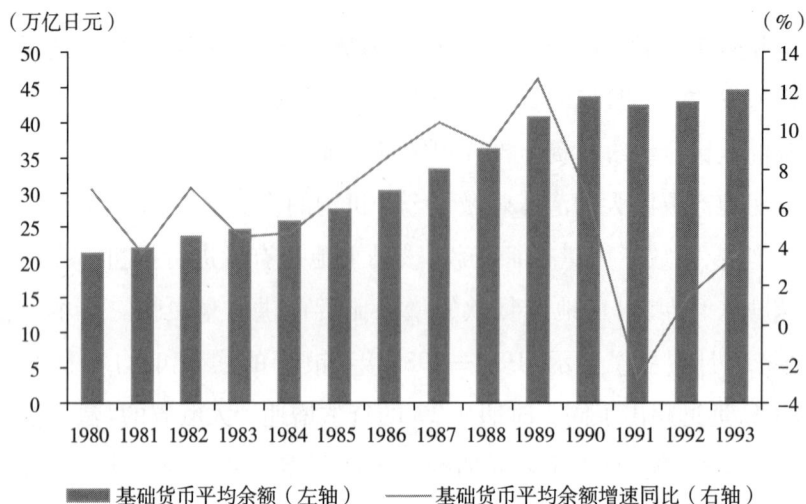

图 4-2　1980—1993 年日本基础货币平均余额

资料来源:Wind,方正证券。

风唤雨。国际廉价资本的流入加剧了日元升值压力,导致股价和房价快速上涨,从而吸引了更多的国际资本进入日本投机,泡沫越吹越大。

(三)货币驱动,投机盛行

随着大量资金涌入房地产行业,日本的地价开始疯狂飙升。据日本国土厅公布的调查统计数据,1985 年,东京的商业用地价格指数为120.1,到了 1988 年暴涨至 334.2,在短短三年内增长了近 2 倍。

1990 年,东京、大阪、名古屋、京都、横滨和神户六大城市中心的地价指数比 1985 年上涨了约 90%。当年,仅东京都的地价就相当于美国全国的土地价格,制造了世界上空前的房地产泡沫。

然而同一时期日本名义 GDP 的年增幅只有 5% 左右。由于地价快速上涨,已经严重影响到了实体工业的发展。建筑用地价格过高,使得许多工厂企业难以扩大规模;过高的地价也给政府的城市建设带来了严重的阻碍;高昂的房价更是使普通日本人买不起属于自己的住房……日本泡沫经济离实体经济越走越远。

三、崩溃:房地产泡沫轰然倒塌,日本金融战败

在股市与房市双重泡沫的压力下,日本政府选择了主动挤泡沫,并且采取了非常严厉的行政措施,调整了税收和货币政策,最终股市、房市泡沫先后破裂。

(一)紧缩货币政策

随着通胀压力在 1989 年开始出现(CPI 上涨 3%—4%),而且股价和房价加速上涨,日本央行从 1989 年开始连续 5 次加息,商业银行向央行借款的利息率从 1987 年 2 月的 2.5%上升到了 1990 年 8 月的 6%。与此同时,货币供应增速大幅下滑。

一开始,日本政府没有意识到挤泡沫会产生如此大危害,如果提前知道,可能政策会有所变化。

(二)对房地产贷款和土地交易采取严厉管制

1987 年 7 月,日本财务省召集有关金融机构举行听证会,了解金融机构在房地产市场上的活动。此后,财务省发布了行政指导,要求金融机构严格控制在土地上的贷款项目,具体的要求是"房地产贷款增长速度不能超过总体贷款增长速度"。受此影响,日本各金融机构的房地产贷款增长速度迅速下降,从 1987 年 6 月的 36.6%下降到了 1988 年 3 月的 10.2%。到 1991 年,日本商业银行实际上已经停止了对房地产业的贷款。

(三)调整土地收益税

在 1987 年 10 月调整税制之前,拥有土地 10 年以内被视为"短期持有",而 10 年以上则被认为是"长期持有",在调整税制后,持有不超

过 2 年被视为是"超短期持有",并受到重点监管。

(四)股市泡沫率先破裂

日本货币政策的突然转向,首先刺破了股票市场的泡沫。1990 年 1 月 12 日,是日本股市有史以来最黑暗的一天。当天,日经指数顿挫,日本股市暴跌 70%。人们依稀记得,就在半个月前的 1989 年 12 月 31 日,日经指数还达到了辉煌的高点 38915 点。但是,以 1990 年新年为转折点,日本股市陷入了长达 20 年的熊市之中。

1990 年 9 月,日经股票市场平均亏损 44%,相关股票平均下跌 55%。日本股票价格的大幅下跌,使几乎所有银行、企业和证券公司出现巨额亏损。

(五)巨大的房地产泡沫轰然倒塌

公司破产导致其拥有的大量不动产涌入市场,顿时房地产市场出现供过于求,房价出现下跌趋势。

与此同时,随着日元套利空间日益缩小,国际资本开始撤逃。1991 年,日本不动产市场开始垮塌,巨大的地产泡沫自东京开始破裂,迅速蔓延至日本全境。土地和房屋根本卖不出去,陆续竣工的楼房没有住户,空置的房屋到处都是,房地产价格一泻千里。

1992 年,日本政府出台"地价税"政策,规定凡持有土地者每年必须交纳一定比例的税收。在房地产繁荣时期囤积了大量土地的所有者纷纷出售土地,日本房地产市场立刻进入"供大于求"的冰河时代。

几种因素的叠加,加速了日本房地产经济的全面崩溃。房地产价格的暴跌导致大量不动产企业及关联企业破产。1993 年,日本不动产破产企业的负债总额高达 3 万亿日元。

紧接着,作为土地投机主角的非银行金融机构因拥有大量不良债权而陆续破产。结果,给这些机构提供资金的银行也因此拥有了巨额不良债权。当年,日本 21 家主要银行宣告产生 1100 亿美元的坏账,其中 1/3 与房地产有关。

1991 年 7 月,富士银行的虚假储蓄证明事件被曝光。紧接着,东海银行、协和琦玉银行也被揭露出来存在同样的问题。大量银行丑闻不断曝光,使日本银行业产生了严重的信用危机。数年后,几家大银行相继倒闭。

"土地神话"的破灭,中小银行的破产,证券丑闻的暴露……接连的打击让日本民众对资本市场丧失了信心。此后,受到亚洲金融危机、次贷危机等影响,日本房地产市场再也未能重回辉煌。

(六)漫长的下跌之旅

日本土地价格于 1991 年到达最高点,随后开启漫长的下跌之旅。日本统计局数据显示,日本土地价格从 1992 开始持续下跌,截至 2015 年,六大主要城市住宅用地价格跌幅为 65%,所有城市跌幅为 53%。

大城市跌幅明显大于中小城市。日本统计局数据显示,1992—2000 年间,日本六大主要城市住宅用地价格下跌 55%,中小城市(六大主要城市以外的城市)跌幅仅 19.4%。

2008 年,日本国土交通省调查数据显示,日本的房屋空置率达到了 13.1%,高于 1988 年的 9.4%,是至今为止的最高水平。尽管经过了长达 20 年的艰难调整,但日本房地产市场依然疲软。

四、影响:失去的二十年

日本房地产泡沫破灭后,经济陷入了失去的二十年和长期通缩,居民财富大幅缩水,企业资产负债表恶化,银行不良资产率上升,政府债台高筑。日本政治影响力下降,超级大国梦破灭。

（一）1991年泡沫破灭调整幅度大、持续时间长的原因：适龄购房人群和经济增速拐点

日本1974年和1991年房价泡沫旗鼓相当，那么为何1991年是大拐点？

如果对照日本1974年前后和1991年前后房地产泡沫的形成与破裂，可以发现，1974年后的第一次调整幅度小、恢复力强，原因在于经济中速增长、城市化空间、适龄购房人口数量维持高位等提供了基本面支撑。

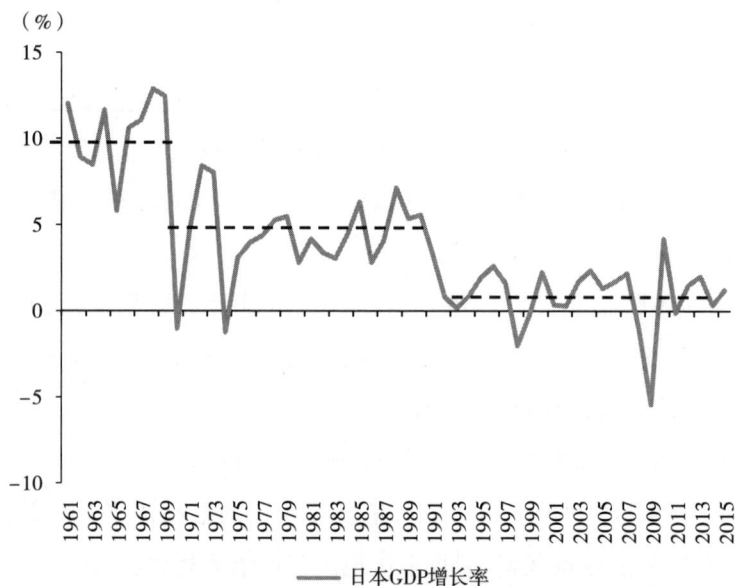

图4-3　日本经济增速在20世纪70年代初和90年代初两次换挡

资料来源：国务院发展研究中心，许伟（2013）。

1974—1985年日本虽然告别了高速增长，但仍实现了年均3.5%左右的中速增长。1970年日本城市化率72%，还有一定空间。1975年20—50岁适龄购房人口数量接近峰值后，并没有转而向下，在1975—1996年间维持在高水平。

但是,1991年后的第二次调整幅度大、持续时间长,原因在于经济长期低速增长、城市化进程接近尾声、适龄购房人口数量接近见顶等。1991年以后日本经济年均仅1%左右的增长,老龄化严重,人口抚养比大幅上升。1990年日本城市化率已经高达77.4%;1996年以后,20—50岁适龄购房人口数量大幅快速下降。

(二)陷入失去的二十年和长期通缩

1991年地产泡沫破灭后,日本经济增速和通胀率双双下台阶,落入高等收入陷阱。1992—2014年间,日本GDP增速平均为0.8%,CPI平均增长0.2%,而危机前十年,日本GDP平均增速为4.6%,CPI平均涨幅为1.9%。

值得注意的是,这样的"成绩"还是在政府大力度刺激下才取得的。逆周期调控使得日本政府债务率大幅增长,央行资产负债表大幅扩张。日本10年国债收益率跌至负值,反映未来前景仍不乐观。

(三)私人财富缩水

辜朝明(2008)在其著作《大衰退》中提到,地产和股票价格的下跌给日本带来的财富损失,达到1500万亿日元,相当于日本全国个人金融资产的总和,这个数字还相当于日本3年的GDP总和。从图4-4可知,房地产比重无疑大于股票。

(四)企业资产负债表恶化

房地产和土地是很多企业的重要资产和抵押品,随着这些资产价格的暴跌,日本企业资产负债表出现明显恶化。企业为修复其恶化的资产负债表,不得不努力归还债务,1991年后尽管利率大幅下降,日本企业从外部募集资金却持续减少,到20世纪90年代中期,日本企业从债券市场和银行净融入资金均转为负值。

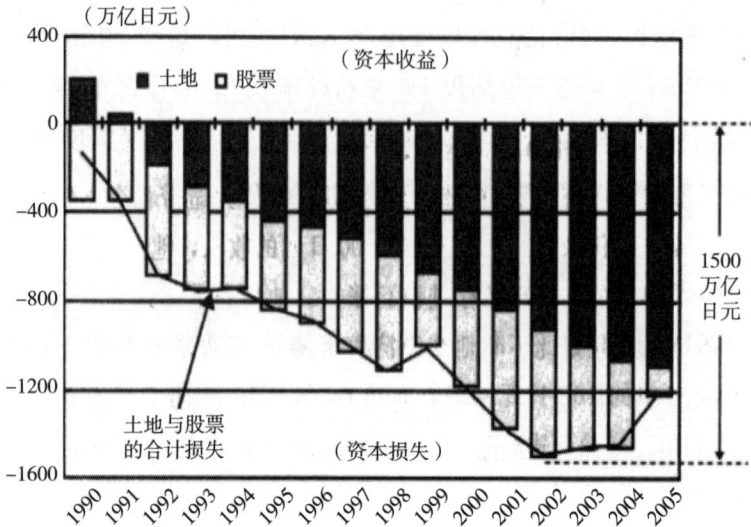

图4-4　1991年泡沫破灭后日本损失1500万亿日元

资料来源：辜朝明（2008），日本国民经济年报。

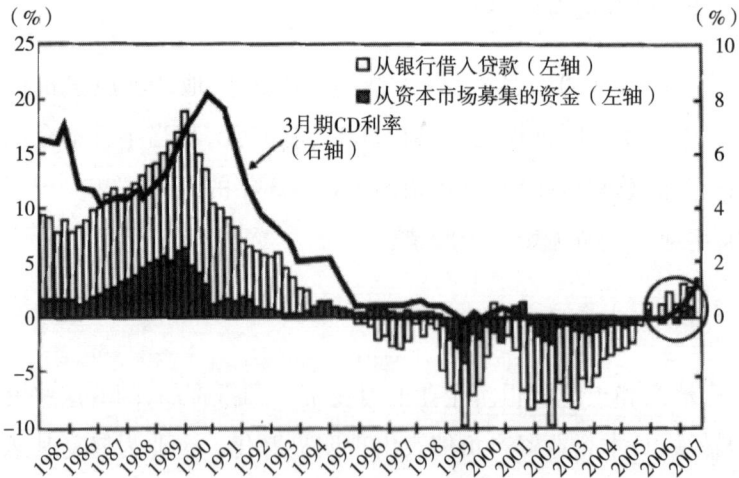

图4-5　零利率下日本企业依然选择还债

资料来源：辜朝明（2008），日本国民经济年报。

(五)银行坏账大幅增加

房地产价格大幅下跌和经济低迷使日本银行坏账大幅上升。1992—2003 年间,日本先后有 180 家金融机构宣布破产倒闭(吉野直行、孔丹凤,2009)。日本所有银行坏账数据,从 1993 年的 12.8 万亿日元上升至 2000 年的 30.4 万亿日元(李众敏,2008)。

(六)政府债台高筑

经济的持续衰退和政府的逆周期调控,使得日本政府债台高筑。1991 年日本政府债务/GDP 比重为 48%,低于美国的 61%,意大利的99%,略高于德国的 39.5%,2014 年,日本政府债务/GDP 比重为230%,远高于美国(103%)、德国(71.6%)、意大利(132.5%)等。

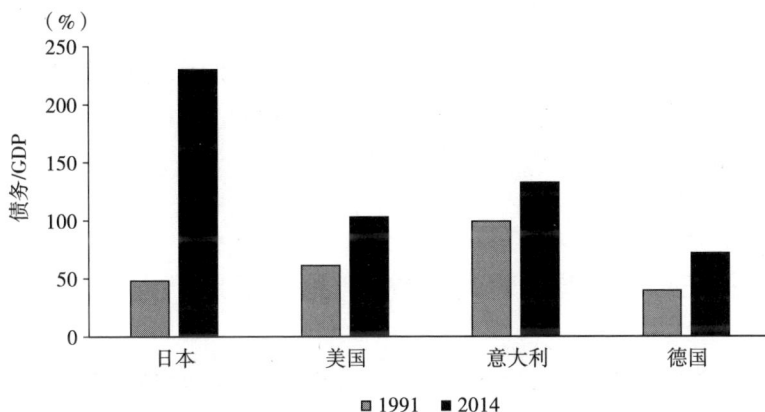

图 4-6 日本政府债台高筑

资料来源:Wind,方正证券。

(七)国际地位下降

1991 年后,日本经济陷入停滞,和其他国家相对力量出现明显变化。以美元计价的 GDP 总量来看,1991—2014 年间,日本累计增长

30%,美国增长194%,中国增长26.3倍,德国增长114%。1991—2014年间,日本GDP占美国比重从60%下降为26%,中国成为世界第二大经济体。

（万亿美元）

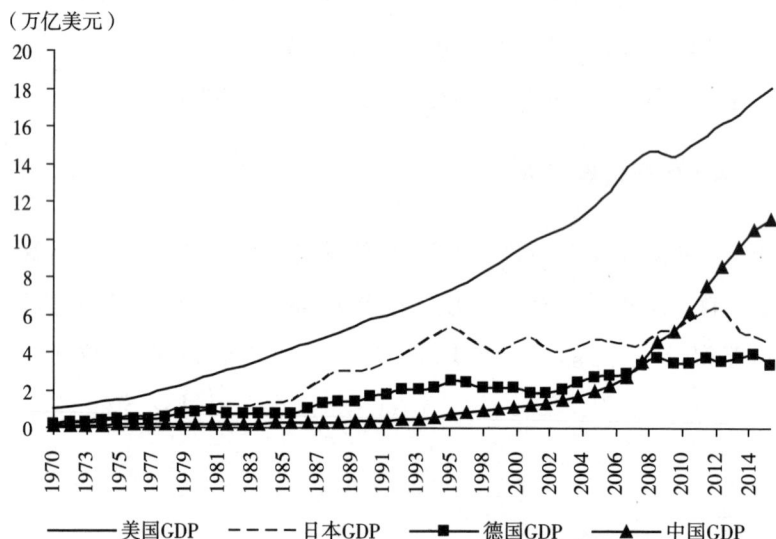

图 4-7　日本国际地位大幅下降

资料来源:Wind,方正证券。

第三节　中国 1992—1993 年海南房地产泡沫

1992 年总人数不过 655.8 万的海南岛上竟然出现了两万多家房地产公司。短短三年,房价增长超过 4 倍。最后的遗产是 600 多栋"烂尾楼"、18834 公顷闲置土地和 800 亿元积压资金,仅四大国有商业银行的坏账就高达 300 亿元。开发商纷纷逃离或倒闭,不少银行的不良贷款率一度高达 60% 以上。"天涯,海角,烂尾楼"一时间成为海南的"三大景观"。海南不得不为清理烂尾楼和不良贷款而长期努力。

一、形成:特区实验、南方谈话、住房改革

1988 年,正值改革开放十周年之际,中国面临如何进一步深化改革和扩大开放的问题。当时,国内已经建立了深圳、珠海、厦门和汕头四个经济特区,但这四个城市皆属于沿海城市经济体,而对于广大农村地区仍需探索。因此,中央需要一块理想的试验田。1988 年的海南农村人口占比超过 80%,工业产出水平低下,人均 GDP 只相当于全国平均水平的 80%,有六分之一的人口生活在贫困线以下,基本符合中央改革实验的各项条件,尤其是其所具有的独特地理条件。

1988 年 8 月 23 日,有"海角天涯"之称的海南岛从广东省脱离,成立中国第 31 个省级行政区。海口,这个原本人口不到 23 万、总面积不足 30 平方公里的海滨小城一跃成为中国最大经济特区的首府,也成为了全国各地淘金者的"理想国"。

1992 年初,邓小平发表南方谈话,随后,中央提出加快住房制度改革步伐。海南建省和特区效应因此得到全面释放。

海南岛的房地产市场骤然升温。

二、狂热:财富神话、击鼓传花

大量资金被投入到房地产上,高峰时期,这座总人数不过 655.8 万的海岛上竟然出现了两万多家房地产公司,平均每 300 个人一家房地产公司。

当时炒房的各路人马中,有包括中远集团、中粮集团、核工业总公司的中央军,也有全国各地知名企业组成的杂牌军,炒房的大部分的钱都来自国有银行。

据海南省处置积压房地产工作小组办公室资料统计,海南省 1989 年房地产投资仅为 3.2 亿元,而 1990—1993 年间,房地产投资比上年分别增长 143%、123%、225%、62%,最高年投资额达 93 亿元,各年房

地产投资额占当年固定资产投资总额的比例是 22%、38%、66% 与 49%。

当然,这些公司不都是为了盖房子。事实上,大部分人都在玩一个"击鼓传花"的古老游戏。

1992 年,海南全省房地产投资达 87 亿元,占固定资产总投资的一半多,仅海口一地的房地产开发面积就达 800 万平方米,地价由 1991 年的十几万元/亩飙升至 600 多万元/亩;同年,海口市经济增长率达到了惊人的 83%,另一个热点城市三亚经济增长率也达到了 73.6%,海南全省财政收入的 40% 来源于房地产业。

据《中国房地产市场年鉴(1996)》统计,1988 年,海南商品房平均价格为 1350 元/平方米,1991 年为 1400 元/平方米,1992 年猛涨至 5000 元/平方米,1993 年达到 7500 元/平方米的顶峰。短短三年,增长超过 4 倍。

与海南隔海相望的广西省北海市,房地产开发的火爆程度也毫不逊色。1992 年,这座原本只有 10 万人的小城冒出了 1000 多家房地产公司,全国各地驻扎在北海的炒家达 50 余万人。经过轮番倒手,政府几万元/亩批出去的地能炒到 100 多万元/亩,当地政府一年批出去的土地就达 80 平方公里。以至于次年前来视察的朱镕基副总理忍不住提醒当地政府:"北海不同于上海……(北海建设)要量力而行"。

在这场空前豪赌中,政府、银行、开发商结成了紧密的铁三角。泡沫生成期间,以四大商业银行为首,银行资金、国企、乡镇企业和民营企业的资本通过各种渠道源源不断涌入海南,总数不下千亿元。

几乎所有的开发商都成了银行的债务人。精明的开发商们纷纷把倒卖地皮或楼花赚到的钱装进自己的口袋,把还停留在图纸上的房子高价抵押给银行。

由于投机性需求已经占到了市场的 70% 以上,一些房子甚至还停留在设计图纸阶段,就已经被转卖了好几道手。

每一个玩家都想在游戏结束前赶快把手中的"花"传给下一个人。只是,不是每个人都有好运气。

1993年6月23日,终场哨声突然吹响。时任国务院副总理的朱镕基发表讲话,宣布终止房地产公司上市、全面控制银行资金进入房地产业。

（元/平方米）

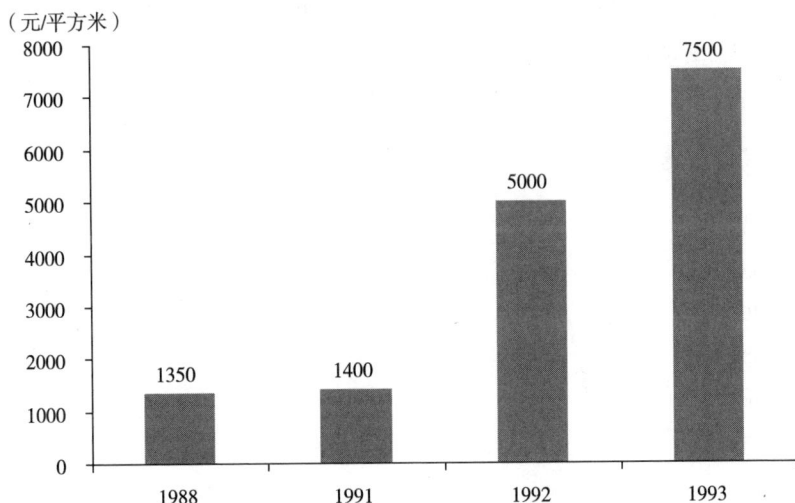

图4-8　1988—1993年海南房地产价格

资料来源:Wind,方正证券。

三、崩溃及影响:宏观调控、银根收紧、烂尾楼、不良贷款

1993年6月23日,时任国务院副总理的朱镕基发表讲话,宣布终止房地产公司上市、全面控制银行资金进入房地产业。24日,国务院发布《关于当前经济情况和加强宏观调控意见》,16条强力调控措施包括严格控制信贷总规模、提高存贷款利率和国债利率、限期收回违章拆借资金、削减基建投资、清理所有在建项目等。

银根全面紧缩,一路高歌猛进的海南房地产热顿时被釜底抽薪。这场调控的遗产,是给占全国0.6%总人口的海南省留下了占全国10%的积压商品房。全省"烂尾楼"高达600多栋、1600多万平方米,闲置土地 18834 公顷,积压资金 800 亿元,仅四大国有商业银行的坏账就高达 300 亿元。此后几年海南经济增速断崖式下跌。

一海之隔的北海,沉淀资金甚至高达 200 亿元,烂尾楼面积超过了三亚,被称为中国的"泡沫经济博物馆"。

开发商纷纷逃离或倒闭,银行顿时成为最大的发展商,不少银行的不良贷款率一度高达 60% 以上。当银行开始着手处置不良资产时,才发现很多抵押项目其实才挖了一个大坑,以天价抵押的楼盘不过是"空中楼阁"。更糟糕的是,不少楼盘还欠着大量的工程款,有的甚至先后抵押了多次。

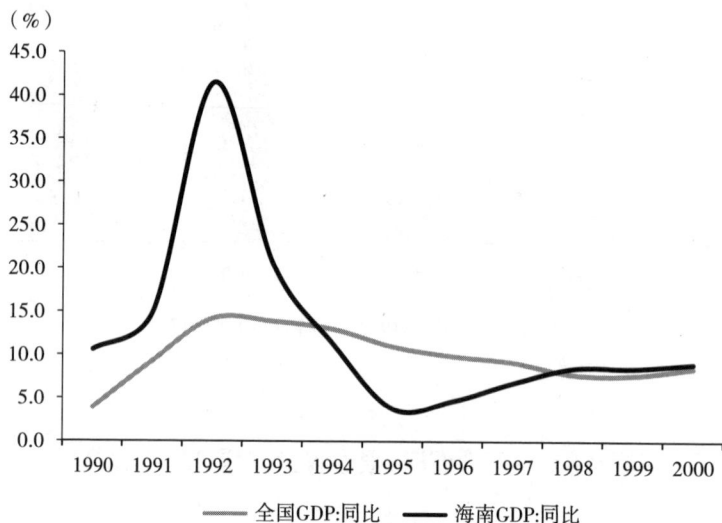

图 4-9　1990—1999 年海南和全国 GDP 增速

资料来源:《中国房地产市场年鉴》,方正证券。

据统计,仅中国建设银行一家,先后处置的不良房地产项目就达 267 个,报建面积 760 万平方米,其中现房面积近 8 万平方米,占海南房地产存量的 20%,现金回收比例不足 20%。

一些老牌券商如华夏证券、南方证券因在海南进行了大量房地产直接投资,同样损失惨重。为此,证监会不得不在 2001 年 4 月全面叫停券商直接投资。

1995 年 8 月，海南省政府决定成立海南发展银行，以解决省内众多信托投资公司由于大量投资房地产而出现的资金困难问题。但是仅仅两年零 10 个月，海南发展银行就出现了挤兑风波。1998 年 6 月 21 日，央行不得不宣布关闭海南发展银行，这也是新中国首家因支付危机关闭的省级商业银行。

从 1999 年开始，海南省用了整整七年的时间，处置积压房地产的工作才基本结束。截至 2006 年 10 月，全省累计处置闲置建设用地 23353.87 公顷，占闲置总量的 98.17%，处置积压商品房 444.82 万平方米，占积压总量的 97.6%。

"天涯，海角，烂尾楼"在很长一段时间成为海南的"三大景观"。

■ 第四节　东南亚 1991—1996 年房地产泡沫与 1997 年亚洲金融风暴

1997 年之前，东南亚经济体保持了持续高增长，创造了"亚洲奇迹"。但是，在全球低利率、金融自由化、国际资本流入、金融监管缺位等刺激下，大量信贷流入房地产，催生泡沫。随后在美联储加息、国际资本流出、固定汇率制崩盘等影响下，亚洲金融风暴爆发，房市泡沫破裂。从此之后，除韩国等少数地区转型成功，大多数东南亚国家仍停滞在中等收入阶段。

一、1997 年亚洲金融风暴始末

第二次世界大战后，日本、韩国、中国台湾、印度尼西亚、马来西亚、泰国等亚洲国家和地区先后实现了持续的高速增长，一度被称为"亚洲奇迹"。但 1997 年亚洲金融危机打断了这一进程，这些地区经济普遍出现断崖式下滑，汇率大幅贬值。进入新世纪以来，除了日本，只有韩国等

少数地区转型成功,大多数国家和地区仍停滞在中等收入阶段。

20世纪80年代末—90年代初,受波斯湾战争、第三次石油危机、日本经济泡沫破裂、苏联解体等影响,美国经济表现低迷,美元指数走弱。与此同时,泰国、马来西亚、印度尼西亚、新加坡等国经济在此期间则实现了10%左右的高速增长,吸引了大量国际资本流入东南亚地区,外债规模大幅上升。这些地区债务期限严重错配,大量中短期外债进入房地产投资领域。泰国等国房地产投机盛行,资产泡沫不断膨胀。在汇率政策方面,泰国等国在扩大金融自由化、取消资本管制的同时,仍然维持固定汇率制,给国际投机资本提供了条件。

进入20世纪90年代中期,美国经济开始强劲复苏,格林斯潘领导下的美联储提高联邦基金利率以应对可能的通胀风险,美元步入第二轮强势周期。采取固定汇率制的东南亚国家货币被迫升值,出口竞争力削弱。与此同时,人民币大幅贬值,中国在吸引外资和增加出口方面表现出强大竞争力。1996年前后东南亚国家出口显著下滑,经常账户加速恶化。1997年泰铢、菲律宾比索、印尼盾、马来西亚令吉、韩元等先后成为国际投机资本的攻击对象,资本大量流出,固定汇率制被迫放弃,货币大幅贬值。随后股市受到重创,房地产泡沫破裂,银行呆坏账剧增,金融机构和企业大规模破产。1998年8月俄罗斯中央银行宣布推迟偿还外债及暂停国债券交易,俄罗斯债务危机爆发,随后金融危机逐步升级成经济、政治危机。危机之后,大多数东南亚经济体没有恢复到危机前的增长水平。

二、亚洲金融危机的背景条件:金融自由化、国际资本流入和固定汇率制

金融自由化后国际资本流入。20世纪80年代,东南亚各国受发达国家金融深化、金融自由化理论和实践的影响,陆续开启以金融自由化为主的金融改革。菲律宾于1962年宣布取消外汇管制,1986年允许外资利润自由汇出。马来西亚1986年提高了外国投资者在本国股份公司允许持有股权的比例。同年印尼亦放松了对资本账户的管制。到1994年,东南亚主要国家基本实现了资本项目下的可自由兑换,其金融市场基本完全开放。20世纪80年代中期以后,日本经济低速增长,资金利率低,不少日本国内资金开始投向东南亚。到了20世纪90年代初期,国际资本看好东南亚经济,大量国际私人资本流入东南亚地区。

然而,由于国内经济基础不稳定,调控体系不健全以及监管能力不足等原因,过早对外开放了其尚未成熟的资本市场,过度放松了对资本项目的管理,为国际游资大进大出地频繁流动和投机攻击行动提供了可乘之机。

实行与美元挂钩的固定汇率制度。东南亚国家大都实行固定汇率制度,其货币间接或直接与美元挂钩。1985年《广场协议》后美元对西方主要货币开始贬值,东南亚各国的货币也随之贬值,大大增强其出口产品的市场竞争力。但是,固定汇率制度的问题是钉住国与被钉住的货币形成了完全联动关系。1995年以后,美国"新经济"时代来临,进入经济持续增长与低通货膨胀率、低失业率并存的黄金时代,美元开始升值带动了东南亚各国货币一起升值,结果这些国家出口增长率停滞不前,而进口则激增,贸易及经常项目产生了巨额赤字。

当东南亚国家贸易赤字增加、货币实际贬值时,却没有及时调整汇率,依然维持钉住美元的固定汇率制,引起投机者抛售本币,抢购外汇,迫使各国中央银行宣布实行浮动汇率,让本币贬值。这是东南亚发生金融危机的直接原因。

三、金融风暴前后东南亚地产泡沫的催生与崩盘

金融自由化推动国际资本纷纷进入东南亚。1995年日本给中国内地、印尼、韩国、马来西亚、菲律宾、中国台湾、泰国等地的融资余额

为 1090 亿美元,欧洲各国银行的贷款余额则为 870 亿美元。1996 年日本给东南亚的放款余额为 1140 亿美元,欧洲各国银行则增加到 1160 亿美元。1996 年下半年起因美元走强,东南亚各国货币开始同步升值导致出口增长率普遍下降(东南亚各国普遍属于外向型经济体),产能过剩、收益率下降和银行不良资产增加,使得大量产业资金流向股市和房地产市场而导致泡沫的形成。

1986—1994 年,东南亚各国流向股市和房地产的银行贷款比例越来越大,其中新加坡 33%、马来西亚 30%、印尼 20%、泰国 50%、菲律宾 11%。东南亚国家的房地产价格急剧上涨,其中印尼在 1988—1991 年房地产价格上涨了约 4 倍,马来西亚、菲律宾和泰国在 1988—1992 年都上涨了 3 倍左右。

(一)泰国

泡沫的形成。泰国是东亚金融危机的起源地。20 世纪 80 年代以来,泰国将出口导向型工业化作为经济发展的重点。为了解决基础设施落后和资金短缺等问题,泰国政府推行了一系列的改革措施,这其中包括开放资本账户。当时泰国土地价格低廉,劳动力供给充足,工资和消费水平都比较低,再加上政府的各种优惠政策,大量外资迅速涌入泰国。

在银行信贷的大量扩张下,首都曼谷等大城市的房地产价格迅速上涨,房地产业的超高利润更是吸引了大量的国际资本,两者相互作用,房地产泡沫迅速膨胀。1989 年泰国的住房贷款总额为 459 亿泰铢,到 1996 年则超过了 7900 亿泰铢,7 年里增加了 17 倍多。与此同时,房地产价格也迅速上升。1988—1992 年间,地价以平均每年10%—30% 的速度上涨;1992 年到 1997 年 7 月,涨幅达到每年 40%,某些地方的地价 1 年竟然上涨了 14 倍。房地产业在过度扩张的银行信贷的推动下不可避免地积聚了大量的泡沫。由于没有很好地进行调控,最终导致房地产市场供给大大超过需求,构成了巨大泡沫。1996年,泰国的房屋空置率持续升高,其中办公楼空置率高达50%。

泡沫的破裂。进入1996年以后,泰国出口产品的国际市场需求低迷,贸易赤字加剧。但是当时的泰国政府对国际形势判断失误,加上泰国金融监管薄弱、金融系统不稳定等因素,国际投资基金开始着手撤离泰国,从而对泰国的汇率造成了巨大的压力。巨大的流出压力迫使泰国央行最终放弃了固定汇率制度,实行"管理下的浮动汇率制度",从而导致汇市和股市的超幅下跌,泰铢贬值50%以上。房地产价格也迅速下跌,仅1997年下半年就缩水近30%,房地产泡沫最终崩溃。

（二）马来西亚

泡沫的形成。马来西亚长期实行外向型经济政策,对外贸易在经济结构中举足轻重。1990—1996年,马来西亚出口年均增长率高达18%,比同期GDP增速高出约10个百分点。马来西亚希望在2020年迈入发达国家行列。为此,马来西亚政府采取了用高投入拉动经济发展的政策,为了弥补投资资金的不足,马来西亚实行了经济金融自由化政策,包括资本项目可自由兑换。国际资本大量涌入国内,到1997年6月,马来西亚外债总额已经高达452亿美元,其中短期外债占30%左右。与泰国类似,大量的外债并未投入到实体经济中去,而是转到了房地产业和股票市场,从而使泡沫迅速形成。

随着投资和信贷的膨胀,整个房地产市场出现了异常的繁荣。由于马来西亚金融监管体系的缺陷,中央银行未能有效监管资本的流向,大量资本进入了投机性较高的房地产业和股票市场,导致房地产价格迅速上升。以首都吉隆坡为例,在金融危机爆发前的1995年,住宅租金和住宅价格分别上涨了55%和66%。价格上涨使得写字楼空置率由1990—1995年平均5%—6%的正常水平上升到1998年的 25%。

泡沫的破裂。金融危机爆发后,经济泡沫迅速崩溃。马来西亚货币汇率从 1997 年 7 月的 1 美元兑 2.5247 林吉特猛跌至 1998 年 1 月的 1 美元兑 4.88 林吉特,货币贬值近 50%。股票市场大幅崩溃,金融和房地产类股票甚至下跌了 70%—90%。房地产市场泡沫也随之破裂,1997 年下半年,马来西亚房地产的平均交易量下降了 37%,各项房价指数开始大幅回落。

(三)中国香港

泡沫的形成。20 世纪 70 年代后期,香港逐步转型为以金融、贸易和服务为主的经济体。香港房地产业在这次产业调整中得到了迅速的发展。根据 1998 年的数据,香港房地产业对 GDP 的贡献高达 20%,房地产投资占固定资产投资的近 50%,而政府收入中也有 35% 来源于房地产业。进入 90 年代,香港经济持续发展,对房地产市场的需求不断增加,房地产价格上涨非常迅速。

从 1991 年开始,香港实施紧缩土地供应政策并以低利率进行刺激,房价一路飙升。房地产价格的暴涨引起市场的投机行为急剧升温,许多香港居民因为买卖房产实现财富高速增长,甚至企业纷纷向银行贷款转投地皮,香港房地产市场充斥着严重的投机风气。1996 年第 4 季度,香港银行业放松了对住房按揭贷款的审查标准,直接促使大量炒楼力量进入房地产市场,使得本来就已经非常高的楼市价格再度暴涨。房地产价格增长率与 GDP 增长率之比在 1986—1996 年间的平均值达 2.4,而 1997 年 8 月份在香港楼市高峰期,该指标高达 3.6—5.0。香港地产泡沫可见一斑。

泡沫的破裂。1997 年亚洲金融危机爆发,港币汇率和港股承压暴跌,引发了香港市场利率上升、银行信贷萎缩、失业增加等问题。由于前期房价上涨过快,房地产业在经济结构中的比重严重失衡,且市场上对房产多是投机性需求,危机爆发后借贷成本的上升、居民支付能力减弱和对市场的悲观预期造成了楼市"跳水式"的下跌,1997年至1998年一年时间,香港楼价急剧下跌50%—60%,成交大幅萎缩,房屋空置率上升。

房价暴跌导致社会财富大量萎缩,据计算,1997—2002年的5年时间里,香港房地产和股市总市值共损失约8万亿港元,比同期香港的生产总值还多。在这场泡沫中,香港平均每位业主损失267万港元,有十多万人由百万"富翁"一夜之间变成了百万"负翁"。

由于泡沫时期政府财政对房地产的依存度很高,财政收入长期依靠土地批租收入以及其他房地产相关税收,泡沫破裂后港府整体财政收入减少了20%—25%。另外,银行系统也积聚了大量不良贷款,个人和工商企业的抵押物资产大幅缩水。

1998—2003年,香港经济一直处于衰退的泥潭中。1999年、2001年、2002年和2003年香港经济增长率分别为-1.2%、-0.7%、-0.6%和-2.2%。

（港元/平方米）

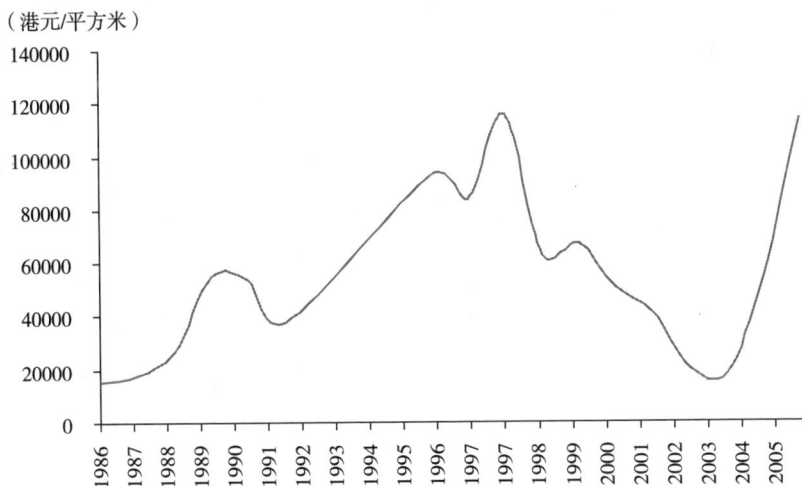

图4-10　1986—2005年香港写字楼平均售价

资料来源:Wind,方正证券。

■ 第五节　美国 2001—2007 年房地产泡沫与 2008 年次贷危机

在过剩流动性和低利率刺激下,催生出 2001—2006 年间美国房地产大泡沫。2004 年美联储开始加息,2008 年美国次贷危机爆发,并迅速蔓延成国际金融危机。虽然推行量化宽松(QE)和零利率政策,全球经济至今仍未完全走出国际金融危机的阴影。

一、形成:网络泡沫破灭、"居者有其屋"计划、低利率、影子银行

2001 年网络泡沫破灭,美国经济陷入衰退。小布什政府为了推动经济增长,刺激房地产,推动美国家庭"居者有其屋"的计划。但是,当时美国富裕阶层的购房需求基本饱和。因此,政府把注意力转向那些中低收入或收入不固定甚至是没有收入的人,这些信用级别较低的人成了房地产市场消费的"新宠",也就促成了次级贷款大量发放。

2001 年后美国经济陷入衰退,为了刺激经济,美联储连续 13 次降息,联邦基金利率从 2001 年初的 6.5% 降低到了 2003 年 6 月的 1%,30 年固定利率抵押贷款合约利率从 2000 年 5 月的 8.52% 下降到 2004 年 3 月的 5.45%。与此同时,美国政府立法要求金融机构向穷人发放贷款。宽松的贷款利率条件刺激了低收入群体的购房需求。

在美国,发放次级贷款的大部分金融机构是抵押贷款公司。由于缺乏销售网点,贷款公司主要以经纪人和客户代理为分销渠道。为了收取更多手续费,他们盲目发展客户市场,忽视甚至是有意隐瞒客户的借款风险。激烈的市场竞争不断拉低借款者的信用门槛。许多次级贷款公司针对次级信用贷款人推出了"零首付""零文件"的贷款方式,不查收入、不查资产,贷款人可以在没有资金的情况下购房,仅需声明其收入情况,而无须提供任何有关偿还能力的证明。一些放贷公

司甚至编造虚假信息使不合格借贷人的借贷申请获得通过。在这种情况下，本来不可能借到钱或者借不到那么多钱的"边缘贷款者"，也被蛊惑进来。长期的宽松货币和低门槛贷款政策刺激了低收入群体的购房需求，同时也催生了市场大规模的投机性需求。

与商业银行不同，抵押贷款公司一般不能吸收公众存款，而是依靠贷款的二级市场和信贷资产证券化解决资金来源问题。为此，抵押贷款公司大量通过贷款资产证券化，以住房抵押贷款支持证券（RMBS）的形式把贷款资产卖给市场，获取流动性的同时把相关的风险也部分转移给资本市场。对地产抵押贷款的金融创新不仅止于MBS，其他的产品如 CDO 类产品也层出不穷。

截至 2007 年，与次级贷款有关的金融产品总额高达 8 万亿美元，是抵押贷款规模的 5 倍。2001 年以后随着中国、中东等经济体积累了大量贸易顺差和美元，国际资本流入美国本土购买美元资产包括次贷证券产品。过度的金融创新成为美国房地产泡沫膨胀的背后推手。

二、疯狂：政府刺激、银行助推、短融长投

（一）政府政策支持向"三无"人员发放贷款

次级房屋贷款主要是向曾经有违约记录的人士提供房屋贷款，这些借款人通常是无工作、无固定收入和无资产，即"三无"人士。这类人群通常都没有很好的还款能力，但是仍然能够轻而易举地获得贷款，甚至有部分银行主动向这部分人士发放贷款。"居者有其屋"的政策计划对拒绝向低收入人群提供住房贷款的金融机构冠以歧视的罪名进行罚款，数额通常高达数百万美元，这给贷款机构造成了很大的压力。

（二）金融机构基于房价持续上涨不断扩大贷款规模

在美联储的低利率政策下，作为抵押品的住宅价格一直在上涨。

即便出现违约现象,银行可以拍卖抵押品(住宅)。由于房价一直在上涨,银行并不担心因借款人违约而遭受损失,因此对借款人的门槛要求越来越低,疯狂扩大其贷款规模。

(三)"短融长投"堆积风险

资本市场较高的流动性和货币市场较低的借贷成本,为金融机构开始利用短期资金为长期资产融资这一非常危险的行为提供了合适的市场环境。抵押贷款机构通常没有任何公司和零售存款,依然大量发放 30 年甚至更长的房屋贷款,而依靠的资金来源是货币市场上隔夜或者一周左右期限的资金,造成了银行资产与负债期限严重不匹配。一旦低息环境发生变化,"借短投长"的经营模式很容易出现债务挤压,从而导致资产支持证券价格的加速下跌。

(四)房价疯涨

美国房地产市场从 1997 年开始持续扩张,尤其自 2001 年起更加快速增长,占 GDP 比重由 2001 年年底的 15.9% 上升为 2006 年年底的 19.7%,住宅投资在总投资中的比重最高时达到 32%,新房开工量年增长率超过 6%,2003 年最高时达到 8.4%。

在流动性过剩和低利率刺激下房价一路攀升。2000—2007 年的房价涨幅大大超过了过去 30 多年来的长期增长趋势。据美国 10 个和 20 个主要城市的房价指数显示,2006 年 6 月美国 10 大城市的房价指数涨至 226.29 的历史新高,是 1996 年 12 月的 2.9 倍。在房价上涨预期的刺激之下,加上抵押贷款利率下降导致购房成本降低,美国居民纷纷加入抵押贷款购房的行列,从 2001 年到 2006 年底,抵押贷款发放规模一共增加了 4070 亿美元,达到 25200 亿美元,2003 年曾达到最高的 37750 亿美元。其中美国前 25 家最大的次贷发放机构所发行的次贷规模占总次贷规模的 90% 以上。

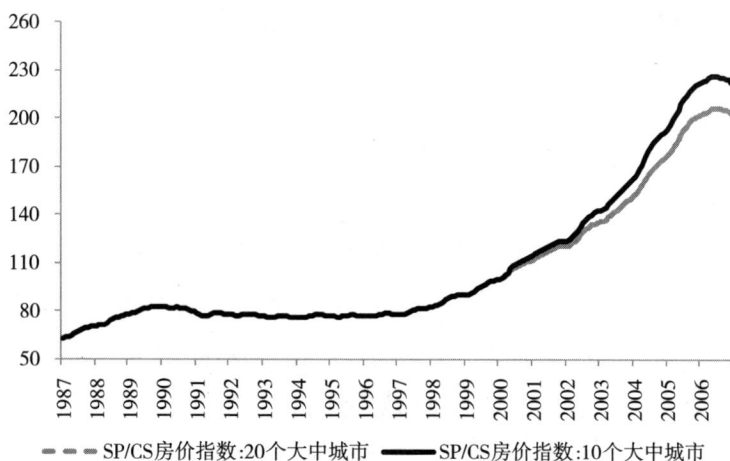

图 4-11　2001 年后美国房价疯狂上涨

资料来源:Wind,方正证券。

　　过剩的流动性催生了美国房市泡沫。房价上涨远远超过了居民收入上涨。房屋空置率由 2005 年年中的 1.8%一路上升到 2008 年 3 季度的 2.8%。

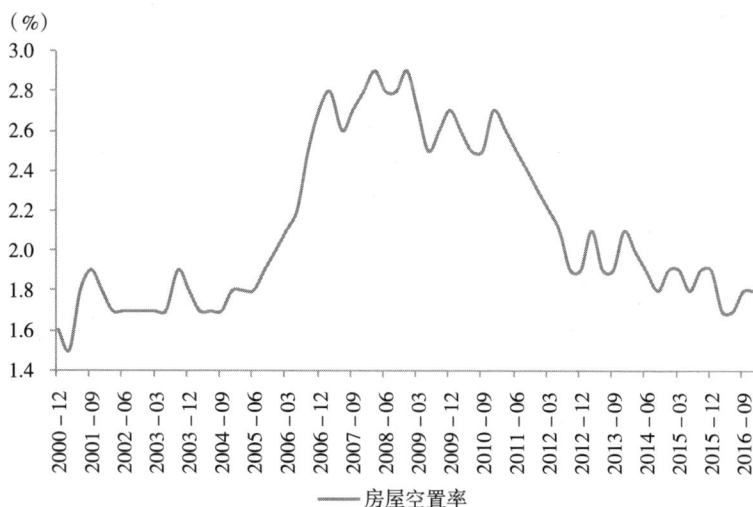

图 4-12　2000—2016 年美国房屋空置率

资料来源:Wind,方正证券。

三、崩溃及影响：利率上调、次贷违约、国际金融危机、沃尔克规则

2003 年美国经济开始复苏，出于对通货膨胀的担忧，美联储从2004 年 6 月起两年内连续 17 次调高联邦基金利率，将其从 1%上调至2006 年的 5.25%。由于次贷大多为浮动利率贷款，重新设定的贷款利率随基准利率上升而上升，大多数次贷借款人的还款压力大幅增加。基准利率的上升逐渐刺破了美国房地产市场泡沫，进入 2006 年后，反映美国主要城市房价变动的 S&PCase-Shiller 指数开始明显下跌。对于抵押贷款供应商来说，房价下跌降低了抵押品价值，导致其无法通过出售抵押品回收贷款本息。对于次贷借款人来说，房价下跌使其不能再通过房屋净值贷款获得新的抵押贷款，而即便是出售房产也偿还不了本息，所以只得违约。

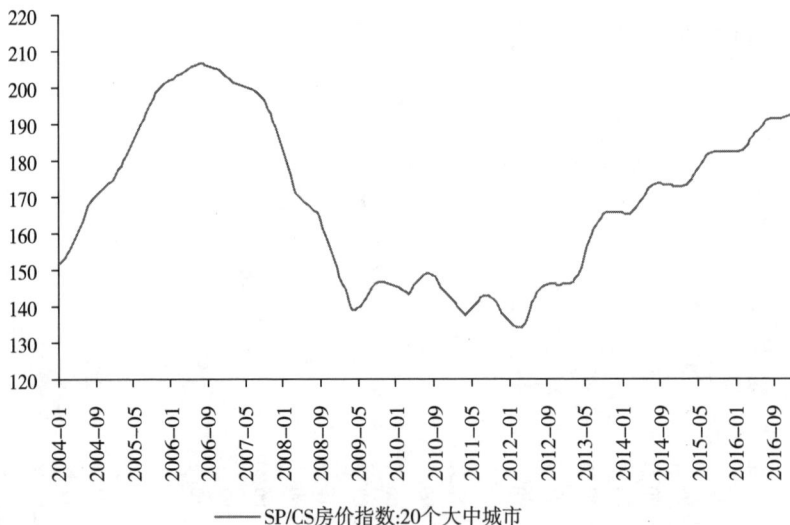

——SP/CS房价指数:20个大中城市

图 4-13　2006 年美国房价开始跳水

资料来源：Wind，方正证券。

2007—2008 年次贷危机全面爆发并迅速蔓延成国际金融危机，其

严重程度号称"百年一遇"。此次危机不仅影响范围广,其严重程度也大大超过过去几十年的历次金融危机。过去历次金融危机受到较大影响的主要是银行业,而此次危机却波及到了包括银行、对冲基金、保险公司、养老基金、政府信用支持的金融企业等几乎所有的金融机构。

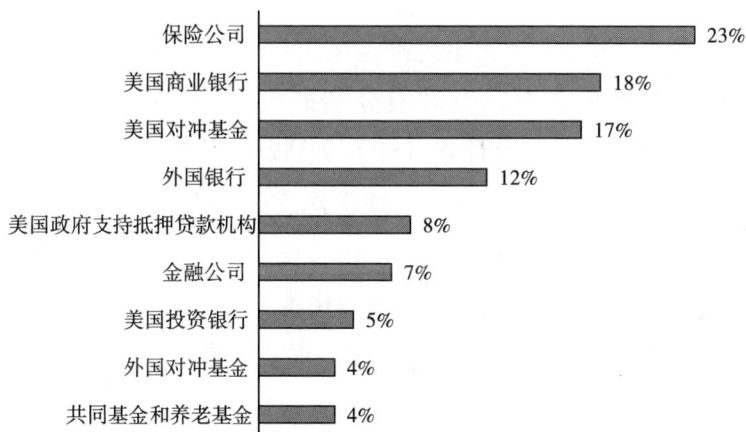

保险公司　　　　　　　　　　　　　　　　　　23%
美国商业银行　　　　　　　　　　　　　　18%
美国对冲基金　　　　　　　　　　　　　　17%
外国银行　　　　　　　　　　　　12%
美国政府支持抵押贷款机构　　　　8%
金融公司　　　　　　　　7%
美国投资银行　　　　5%
外国对冲基金　　　4%
共同基金和养老基金　　4%

图 4-14　不同金融机构的次贷风险敞口

资料来源:Greenlaw et al.(2008),方正证券。

　　受次贷违约冲击最大的是提供次贷的住房抵押贷款机构,2007 年 2 月,汇丰控股(HSBC)为其美国附属机构的次贷业务增加 18 亿美元坏账拨备。2007 年 4 月,美国第二大次贷公司新世纪金融公司(New Century Financial Corporation)申请破产保护,随后,30 余家次级抵押贷款公司停业。接下来冲击的是购买了次贷 RMBS、CDO 的对冲基金和投资银行等机构投资者。全球著名投资银行雷曼兄弟破产,美林被收购,商业银行巨头 RBS 等欧洲大型银行纷纷国有化。保险、基金等其他金融机构作为次级贷款的参与人,也受到了重大的影响,如 AIG 资产与负债严重不平衡,最终由美国政府接管。美国次贷危机之所以升级成为国际金融危机,是由于美国住房贷款资产被投资银行衍生为其他金融产品,转卖给全球投资者,该项金融创新将美国房地产市场和全球金融市场前所未有地紧密联系起来。

次贷危机发生后,多家大型金融公司破产倒闭。为此,美联储推出了一系列救市的举措。在 2007 年前,美联储资产负债表的结构较为稳定,总规模处于平稳上升状态,持有的国债占美联储总资产规模超过百分之八十。2007 年金融危机发生之后,美联储在资产负债表的资产方新增了包含着有毒资产(主要是住房和商业房地产抵押贷款资产)背景的证券作为抵押品的抵押担保证券(MBS)等项目。为了拯救金融业,布什政府和奥巴马政府分别提出了"问题资产救助计划(TARP)"和的"金融援助计划(FSP)",总规模达到 2.3 万亿美元。美联储大量增持联邦机构债券和抵押贷款证券。截至 2016 年末,美联储资产负债表中的抵押担保证券(MBS)余额高达 1.74 万亿美元,占总资产的 39%。如何在不影响金融市场正常运行的情况下处理其资产负债表内复杂的有毒资产是美联储未来的难题。

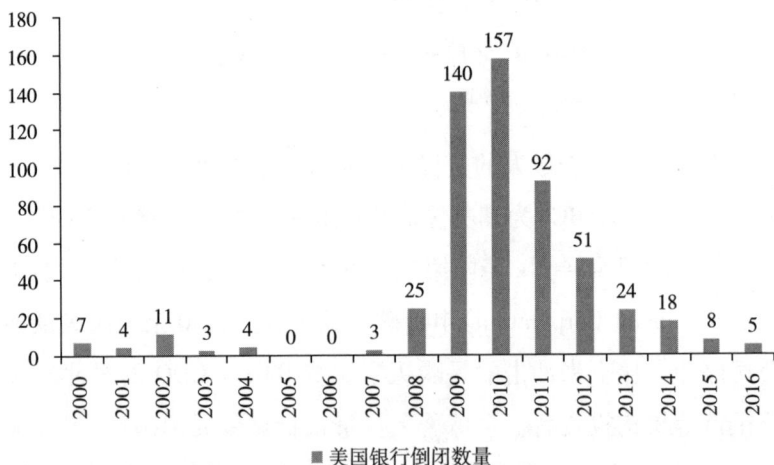

图 4-15　次贷危机后银行倒闭数量上升

资料来源:Wind,方正证券。

次贷危机暴露了美国监管体系的种种问题。2009 年,奥巴马政府提出了金融监管体系改革方案,旨在让"我们的金融体系将因此更加安全",该方案被称为"沃尔克规则"(Volcker Rule)。沃尔克规则的实

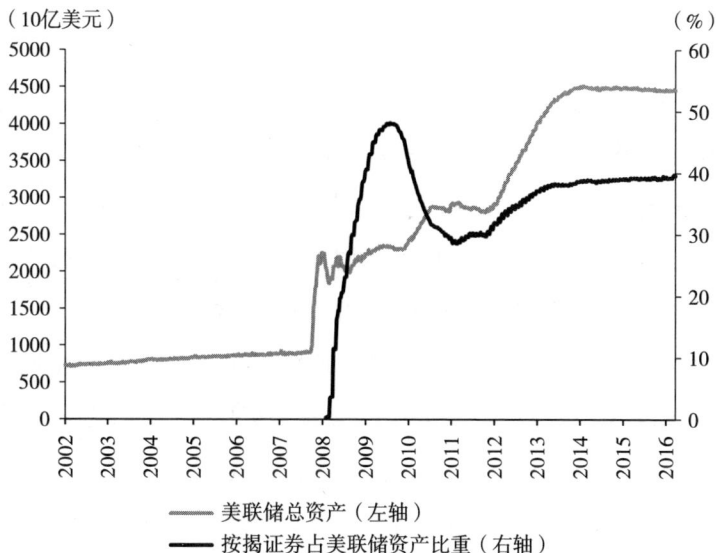

图 4-16　次贷危机后美联储资产规模大幅上涨

资料来源:Wind,方正证券。

质是禁止银行进行与客户金融服务无关的投机交易,其中核心的一条是禁止银行从事自营性质的投资业务。金融危机发生时,银行自营交易的风险集中在巨量的金融衍生品如 MBS、CDO、CDS 等产品上,这些衍生产品都具有数十倍甚至近百倍的杠杆,给市场造成了极大风险。禁止自营交易其实是政府强行对市场进行大规模的"去杠杆化"。

2008 年次贷危机至今已近 9 年,美国经济经过推行 3 轮量化宽松政策(QE)和零利率才开始走出衰退,而欧洲日本经济即使推出量化加质化宽松政策(QQE)和负利率仍处于低谷,中国经济从此告别了高增长时代,部分拉美国家和澳大利亚等资源型经济体则经济大幅回落并陷入长期低迷。至今,次贷危机对全球的影响仍未完全消除。

■　第六节　历次房地产泡沫的启示

纵观全球历史上几次重大的房地产泡沫事件,我们可以得出以下几点启示：

第一，房地产是周期之母。从对经济增长的带动看，无论在发展中国家，还是在发达国家，房地产业在宏观经济中都起到了至关重要的作用。每次经济繁荣多与房地产带动的消费投资有关，而每次经济衰退则多与房地产去泡沫有关，比如 1991 年前后的日本、1998 年前后的东南亚、2008 年前后的美国。从财富效应看，在典型国家，房地产市值一般是年度 GDP 的 2—3 倍，是可变价格财富总量的 50%，这是股市、债市、商品市场、收藏品市场等其他资产市场远远不能比拟的。以日本为例，1990 年日本全部房地产市值是美国的 5 倍，是全球股市总市值的 2 倍，仅东京都的地价就相当于美国全国的土地价格。以中国为例，房地产投资占全社会固定资产投资的四分之一，房地产相关投资占近一半，全国房地产市值约 250 万亿元，是 2015 年 GDP 的 4 倍左右，是股市市值的 6 倍。

第二，十次危机九次地产。由于房地产是周期之母，对经济增长和财富效应有巨大的影响，而且又是典型的高杠杆部门，因此全球历史上大的经济危机多与房地产有关。比如，1929 年大萧条跟房地产泡沫破裂及随后的银行业危机有关，1991 年日本房地产崩盘后陷入失落的二十年，1998 年东南亚房地产泡沫破裂后多数经济体落入中等收入陷阱，2008 年美国次贷危机至今全球仍未走出阴影。反观美国 1987 年股灾、中国 2015 年股灾，对经济的影响则要小很多。

第三，历次房地产泡沫的形成在一开始都有经济增长、城镇化、居民收入等基本面支撑。商品房需求包括居住需求和投机需求，居住需求主要跟城镇化、居民收入、人口结构等有关，它反映了商品房的商品属性，投机需求主要跟货币投放和低利率有关，它反映了商品房的金融属性。大多数房地产泡沫一开始都有基本面支撑，比如 1923—1925 年美国佛罗里达州房地产泡沫一开始跟美国经济的一战景气和旅游兴盛有关，1986—1991 年日本房地产泡沫一开始跟日本经济成功转型和长期繁荣有关，1991—1996 年东南亚房地产泡沫一开始跟"亚洲经济奇迹"和快速城镇化有关。

第四，虽然时代和国别不同，但历次房地产泡沫走向疯狂则无一例外受到流动性过剩和低利率的刺激。由于房地产是典型的高杠杆部门（无论需求端的居民抵押贷还是供给端的房企开发贷），因此房市对流动性和利率极其敏感，流动性过剩和低利率将大大增加房地产的投机需求和金融属性，并脱离居民收入、城镇化等基本面。1985 年日本签订《广场协议》后为了避免日元升值对国内经济的负面影响而持续大幅降息，1991—1996 年东南亚经济体在金融自由化下国际资本大幅流入，2000 年美国网络泡沫破裂以后为了刺激经济持续大幅降息。中国 2008 年以来有三波房地产周期回升，2009 年、2012 年、2014—2016 年，除了经济中高速增长、快速城镇化等基本面支撑外，每次都跟货币超发和低利率有关，2014—2016 年这波尤为明显，在经济衰退背景下主要靠货币刺激。

第五，政府支持、金融自由化、金融监管缺位、银行放贷失控等对房地产泡沫的形成起到了推波助澜、火上浇油的作用。政府经常基于发展经济目的刺激房地产，1923 年前后佛罗里达州政府大举兴办基础设施以吸引旅游者和投资者，1985 年后日本政府主动降息以刺激内需，1992 年海南设立特区后鼓励开发，2001 年小布什政府实施"居者有其屋"计划。金融自由化和金融监管缺位使得过多货币流入房地产，例如 1986 年前后日本加快金融自由化和放开公司发债融资，1992—1993 年海南的政府、银行、开发商结成了紧密的铁三角，1991—1996 年东南亚国家加快了资本账户开放导致大量国际资本流入，2001—2007 年美国影子银行兴起导致过度金融创新。由于房地产的高杠杆属性，银行放贷失控火上浇油，房价上涨抵押物升值会进一步助推银行加大放贷，甚至主动说服客户抵押贷、零首付、放杠杆，在历次房地产泡沫中银行业都深陷其中，从而导致房地产泡沫危机既是金融危机也是经济危机。

第六,虽然时代和国别不同,但历次房地产泡沫崩溃都跟货币收紧和加息有关。风险是涨出来的,泡沫越大破裂的可能性越大、调整也越深。日本央行从 1989 年开始连续 5 次加息,并限制对房地产贷款和打击土地投机,1991 年日本房地产泡沫破裂。1993 年 6 月 23 日,朱镕基讲话宣布终止房地产公司上市、全面控制银行资金进入房地产业,24 日国务院发布《关于当前经济情况和加强宏观调控意见》,海南房地产泡沫应声破裂。1997 年东南亚经济体汇率崩盘,国际资本大举撤出,房地产泡沫破裂。美联储从 2004 年 6 月起两年内连续 17 次调高联邦基金利率,2007 年次贷违约大幅增加,2008 年次贷危机全面爆发。

第七,如果缺乏人口、城镇化等基本面支持,房地产泡沫破裂后调整恢复时间更长。日本房地产在 1974 年和 1991 年出现过两轮泡沫,1974 年后的第一次调整幅度小、恢复力强,原因在于经济中速增长、城市化空间、适龄购房人口数量维持高位等提供了基本面支撑;但是,1991 年后的第二次调整幅度大、持续时间长,原因在于经济长期低速增长、城市化进程接近尾声、人口老龄化等。2008 年美国房地产泡沫破裂以后没有像日本一样陷入失去的二十年,而是房价再创新高,主要是因为美国开放的移民政策、健康的人口年龄结构、富有弹性和活力的市场经济与创新机制等。

第八,每次房地产泡沫崩盘,影响大而深远。1926—1929 年房地产泡沫破裂及银行业危机引发的大萧条从金融危机、经济危机、社会危机、政治危机最终升级成军事危机,对人类社会造成了毁灭性的打击。1991 年日本房地产崩盘后陷入失落的二十年,经济低迷、不良资产率高企、居民财富缩水、长期通缩。1993 年海南房地产泡沫破裂后,不得不长期处置烂尾楼和不良贷款,当地经济长期低迷。2008 年次贷危机至今已近 9 年,美国经济经过推行 3 轮量化宽松政策(QE)和零利率才开始走出衰退，而欧洲日本经济即使推出量化加质化宽松政策（QQE）和负利率仍处于低谷，中国经济从此告别了高增长时代，部分拉美国家和澳大利亚等资源型经济体则经济大幅回落并陷入长期低迷，至今，次贷危机对全球的影响仍未完全消除。

第九，当前中国房地产呈泡沫迹象，主要是货币现象，未来房价走势有三种前景。2014—2016年在经济衰退背景下，货币超发和低利率刺激了中国新一轮房价地价暴涨，绝对房价已经偏高，全球前12大高房价城市中国作为发展中国家占了4席（香港、深圳、上海、北京），地王频出，居民恐慌性抢房，新增贷款中大部分是房贷，呈泡沫化趋势。那么未来房价还会涨吗？对未来房价走势判断可以转化为对未来城镇化、居民收入、货币松紧和利率高低的判断。当前基本面还有一定空间，比如2015年城镇化率56.1%，未来还有十多个百分点的空间，将新增城镇人口2亿人左右，但区域分化明显，一二线城市高房价，三四线城市高库存。既然2014—2016年房价上涨主要是货币现象，因此未来关键在于货币松紧，房价走势可能有三种前景：第一种是货币政策回归中性稳健，加强对贷款杠杆和土地投机的监管，2014年底启动的这一轮房价上涨周期接近尾声，未来横盘消化；第二种是继续实施衰退式货币宽松，货币超发和低利率，则房价可能不断创新高；第三种无论是主动的收紧货币（比如基于对通胀和资产价格泡沫的担忧）还是被动的收紧货币（比如美联储超预期加息，汇率贬值和资本流出压力增加），利率上升，房价面临调整压力。

第十，应警惕并采取措施控制房地产泡沫，事关改革转型成败。房地产泡沫具有十分明显的负作用：房价大涨恶化收入分配，增加了社会投机气氛并抑制企业创新积极性；房地产具有非生产性属性，过多信贷投向房地产将挤出实体经济投资；房价过高增加社会生产生活成本，容易引发产业空心化。当前应采取措施避免房价上涨脱离基本面的泡沫化趋势，可以考虑：通过法律形式明确以居住为导向的住房制度设计,建立遏制投资投机性需求的长效机制;加强监管银行过度投放房贷;实行长期稳定的住房信贷金融政策,避免大幅调整首付比例和贷款利率透支居民支付能力,稳定市场预期;采取中性稳健的货币政策;推动财税改革改变地方政府对土地财政的依赖,逐步建立城乡统一的集体建设用地市场和住房发展机制。中国经济和住宅投资已经告别高增长时代,房地产政策应适应"总量放缓、结构分化"新发展阶段特征,避免寄希望于刺激房地产重回高增长的泡沫风险。当前中国房地产尚具备经济有望中速增长、城镇化还有一定空间等基本面有利因素,如果调控得当,尚有转机。

第五章 中国房地产泡沫风险有多大？

[本章要点]

在货币超发、低利率和政策鼓励居民加杠杆刺激下，2014—2016年中国一二线城市房价地价暴涨。当前中国房地产泡沫风险有多大？体现在哪些环节？本章旨在从绝对房价、房价收入比、库存、租金回报率、杠杆、空置率等来定量评估。

绝对房价：全球前十二大高房价城市中国占四席。过去中国是房价收入比高，经过2014—2016年这一波上涨，现在是绝对房价高，但中国是发展中国家。世界房价最高的城市中（中心城区房价），中国香港排第1，深圳、上海、北京分列第7、8、13位。

房价收入比：一二线城市偏高，三四线城市基本合理。最新全球房价收入比最高的十大城市里面，北上广深占据了四席。中国一二线城市和三四线城市房价收入比的巨大差异可能反映了两个因素：一是收入差距效应，高收入群体向一二线城市集中；二是公共资源溢价，医院、学校等向一二线城市集聚。中国目前房地产总市值与GDP的比值为330%，高于全球260%的平均水平。

库存：去化压力比较大的是部分三四线中小城市。库存去化压力

183

比较大的城市大多为中小城市,且多集中在中西部、东北及其他经济欠发达地区,这与三四线城市过度投资、人口及资源向一二线城市迁移的过程相符。从美国、日本等国际经验看,后房地产时代人口继续向大都市圈迁移,农村、三四线城市等面临人口净流出的压力。因此,一二线城市主要是价格偏高风险,三四线城市主要是库存积压风险。

租金回报率:整体偏低。目前中国主要城市的静态租赁回报率为2.6%,一线城市在2%左右,低于二三线城市。而国际静态租赁回报率为4%—6%,中国水平远低于国际水平。中国的房地产并非简单的居住功能,而是一个捆绑着很多资源的综合价值体,比如户籍、学区、医院等。国人对房子和家有一种热爱以及文化依赖归属感,住房自有率在国际上较高。

空置率:三四线城市高于一二线城市。中国房地产空置率比较高,积压严重,三四线城市比一二线城市更严重。从住宅看,中小城市空置率更高可能是因为过度建设,大城市的空置率可能跟过度投机有关。

房地产杠杆:居民杠杆快速上升但总体不高,开发商资产负债率快速上升。房地产杠杆包括需求端的居民借贷杠杆和供给端的开发商债务杠杆,它衡量了财务风险。(1)从国际比较看,中国居民杠杆水平低于主要发达经济体。目前,中国房地产贷款占银行贷款比重为25%(其中个人购房贷款16.9%),虽然近些年这个比例不断攀升,但比美国水平低很多,美国次贷危机以来不动产抵押贷款占银行信贷的比重持续下降,但仍高达33%。(2)目前房地产开发资金来源中,大致有约55%左右的资金是依赖于银行体系,明显超过40%的国际平均水平。房地产行业的资产负债率从2000年的50%一路上升至2016年的77%,流动比率从2009年的1.88下降至2016年的1.65。

当前中国房地产泡沫风险有多大？体现在哪些环节？本章旨在从绝对房价、房价收入比、库存、租金回报率、杠杆、空置率等来定量评估。

■　第一节　什么造就了中国一二线城市房价只涨不跌的不败神话：城镇化、居民收入和货币超发

房价上涨有没有泡沫，首先要区分基于基本面支撑的正常上涨和基于货币现象投机性需求的非正常上涨。

一、商品房供求：居住需求和投机需求，商品属性和金融属性

商品房需求包括居住需求和投机需求。居住需求主要跟城镇化、居民收入、人口结构等有关，它反映了商品房的商品属性。投机需求主要跟货币投放、低利率和土地供给垄断有关，它反映了商品房的金融属性。

二、商品房的基本面：城镇化、居民收入和人口年龄结构

过去几十年中国房价持续上涨存在一定的基本面支撑：经济高速增长、快速城镇化、居民收入持续增长、20—50 岁购房人群不断增加和家庭小型化。1978—2015 年间，中国 GDP 年均名义增长 15.3%，城镇居民可支配收入年均名义增长 13.2%。1978—2015 年间，中国城镇化率从 17.92% 上升到 56.1%，城镇人口从 1.7 亿增加到 7.7 亿，净增 6 亿人，其中 20—50 岁购房人群不断增加。家庭小型化，根据第六次人口普查数据显示，1982 年平均每户家庭人数 4.41 人，2000 年为 3.44 人，2010 年为 3.1 人。

但是，2000—2016 年间尤其是 2014—2016 年房价涨幅远远超过了城镇化和居民收入增长等基本面数据所能够解释的范畴。城镇化

和居民收入只能解释房价上涨的一部分,另一部分要靠货币超发和土地供给来解释。

三、金融属性的驱动力:货币超发和低利率

根据货币数量方程 $MV=PQ$,货币供应增速持续超过名义 GDP 增速(生产活动所需要的资金融通),将推升资产价格。商品房具有很强的保值增值金融属性,是吸纳超发货币最重要的资产池。

2000—2016 年,中国 M2、GDP、城镇居民可支配收入的名义增速年均分别为 16.1%、13.3%、11%,平均每年 M2 增速超过 GDP、城镇居民收入名义增速 2.8、5.1 个百分点。货币超发程度(M2 增速-GDP 增速)较高的年份往往是房价大涨的年份,比如 2009 年、2012 年、2015 年。

因此,过去几十年房价持续上涨,一部分可以用城镇化、居民收入等基本面数据解释(居住需求,商品属性),另一部分可以用货币超发和土地供给垄断解释(投机需求,金融属性),这两大因素共同造就了中国房价只涨不跌的不败神话。由于中国城镇化速度、居民收入增速和货币超发程度超过美国、日本等主要经济体,叠加一二线热点城市土地供给不足,造就了中国房价涨幅冠全球。

四、2015—2016 年房价大涨主要是货币现象:低利率和货币超发

不断降息提高了居民支付能力。自 2014 年"930"新政和"1121"降息以来,房价启动新一轮上涨。2015 年"330"新政和下半年两次双降,房价启动暴涨模式。

货币超发导致房价涨幅远超 GDP 和居民收入。2015 年 M2 增速超 GDP 增速达到 6.3 个百分点,货币超发程度在过去十多年仅次于2009 年,也大大超过了年均 2.8 个百分点的历史平均水平。

（%）

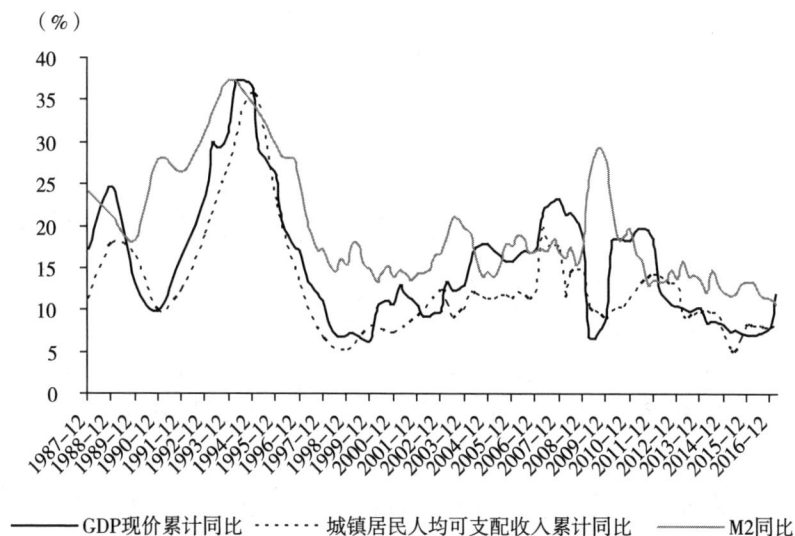

——GDP现价累计同比　……城镇居民人均可支配收入累计同比　——M2同比

图5-1　中国货币供应增速超过名义 GDP 和居民收入增速

资料来源：Wind，方正证券。

（%）

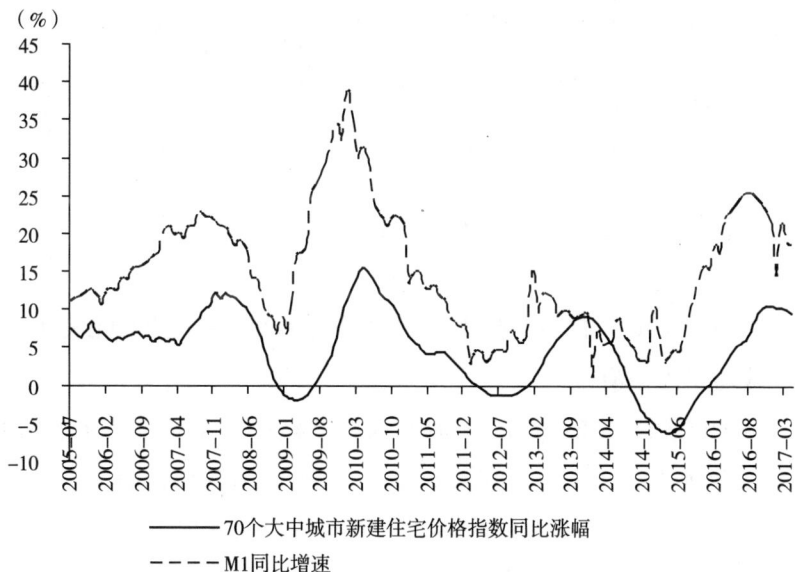

——70个大中城市新建住宅价格指数同比涨幅

- - - - M1同比增速

图5-2　中国房价上涨与货币增速

资料来源：Wind，方正证券。

187

（%）

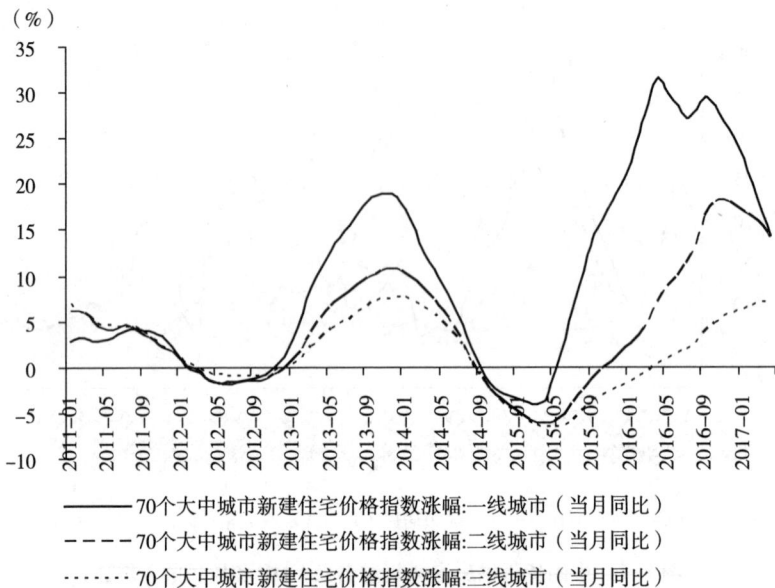

图5-3 2015年4月以来各线城市房价涨速持续加快

注:70个大中城市为国家统计局按月发布的房价调查样本。其中,一线城市:北京、上海、广州、
深圳(4个);二线城市为:天津、重庆、杭州、南京、武汉、沈阳、成都、西安、大连、青岛、宁波、长
沙、济南、厦门、长春、哈尔滨、太原、郑州、合肥、南昌、福州(21个);三线城市指除一线、二线
城市外,其他45个城市。

■ 第二节 绝对房价:居于世界前列

2015—2016年这轮房价上涨区域分化明显,一二线城市涨幅大,
三四线城市涨幅有限。

从国际比较来看,北京、上海和深圳已经进入全球前十五大高房
价城市之列,"房价泡沫说"甚嚣尘上。过去中国是房价收入比高,经
过2014—2016年这一波上涨,现在绝对房价也非常高。

从绝对房价看,中国一线城市居于世界前列。根据 Numbeo[①] 的

———

① Numbeo 是一家提供世界生活状况相关信息的网站,包括生活成本、住房指数等,
其数据经常被国际知名媒体(如 BBC、Time、Economist)引用。

（美元/平方米）

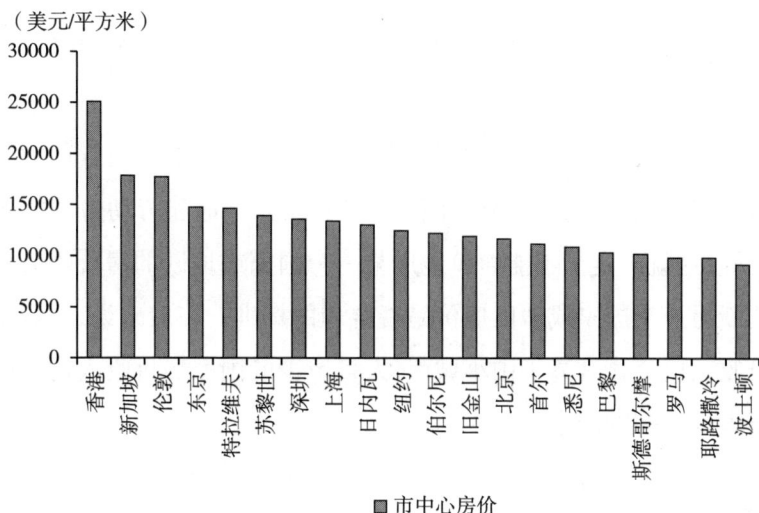

图5-4　深圳和上海已经进入全球前十大高房价城市之列

资料来源：Wind，方正证券。

数据（2017年3月），世界房价最高的城市中（中心城区房价），中国香港排第1，深圳、上海、北京分列第7、8、13位。具体来看，中国香港房价略超过2.5万美元/平方米，新加坡、伦敦超过1.7万美元/平方米，东京、特拉维夫超过1.4万美元/平方米，苏黎世、深圳、上海、日内瓦超过1.3万美元/平方米，纽约、伯尔尼、旧金山、北京、首尔在1.10—1.25万美元/平方米之间。

■　第三节　房价收入比：一二线城市偏高，三四线城市基本合理

房价收入比衡量居民的支付能力，反映了一个地区土地和劳动力两种要素价格的比例关系。

一、房价收入比在城市间分化明显

房价收入比是指一套住房价格与一个家庭年收入的比值。房价

收入比是大多数国家和国际组织进行住房支付能力评价时所采用的主要指标,是各界对房地产市场形势进行分析、判断和预测时广泛使用的一个指标。

房价收入比本质上反映的是特定国家或地区土地和劳动力两种要素价格的比例关系。由于不同国家或地区土地和劳动力的资源禀赋不同,这就决定了不能简单地用某一个国家或地区的房价收入比作为判断另一个国家或地区房价是否合理的标准。一般来说,大城市的房价收入比会显著高于中小城市,人多地少的国家房价收入比一般会高于人少地多的国家。

目前中国房价收入比与 2003 年之前相比有明显抬升,但近年从趋势来看还是下降的。1998—2003 年中国房价收入比走势稳定,维持在 6.6—6.9 区间,2004 年后快升至 2007 年的 8.0,随后受国际金融危机影响跌至 2008 年的 6.9,2009 年又迅速反弹至 8.1,随后逐步回落,2012 年和 2013 年稳定在 7.3 的水平,2014 年下降到 7.1,2016 年反弹至 7.4。

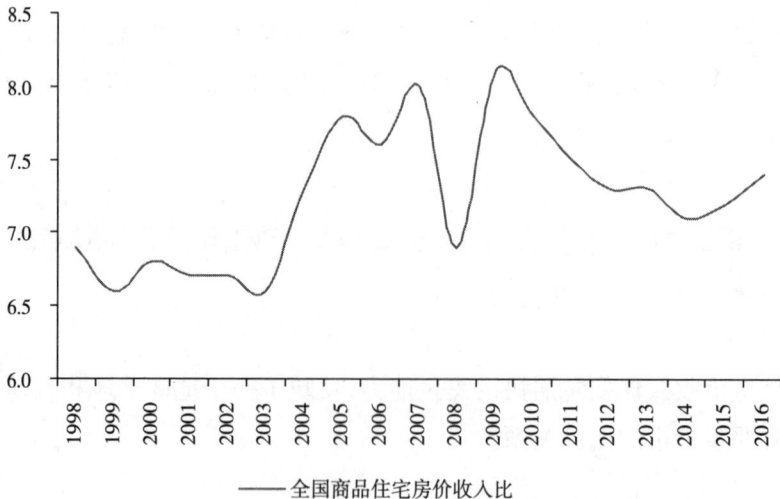

—— 全国商品住宅房价收入比

图 5-5　中国房价收入比近年来有所下降

资料来源:上海易居研究院,方正证券。

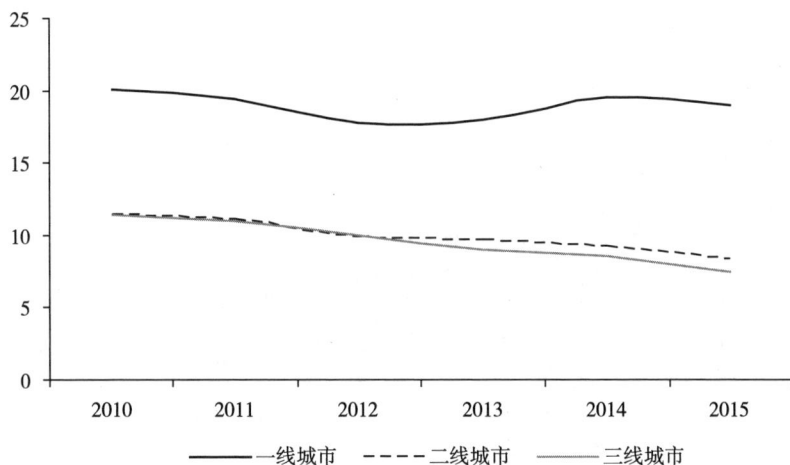

图 5-6　二三线城市房价收入比下行，一线城市稳中有升

资料来源：Wind，方正证券。

近年来中国房价收入比下降主要是中小城市的贡献。近年来中国二三线城市房价收入比往下走，而一线城市的房价收入比则稳中有升。2015 年，一线城市房价收入比为 19，二三线城市的房价收入比则分别小幅回落至 8.3 和 7.5，显示出后房地产时代"总量放缓、区域结构分化、人口继续向大城市迁移"的新特征。

二、中国一线城市房价收入比居全球前列

根据 2015 年世界银行的统计，中国的房价收入比在全球排名第 14 位，在主要的发展中国家和金砖国家里，中国的房价收入比排名第一。除了中国整体高之外，中国一线城市的房价收入比相对世界其他主要城市来说更高。据 Numbeo2017 年 3 月统计，北上广深的房价收入比在全球主要城市中位居前列；其中，深圳的房价收入比更是高居全球主要城市首位。

191

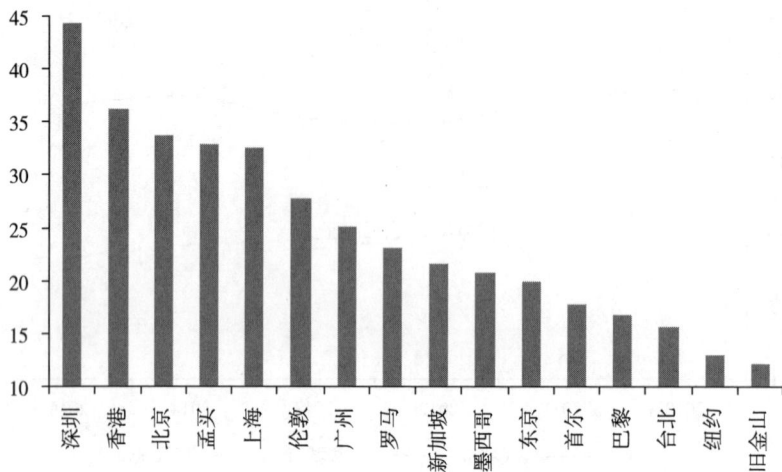

图 5-7　北上广深房价收入比位居全球主要城市前列

资料来源：Numbeo，方正证券。

三、区域间房价收入比差异巨大实际上反映收入差距效应和公共资源溢价

中国一二线城市和三四线城市房价收入比的巨大差异可能反映了两个因素：一是收入差距效应，富人和高收入群体向一二线城市集中；二是公共资源溢价，医院、学校等向一二线城市集聚。这与中国区域间经济社会发展不均衡有关。

中国虽然人口众多，但土地存量很大，所以中国的人口密度并不算特别高。在全球重要国家里，中国只比美国、巴西、俄罗斯人口密度要高，而和法国的人口密度基本相同，且要低于日本、印度、英国、德国等的人口密度。

四、宏观上的房地产总市值/GDP 偏高

我们是否可以用房地产总市值与 GDP 的比值来衡量房地产是否存在泡沫？如果将全球房地产总市值/全球 GDP 的 260% 作为平均指

（人/km²）

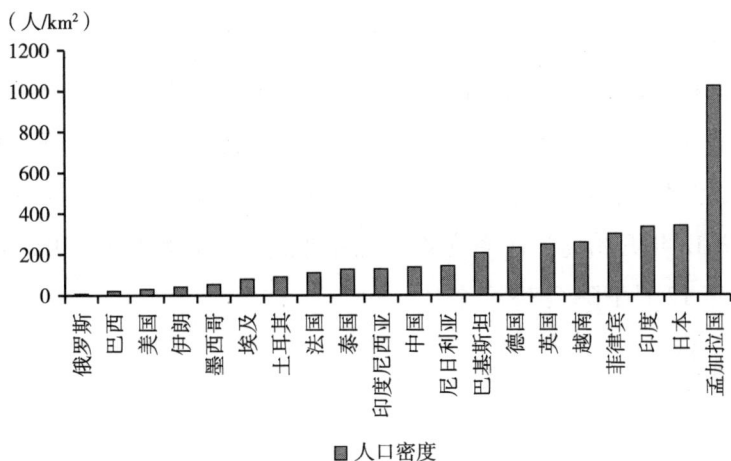

图5-8　中国的人口密度并不算高

资料来源：Wind，方正证券。

标（拉斯·特维德，2008），那么高于260%可能就存在一些房地产泡沫。按这个指标衡量，中国目前的房地产总市值（含农村）与GDP的比值保守估计超过330%，无疑已经蕴含着比较明显的泡沫。

实际上，我们认为房地产总市值/GDP这个指标存在问题，房地产总市值是存量，而GDP则是增量。即便口径统一的话，国家之间的资源禀赋不同也会造成这个指标的不同，对于地少或土地供给垄断的国家来说，房地产总市值/GDP这个指标应比较高。

■　第四节　库存：去化压力比较大的是三四线中小城市

一、全国层面库存去化压力大

2010—2014年，全国商品房新开工面积大幅超过销售面积，两者之比在1.5∶1以上，这使得商品房库存逐渐高企。2015年、2016年，商品房新开工面积与销售面积之比分别下降至1.20、1.06，库存有所下降,但去化压力仍大。

商品房库存去化周期有狭义和广义之分。狭义库存去化周期,用待售面积/月均现房销售面积计算。商品住宅狭义去化周期从 2011 年末的 9.8 个月升至 2015 年 4 月的 20.2 个月。2015 年新开工面积降低,住房供给需求缺口减小,这为 2015—2016 年房价上涨埋下伏笔。2015 年开始商品住宅狭义去化周期逐渐下降,特别是 2016 年,至 2016 年 12 月下降至 13.9 个月。

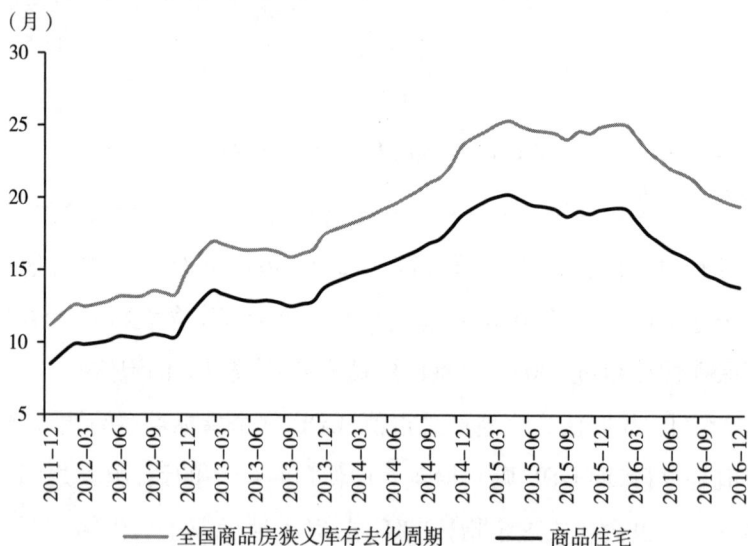

图 5-9　全国商品住宅狭义库存去化周期降至约 14 个月

资料来源:Wind,方正证券。

广义库存去化周期,原则上以累计新开工面积减去累计销售面积计算,并扣除非住宅的自持部分(假定比例为 30%),得到广义商品房库存,再按月均销售面积计算去化周期。全国商品房库存去化周期从 2009 年的 20.3 个月攀升至 2014 年的 42.4 个月,之后逐渐下降,至 2016 年为 32.9 个月;全国商品住宅库存去化周期从 2009 年的 16.1 个月攀升至 2014 年的 32.3 个月,之后逐渐下降,至 2016 年为 22.3 个月。非住宅广义库存去化周期 2016 年末为 107.6 个月,较 2015 年下降 13 个月。此外,上述估计还未考虑待开发土地面积,2016 年末为 3.5 亿平方米,以容积率 1.5—2.0 计算,商品房待开发面积有 5.3 亿—7.0 亿平方米。

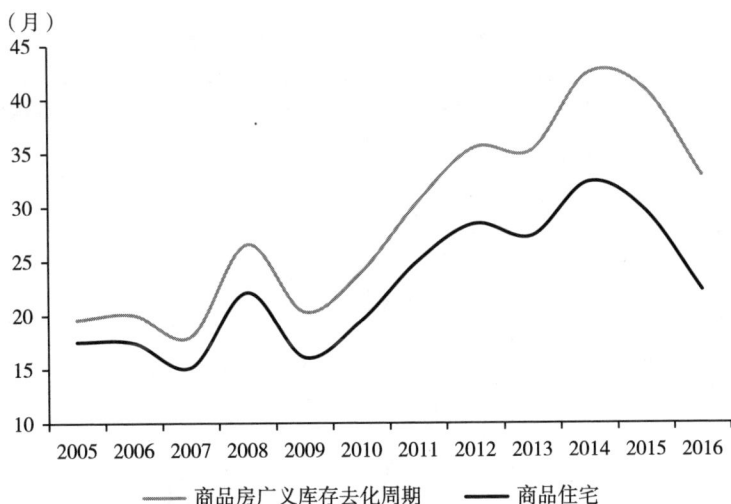

图 5-10　全国商品住宅广义库存去化周期降至约 22 个月

资料来源:Wind,方正证券。

二、库存主要集中在三四线城市

从结构上来看,中国的房地产狭义库存去化周期地区差异明显。易居研究院智库中心 2016 年 4 月发布的《中国 50 城住宅库存报告》选取 50 个城市的存销比数据来分析其库存压力,从以下分项来看,50 个城市中有 26 个城市的库存去化压力依然较大(2016 年 4 月以后部分城市去化较好,比如三亚、海口、长沙、天津、成都等),包括:北海(33)、淮南(29)、烟台(28)、乌鲁木齐(28)、呼和浩特(26)、西安(22)、茂名(21)、海口(21)、西宁(21)、济宁(21)、兰州(20)、银川(20)、贵阳(20)、大连(20)、长沙(20)、荆门(19)、常州(19)、沈阳(19)、哈尔滨(18)、无锡(17)、三亚(17)、成都(16)、天津(16)、长春(16)、马鞍山(15)和南宁(15)。

　　库存去化压力比较大的城市大多为中小城市,且多集中在中西部、东北及其他经济欠发达地区,这与三四线城市过度投资、人口及资源向一二线城市迁移的过程相符。

表 5-1　2016 年第一季度 50 个城市住房狭义存销比数据

序号	城市	存销比	序号	城市	存销比
1	北海	33	26	南宁	15
2	淮南	29	27	温州	14
3	烟台	28	28	昆明	14
4	乌鲁木齐	28	29	石家庄	14
5	呼和浩特	26	30	重庆	14
6	西安	22	31	青岛	14
7	茂名	21	32	宁波	13
8	海口	21	33	福州	12
9	西宁	21	34	九江	12
10	济宁	21	35	太原	12
11	兰州	20	36	南通	12
12	银川	20	37	厦门	11
13	贵阳	20	38	杭州	11
14	大连	20	39	广州	11
15	长沙	20	40	北京	10
16	荆门	19	41	珠海	10
17	常州	19	42	济南	9
18	沈阳	19	43	武汉	9
19	哈尔滨	18	44	郑州	7
20	无锡	17	45	上海	7
21	三亚	17	46	深圳	7
22	成都	16	47	南昌	7
23	天津	16	48	南京	4
24	长春	16	49	苏州	3
25	马鞍山	15	50	合肥	3

资料来源:赢商网大数据中心,方正证券。

从商铺市场空置率能得到相似的结论。三线城市和二线城市、一级城市呈现逐级递减状态,二三线城市空置率远高于一线城市。一线城市中仅上海空置率在10%以上,二三线城市的商铺空置率分别高达21%和28%。

表5-2 2014—2015年一二三线典型城市商铺市场平均空置率 单位:%

	2014年	2015年
上海	10.7	12.4
北京	5.2	5.1
广州	9.4	8.8
深圳	7.1	7.2
一线城市		7
南京	5.4	4.1
杭州	6.6	8.8
苏州	8	10.3
武汉	6.9	7.6
厦门	6.7	5.6
天津	5.3	7.6
沈阳	18.2	18.5
大连	4.7	11
青岛	5.8	9.7
成都	7.1	8.1
二线城市		21
三线城市		28

资料来源:赢商网大数据中心,方正证券。

从美国、日本等国际经验看,后房地产时代人口继续向大都市圈迁移,农村、三四线城市等面临人口净流出的压力。过去中国人口迁移动向基本符合国际经验,人口从农村、东北、中西部向京津冀、长三角、珠三角、成渝四大都市圈聚集,大都市圈人口占全国总人口的比重还会继续上升。因此,东北、中西部、三四线城市面临较长期的去库存压力,而四大都市圈供求关系较好甚至部分城市供求关系较为紧张。

■ 第五节　租金回报率:整体偏低

租金回报率反映了投资房地产的未来现金流贴现率。

一、总体租赁回报率偏低

2016 年,中国主要城市的静态租赁回报率为 2.6%,一线城市在 2% 左右,低于二三线城市。根据国际租售比合理区间推断,静态租赁回报率为 4%—6%,中国水平远低于国际标准水平。

二、中国居民买房而不租房的特殊性

我们为何有超高的房价和超低的租赁回报率? 因为在中国买房和租房是不一样的。

(一)中国的商品房并非仅居住功能,而是捆绑着很多资源

中国的房地产并非只有简单的居住功能,而是一个捆绑着很多资源的综合价值体。房子跟户口挂钩,房子的位置也决定了住户所享受的各种公共资源的优劣。一旦外来者在大城市买房落户后,就可以享受大城市的更多政府保障,且教育及医疗资源更加丰富。

无论是前 100 名医院还是前 100 名高校,都明显集中于大型城市。许多人希望通过购买商品房和学区房,可以享受优质的医疗和教育资源。正因为此,有些学区房虽然是老旧危房,房价却高得出奇。

(二)国人对房子的文化性依赖和归属感

国人本身对房子和家就有一种热爱。中国自古是个农业国家,安土重迁,即使脱离了土地移居城市,房子对国人来说不但象征着财富,

（家）

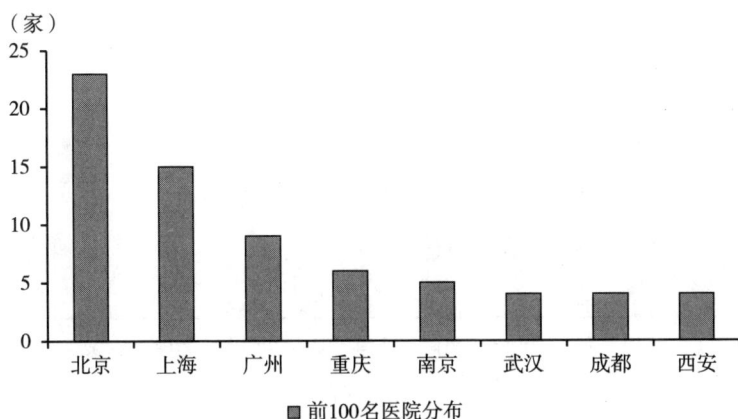

■ 前100名医院分布

图5-11　医院资源集中于大城市

资料来源：复旦大学医院管理研究所，方正证券。

（所）

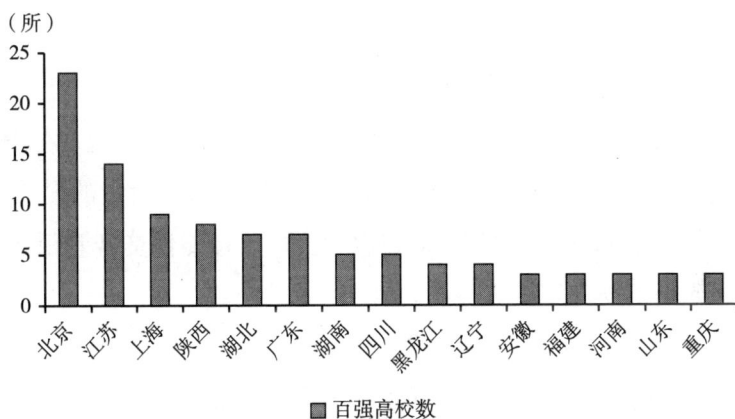

■ 百强高校数

图5-12　高校资源集中于大城市

资料来源：武汉大学中国科学评价研究中心（2016），方正证券。

而且象征着归属感。因此，中国人对房子有一种特殊的情感，住房自有率也相应较高。横向比较来看，国人的住房自有率已经达到93%，在全球其他主要国家里居于高位，因此，我们的租售比才非常低。

（三）低租售比跟贫富差异也有关

在大城市里，租房和买房出租的人具有非常大的财富差距，因此

199

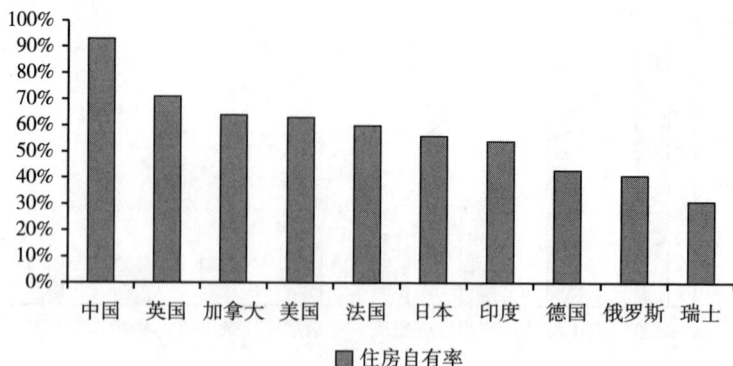

图 5-13　国人住房自有率居于全球前列

资料来源：Wind，方正证券。

在富人买房、穷人租房的社会里，租房群体可承受的房租非常有限。因此一旦房租往上涨一点，需求会回落得很快，这可能也是房租上涨不如房价的根本原因。

从基尼系数来看，中国的数值已经接近 0.5，已经迈过了警戒线，且接近"收入差距悬殊"这个区域。当然，基尼系数衡量的是收入分配，存量财富的分配、财产性收入及灰色收入，可能使贫富差距现象比基尼系数所反映的程度更突出。

第六节　空置率：三四线城市高于一二线城市

空置率反映了居民投资房地产多少是基于自住性需求，多少基于投机性需求。

一、中国房产空置率有多高

空置率是指某一时刻空置房屋面积占房屋总面积的比率。按照国际通行惯例，商品房空置率在 5%—10% 之间为合理区，商品房供求平衡，有利于国民经济的健康发展；空置率在 10%—20% 之间为空置危险区,要采取一定措施,加大商品房销售的力度,以保证房地产市场的正常发展和国民经济的正常运行;空置率在20%以上为商品房严重积压区。

中国房产市场中空置率具体是什么水平,目前没有太权威的数据。但有一些零散的研究统计结果,我们列出其中的几个。

第一,中国家庭金融调查与研究中心在2014年6月10日发布的《城镇住房空置率及住房市场发展趋势》调研报告表明,2013年全国城镇家庭住房空置率高达22.4%,其中六大城市重庆、上海、成都、武汉、天津、北京的空置率分别为25.6%、18.5%、24.7%、23.5%、22.5%、19.5%。从区域差异看,三线城市住房空置率最高,为23.2%;一、二线城市分别为21.2%与21.8%。此外,中国的住房空置率已高于美国、日本、欧盟等国家和地区。

空置住房占用的银行贷款属于资本闲置,降低了金融市场的效率。截至2013年8月,空置住房占据了4.2万亿元的住房贷款余额。空置住房的资产价值占有空置住房家庭总资产中的比重为34.4%,占城镇所有家庭总资产中的比重为11.8%,是社会资源的巨大浪费。

第二,国际货币基金组织(IMF)副总裁朱民曾在2015年春会期间表示,中国楼市的首要问题是空置率太高,空置面积高达10亿平方米。

第三,腾讯与《中国房地产报》等联合发布的《2015年5月全国城市住房市场调查报告》显示,中国主要城市的住房空置率整体水平在22%—26%之间。《中国房地产报》针对“一二级地产开发公司、代理行、营销机构、二手房中介、房产电商等”房地产行业内人士的定向调查则显示,目前一线城市空置率为22%,二线城市为24%。

二、高空置率:一线城市过度投机,三四线城市过度建设

从空置率数据中可以得到两点结论:一是中国的空置率比较高,

整体接近或达到了严重积压的警戒线;二是二三线城市的空置率问题要更严重,一线城市相对好些。

从住宅看,中小城市空置率更高可能是因为过度建设。大城市的空置率可能跟过度投机有关。

从商铺看,一线城市空置率较低,三四线城市较高。大城市的商业要比中小城市发达很多,一线城市商铺的空置率非常低,普遍在10%以下。从赢商网大数据中心得到的数据显示,2015年中国二三线城市商铺市场平均空置率水平仍然非常高,但一线城市的商铺空置率很低。

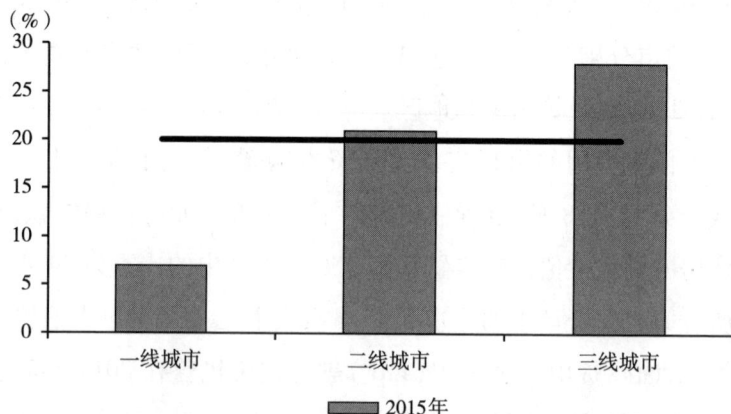

图5-14　二三线城市商铺市场平均空置率水平仍然非常高

资料来源:赢商网大数据中心,方正证券。

具体到城市而言,一线城市中上海的空置率最高,在10%以上,2015年更是比2014年上涨了1.7个百分点。而北京的空置率较低,仅有5%,且2015年稍有下降。

二线城市中,东北地区城市空置率明显要高于其他地区。沈阳的空置率超过18%,远远超过其他二线城市,青岛的空置率也处于较高位置。东北地区空置率较高反映了东北经济近年来整体滑坡和人口外流的情况。

（%）

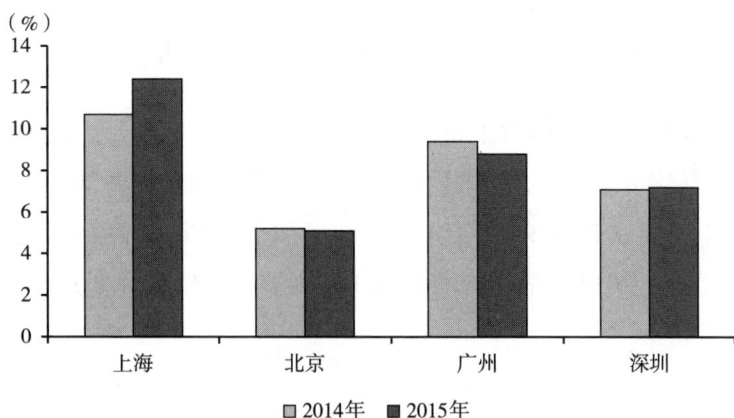

图5-15　一线城市中上海的空置率最高

资料来源:Wind,方正证券。

（%）

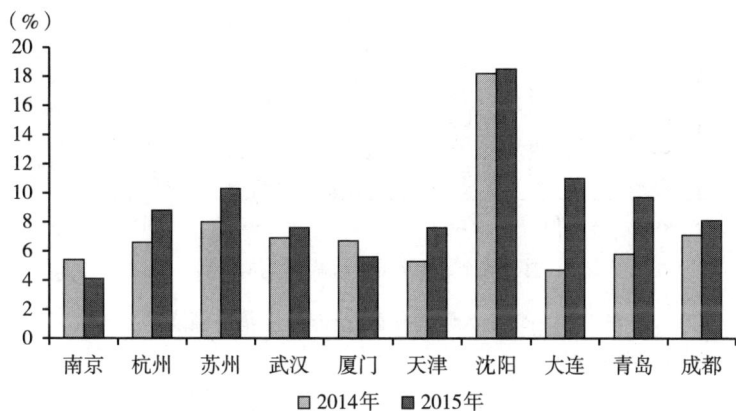

图5-16　二线城市中东北地区城市空置率明显高于其他地区

资料来源:Wind,方正证券。

■ **第七节　房地产杠杆:居民杠杆快速上升但总体不高,
开发商资产负债率快速上升**

　　房地产杠杆包括需求端的居民借贷杠杆和供给端的开发商债务杠杆,它衡量了财务风险。

一、居民加杠杆快速上升,但总体水平不算太高

2015 年以来的房价上涨和居民加杠杆有关。2015—2016 年,个人住房贷款迅猛攀升,脱离了 2011 年以来的均衡轨道。2016 年新增个人购房贷款达 4.96 万亿元,占全年商品住宅销售额的比例为 50.1%,相比 2014 年的 27.6%和 2010 年的 31.7%,大幅上升。

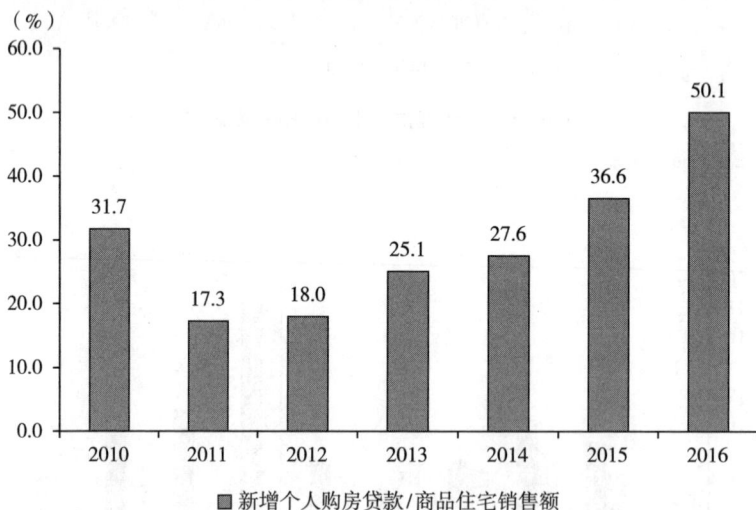

图 5-17　新增个人购房贷款/全年住宅销售额连年上升

资料来源:Wind,方正证券。

深圳一度将杠杆用到极致,是一线城市中杠杆最高的。中国人民银行深圳中心支行的数据显示,2015 年全年,深圳新发放个人住房贷款 3408 亿元,增长 2.1 倍。而且深圳按揭平均成数高,2015 年 12 月份达到 65%,远高于"北上广"三地,同比高 3.2 个百分点,与 70%的最高贷款成数限制相差仅 5 个百分点,可谓将贷款杠杆几乎利用到了极致。

居民加杠杆和首付比例的大幅下调有关。2015 年 3 月 30 日(被称为"330"新政)二套房首付比例从 60%—70%下调为 40%。2015 年

9 月 30 日(被称为"930"新政)将一套房首付比例从 30% 降低为 25%。2016 年 2 月 3 日,同时对首套房和二套房首付比例进行调整,首套房最低首付比例降至 20%,二套房首付比例进一步由 40% 降至 30%。一线城市首付比例略高,但相比 2015 年初也大幅下降。

表5-3　中国最低首付比例历次调整

调整日期	最低首付款比例	备注
1998 年	30%	居民购买自用普通住房,不享受购房补贴的,首付比例不低于 30%,享受购房补贴的,首付比例为个人承担部分的 30%
2003 年	20%	最低首付款比例下调至 20%
2006 年	30%	最低首付款比例正式提高到 30%
2008 年	20%	在经济刺激政策的背景下,首付款比例重新下调到 20%
2010 年 4 月	30%	最低首付款比例重新提高到 30%
2015 年 9 月 30 日	25%	非限购城市降至 25%
2016 年 2 月 3 日	20%	首次购买普通住房的商业性个人住房贷款首付比例下调至 25%,对于不限购城市首付比例最低可至 20%,二套房首付比例降至 30%

资料来源:住建部,方正证券。

之前居民加杠杆还存在另一个渠道:首付贷等场外方式。以某首付贷为例,最高可以贷到房屋总价的 20%。这意味着按央行规定的最低 3 成首付计算,居民杠杆最高可达 10 倍。还有一些房产众筹平台,投资者最低只需投资 1000 元,即可参与购房,按比例分享收益。

据测算,预计全国房贷"场外配资"金额在 500 亿—800 亿元左右,撬动的房地产成交额如果按照保守的 5 倍计算,则杠杆成交金额超 2500 亿元。这个比例并不大,按照 2016 年 6 月末 15.4 万亿元购房贷款余额来看,场外配资占场内杠杆资金的 0.3%—0.5% 之间。

为控制房地产杠杆风险考虑,2016 年 3 月链家全面停止首付贷产品,此后,各地的各级监管部门相继出台政策文件落实《关于调整个人住房贷款政策有关问题的通知》,严打首付贷,因此,中国现在的购房杠杆以场内杠杆为主。

当前中国房地产市场虽然在加杠杆,但绝大部分是政策允许的"场内杠杆",场外杠杆水平较低。从国际比较看,中国居民杠杆水平低于主要发达经济体。2016年末,中国房地产贷款占银行贷款比重为25%(其中个人购房贷款比重为16.9%),虽然近些年这个比例不断攀升,但比美国水平低很多,美国次贷危机以来不动产抵押贷款占银行信贷的比重持续下降,但仍高达33%。

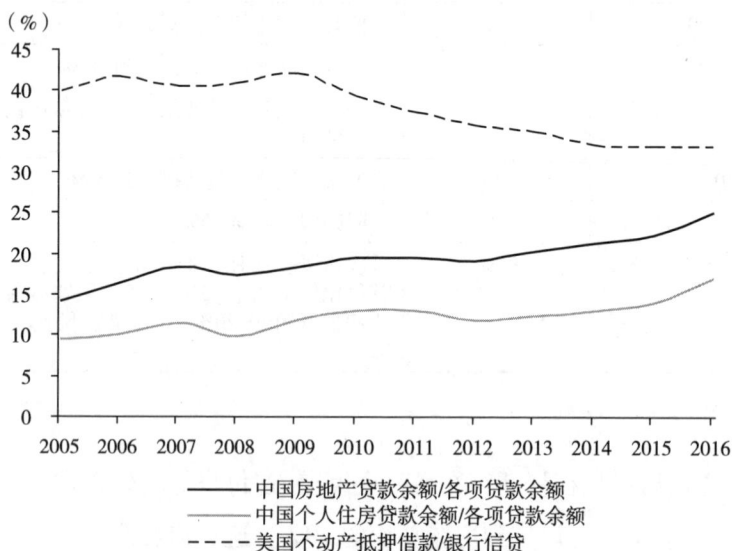

图 5-18　中美住房杠杆比较

资料来源:Wind,方正证券。

房地产场内杠杆其实不高。单就房屋而言,场内杠杆表现为其购买住房首付占房屋总价的比例。回顾中国历次住房贷款最低比例调整情况,最低首付比例是调控房地产市场的主要手段之一,配合限购等政策上升和下降。自1998年之后,虽然最低首付比例有升有降,但最低比例从未低于20%,并且附加非限购城市和首次购买等限制条件。加之,考虑金融机构在实际操作中还会根据贷款客户资信情况,在最低比例之上有一定程度的上浮。可见,中国居民购买商品房首付比例最低不会低于20%,可能在25%—35%比较合理。我们可以与其他国家做横向对比,美国在2008年次贷危机之前首付比例非常低,甚至出现零首付的现象,目前虽有提高,但仍低于20%,一般在5%—20%之间;澳大利亚首付比例在20%左右,但其贷款利息极低;加拿大房贷比例处于上浮阶段,大中型银行提供贷款首付比例一般不低于20%;日本由于维持低利率政策,房贷零首付现象仍然十分普遍。通过国际比较可以发现,中国居民购买商品房的首付比例在国际尚处于较高水平,与美日等国的零首付还有一定差距,居民购买商品房杠杆并不高,基本处于合理水平,杠杆总体可控。

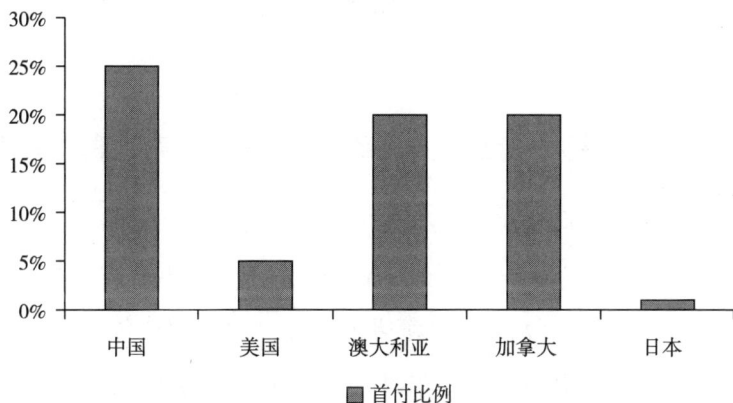

图5-19　中国首付比例在国际处于较高水平

资料来源:Wind,方正证券。

从贷款/收入比看,房市杠杆风险可控,但区域分化很大。从房贷总额与城镇单位就业人员工资总额的比值来看(我们假设贷款购房者都是城镇居民),2015年为1.17,也即房贷总额需要城镇居民不吃不喝1.17年还完。实际上,我们假设平均贷款期限是20年的话,就是加上平均6%的房贷利率,那么平均每年居民需要付的按揭占目前收入的10%左右,这个比例基本可承受。但是,这个总量指标可能不能反映不同区域和不同人群的差异。

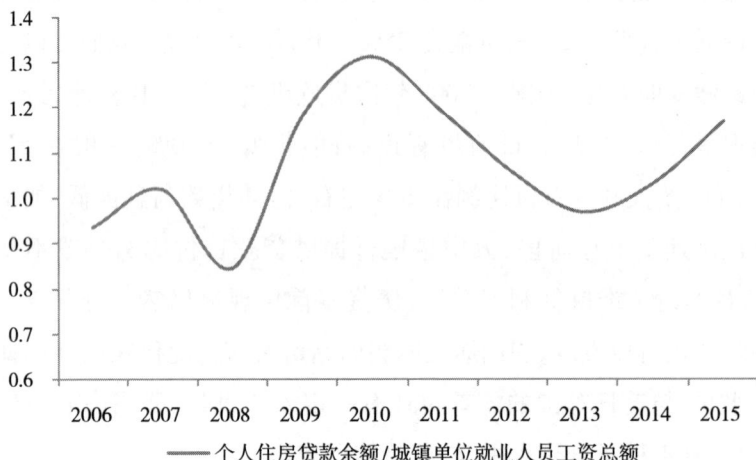

图 5-20　房贷总额/城镇单位就业人员工资总额近十年变化不大

资料来源:Wind,方正证券。

二、房企加杠杆:房地产开发商资产负债率上升过高过快,对银行融资过度依赖

　　房地产企业开发资金(房地产企业到位资金+各种应付款)分为:其他资金(定金及预收款+个人按揭贷款)、自筹资金、各项应付款、国内贷款(国内银行贷款+国内非银行金融机构贷款)、利用外资;2016年比例分别为 41.9%、28.1%、17.7%、12.3%、0.1%。

　　从上述资金结构看,与银行有关联的资金包括:国内贷款中的国内银行贷款(10.8%)、约 7 成的自筹资金(19.6%)、其他资金的个人按揭贷款(13.9%)、约 6 成的各种应付款(10.6%),合计 54.5%。其中,自筹资金除企业自有资金外,主要是房地产开发贷款;各种应付款为房地产企业的负债,主要为其他企业包括施工企业等的垫资,也主要来自银行贷款。

　　因此,房地产开发资金中约有 55%左右的资金依赖于银行体系,

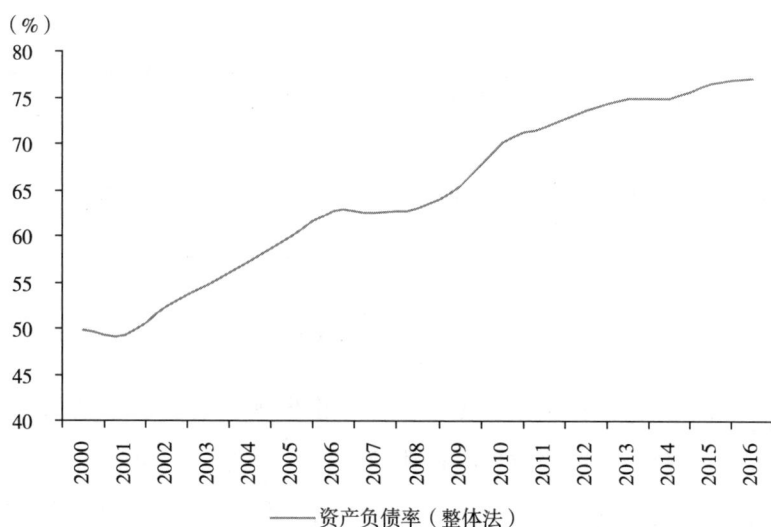

图 5-21　房地产行业的资产负债率一路上升

资料来源：Wind，方正证券。

明显超过 40% 的国际通行标准，具有比较大的不稳定性。

房企还会通过各种各样的办法融资。信托、债券融资、股权出售、资产证券化等方式，都成为了房企的融资手段。

除此之外，从上市房企，我们也能窥到房企的激进策略给未来财务带来的隐患。首先，2000—2016 年上市房企资产负债率从 50% 一路上升至 77%。一旦未来房地产资产缩水，可能存在更大的债务风险暴露。

表 5-4　房地产开发资金来源基本构成（2016 年 12 月）

单位：%

年份	银行贷款	非银金融机构贷款	利用外资	自筹资金	定金及预收款	个人按揭贷款	各种应付款
2007	15.6	1.1	1.5	28.3	25.6	11.7	9.9
2008	14.5	1.4	1.6	33.5	21.4	7.8	13.2
2009	16.1	1.5	0.7	28.0	25.3	13.1	9.9
2010	14.0	1.4	1.0	32.8	23.7	11.3	10.2
2011	11.3	1.6	0.8	35.9	22.1	8.6	12.2
2012	11.7	1.5	0.4	34.7	23.6	9.3	14.4

续表

年份	银行贷款	非银金融机构贷款	利用外资	自筹资金	定金及预收款	个人按揭贷款	各种应付款
2013	12.0	1.7	0.4	33.0	24.0	9.8	14.9
2014	12.2	2.2	0.4	34.2	20.5	9.3	17.3
2015	11.3	1.8	0.2	31.8	21.1	10.8	18.8
2016	10.4	1.9	0.1	28.1	24.0	13.9	17.7

资料来源:Wind,方正证券。

其次,房地产的流动比率在近七年也出现了明显下降,从2009年的1.88下降至2016年的1.65附近;此外,房地产行业归属母公司股东的带息债务/权益从2000年的0.75倍上升至2016年的1.86倍。

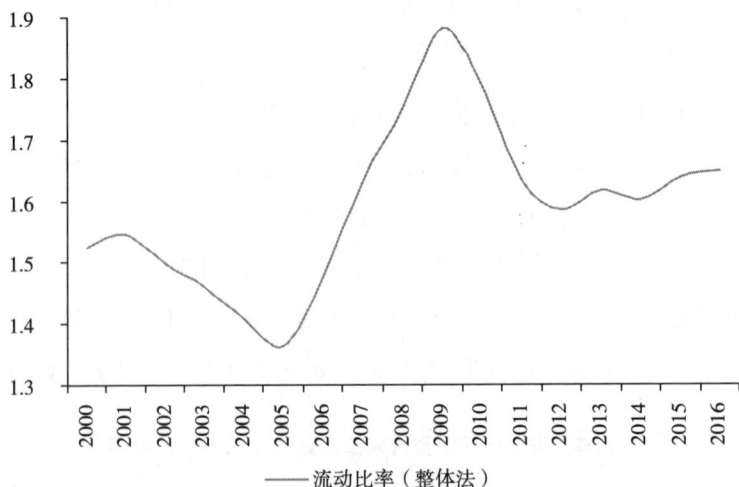

图5-22 房地产的流动比率近七年总体下降

资料来源:Wind,方正证券。

因此,需要关注开发商环节的财务脆弱性带来的潜在风险。一方面过于依赖银行体系,另一方面则过度融资及投资。在中小城市房价和销量放缓后,房地产开发商更多地进入一线城市市场,炒高地价、拼抢地王,也导致了房地产开发企业毛利率近五年从39.1%迅速缩水至27.4%。

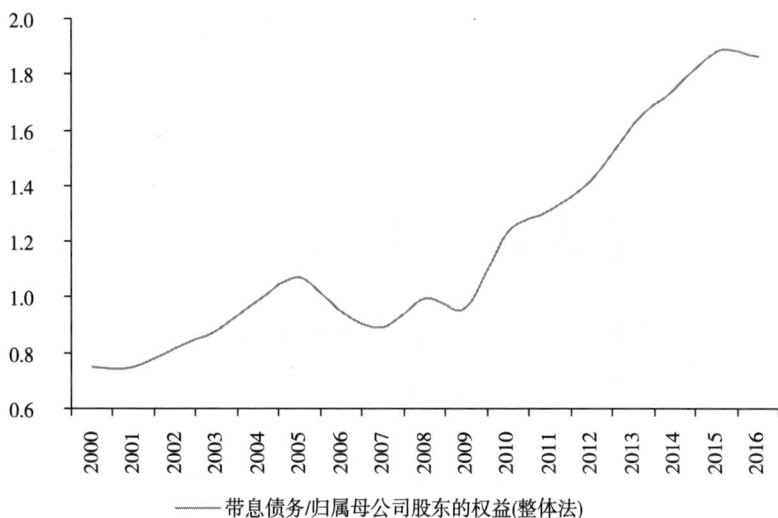

图 5-23　房地产行业归属母公司股东的带息债务/权益持续上行

资料来源：Wind,方正证券。

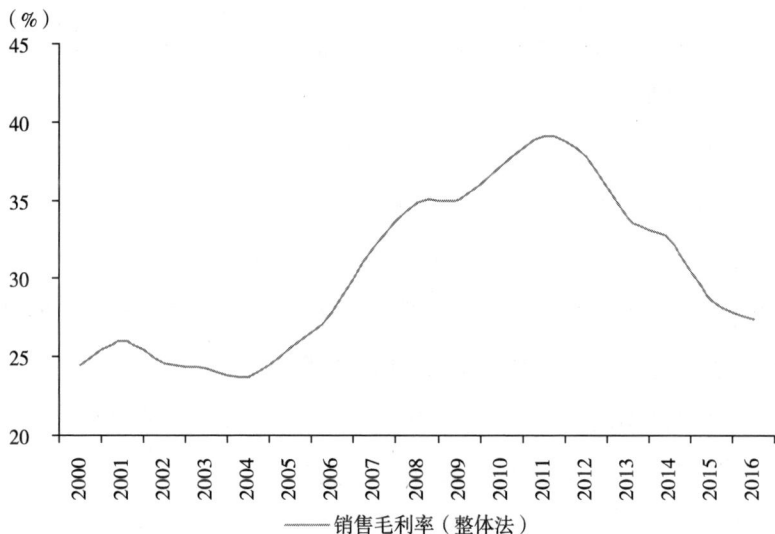

图 5-24　房地产开发毛利率近些年有所下降

资料来源：Wind,方正证券。

第六章 这次不一样？

——2015—2016 年中国房市泡沫与 1991 年日本、
2015 年中国股市比较

[**本章要点**]

对 2015—2016 年中国房地产资产价格泡沫担忧加剧。当前中国房市与 1991 年日本房市大泡沫、2015 年中国股市大泡沫类似，但也有一些不同之处，如调控得当尚有转机。泡沫吹大了最终是要破的，谁也脱离不了地心引力。

与过去比：中国本轮房价大涨有五点不同，涨速快，脱离基本面，货币超发，区域分化明显，政策刺激。

当前中国房市与日本 1991 年前后房地产大泡沫有很多相同点，同时和日本 1974 年前后的那轮泡沫也有一些相同点：经济有望中速增长、城镇化还有一定空间等，如果调控得当，尚有转机。

2015—2016 年中国房市与 2015 年股市大泡沫比有很多相同点："水牛""政策牛""刺激牛""杠杆牛""疯牛"。

住宅投资已告别高增长时代，房地产政策应适应"总量放缓、区域分化"新发展阶段特征，避免货币超发引发资产价格脱离人口、城镇化、经济增速等基本面的泡沫风险，建立房地产市场持续健康发展的长效机制。

2015—2016 年中国一二线城市房价出现了罕见的暴涨,本章旨在将 2015—2016 年中国房市泡沫与 1991 年日本房地产泡沫、2015 年中国股市泡沫进行比较,得出经验和启示。

■ 第一节 中国一线城市房地产泡沫程度很高:与日本和香港比较

在上一章,我们已经谈到,当前中国一线城市的绝对房价已经位居全球前茅,相对房价更是超过绝大多数全球顶级大都市,房地产泡沫程度很高。1991 年前后是日本房地产泡沫最大时期,1997 年是香港房价泡沫时期,两者都在随后出现了房价大幅下跌。而当前中国一线城市房价收入比明显超过 1991 年日本东京圈和 1997 年香港。

根据日本不动产经济研究所数据,1990 年日本东京圈新建公寓楼平均单价 93.4 万日元/平方米,当时东京圈人均 GDP 约为 460 万日元,以一套房 100 平米算,东京圈房价收入比为 20.3。根据香港政府差饷物业估价署数据,1997 年香港平均房价为 8.4 万港元/平米,人均 GDP 为 21 万港元,以一套房 100 平方米算,房价收入比为 40。而根据北京市房地产协会数据,2016 年 12 月北京市存量住宅成交均价 5.45 万元/平方米,2016 年北京人均 GDP 为 11.5 万元,房价收入比为 47.4。可见,当前北京相对房价高于 1990 年的日本东京圈和 1997 年的香港。

■ 第二节 与过去比:此轮一线城市房价上涨的新特点

2015—2016 年这一轮中国一线城市房价上涨,具有不同于以往的特点:

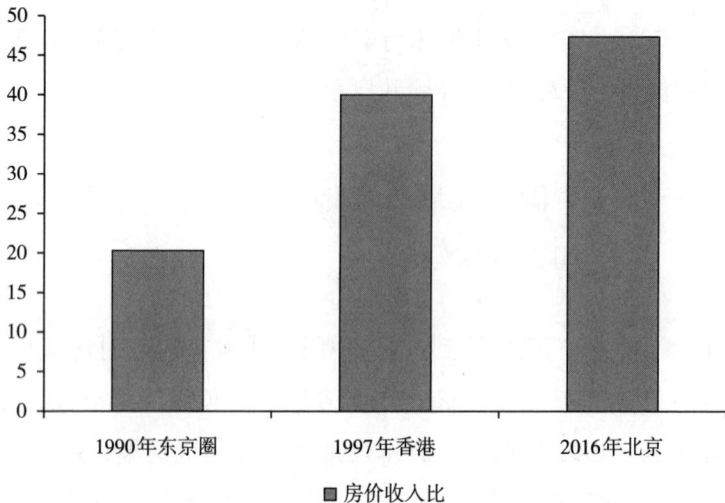

图 6-1　当前北京房价收入比明显高于 1990 年东京圈、1997 年香港

资料来源：日本不动产经济研究所、香港政府差饷物业估价署、北京房协,方正证券。

一、涨速快

本轮一线城市房价涨幅创新高。70 个大中城市统计数据显示,2016 年 12 月北上广深四个一线城市二手房价分别同比上涨 36.7%、32.8%、25.9%、19.3%;2015 年 12 月深圳二手房价同比上涨 42.6%,创 2005 年有统计以来新高。

二、区域分化明显

本轮房价上涨分化前所未有,且存在明显的传递效应。一线城市先涨且暴涨,二线城市涨幅居中,三四线城市后涨且整体涨幅小。至 2016 年 4 月,70 大中城市新建商品住宅中,一线城市同比上涨 33.9%,二线城市同比上涨 7.3%,三四线城市同比上涨 0.3%。至 2016 年 12 月,70 大中城市新建商品住宅中,一线城市同比上涨 27.10%,二线城市同比上涨 18.0%,三线城市同比上涨 6.0%。

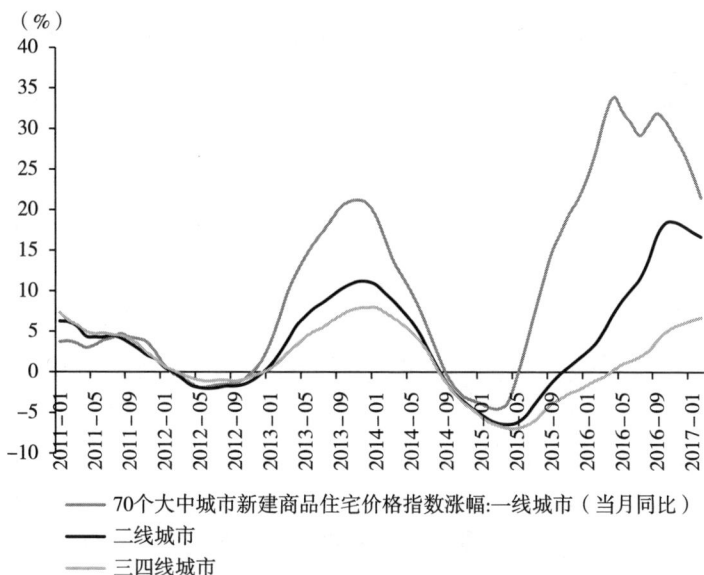

图 6-2　一二三线城市分化明显

资料来源：Wind，国泰君安证券研究。

三、脱离基本面

（一）什么是房价的基本面？

我们在第一章中提到，日本房价长周期大致可以用经济增速和置业人口差异来解释。

1955—1974 年房价快速上涨期——经济和人口快速增长。日本房价最快速上涨期在 1974 年之前（上涨 44 倍），期间日本经济快速追赶，GDP 年均增长 9.3%，置业人口快速增长。

1975—1985 年房价缓慢上涨期——经济换挡和人口增速放缓。1975—1985 年日本房价步入缓慢上涨期（上涨不到 1 倍），当时日本经济增速换挡，GDP 年均增长 3.7%，置业人口增速放缓。

1986—1991 年疯狂期——人口长周期拐点和财政货币双宽松。这个过程持续了大约 6 年，期间日本住宅用地价格上涨 73%，六大主要城市上涨 169%（年均增速 18.4%），其中 1987—1990 年间年均增速高达 24.6%，超过 1955—1974 年快速上涨期的平均增速。期间背景是日本进入第二轮经济增速换挡期，《广场协议》签订，日元升值、货币政策宽松。

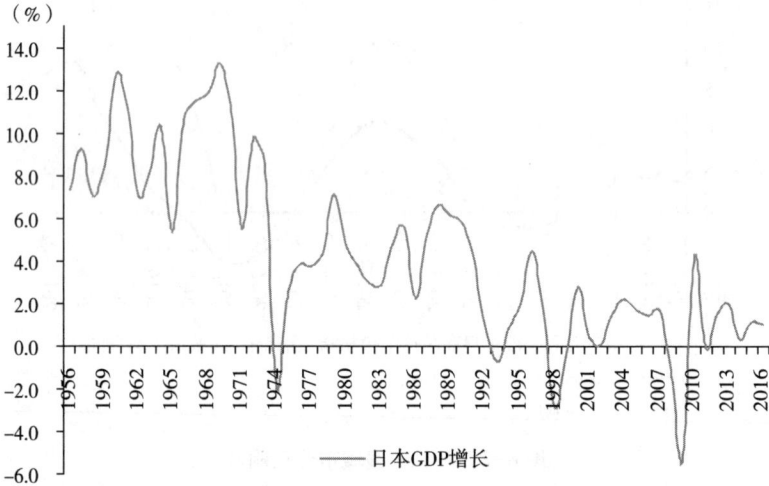

图 6-3　日本经济增速在 20 世纪 70 年代初和 90 年代初两次换挡

资料来源：日本总务省统计局，国泰君安证券研究。

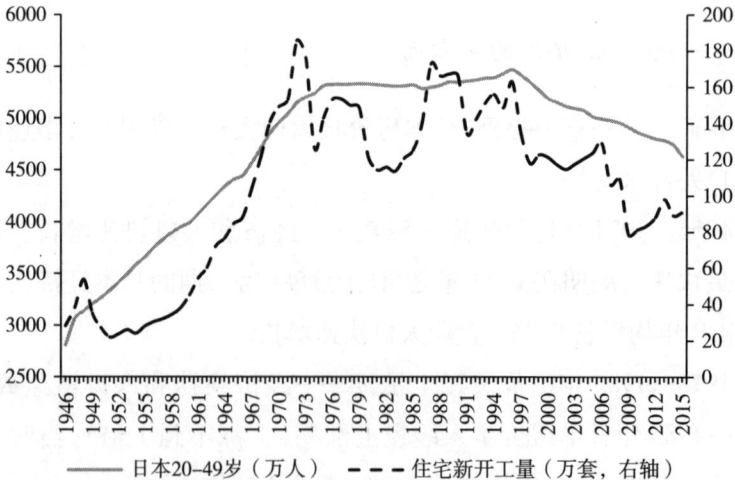

图 6-4　日本置业人群 20 世纪 70 年代初和 1996 年分别出现拐点

资料来源：日本总务省统计局，方正证券。

1991 年以来房价下跌期——经济停滞和人口大拐点。1991 年以后,日本房价持续下跌期间,日本经济增速停滞,GDP 年均增长 1%,人口下降。

(二)中国本轮房价上涨已脱离基本面

中国本轮房价涨速快,但上涨的背后面临着和过去十年不同的基本面。

第一,经济基本面不同:一线城市经济增速大降。2000—2011 年,北上广深名义 GDP 平均增速为 16.2%。但 2012—2016 年,一线城市名义 GDP 平均增速降为 10.3%,其中 2015 年、2016 年分别为 8.8%、9.8%。

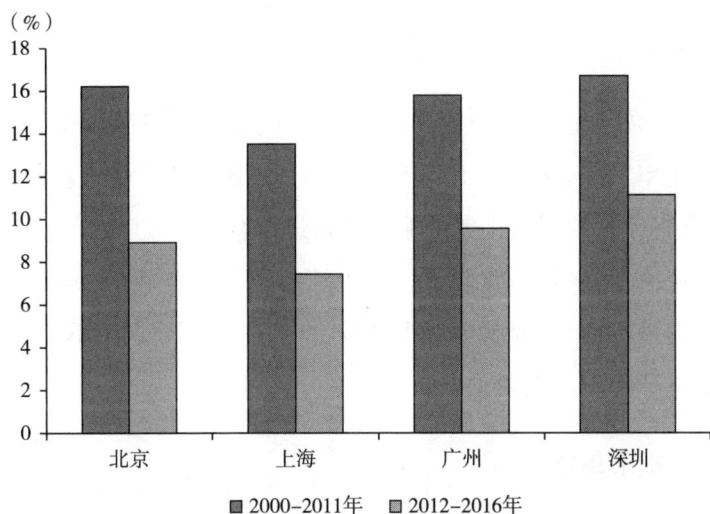

图 6-5　一线城市经济增速明显下降

资料来源:Wind,方正证券。

第二,人口增速不同:一线城市人口增速明显放缓。2001—2011 年,北上广深人口平均增速为 3.5%。2011—2016 年,北上广深人口平均增速为 1.5%;其中,2014 年开始北京、上海因人口调控增速大幅放缓,而广州、深圳人口流入明显增加。

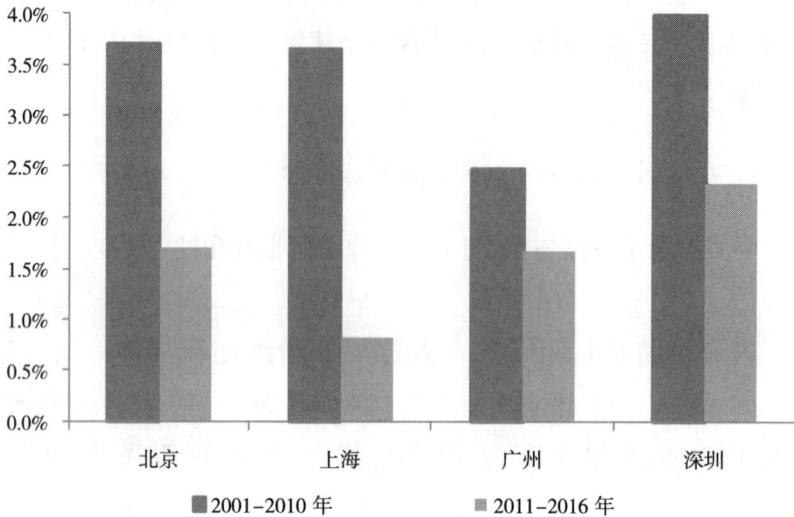

图 6-6 一线城市人口增速放缓

资料来源：Wind，方正证券。

第三，城镇化率：城镇化进程放缓，空间减小。1978 年中国常住人口城镇化率 18%，2016 年 57.35%，考虑到中国有 2.5 亿人左右的农民工，以家庭计算的城镇化率可能已经超过 60%。

可见，中国本轮一线城市房价上涨脱离了经济增长、居民收入增长决定的基本面，主要是由货币超发、低利率和土地供给不足等推动，更多的是一种货币现象。

四、货币超发

尽管每一次房价大幅上涨都有货币的影子，但本次货币重要性更高。一方面，中国本轮房价上涨和经济基本面、人口等背离，另一方面，M2 与名义 GDP 增速的裂口不断扩大。2015 年，中国名义 GDP 增速 6.4%，比 2014 年下滑 1.7 个百分点，但 M2 增速不降反升，从 2014 年的 12.2% 上升至 2015 年的 13.3%。M2 与名义 GDP 增速的裂口扩大至 6.9 个百分点，远高于 2001 年以来 2.8% 的平均值。另外,央行大幅降低利率和首付比例,居民杠杆明显上升,也显示货币在本轮房价上涨中的重要作用。货币现象不仅仅体现在房地产市场,商品市场也出现了价格和基本面背离的局面,PPI出现超预期上涨。

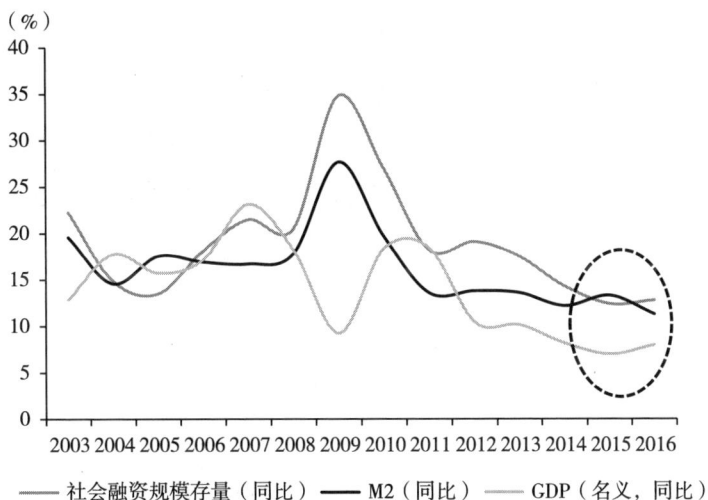

图 6-7　M2 与名义 GDP 增速裂口扩大

资料来源:Wind,方正证券。

五、政策刺激

政策变动和本轮房价上涨有高度的同步性,每一项大的政策出台后房价都出现了拐点性变化。2014 年"930"新政和 11 月央行降息,一线城市房价止跌回升;2015 年"330"新政后,房价加速上涨,2016 年2 月 2 日首付比例下调和 2 月 19 日契税和营业税调整后,房价跳涨;2016 年 10 月国庆密集调控后,除了北京等局部地区,房价涨幅放缓。时滞的缩短凸显了货币现象和购房者预期的快速变化。虽然部分政策和一线城市关系不大,但影响了购房者预期。

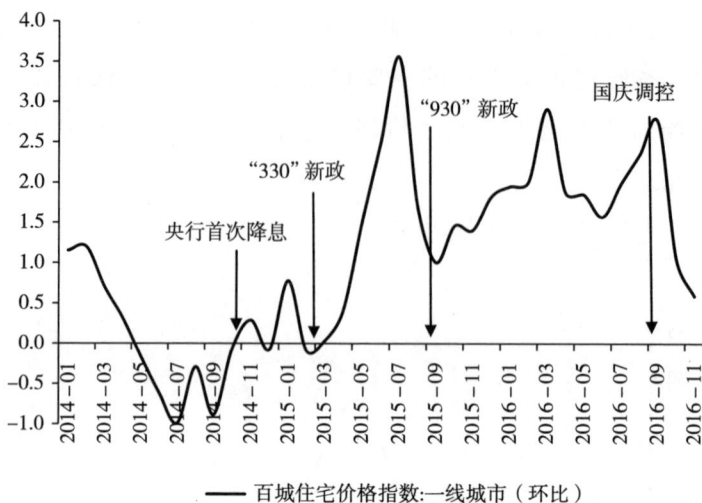

图 6-8　政策变动与房价轨迹

资料来源：Wind，方正证券。

■ 第三节　与日本 1986—1991 年房地产大泡沫比

1991 年日本房地产泡沫破灭前，很多特征和当前的中国相似：

一、涨速快

1986—1991 年疯狂期，日本房价涨幅明显加速，六大主要城市住宅用地价格累计上涨 169%（年均增速 18.4%）。而 1975—1985 年 11 年间，日本六大主要城市房价累计仅上涨 79%（年均增速 6.2%）。1987—1990 年间年均增速高达 24.6%，甚至超过 1955—1974 年快速上涨期的平均增速（年均增速 22.2%）。

二、区域分化明显

最后疯狂期大城市涨幅明显大于中小城市，而此前差异不大。1955—1985 年，日本所有城市土地价格涨幅 55 倍，六大主要城市上涨

78倍，从1955年算起，差异约为43%。但1986—1991年，日本所有城市土地价格涨幅51%，而六大主要城市上涨169%。

三、脱离基本面

《广场协议》签订后，日元大幅升值，日本出口急剧下滑，在1986年经济陷入衰退，物价陷入通缩。尽管随后日本经济有所恢复，但和宽松信贷和疯狂的房地产密切相关。另外，这期间日本房价涨速超1955—1986年均值，而经济和人口增速更低。

四、货币超发

为缓解经济下滑和通货紧缩压力，日本央行大幅降低利率，货币供应量显著扩张。再贴现率从1984年的5%下调到1987年的2.5%。拆放利率从1984年的9.06%下调到3.39%。1986—1990年间，日本国内货币供应量显著扩张，M2增速从1985年初的7.9%上升到1987年末的12.4%，过量流动性和低利率助涨了房地产泡沫。

五、政策刺激

1986—1991年的日本房价大涨和货币政策密切相关，随后1991年日本央行加息又刺破了泡沫，显示日本房价对货币政策敏感度提高。

六、当前中国房市与日本1974年前后泡沫相比也有相同点：经济有望中速增长、城镇化还有一定空间等，如果调控得当，尚有转机

日本在1974年和1991年前后分别出现了两次房地产大泡沫。从绝对值来看，1991年是拐点，但如果考虑通胀和收入增长情况，1974年和1991年泡沫旗鼓相当。1975—1991年，以日元计价的日本房价涨幅（167%）低于日本人均名义GDP的涨幅（315%），但六大主要城

221

市房价涨幅(407%)大于名义收入涨幅(315%)。即日本整体房价泡沫,1974年大于1991年,但六大主要城市房价泡沫,1991年大于1974年。

中国当前房地产市场兼具日本1974年和1991年的特征。美国、日本、中国等普查数据表明,20—50岁是住宅消费主力人群和购房适龄人群。中国20—50岁购房人群规模在2013年达峰值后开始下降,迎来大拐点;而日本1991年前后接近峰值,1996年迎来拐点。

从当前中国一线城市和三四线城市分化特征看,更像日本1991年。1974年之前,日本房价普涨,不同城市之间分化并不明显;1991年之前,日本大城市大涨,中小城市涨幅较小,分化明显。中国当前也具有类似情况,2015—2016年一线城市房价大涨,三四线去库存虽有效果、但仍然艰难,区域分化很大。

从增速换挡期进程看,中国当前类似于日本1974年前后。当前中国经济第一次面临增速换挡,这和1974年前后日本相似,从人均GDP来看,中国也和1974年的日本更像,因为1991年日本早已进入高收入阶段。这意味着,如果未来中国经济维持中高速增长,购买力有一定保障,可以消化一定泡沫。而1991年后的日本经济停滞,购买力下降,无法消化泡沫。

从城镇化进程看,中国当前更接近1974年前后的日本。2016年中国城镇化率为57.35%,还具有一定潜力,这和1974年前后的日本更类似。1990年日本城镇化率已经高达77.4%,1970年日本城镇化率75%,事实上,日本1960年城镇化率已经达到63.3%,高于当今中国,显示城镇化是未来支撑中国房地产的重要变量。

从房地产发展阶段看,中国当前兼具日本1974年和1991年前后的特征。对照典型工业化经济体房地产发展的历程,中国房地产发展正进入新阶段:从高速增长到平稳或下降状态,从数量扩张期到质量提升期,从总量扩张到"总量放缓、区域分化、人向大都市圈迁移"。中国城镇人口的分布与区域住房价格水平基本吻合,我国人口的区域分布结构正逐步从第一个阶段向第二个阶过渡,大都市圈集聚效应明显。

当前中国房市具备 1974 年前后日本的很多特征,如经济有望中速增长、城镇化还有一定空间等基本面有利因素,如果调控得当,尚有转机。但许多因素也和日本 1991 年前后相似,如人口拐点和区域分化,应避免货币超发引发资产价格脱离基本面的泡沫化趋势。住宅投资告别高增长时代,房地产政策应适应"总量放缓、结构分化"新发展阶段特征,避免寄希望于刺激重归高增长的泡沫风险。

■ 第四节 与 2015 年中国股市大泡沫比

2015—2016 年中国一线城市房价暴涨,和 2015 年的中国股市有许多共同之处。

一、"水牛":货币超发

2014 年 11 月,中国央行首次启动降息,成为股市上涨催化剂。随后央行于 2015 年多次降准降息。在经济下行和企业盈利下滑背景下,流动性是驱动股市上涨的重要原因。

本轮房价上涨也由流动性推动。M2 与 GDP 增速的裂口持续扩大。流动性还溢出到了债券、商品等市场,债券收益率创新低。

二、"政策牛""刺激牛":政策大力支持

2014 年开始,股市被赋予降低社会融资成本和经济转型的重要使命,政府在多个场合强调股市作用,主流媒体也纷纷发表关于股市看法,形成了较强的"政策市"预期。

2015 年 12 月,中央经济工作会议将"去库存"作为供给侧改革五

项重点任务之一。为应对高企的房地产库存,2015 年以来,中央出台了一系列组合拳,主要包括:取消限购限贷,降准降息,降低首付,税费减免等。

代表性的政策包括:

其一,大幅降准降息。2015 年 5 次降息,累计降低利率 1. 25 个百分点,4 次降准,一次定向降准,释放了流动性。

其二,首付比例大幅下调。2015 年 3 月 30 日(被称为"330"新政)二套房首付比例从 60%—70%下调为 40%。2015 年 9 月 30 日(被称为"930"新政)将一套房首付比例从 30%降低为 25%。2016 年 2 月 2 日,同时对首套房和二套房首付比例进行调整,首套房最低首付比例降至 20%,二套房首付比例进一步由 40%降至 30%。

其三,财税大力支持。2015 年 3 月 30 日,二手房营业税免征年限五年改两年。2016 年 2 月 19 日,契税和营业税同时调整,重点针对二套房,面积为 90 平方米及以下的,契税由 3%下降至 1%;面积为 90 平方米以上的,契税由 3%下降至 2%。营业税方面,购买 2 年及以上住房对外销售的,非普通住宅由差额征收改为免征。

虽然有限购等限制措施,一线城市仍大幅受益于本轮政策支持。二套房首付比例下降幅度达 20—30 个百分点,贷款利率大幅下降,贷款利率优惠比例大增,财税方面支持力度显著增强,如营业税免征标准由满 5 年变为满 2 年。

三、"杠杆牛":居民加杠杆

2014—2015 年股市上涨和居民加杠杆有关。两融(融资、融券)和场外配资规模大幅增长,其中两融余额增长近 2 万亿元,配资也达到万亿元级别。

2015 年以来的房价上涨也和首付比下调背景下居民加杠杆有关。2015—2016 年,个人住房贷款迅猛攀升,脱离了 2011 年以来的均衡轨道。2016 年新增个人购房贷款达 4.96 万亿元,占全年商品住宅销售额的比例为 50.1%,相比 2014 年的 27.6% 和 2010 年的 31.7%,大幅上升。此外,居民加杠杆的另一个渠道是已被叫停的首付贷等场外方式。

2015 年股市上涨时期,两融和配资等杠杆比例过高,远超发达国家。

当前中国房地产市场虽然在加杠杆,但绝大部分是政策允许的"场内杠杆",场外杠杆水平较低。总体来看,中国居民杠杆水平低于主要发达经济体。2016 年,中国房地产贷款占银行贷款比重为 25%(其中个人购房贷款 16.9%),相比 2014 年提高了 1.1 个百分点,但比美国水平低很多,美国次贷危机以来不动产抵押贷款占银行信贷的比重持续下降,但仍高达 33.2%。

四、"疯牛":脱离基本面加速上涨

股市一年翻番,但基本面不支持。2014 年 7 月至 2015 年 6 月,中国股市大幅上涨,上证指数从 2000 点上涨至 5000 点,涨幅超 150%,创业板指数从 1300 点上涨至 4000 点,涨幅超 200%。但上涨脱离了基本面,期间中国经济增速明显下滑,企业盈利下降。

核心地段房价一年翻番,但基本面不支持。2015 年以来,一线城市房价暴涨,其中深圳房价上涨最快,其次分别是上海、北京和广州,北京、上海、深圳等核心地段房价一年接近翻番。但上涨脱离了基本面,经济增速和人口增速放缓。

■ 第五节 一线城市房价泡沫的影响与风险

十次危机九次地产,房价过高将降低一国实体经济竞争力,地产泡沫破灭将引发经济金融危机。

一、房价上涨降低实体经济竞争力和挤出消费

房价上涨增加企业生产及雇人成本,降低实体经济竞争力。一线城市房价不断攀升,成为阻隔人才进入城市的高门槛,会影响整个城市的竞争力。另外,高房价将颠覆人们对财富和生活的认知,让实业投资意愿下降。Miao 和 Wang(2014)①研究发现,企业受资产泡沫的吸引,会将有限的资金投入有泡沫的生产部门,其主业的创新投入因此受到抑制;如果存在泡沫的部门不具有技术外溢效应(如房地产业),则投资转移对创新投入的抑制将对经济增长产生消极影响。

在收入增速放缓时期,房价上涨还会挤出消费。2015 年商品住宅销售额同比增长 16.6%,较 2014 年上升 24.4 个百分点;但社会消费品零售总额增速下滑 1.3 个百分点至 10.7%。2016 年商品住宅销售额增速再上升 9.5 个百分点至 36.1%,而社会消费品零售总额增速再下滑 0.3 个百分点至 10.4%。从信贷数据也可以看出端倪,2014—2016 年居民新增中长期贷款从 2.23 万亿元增至 5.68 万亿元,而居民新增短期贷款从 1.06 万亿元降至 0.65 万亿元。

二、房地产体量大,泡沫破灭对居民和企业资产负债表冲击大

房地产市值超 250 万亿元,远大于股市和债市。根据 2010 年人口普查资料,2010 年全国城镇住宅存量面积约为 179 亿平方米;至 2016 年,大致超过 240 亿平方米。2016 年商品住宅销售额与销售面积之比为 0.73 万元/平方米,以该新房成交均价简单估计,可大致得出中国城镇住宅总价值约 175 万亿元。算上办公楼、商业服务用房等非住宅,中国城镇房地产价值在 220 万亿元左右;如果算上拿地未开工、在建库存等,规模更大。此外,根据链家董事长左晖 2017 年 3 月

---

① Miao J. and Wang P., "Sectoral Bubbles, Misallocation, and Endogenous Growth", *Journal of Mathematical Economics*, 2014, 53 (8):153-163.

在"中国高层发展论坛2017"上的发言,估计北京市有成套住宅730万套;按照600万/套估计,则北京市住宅市值为40万亿元左右;北上广深一线城市住宅市值合计120万亿元左右,全国住宅市值250万亿—300万亿元左右。从这个角度看,我们对城镇房地产价值的估计可能偏保守。

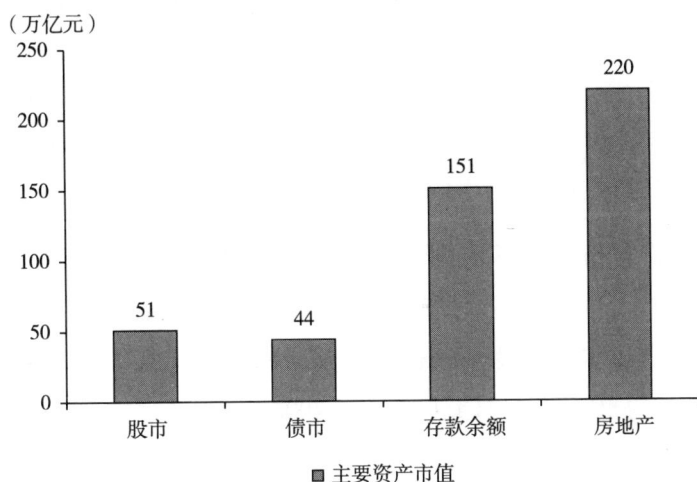

图6-9 2016年末城镇房地产价值超220万亿元

资料来源:Wind,国泰君安证券研究。

2016年末,中国股市总市值约51万亿元,债市市值约44万亿元,各项存款余额151万亿元。可见,房地产体量远大于股市和债市,也高于各项存款金额。一旦泡沫破灭,中国甚至可能面临日本式资产负债表衰退的风险。

三、房地产占固定资产投资比重大,链条长,泡沫破灭对投资冲击大

2016年中国资本形成总额占GDP比重约为44%,对经济增长贡献率高达42.2%,考虑到消费波动性小,经济波动主要看投资。在全社会固定资产投资的构成中,2016年房地产业投资占22.3%、房地产

开发投资占 16.9%。考虑到制造业投资一半左右跟房地产链相关、地方基建投资很大程度上受土地财政支撑、服务业部分领域投资跟房地产相关,房地产链带动的相关投资占整个固定资产投资的 50% 左右。

四、房地产高杠杆,泡沫破灭对金融部门冲击大

2016 年末,房地产贷款余额为 26.7 万亿元,占金融机构各项贷款余额的 25%。其中个人购房贷款 18 万亿元,占比 16.9%;房地产开发贷款 5.8 万亿元,占比 5.4%。考虑到表外融资等,房地产企业从金融机构获得的资金规模更大,如房地产泡沫破灭将对金融部门产生巨大冲击。

房地产价格大幅下跌和经济低迷曾经使日本银行坏账大幅上升。1992—2003 年间,日本先后有 180 家金融机构宣布破产倒闭(吉野直行,2009)。日本所有银行坏账数据,从 1993 年的 12.8 万亿日元上升至 2000 年的 30.4 万亿日元(李众敏,2008)。

第七章　保汇率还是保房价：来自俄罗斯、东南亚和日本的启示

[**本章要点**]

本章研究了三个国家/地区应对汇率变动的不同方式,以及随后房价的变化:2014 年俄罗斯模式(弃汇率、保房价)、1991 年日本模式(保汇率、弃房价)以及 1997 年东南亚模式(汇率和房价都未保住)。通过对三种模式的分析,展望未来中国房价和汇率之间的关系及走势。

研究发现:

保房价还是保汇率这一现实命题涉及购买力平价理论、资产组合理论和不可能三角理论。

实体经济回报率是支撑汇率和房价的根基。

"保房价还是保汇率"这一选择题的存在,说明房价和汇率之间存在定价错误和套利机会,必须要进行修正,否则面临持续的资本出逃。

在"保房价还是保汇率"之间的选择,实际上是内部目标和外部目标之间的权衡,三种模式表明,为保汇率而收紧货币金融条件增加了国内资产价格的压力,而弃汇率则国内资产价格表现较好。

在金融自由化和资本账户开放的情况下,会放大国内经济结构不合理和金融体系不健全的风险暴露。

在三种模式中,房价走高都是汇率升值预期导致国内流动性过剩引起的。

在三种模式中,政府和央行干预的对象都是汇率,房价的变动则是应对汇率变动的结果。

作为大国开放经济体,中国如果面临"保汇率还是保房价"选择时,可能首先考虑国内目标,而加快供给侧结构性改革推动经济成功转型,则是汇率和房价稳定的基础。

近年来关于"保汇率还是保房价"的讨论增多,房价和汇率之间的逻辑关系及影响机制是什么? 本章研究了三个国家/地区应对汇率变动的不同方式,以及随后房价的变化:2014 年俄罗斯模式(弃汇率、保房价)、1991 年日本模式(保汇率、弃房价)以及 1997 年东南亚模式(汇率和房价都未保住)。通过对三个模式的分析,展望未来中国房价和汇率之间的勾稽关系及走势。

■ 第一节　房价和汇率的理论关系

一、购买力平价理论

购买力平价理论是一种研究和比较各国不同货币之间购买力关系的理论。人们对外国货币的需求是由于用它可以购买外国的商品和劳务,外国人需要其本国货币也是因为用它可以购买其国内的商品和劳务。因此,本国货币与外国货币相交换,就等于本国与外国购买力的交换。所以,用本国货币表示的外国货币的价格也就是汇率,决定于两种货币的购买力比率。由于购买力实际上是一般物价水平的倒数,因此两国之间的货币汇率可由两国物价水平之比表示。

在其他条件相同的情况下,按照购买力平价理论,一国某地区的房价应该与另一国相似地区按照汇率换算后的房价差别不大。因此理论上来说,房价和汇率是反向变动的,汇率升值时期,本币购买力增强,用本币表示的房价应该下跌;汇率贬值时期,本币购买力下跌,房价上涨。

二、资产组合理论

马克威茨的"资产组合理论"认为,投资者在本国货币、本国资产以及国际资产之间配置资产、构建投资组合。在这一过程中,汇率的作用在于平衡各种资产的供给与需求。

直接联动路径。当一国货币具有升值预期或持续升值时,境外投机资本流入国内寻找投资对象。由于实业投资盈利周期较长、流动性差,证券市场低迷且品种单一,投资于房地产市场是比较理想的选择。境外货币兑换为人民币购买国内房地产,在房地产价格上涨后出售并兑换为外币,投资者可获得资产价格上涨和本币升值的双重收益。

在房地产供给没有大规模增加的情况下,涌入的境外资本推高房地产价格,高涨的房价吸引更多的境外投机资本,进一步助推汇率升值。在汇率上升到一定程度或汇率贬值后,投资者抛售房地产,房地产价格下跌。

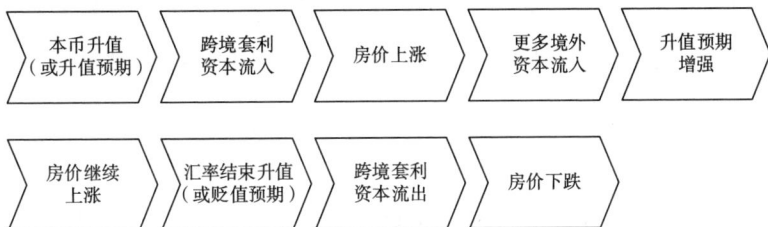

图7-1　汇率和房价的直接联动路径

资料来源:方正证券。

间接联动路径。汇率变化对国家经济的影响是系统性的,货币持续升值通过经济传导,可能会引起货币工资下降、生产成本下降、货币供应紧张、物价下跌,导致国内经济的紧缩。

一方面,物价下跌带来了居民财富效应。货币购买力增强。居民多余的购买力进入房地产市场,需求增大助推房地产价格。反之,本币贬值带来物价上涨,削弱居民购买力,用于一般消费的货币增多,对房地产需求减少,房地产价格下跌。

另一方面,政府会实行扩张性货币政策来应对紧缩的经济。这将有可能促使利率下降,吸引更多资金流进房地产市场,房地产价格上涨。相反,若货币发生贬值,货币当局一般会加强控制,实施紧缩性货币政策,往往导致房地产等资产价格下跌。

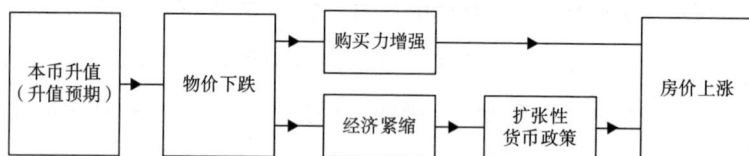

图 7-2　汇率和房价的间接联动路径

资料来源:方正证券。

三、不可能三角理论

上述两种理论都基于两个重要的前提假设:一是资本在国家之间是可以自由流动的,也就是说各国的资本账户是完全开放的;二是汇率是不受限制自由浮动的。然而,现实不是理论中的无摩擦市场,实际中各国也有汇率制度的安排。

"不可能三角"即一个国家不可能同时实现资本流动自由、货币政策的独立性和汇率的稳定性。也就是说,一个国家只能拥有其中两项,而不能同时拥有三项。如果一个国家想允许资本流动,又要求拥有独立的货币政策,那么就难以保持汇率稳定。如果要求汇率稳定和资本流动,就必须放弃独立的货币政策。

对于固定汇率制和资本自由流动的国家,此时货币政策仅仅改变外储水平,失去了对国内经济、就业的调控,国内经济和利率不稳定,房地产等资产价格受跨境资本流动影响波动较大。

对于固定汇率制和维持货币政策有效的国家,本国独立制定货币政策,同时本国货币价格稳定,货币便不具有套利空间,资本受管制不流动。购买力平价理论和资产组合理论不成立,此时房地产等资产价格更多地受国内市场供需状况和国内流动性影响。

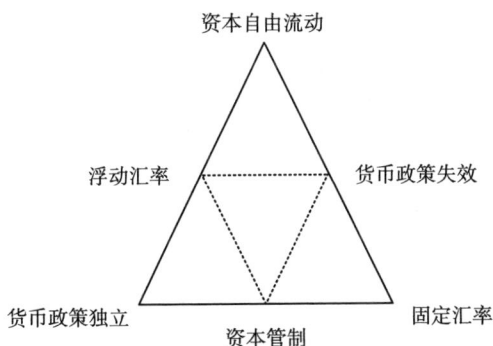

图7-3 蒙代尔不可能三角

资料来源:方正证券。

第二节 "俄罗斯模式":弃汇率、保房价

一、"俄罗斯模式"的背景:油价上涨带来经济黄金期和汇率制度改革

(一)2002—2008年的俄罗斯经济发展黄金期

2000年后,俄罗斯政局稳定,经济进入稳定发展期。俄罗斯经济结构以"能源工业"为主,2002—2008年的国际原油价格上涨带来了

俄罗斯经济发展的黄金期。俄罗斯依靠大量出口石油和天然气等能源产品形成大量外贸顺差,经济得到快速发展,成为拉动全球经济增长的主要力量之一。2007 年,俄罗斯经济增长速度高达 8.1%。

投资、消费需求的旺盛和居民支付能力的增加促进了房地产投资和需求。2007 年,俄罗斯固定资本投资实现了高达 21% 的增长。在 2000—2007 年的 8 年间,俄罗斯平均工资从 2200 卢布增长到 12500 卢布,平均退休金从 823 卢布增长到 3500 卢布,促成了俄罗斯居民支付能力的大大提高。

俄罗斯房地产业的市场化也是促使房价上涨的重要因素。俄罗斯停止了拨款盖房,开发商们开始按市场需求来定房价。同时,政策对俄罗斯房地产支持力度增大。普京将住房列入国家四大优先发展项目,梅德韦杰夫承诺大部分俄罗斯人口拥有必需住房。

值得注意的是,俄罗斯严重的货币超发也是房价上涨的重要推手,由于当时按揭贷款的利率相对较低,超发的货币进入房地产,推升俄罗斯各地房价的快速上涨。

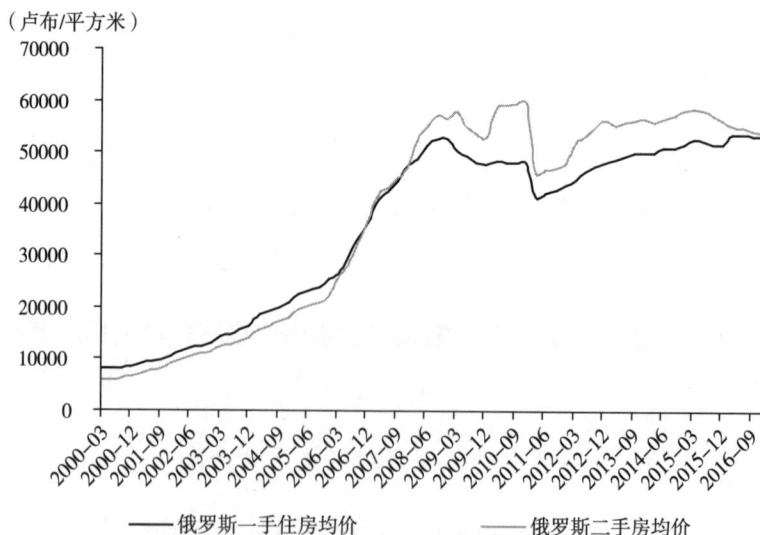

图 7-4　2000—2016 年俄罗斯住房均价变化

资料来源:Wind,方正证券。

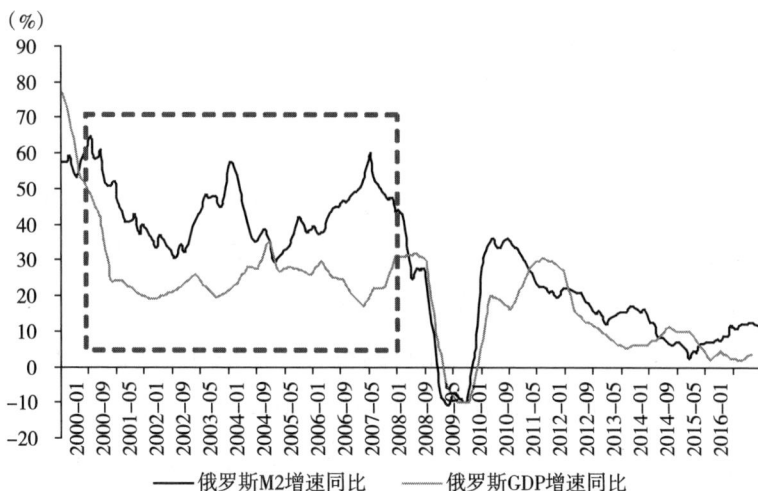

图 7-5 2008 年前俄罗斯货币超发

资料来源:Wind,方正证券。

(二)俄罗斯汇率政策改革

参考郭连成和仲晓天(2015)、程亦军(2015)等研究,俄罗斯汇率制度的演变可以分三个阶段:

1992—1994 年,俄罗斯实行卢布内部可兑换制度,只要是不涉及国际资本流动的卢布都可以自由兑换成外国货币,汇率由交易所市场统一形成,可自由浮动。

1995—1998 年 8 月,俄罗斯中央银行对卢布兑美元的比价预先规定一个上下浮动的范围,即"外汇走廊",实行有管理的浮动汇率制度,以此平衡市场供求,抑制汇率的过度波动和外汇市场的投机。

1998 年金融危机后,俄罗斯先是放宽"外汇走廊",后由于外汇储备枯竭而放弃"外汇走廊",卢布汇率自由浮动保持至今。2006 年 6 月 30 日,卢布实现了完全可自由兑换。理论上讲,货币的可自由兑换是一国经济条件具备的情况下自发形成的,然而俄罗斯的这一过程是在申请加入 WTO 的背景下应国际组织的要求与政府行政命令的推动下实现了形式上的可自由兑换。

汇率实现自由浮动后,汇率波动风险会从中央银行转移到贸易企业。对实体经济部门而言,汇率的稳定(而非汇率水平的高低)才是最重要的。俄罗斯经济发展的"结构依赖"很大程度上决定了汇率的高波动风险。俄罗斯有着极其丰富的油气资源,是世界上最重要的能源生产和贸易国之一。近年来,在俄罗斯出口商品结构中,石油和天然气出口额占商品出口总额的70%左右,占国内生产总值的30%,俄联邦财政收入的一半依赖油气出口的税收。正是对资源的严重依赖,石油价格的剧烈波动会造成汇率的震荡。在汇率波动风险尚未消除的情况下实施自由浮动汇率制度,这无疑加大了经济的不稳定性。

（亿美元）

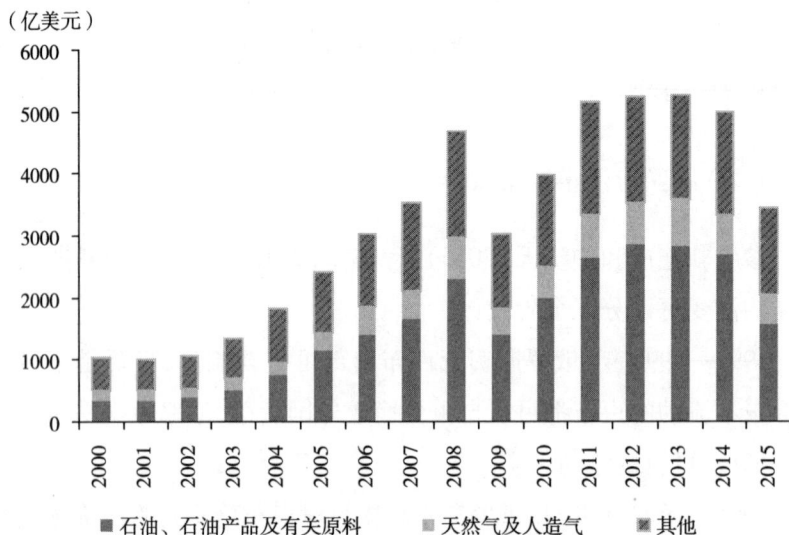

图7-6　俄罗斯出口产品结构

资料来源:Wind,方正证券。

二、汇率暴跌的导火索：乌克兰危机和原油价格下跌

地缘政治事件升级,资本外逃。2014年,乌克兰危机和马航MH17被击落事件之后,欧美国家对俄罗斯的经济制裁逐步升级,对俄罗斯能源、金融和军事三大关键领域实行制裁。标准普尔和穆迪等信

用评级机构纷纷降低对俄罗斯的国家信用评级。俄罗斯国内经济的下滑和持续的外部压力造成俄罗斯经济不确定性的上升,投资者信心受到严重影响,不少外国投资者出售在俄企业的股份,并把资金撤走,仅2014年一年,俄罗斯资本外流总额达到1540亿美元,从而增加了对卢布汇率下行的预期。

雪上加霜的是,随着国际经济的不景气,原油价格开始下行。2014年8月,北海布伦特原油月平均价格还在每桶101.6美元,此后受全球供需失衡、OPEC争夺市场份额实行保产政策、强势美元等因素的影响,2015年1月,北海布伦特原油月平均价格下跌至每桶49.8美元,此后北海布伦特原油价格继续下探,最低降至2016年1月20日的每桶26美元。由于俄罗斯经济结构单一,过分倚重能源出口,能源价格的波动会直接对卢布币值的稳定产生影响。贸易环境恶化使得能源出口收入减少,卢布面临持续贬值压力。

三、俄罗斯政府的应对:弃汇率

图 7-7 卢布汇率走势

资料来源:Wind,方正证券。

237

在面对大规模资本外逃的情况下,俄罗斯央行一方面连续上调基准利率,从 2013 年 9 月的 5.5%上调至 2014 年 12 月的 17%,另一方面动用外汇储备对冲汇率下跌。然而,在国内高通胀和油价暴跌的情况下,提升利率仍无法抑制资本外逃,却加剧了俄罗斯国内经济的下行压力。为了让俄经济更好地适应外部经济形势变化,2014 年 11 月 10日,俄罗斯央行宣布取消实际有效汇率的上下浮动限制,放弃对卢布汇率的自动干预机制。卢布汇率将由市场因素决定,之后两个月的时间里,卢布大幅贬值近 50%。

同时,俄罗斯央行逐步下调基准利率,由 2014 年 12 月的高点连续 5 次下调,半年内下降了 6 个百分点,此后的一年内又下调至 10%。

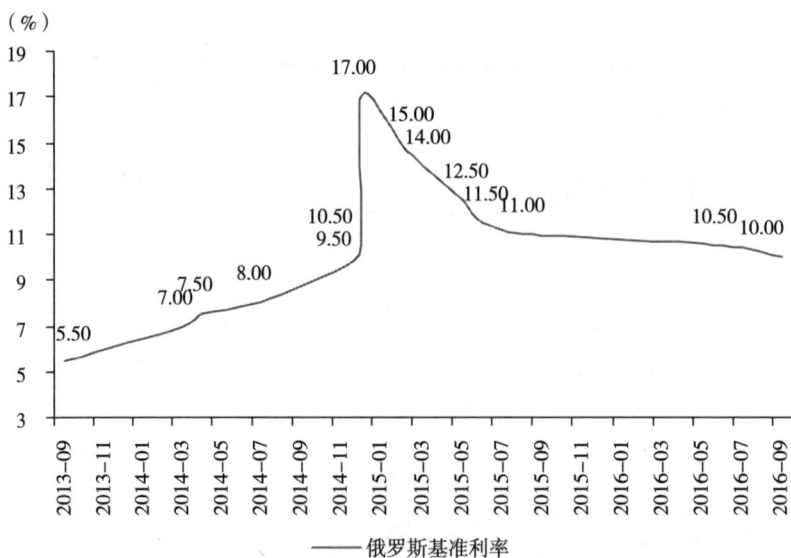

图 7-8　俄罗斯基准利率变动

资料来源:Wind,方正证券。

短期内卢布汇率的下跌缓释了俄罗斯国内的经济风险。俄罗斯RTS 指数在 2014 年 12 月触及 629.15 的底部后开始反弹,随着卢布币值的回升,RTS 亦上升至 1082 的短期高点,上涨了 72%。与此同时,房地产一手房价格也走出了震荡上行的趋势。俄罗斯一手房价格由

2014 年 12 月的 51714 卢布/平方米上涨至 2016 年 6 月的 53558 卢布/平方米，涨幅为 3.6%。但是二手房价格在 2015 年 1 季度触顶后逐步下行，由 58707 卢布/平方米下降至 54792 卢布，降幅 6.7%。

图 7-9　俄罗斯股市与汇率高度相关

资料来源：Wind，方正证券。

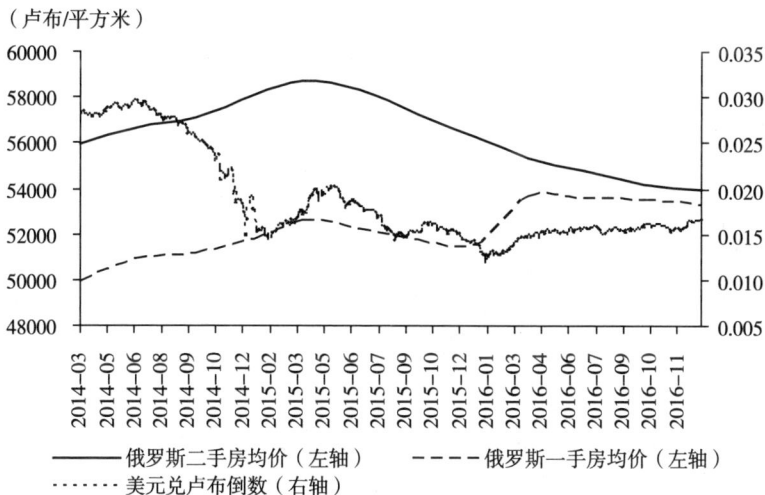

图 7-10　俄罗斯房价与汇率的关系

资料来源：Wind，方正证券。

■ 第三节　"日本模式"：保汇率、弃房价

一、"日本模式"的背景：《广场协议》

第二次石油危机后，美联储为了治理通货膨胀连续提高联邦基金利率，导致美元大幅升值。美元过强导致美国对外贸易逆差大幅增长。为了改善国际收支不平衡的状况，美国希望通过美元贬值来增加产品的出口竞争力。

1985 年 9 月，美国、日本、联邦德国、法国、英国 5 个发达国家的财政部长和央行行长，在纽约广场饭店举行会议，决定五国政府联合干预外汇市场，使美元兑主要货币有序地下跌，以解决美国巨额的贸易赤字，史称《广场协议》。《广场协议》签订之后，五国开始在外汇市场抛售美元，美元持续大幅度贬值，而世界主要货币对美元汇率均有不同程度的上升。其中，日元的升值幅度最大，三年间达到了 86.1%。

图 7-11　1980—1999 年日元汇率走势

资料来源：Wind，方正证券。

二、日本政府对日元升值的错误应对：财政货币双宽松

（一）日元升值对日本经济的负面影响微弱

日元升值对日本贸易的负面影响持续时间较短。理论上讲，日元升值不利于出口，有利于进口。1985 年 9 月《广场协议》签订后，日本出口出现了短时的停滞，1986 年和 1987 年出口同比分别下滑了15.89％和 5.60％。但是，外需环境也是影响出口的重要因素。20 世纪 80 年代世界经济步入弱复苏小周期，1988 年、1989 年和 1990 年日本出口增速逐渐转正，分别录得 1.87％、11.44％和 9.61％。也就是说，日元升值对日本出口的负面影响只是在日元急速升值的阶段。

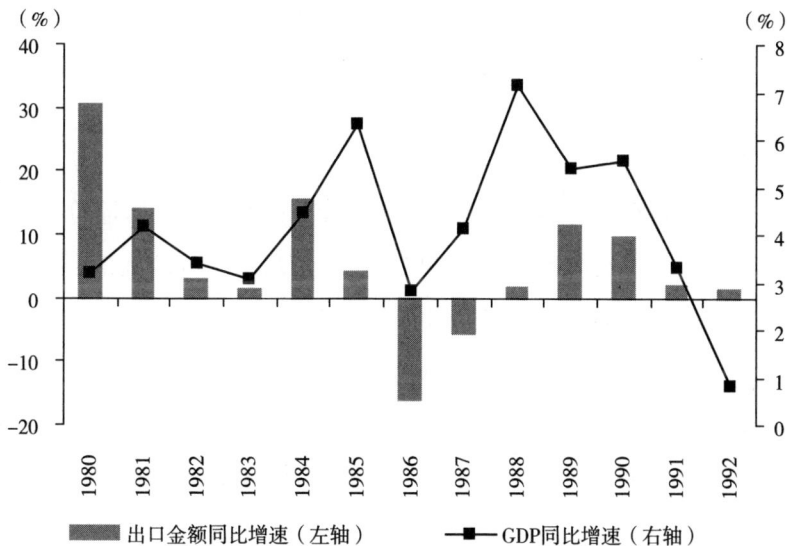

图 7-12　1980—1992 年日本出口走势

资料来源：Wind，方正证券。

（二）日本政府的财政和货币刺激

因为错误估计了日元升值对国内经济的不利冲击，日本政府制定

了一系列的经济扩张政策提升内需,并放松国内的金融管制。首先,1986—1988 年,日本实行了税制改革以刺激社会消费与投资。税改中一项重要措施是重征利息所得税,这一举措加剧了金融脱媒。另外,日本政府提出一揽子刺激内需计划,主要以发行债券的形式筹集资金。1986—1989 年,日本政府累计发行债券 9.8 万亿日元,地方政府累计发行债券 3.6 万亿日元。

货币政策方面,为刺激内需,日本在 1987 年至 1989 年 4 月实行低利率政策,低利率和金融自由化削弱了银行存款的吸引力,大量储蓄转为投资,主要流向了股市和房地产市场。人们纷纷从银行借款投资到收益可观的股票和不动产中。于是,股价扶摇直上,地价暴涨。当时日本已经完成了城镇化,国内的城镇化率超过 90%。在低利率和流动性过剩的催动下,一个巨大的泡沫正在诞生。

三、日本政府主动挤破泡沫:弃房价

随着大量资金涌入房地产行业,日本的地价疯狂飙升。据日本国土厅公布的调查统计数据,1985—1988 年,东京的商业用地价格指数在短短三年内增长了近 2 倍。1990 年,仅东京都的地价就相当于美国全国的土地价格。而同一时期日本名义 GDP 的年增幅只有 5%左右,快速上涨的地价已经严重影响到了实体工业的发展,大量企业外迁至东南亚地区。

在泡沫的压力下,日本政府采取了非常严厉的行政措施主动挤泡沫。

首先,日本财务省在 1987 年 7 月发布了行政指导,要求金融机构严格控制在土地上的贷款项目,具体而言,就是要求"房地产贷款增长速度不能超过总体贷款增长速度"。受此影响,日本各金融机构的房地产贷款增长速度迅速下降,从 1987 年 6 月的 36.6%下降到了 1988 年 3 月的 10.2%。到 1991 年,日本商业银行实际上已经停止了对房

地产业的贷款。

紧接着，日本央行从 1989 年开始连续 5 次加息，商业银行向央行借款的利息率从 1987 年 2 月的 2.5% 上升到了 1990 年 8 月的 6%，货币供给增速大幅下滑。

随着日本货币政策的转向，股市泡沫首先破裂。日经指数在 1989 年 12 月 31 日达到了最高点 38915 点后急转直下，到 1992 年 8 月降幅超过 60%，日本股市陷入了长达 20 年的熊市之中。

日本股票价格的大幅下跌，使大量银行、企业和证券公司出现巨额亏损。公司破产导致大量不动产涌入市场，房地产市场供过于求，房价出现下跌趋势。与此同时，随着日元套利空间日益缩小，国际资本开始撤逃。1992 年，日本政府出台"地价税"政策，规定凡持有土地者每年必须交纳一定比例的税收。日本房地产市场立刻进入"供大于求"的冰河时代。

1991 年后，日本土地价格开启漫长的下跌之旅。日本统计局数据显示，截至 2015 年，六大主要城市住宅用地价格跌幅为 65%，所有城市跌幅为 53%。

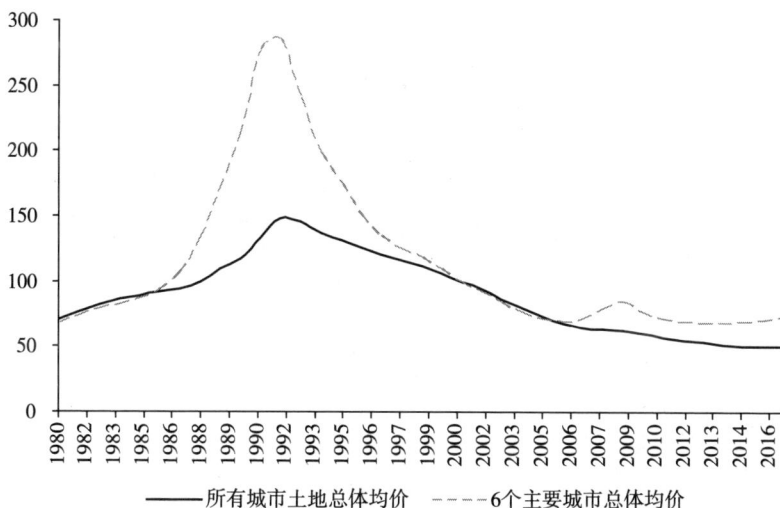

—— 所有城市土地总体均价 ---- 6个主要城市总体均价

图 7-13 1980—2015 年日本住宅用地价格指数

资料来源：Wind，方正证券。

■ 第四节 "东南亚模式"：弃汇率、弃房价

一、"东南亚模式"的背景：全球产业转移、金融自由化和固定汇率制

第二次世界大战之后，东南亚各国迅速发展。由于该地区人口众多，劳动力成本低，资源丰富，同时消费市场非常广阔，在全球产业化的浪潮中，东南亚各国抓住机会，引进劳动密集型产业，大力推动工业化，在较短时期内发展迅速，涌现亚洲"四小龙"等新兴经济体。

制造业的发展需要大量资金，东南亚各国为了吸引外资，逐渐放开资本管制。20世纪80年代，东南亚各国陆续开启以金融自由化为主的金融改革。各国纷纷放松对资本账户的管制，包括菲律宾、马来西亚和印尼等国。到了20世纪90年代初期，国际资本看好东南亚经济，大量国际私人资本流入东南亚地区。1985—1991年日元大幅升值及随后房地产泡沫破裂后，大量日企赴东南亚投资。

当时，东南亚国家开始实施"钉住美元"有管理的汇率制度，其货币间接或直接与美元挂钩。这一措施导致东南亚四国货币进一步大幅度贬值，在截至1985年的五年间，泰国泰铢、马来西亚林吉特、印度尼西亚印尼盾以及菲律宾比索分别累积贬值32.64%、14.06%、77.13%和147.72%，特别是印尼和菲律宾本币贬值幅度巨大，拉低本国出口商品在国际市场上的价格，增强了国际竞争力。

二、金融自由化背景下的固定汇率制风险

当一国金融发展水平进入金融自由化阶段，如果政府继续保持对外汇市场的管制而实行钉住汇率制，其弊端会由于金融自由化下跨境资本的大规模高速流动而凸显。

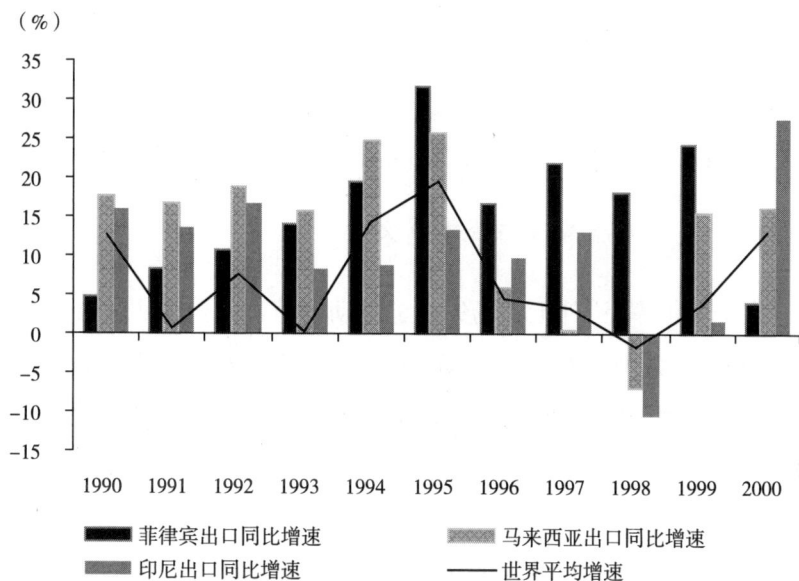

图 7-14 20 世纪 90 年代东南亚各国的出口高速增长

资料来源:Wind,方正证券。

(一)固定汇率制度的两个风险

固定汇率制度的一个问题是钉住国与被钉住国的货币形成了完全联动关系。1995 年以后,美国"新经济"时代来临,美国经济出现了较长时间的繁荣,美元指数连续上行。由于东南亚各国实行钉住美元的汇率制度,各国货币不得不跟随美元大幅走高,结果货币升值对出口和经济增长产生了严重冲击,贸易及经常项目产生了巨额赤字。比如泰国在 1991—1995 年的出口增长率为 18.9%,1996 年骤降至 -0.2%。1991—1995 年的 GDP 年均增长率为 8.6%,1996 年大幅下跌为 5.9%。

固定汇率制度的另一弊端是货币当局失去货币政策自主性。东南亚各国汇率面临着巨大的贬值压力,为了维持钉住美元的汇率制度,各国央行先后实行紧缩性货币政策。另外,为了吸引外资流入,也需要继续提高利率。1995 年末,泰国国内金融机构的存款利率和贷款利率分别达到 12% 和 13.75%,不仅为亚洲地区最高,也超过国际平均水平的 2 倍以上。高利率政策进一步抑制了投资和消费,加剧了经济衰退,并使商业银行的不良资产情况进一步恶化,使经济雪上加霜。

(二) 巨额外债和资产价格泡沫

在固定汇率下,外汇市场失去了自动调节功能。为了弥补经常项目巨额逆差,各国放开资本市场,通过各种各样的优惠政策甚至高利率政策吸引国外资本流入,弥补国际收支赤字。东南亚各国积累了巨额的外债,比如,1996 年泰国的外债规模达到 930 亿美元,超过当年国内生产总值的 50%。

随着美元的升值,东南亚国家的出口及相关实体产业开始不振,大量国外资本转而流入房市和股市,大幅推升了房地产价格和股票价格,最终形成资产价格泡沫。泰国 SET 指数于 1990 年 12 月触底反弹,1996 年 1 月冲高至 1041.33 点,创了历史新高。在此期间,泰国的房地产价格上涨了近 400%,住房贷款总额从 3285 亿泰铢增加到 7055 亿泰铢,1997 年进一步增加到 7932 亿泰铢。

三、泰铢保卫战失败:弃汇率和房价暴跌,双双失守

当美元进入升值通道后,泰国国内经济问题重重,国内企业债务负担上升,企业破产,工人失业以及银行不良贷款上升。然而,泰国政府在调整汇率制度的问题上反应迟缓。而此时国际投资者意识到了东南亚经济的问题所在,选择了对汇率管制最宽松的泰国开始做空泰铢。

1997 年 3 月,国际投资者借入 150 亿美元的远期泰铢合约,抛售泰铢,泰国央行动用 20 亿美元的外汇储备才平息了这次风波。

1997 年 5 月,国际投机者再度出手。泰国央行再次动用 50 亿美

元外汇储备进行干预，将离岸拆借利率提高到 1000%，并且禁止国内金融机构向外借出泰铢。

1997 年 7 月 2 日，泰国政府被迫宣布，放弃泰铢钉住美元的汇率制度，实行有管理的浮动汇率制度，当天泰铢对美元的汇率曾达到 32.6：1，贬值幅度高达 30%以上。到 1998 年 7 月，泰铢对美元累计贬值了 60%。泰铢大幅度贬值迅速波及包括菲律宾、马来西亚、新加坡、韩国和印度尼西亚在内的整个东南亚地区，最终形成了震惊全世界的亚洲金融危机。

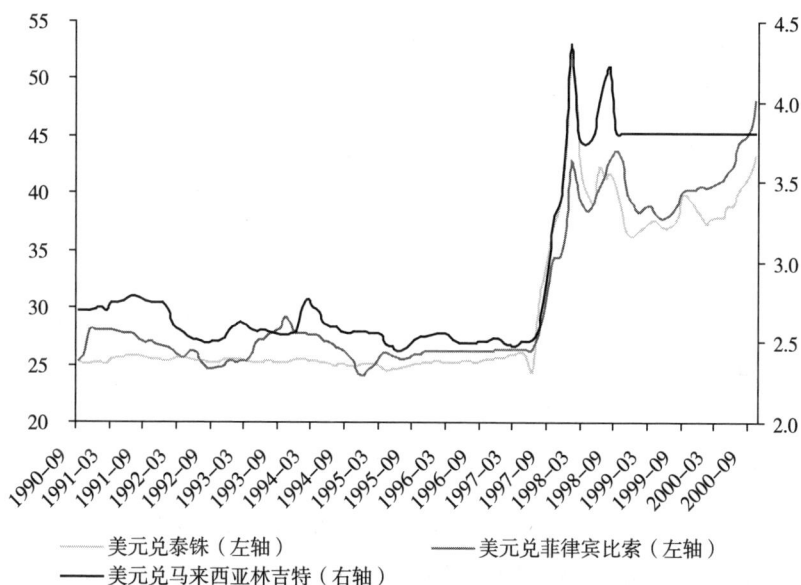

图 7-15　东南亚各国汇率暴跌

资料来源：Wind，方正证券。

随后，房地产泡沫最终崩溃，房地产价格迅速下跌，仅 1997 年下半年，泰国房价就缩水近 30%，马来西亚房地产的平均交易量下降了 37%，各项房价指数开始大幅回落。最为严重的是中国香港地区，危机爆发后香港楼市"跳水式"下跌，1997 年至 1998 年一年时间，香港楼价急剧下跌 50%—60%，成交大幅萎缩，房屋空置率上升。

（港元/平方米）

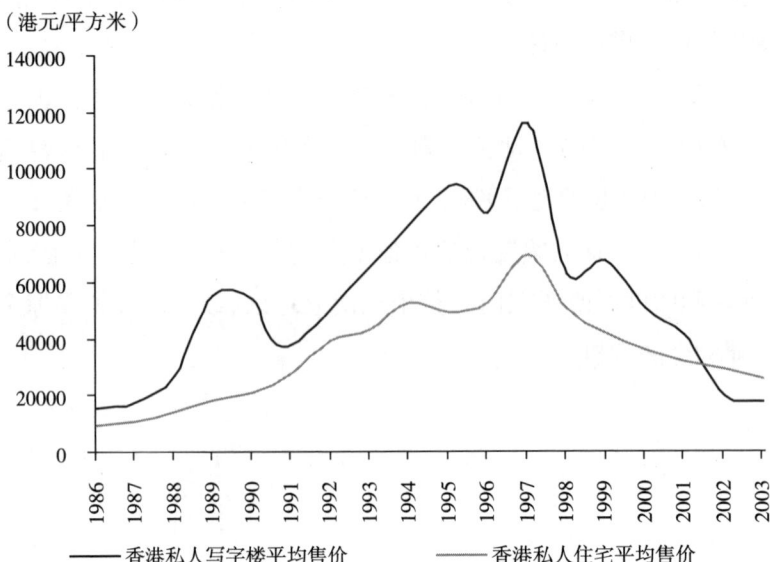

图7-16　1998年金融危机后香港房价暴跌

资料来源：Wind，方正证券。

■ 第五节　来自三种模式的启示

通过分析三个案例的汇率与房价变动，可得出以下启示：

第一，实体经济回报率是支撑汇率和房价的根基。1997年前后的东南亚和2014年的俄罗斯均面临实体经济回报率的下降，使得汇率面临贬值压力，房价泡沫缺乏居民收入支撑而更多地呈货币金融现象。1985—1991年日元升值过快以及房地产泡沫过大导致实体经济外迁。

第二，"保房价还是保汇率"这一选择题的存在，说明房价和汇率之间存在定价错误和套利机会，必须要进行修正，否则面临持续的资本出逃。比如1990年前后日本的案例中房价存在高估、汇率存在低估，1997年前后东南亚的案例中房价和汇率都存在高估，2014年俄罗斯的案例中汇率存在显著高估。东南亚和俄罗斯汇率高估的根源是实体经济回报率下降和前期货币超发推高国内资产价格泡沫，日本当年汇率低估主要是20世纪80年代没有顺势贬值以及1985—1990年贬值过快。

第三，在"保房价还是保汇率"之间的选择，实际上是内部目标和外部目标之间的权衡，三个案例表明，为保汇率而收紧货币金融条件增加了国内资产价格的压力，而弃汇率则国内资产价格表现较好。比如1990年前后日本由于受美国挟持，为保汇率而选择收紧国内货币金融条件，导致股市、房市崩盘；1997年前后东南亚国家由于有大量对外负债而被迫保固定汇率制，结果国内金融条件收紧、资本出逃以及汇率和房价双失守；只有2014年的俄罗斯主动选择大幅贬汇率，国内房价震荡走高。

第四，在金融自由化和资本账户开放的情况下，会放大国内经济结构不合理和金融体系不健全的风险暴露。根据不可能三角，资本自由流动、汇率稳定和货币政策有效性三者不可能同时兼顾。对于俄罗斯和东南亚"四小虎"这些经济结构单一、金融体系尚不健全的地区而言，资本项目的完全放开具有相当大的风险。在内外部流动性充裕时，如果该国实体经济的回报率不高，资本会进入房地产等资产领域进行投机；而当流动性逆转时，由于资本项目的开放，资金可以在毫无障碍的情况下逃出去，加速货币贬值。

第五，在三个案例中，房价走高都是汇率升值预期导致国内流动性过剩引起的。俄罗斯在2003年后卢布随着大宗商品价格走强而开始缓慢连续升值，国际资本蜂拥而入，加上国内基准利率连续下调，房地产价格上升。日本则在签订《广场协议》后为了避免日元升值对国内经济的负面影响而持续大幅降息。1991—1996年东南亚各国在金融自由化下国际资本大幅流入。在实体回报低迷的情况下，日本和东南亚各国的过剩流动性涌入资产领域，推升股市、房市价格。

第六，三个案例中，政府和央行干预的对象都是汇率，房价的变动则是应对汇率变动的结果。俄罗斯单一的产品结构和薄弱的外储规模决定了俄央行无法对抗国际资本外逃和能源价格下跌引发的卢布贬值。在连续提高基准利率失效的情况下，俄罗斯放弃干预卢布汇率，大幅贬值。房价则在俄罗斯央行连续 5 次下调基准利率的情况下维持了震荡上行的走势。日本错误的估计了日元升值的不利影响而连续宽松货币，导致了严重的资产价格泡沫。在泡沫不断膨胀的压力下，日本政府采取了严厉的行政措施和紧缩性货币政策主动挤泡沫，导致了房地产价格的暴跌。东南亚各国在巨量的外债和国际投资者的做空压力下，一开始试图守住固定汇率，为了避免大量资本外逃和提高做空成本，各国纷纷提高利率，在国外流动性流失和国内紧缩性政策的双重挤压下，汇率失守，房价暴跌。

第七，作为大国开放经济体，中国如果面临"保汇率还是保房价"选择时，可能首先要考虑国内目标，同时加快供给侧结构性改革推动经济成功转型，则是汇率和房价稳定的基础。中国既不像 1997 年前后的东南亚那样有大量的对外负债，也不像 1985—1991 年的日本那样被美国挟持，在面临"保汇率还是保房价"选择时，可能会以国内经济金融稳定为首要目标，不太可能以牺牲国内目标来保汇率。同时也需要警惕，在改革转型面临阻力时，中国公共政策可能倾向于放松货币信贷刺激房地产来稳定短期经济，这将增加房地产泡沫、汇率贬值压力、产业空心化风险以及经济金融杠杆。面对结构性和体制性问题，中国经济的出路在供给侧改革破冰攻坚，这是化解一切风险的根基。

第三篇

房地产政策与制度：
短期调控和长效机制

第八章　德国房价为什么长期稳定、在全球独善其身？

[本章要点]

纵观全球，很少有国家可以保持房价长期稳定，但德国却"独善其身"。德国房价合理，房价收入比偏低，保持了长期稳定的房价，在全球"独善其身"。1970—2015年，德国新建住房名义价格指数增加90%，扣除通胀的实际价格下跌11.3%，实际房价收入比下跌62%。十次危机九次地产，全球各国普遍受诱惑刺激房地产泡沫，而泡沫崩溃又带来沉重代价，如1991年日本房地产泡沫和2008年美国次贷危机，唯有德国没有出现过严重的房地产泡沫和危机。

德国长期实行以居住导向的住房制度设计，并以法律形式保障。德国政府始终把房地产看作是国家社会福利体系的一个重要组成部分，没有过多地强调其"支柱产业"的地位。政府重视发展高附加值和技术密集型的汽车、电子、机械制造和化工等产业，成就"德国制造"。德国的《住房建设法》《住房补助金法》《住房租赁法》和《私人住房补助金法》分别为社会保障住房供给、中低收入房租补贴、租赁市场规范和私有住房提供了法律框架。

德国有充足稳定的住房供给，规范发达的租赁市场，住房拥有率低、租房比例高。德国政府大力推动廉价住房建设,同时支持建设福利性公共住房建设,政府根据家庭人口、收入、房租给予居民房租补贴,86%的德国人可以享受不同额度的租房补贴。保护承租者的租赁市场,《租房法》规定房租涨幅不能超过合理租金的20%,否则房东就构成违法行为。

德国先后出台了多项严厉遏制住房投资投机性需求和开发商获取暴利行为的政策。德国住房市场具有较为稳定的投资回报率,长期稳定在4%—5%之间。

德国货币政策首要目标是控通胀,物价长期平稳。德国央行在治理通胀方面享有世界性声誉,长期实行稳健的货币政策,通货膨胀水平长期维持在较低水平,CPI基本控制在2%以内。

长期实行中性的房贷政策。德国实行"先存后贷"合同储蓄模式和房贷固定利率机制,为稳定购房者预期和房价水平提供制度保障。

德国的城市体系是多核心且均衡发展。

纵观全球,很少有国家可以保持房价长期稳定,但德国却"独善其身"。从1977年至今,德国人均收入增长约3倍,但同期名义住房价格仅上涨约60%,房价收入比较低,这提高了民众的幸福度,也成就了"德国制造"。德国房价为何长期稳定? 对我们有哪些启示?

■ 第一节　德国房价长期稳定,在全球独善其身

德国房价长期稳定,在全球独善其身。(1)从绝对住房价格来看:德国无论是名义价格还是实际价格都较低,且有较强的稳定性;(2)从相对住房价格来看:德国的房价收入比和房价租金比均低于其他发达国家水平,甚至德国的房价上涨速度不及收入上涨速度,房价收入比逐步下降;(3)从住房拥有率来看:德国的租赁市场是欧洲最大、最成

熟规范的市场,且有较为完备的法律体系和配套措施。超半数的居民选择租房居住,进而减少购房需求,减少价格的波动。

一、房价合理,房价收入比偏低

横向来看,在全球主要发达城市中,德国核心城市的房价和房价收入比偏低。从房价收入比看,慕尼黑、柏林不仅在欧洲处于低水平,与其他洲相比也处于低水平,伦敦、香港的这一指标大约是其三倍;从租房收益率看,德国在全球发达城市中处于中等水平;从房价租金比看,德国的房屋投资回收期大概需要 20 多年,和美国相当,远小于伦敦、巴黎、深圳、香港;从房贷收入比看,慕尼黑72.15,柏林51.92,约为伦敦的四分之一、巴黎的二分之一;从房价来看,德国柏林的平均房价仅为 4578 美元/平方米,远低于伦敦房价(28713 美元/平方米)及其他发达城市房价。

表 8-1　2016 年 6 月全球各洲主要城市的房价相关指标对比

所在洲	国家	房价收入比	城区租房收益率	城郊租房收益率	城区房价租金比	城郊房价租金比	抵押贷款/收入	住房支付能力指数	平均房价(美元/平方米)
欧洲	伦敦	30.88	2.25	3.03	44.53	33	213.89	0.47	28713
	莫斯科	21.35	4.21	4.6	23.78	21.73	307.76	0.32	13322
	罗马	21.06	2.33	3.52	42.9	28.38	135.21	0.74	6658
	巴黎	17.65	2.67	3.04	37.39	32.95	112.9	0.89	8847
	慕尼黑	11.53	3.07	3.46	32.59	28.88	72.15	1.39	/
	日内瓦	9.47	3.58	3.87	27.93	25.87	56.52	1.77	11249
	柏林	8.5	3.72	4	26.85	24.99	51.92	1.93	4578

续表

所在洲	国家	房价收入比	城区租房收益率	城郊租房收益率	城区房价租金比	城郊房价租金比	抵押贷款/收入	住房支付能力指数	平均房价（美元/平方米）
亚洲	深圳	38.36	1.54	1.56	64.83	64.12	313.71	0.32	/
	香港	34.95	2.21	2.21	45.25	45.29	218.31	0.46	25551
	北京	33.32	2.65	2.84	37.78	35.21	273.58	0.37	12608
	上海	30.91	2.16	2.44	46.26	40.94	249.78	0.4	13209
	东京	23.65	1.68	1.98	59.35	50.5	137.8	0.73	13825
	新加坡	20.94	3.1	3.67	32.29	27.24	130.43	0.77	13748
	清迈	17.79	4.8	4.57	20.85	21.87	157.88	0.63	/
	台北	17.37	1.41	1.8	70.95	55.49	106.52	0.94	7112
	首尔	16.33	2.82	4.37	35.48	22.9	118.13	0.85	/
	马尼拉	13.9	5.8	5.76	17.23	17.36	137.73	0.73	3156
非洲	卡萨布兰卡	15.7	5.16	5.74	19.39	17.42	137.23	0.73	/
	开罗	10.4	7.14	8.47	14	11.81	130.38	0.77	/
	开普敦	4.62	9.27	10.62	10.78	9.41	53.23	1.88	/
大洋洲	悉尼	11.42	4.52	4.21	22.12	23.75	88.62	1.13	/
	奥克兰	9.99	4.3	4.72	23.24	21.17	78.68	1.27	/
美洲	纽约	16.42	4.47	3.99	22.36	25.04	119.32	0.84	18499
	温哥华	11.82	4.27	4.68	23.44	21.36	77.77	1.29	/
	墨西哥	10.63	6.65	6.78	15.05	14.75	132.2	0.76	2917
	洛杉矶	7.89	6.61	8.09	15.12	12.36	56.44	1.77	/

资料来源：NUMBEO网站，方正证券。

纵向来看，德国房价保持长期稳定性。（1）1970—1981年是上升期，累计升幅约23%；（2）1982—1996年是下降期，累计降幅约30%；（3）1997—2007年是微幅波动期，房价基本保持稳定；（4）2008—2015年是上升期，累计升幅约10%。

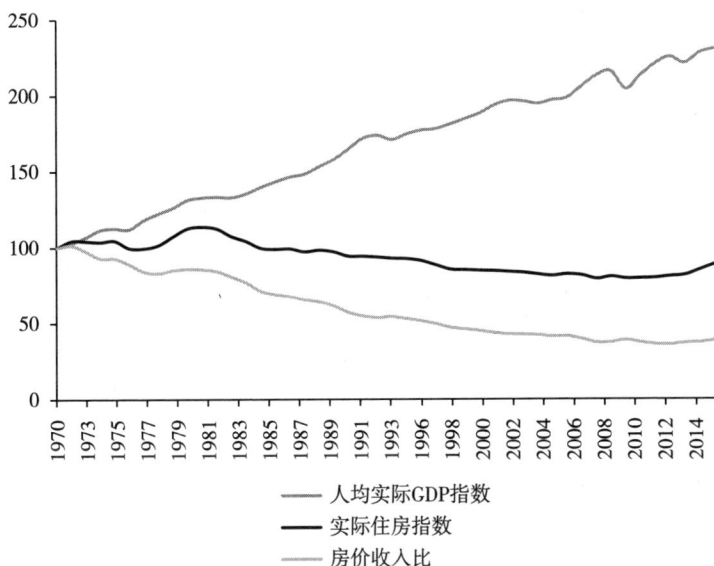

图 8-1　1970—2016 年德国实际住房指数（1970 年＝100）

资料来源：国际清算银行，世界银行，方正证券。

与德国房地产市场价格的低增长趋势不同，全球主要发达国家的房地产市场经过了多轮周期上涨。尤其 1998 年以后，全球房地产市场出现明显的集体繁荣现象。2008 年次贷危机以后，全球推行量化宽松（QE）和零利率政策，房价普涨。

德国在这几十年的波动幅度显著低于其他国家。1970—2015 年，英国名义住房指数涨了 50 多倍，相对涨幅较小的美国都增长 13 倍多，只有德国和日本增长 3 倍多。日本虽然数值和德国差不多，但是背后的机理完全不一样，日本经历了房地产疯狂上涨到泡沫破裂的过程。

二、人均收入上涨，但房价收入比却下降

从整体上看，1970—2015 年，德国新建住房名义价格指数增加 90%，扣除通货膨胀的影响，其实际价格下跌 11.3%，实际房价收入比

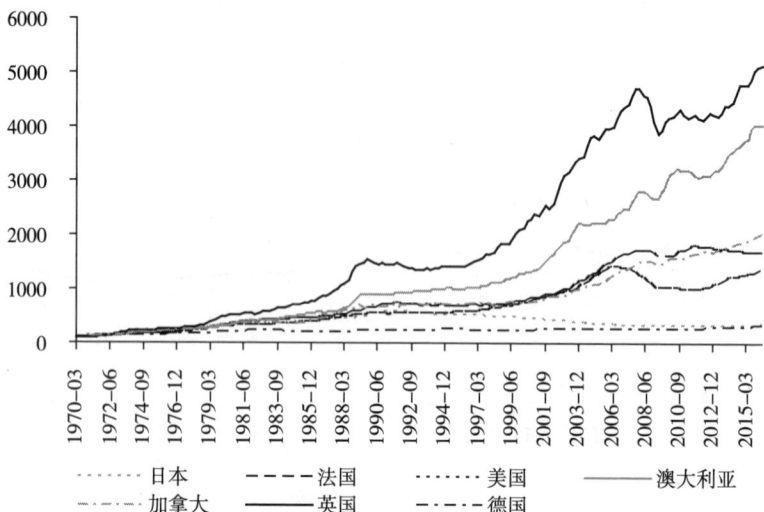

图 8-2　主要发达国家的名义住房指数变化对比图

注:以 1970 年为 100,季度数据。
资料来源:世界银行,方正证券。

下跌 62%。从 20 世纪 80 年代以来,德国的房价收入比持续走低。德国的实际住房价格并没有与实际人均 GDP 保持一样的变化方向,打破了住房价格与人均可支配收入的正相关关系。

■ 第二节　德国住房供给:居住导向的制度设计,总量充足、市场多元

从供给层面来看,德国住房市场的主要特点是实行以居住为导向的住房制度设计,总量供给充足、多元化市场发展规范。第二次世界大战之后德国住房供给大致可分为四个阶段:第一阶段(1949—1960年),从短缺到改善;第二阶段(1961—1981年),从改善到平衡;第三阶段(1982—2005年),从平衡到宽松;第四阶段(2006—2015年),需求和价格的回升阶段。德国在各个阶段制定并执行了严格的法律配套体系,建立了欧洲最发达和最规范的租赁市场。

一、实行以居住为导向的住房制度设计，并以法律形式保障

德国《宪法》和《住房建设法》都明确规定，保障居民住房是联邦政府首要的政策目标之一。建造面积、布局、租金适合广大居民需要的住房，是德国政府制定房地产政策的出发点。德国政府始终把房地产业看作是属于国家社会福利体系的一个重要组成部门，没有过多地强调其"支柱产业"的地位。政府所重视的支柱产业是高附加值和技术密集型的汽车、电子、机械制造和化工等产业。

德国的《住房建设法》《住房补助金法》《住房租赁法》和《私人住房补助金法》分别为社会保障住房供给、中低收入的房租补贴、租赁市场的规范和私有住房提供了法律框架，被称为德国住房政策的"四大支柱"。

二、充足稳定的住房供给

德国的住房套户比（住房套数/家庭户数）1978 年就达到了 1.21，随后一直稳定在 1 以上。第二次世界大战几乎摧毁了德国一半的住房存量，战争结束后，德国有 6200 万人口，1460 万户家庭，却只有 940 万套房屋可供居住，通常都是两三户人家居住一套住房。目前，德国人口总数约 8200 万人，住房存量已超过 4000 万套，平均两人居住一套房。

主要建筑高峰集中在战后的前 30 年，即 1949—1978 年，年均建成 61 万套住房。到 1978 年，平均每户家庭有 1.21 套住房，长期的住房紧张问题得到缓解。总量宽裕的时代到来，随后的住房建设主要是家庭规模小型化及需求升级导致的。1978 年，德国人口达 8300 万的人口顶峰，其后人口持续负增长，基本保持在 8000—8200 万人之间。但是在 1978—2009 年之间，增加了 1100 万套住房。也就是说，在人口基本没有增长的情况下，住房存量增加了 35%。

整体来说,德国住房供给呈现了很明显的阶段性变化。(1)
1949—1954年:处于快速扩张阶段;(2)1955—1975年:1973年达到顶峰,处于黄金高峰期;(3)1976—1988年:处于下降阶段;(4)1989—1995年,由于两德统一事件,出现了一个住房小高潮;(5)1996年之后,年竣工套数不断下降,处于萎缩阶段。

（千套）

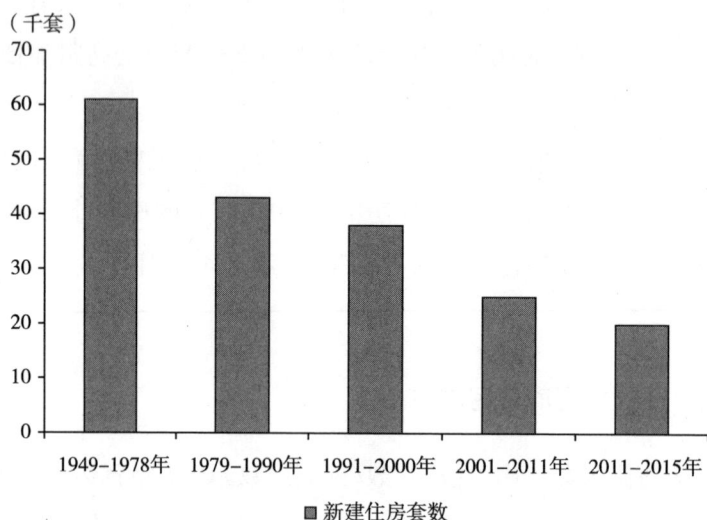

图8-3　德国住房年竣工套数不断降低

资料来源:《德国统计年鉴》,方正证券。

三、规范发达的租赁市场

德国政府大力推动廉价住房建设,同时支持福利性公共住房建设。法律规定,因经济收入低、孩子太多,或民族、宗教等原因找不到房子的家庭,政府有提供公共住房供其租住的职责。针对住房短缺问题,政府规定在贷款存续期间,只能把房屋出租给特定收入的家庭,开始租金是按规定收取,后按最低租金收取,返还贷款之后,约束自动解除。不仅如此,1951—1956年,德国实际建成住宅310万套,其中公共住房180万套。即使到20世纪80年代,住房问题基本得到解决,政府也一直在建设高质量福利房。类似瑞士、瑞典,德国鼓励公共租赁住房与营利性租赁住房进行竞争,与其他国家公共租赁住房被压制以防和营利性租赁住房竞争形成鲜明对比。

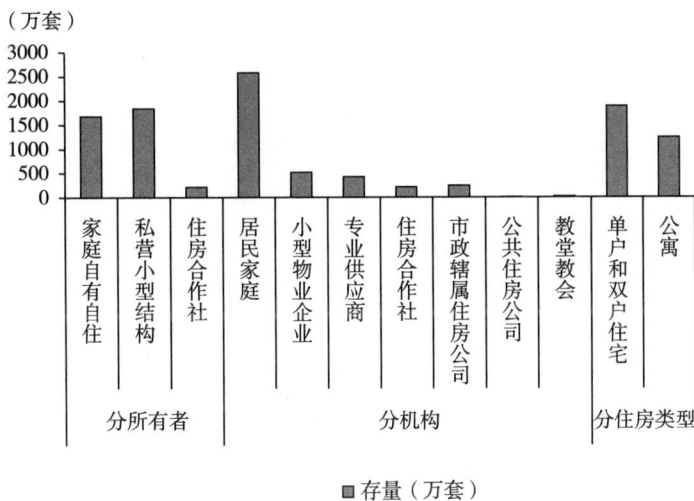

图8-4 2010年德国住房拥有者结构

资料来源:德国房地产企业协会,方正证券。

保护承租者的租赁市场。德国拥有欧洲最大的租赁市场,其中90%的家庭在市场上自由租房,受《住房租赁法》保护;另外10%是租用社会住房或廉租房,受政策性住房法律调节。德国出台了《住房租赁法》和《经济犯罪法》,用来保护租客利益和遏制投资投机性需求。《住房租赁法》规定房租涨幅不能超过合理租金的20%,否则房东就构成违法行为,房客可以向法庭起诉;如果超过50%,就构成犯罪,房东甚至要被判刑。合理租金的界定标准非常严格,是由当地房屋管理部门与房客协会、中介组织沟通协商,定期给出不同类型、不同地理位置房屋的合理租价水平。这是法庭判定房租是否合理的重要依据。

住房拥有率较低,租房比例较高。德国住房拥有率较低。德国首都柏林的公寓价格相比英国首都伦敦、法国首都巴黎较低,约为其六分之一、四分之一。可能是由于柏林的经济活力稍弱,但是即便是慕

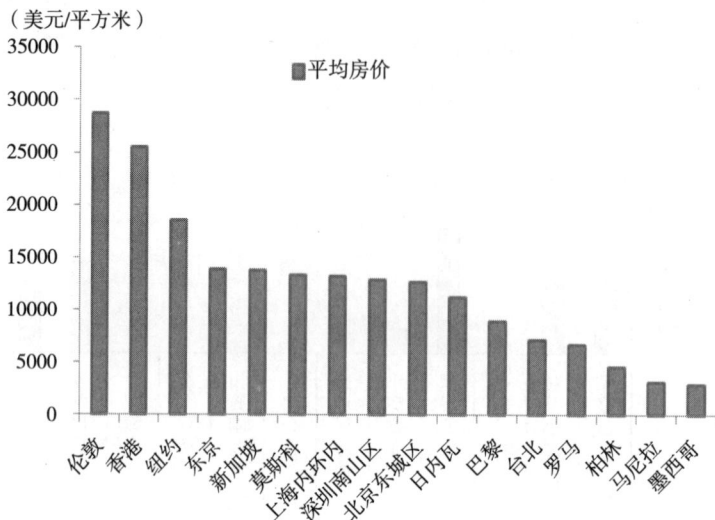

图 8-5 柏林的名义房价较低（2016 年最新值）

资料来源：Bloomberg/Wind/CEIC/搜房网,方正证券。

尼黑、法兰克福的住房价格相比欧洲其他国家都不是很高。德国的住房拥有率平均一直在 40% 多,有一半多的家庭均通过租房解决住房问题。欧盟的住房拥有率平均约为 63%,比德国高 19 个百分点。欧盟的一些国家住房拥有率非常高,如西班牙为 85%、希腊为 80%、意大利为 75%、葡萄牙为 65.2%。这些住房拥有率较高的国家也是在 2008 年的金融危机中损失较为严重的几个国家。

德国的住房拥有率远远低于其他国家的可能原因是:(1)普通居民在租房和购房中倾向前者。(2)私人的住房投资回报率比较可观,使供给相对宽裕。(3)私人在租赁住房上的税收优惠政策进一步刺激了住房供给。(4)德国的住宅金融政策、服务等制约了居民购房的积极性。整体来看,德国的租赁市场是一个供需平衡的市场,承租人付得起房租,相对购房划算;出租人也可以获得正常的回报。

德国对承租者的保护主要体现在以下的几部法律和政策上:

第一,《住房租赁法》。该法律主要就租房合同的制定、履行、租金

住房自有率（%）

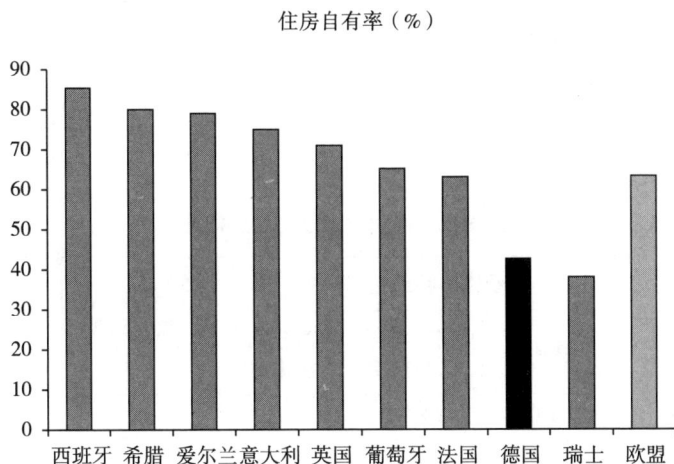

图8-6　德国的住房拥有率较低（2006年）

资料来源：欧盟统计局，方正证券。

水平及涨幅进行约定，并对解约程序进行了严格规范。

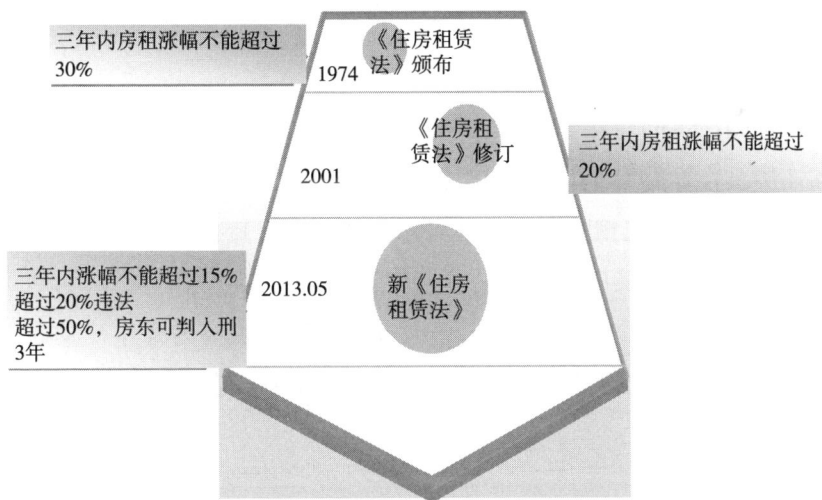

图8-7　德国关于房租的强制约束

资料来源：方正证券。

第二，租金管制制度。当一个家庭房屋出租时，租金是可以自由协商的，但之后就要对租金进行管制。长期以来，政府规定房东若想提高租金须经过房客同意,若不同意,可以诉讼,不能强行提高租金。

第三,房租补贴政策。政府根据家庭人口、收入、房租给予居民房租补贴,确保每个家庭有足够的租房支付能力,86%的德国人可以享受不同额度的租房补贴。

表8-2 德国对家庭的住房补贴

年份	接受住房补助住房(户)			占全国家庭数量比重(%)	住房租金补助支出(百万欧元)
	总计	完全符合法律规定	部分符合法律规定		
2005	810900	780700	30200	2.1	1234.9
2006	691100	665900	25200	1.7	1162.2
2007	606400	580300	26100	1.5	923.9
2008	639100	584000	55100	1.6	750.1
2009	10007300	859600	147700	2.5	155.3
2010	1061500	857000	204500	2.6	1780.4
2011	902900	770400	132500	2.2	1502

资料来源:《德国统计年鉴》,方正证券。

德国房价的稳定器——独具特色的住房合作社金融制度。德国的住房合作社拥有210万栋住房,为约500万德国人提供居住,占出租房的9%。与之相匹配的是其房屋互助储金信贷社。住房合作社主要目的是解决社员的住房问题。合作社成员需先储蓄后贷款,当储蓄额占贷款额的比重达到40%—50%,方能贷款。政府为合作社发放无息建房贷款,额度通常占建房费用的60%—70%,有时高达90%,期限一般为20年左右。

四、严厉遏制投机性需求和开发商暴利行为

德国先后出台了多项严厉遏制住房投资投机性需求和开发商获取暴利行为的政策。住房交易中,需支付的税费主要包括:过户费3%、评估费5%、资本利得税25%,整体大约10%左右。若住房持有超

过10年,不需支付资本利得税;若未满10年出售,需缴纳的应税资本利得为"房屋出售价格-取得房屋成本价格-可抵扣的修缮成本价格",并严格按照个人所得税累计税率进行征税。德国法律还严格规定房地产开发商的定价行为,按照《经济犯罪法》规定,如果开发商制定的房价超过合理房价的20%,购房者就可以向法庭起诉。如果超过50%,就定性为"获取暴利",开发商将面临高额罚款和最高三年徒刑的严厉惩罚。

五、合理稳定的住房投资回报率

德国的住房市场具有较为稳定的投资回报率,长期稳定在4%—5%之间,对于追求长期稳定投资回报的投资者有足够的吸引力。与其他投资工具相比,住房投资回报率具有一定的比较优势。如德国2008年之后的1年期存款利率不断下跌至不到1%,10年期国债收益率从2010年之前的2%—3%水平已跌至目前的0水平。

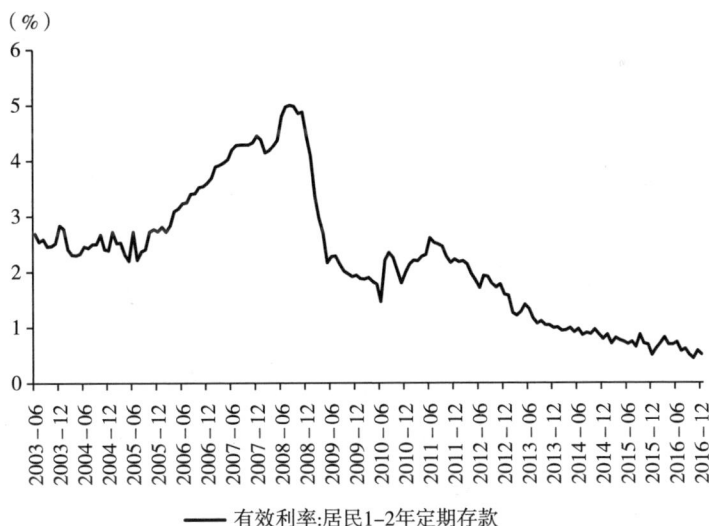

—— 有效利率:居民1-2年定期存款

图8-8　德国定存利率不断下跌至不到1%

资料来源:Wind,方正证券。

——德国十年期债券拍卖平均收益率

图 8-9 德国十年期国债收益率不断下跌

资料来源：Wind,方正证券。

德国的住房投资回报率以房租收益为主,基本稳定在 4.5% 水平上,其中房租回报率约为 4%,房价增值约为 0.5%。

六、完备的住房供给支持政策体系

第二次世界大战后,德国决定大规模进行住房建设,对住房政策的支持主要有三个阶段:

第一阶段,对新建住宅进行扶持,增大房屋供给。如提供 30—35 年的无利息住房建设贷款来促进住房建设,对私人建房进行税费优惠。

第二阶段,对居住人进行扶持,提高居民购买力。在 20 世纪 60 年代,由于租赁权利的放开,租金增长,这时政策主要对租金进行限制和规范。20 世纪 90 年代后在家庭小型化的趋势下,开始对私人住宅进行补贴。1996—2005 年,自用住房补贴高达 110 亿欧元,是德国最多的支出补助之一。

第三阶段,用现存的房屋解决住房问题。对老屋进行改造,目标群体是那些在市场上买不起房的、需要支持的群体。发展趋势由住房政策转变为住房市场政策。使个体成为住房市场的主体，增加租赁合同的自由度，为没有购房能力的人提供社会福利性住宅。

《住房统制经济》管制政策	《住房建设法》国家供给政策	《住房补助金法》需求政策	《住房租赁法》市场政策	《私有住房补助金法》需求政策
政策内容 政府规定租金数额、事实上禁止合同解除、分配住房给贫困者	财政优惠或补贴相关企业承担住房建设，适用成本价用房租（20-30年），期满房租可市场化	帮助不能独立获得合适的、与家庭情况相宜住房的家庭	为房东和承租人签订租赁合同确定法律框架，具有强烈的承租人权益保护导向	原个税法案中的住房购置税扣减模式1995年底结束；1997采用补贴申请模式
修订内容/废止原因 1945年出台，1960年废止 住房缺口基本得到缓解，逐步开始实施住房市场经济	1950/1956出台，2001废止 受资助的保障房基本转为市场房，无须再建保障房	1965/1970出台，2001修订 使住房补助金数额与上涨的房租和消费价格相适应	1971/1974出台，2001/2013修订 2001年将三年涨幅不能超过30%改为20%，2013年改为15%	1995出台，2006废止 私有住房促进具有广泛争议性

图 8-10　德国住房政策发展历程

资料来源：陈洪波、蔡喜洋(2015)，方正证券。

■　第三节　德国住房需求：货币政策盯住通胀，住房金融政策长期保持中性，城市体系均衡

从住房需求角度来看，经济增长、城镇化进程、货币政策、住房金融政策、人口增长率、人口年龄结构、家庭规模、城市体系等是重要的影响变量。

一、货币政策首要目标是控通胀，物价长期平稳

德国联邦银行的首要目标是保持物价稳定，其次才是经济增长。所以，德国长期实行稳健的货币政策，通货膨胀水平长期维持在较低水平，CPI 涨幅基本控制在 2% 以内。德国央行在治理通胀方面享有世界性声誉，在欧元诞生前，马克长期是欧盟其他国家货币的锚。欧洲央行成立后，其货币政策风格很大程度上继承了原德国央行的传

统。在稳健的货币政策背景下,德国房价基本保持长期稳定。

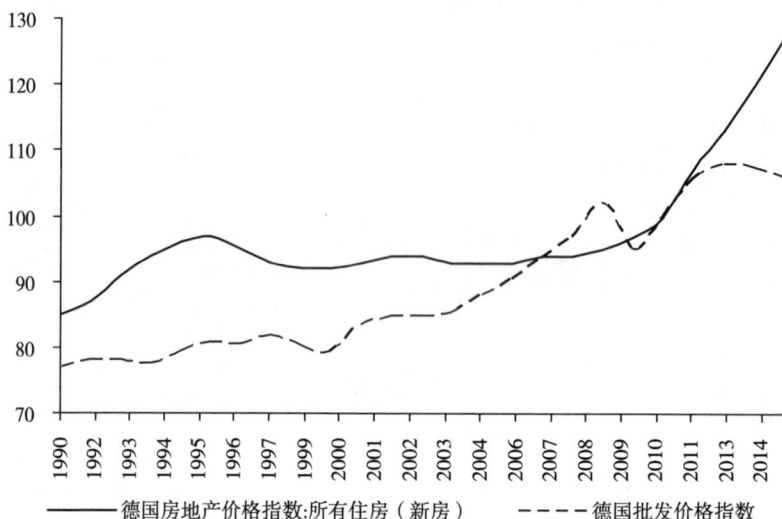

图8-11 德国的新房指数与WPI基本保持同步

资料来源:Wind,方正证券。

从货币存量来看,德国的 M2/GDP 比英法等国高,但并不代表德国的物价水平就高于其他国家,这主要是受其融资结构的影响。德国是典型的间接融资型金融体系,靠间接的银行融资而非资本市场直接融资。银行贷款较高导致货币总量相对较多,M2/GDP 相应地较高。

二、长期实行中性的房贷政策

德国实行"先存后贷"合同储蓄模式和房贷固定利率机制,为稳定购房者预期和房价水平提供制度保障。德国对住房储蓄业务实行严格的分业管理,购房者不会受到国家宏观调控政策特别是货币政策变动的影响,也不受通货膨胀、利率变动的影响。第一,德国居民要得到住房储蓄银行的购房贷款,必须在该银行存足相应款项,一般是存款额达到储蓄合同金额的 50% 以后,住房储蓄银行才把合同金额付给储户。第二,存贷利率固定不变。存贷款利率分别是 3% 和 5%,抵押贷

（%）

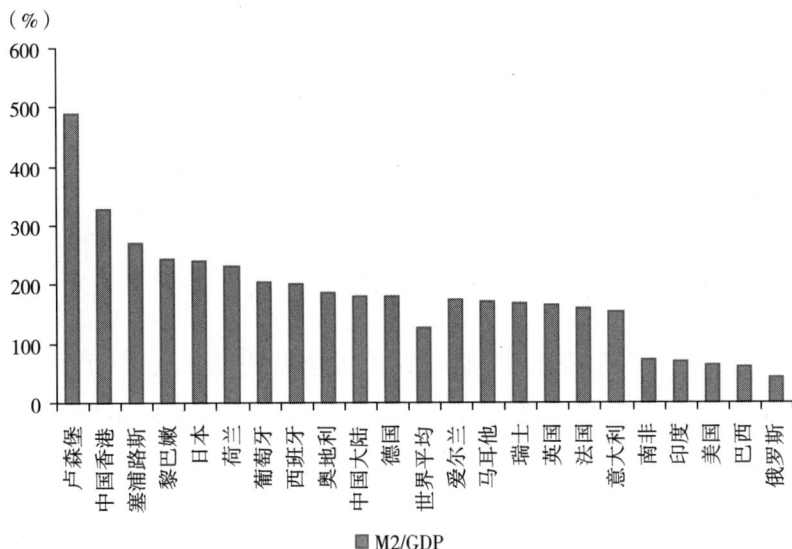

图 8-12 德国 M2/GDP 较高（2012 年）

资料来源：Wind，方正证券。

款固定利率期限平均为 11 年半。这种长期固定的房贷利率，对房贷市场起到了重要的稳定器作用。

三、人口增长和移民速度放缓

德国人口自然增长趋势微幅向下。德国源于第二次世界大战的婴儿潮的顶峰出现在 1968 年，该年的总生育率达到 5.6，然后快速下滑到 1973 年的 1.4，并长期保持在这一水平上。由于人口出生率下降过快，在 1972 年的时候已低于死亡率，尽管德国推出鼓励生育政策，近年来德国死亡人数还是高于新生儿数。人口自然增长率始终在 0 以下，老龄化程度日益加深。

移民速度放缓，依靠移民来解决国内人口自然增长缺口也无法实现。欧洲一些发达国家均是移民的首选目标，德国 1988—2000 年人口增长的主要推动力就在于移民以及移民人口的高出生率，特别是 1988—1996 年因为两德统一放松移民限制，期间累计移民 192 万，后移民迁入人口不断下降、迁出人数却缓慢上升。移民人口主要分布在德国的大型城市,移民人口占比普遍在 20% 以上,如法兰克福 25%、慕尼黑 23%、奥芬巴赫 31%。

由于受人口自然增长率持续负增长和移民放缓的影响,德国人口规模扩张受到了很大限制,长期稳定保持在 8000 万左右。

四、家庭小型化,人口结构老龄化

家庭小型化趋势显著,家庭数扩张速度明显。从 1960 到 2010 年,50 年时间德国的人口数增加 11.76%、家庭数量增加 107.09%,平均家庭人口数由 3.76 减少到 2.03,户均减少 1.73 人。家庭规模小型化的主要原因是:(1)第二次世界大战后婴儿潮的下一代受教育年限、结婚年龄延长的影响,年轻单身家庭数目增加较快;(2)离异家庭增加,导致一个家庭变为两个家庭;(3)平均寿命延长,死亡率下降,老龄人口增长。

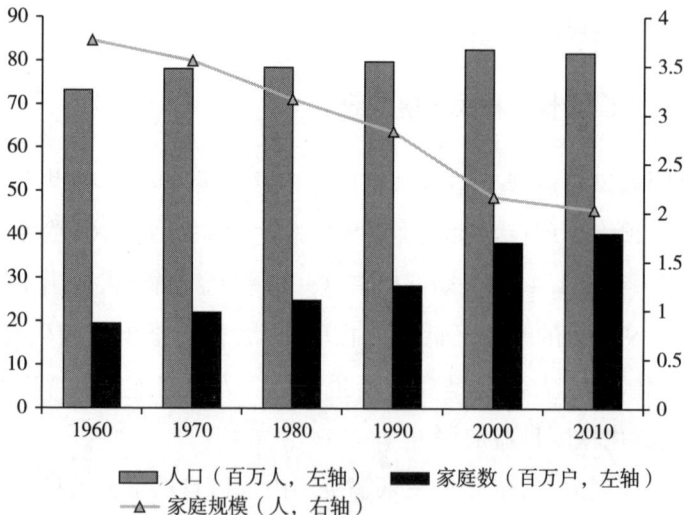

图 8-13　德国家庭户数不断增加,家庭规模不断缩小

资料来源:欧盟统计局,方正证券。

家庭小型化影响人们的购房和租房选择。（1）虽然家庭数量增加，但并未形成有效的住房需求。因为没有生活负担、不用考虑子女教育问题，单身家庭中72.3%的人会选择租房。（2）大多数人30岁之后才考虑买房，老龄人口的住房拥有率最高。30岁以下的家庭住房拥有率不到10%。（3）德国居民收入差距较大，中低收入家庭需申请住房补贴，住房拥有率较低。

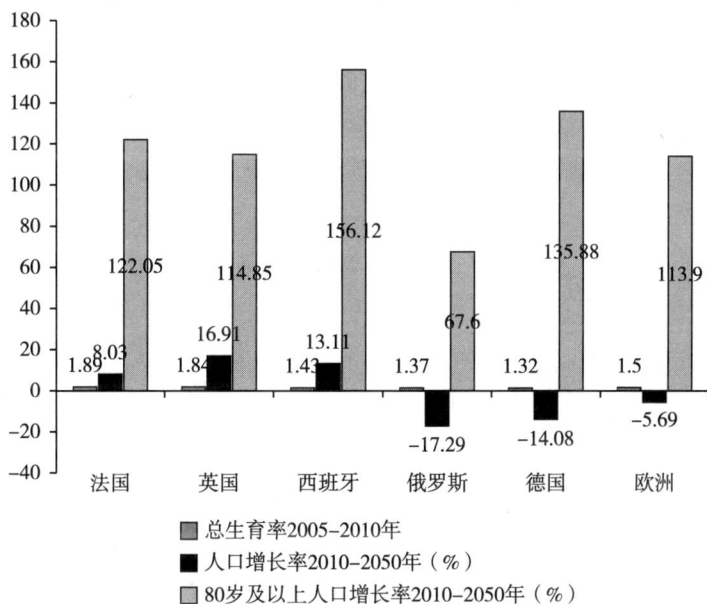

图8-14　德国低生育率和加速的老龄化

资料来源：联合国，方正证券。

从人口结构上看，德国老龄化进程正在加剧。由于极低的生育率及低死亡率，德国老龄化程度居欧盟首位。1960年时德国的老龄化水平（65岁及以上人口占比）为11.53%，2000年为16.31%，40年时间上升近五个百分点；2010年时这一比率为20.38%，10年时间上升四个百分点，老龄化速度明显提高。

老龄化使得德国住房需求较少地受到就业影响，更多地受到关系和偏好的影响。（1）适合老龄人口居住的住房需求大大提升；（2）单

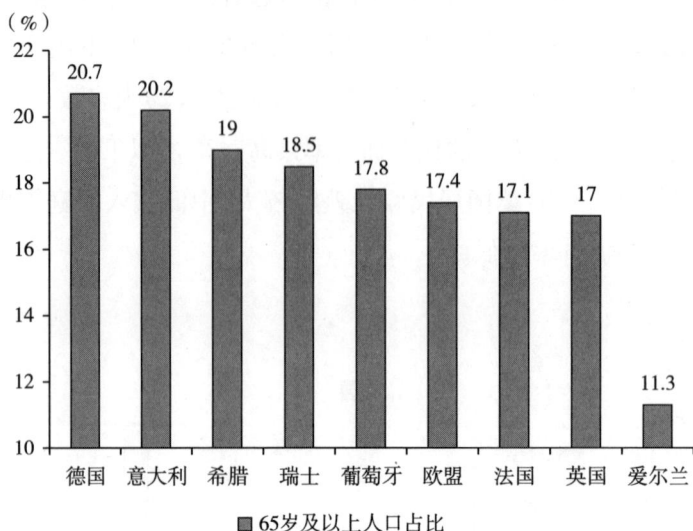

图 8-15　德国 65 岁及以上人口占比很高

资料来源：欧盟统计局，方正证券。

身家庭数目急剧增加；(3)60 岁以上人口的增加对住房形态需求也产生了影响。

五、城市体系多核心均衡发展

德国人口流动呈现两个趋势。

第一，东部向西部流动。德国人口发展区域化明显，西部城市人口增长，东部城市人口萎缩；大城市人口低速增长，中小城市人口萎缩；服务业城市人口增长，老工业城市人口萎缩。受全球化影响，一些传统的工厂转移到成本更低的国家，使得传统的老工业城市如鲁尔区面临去工业化的过程，人口流出压力较大；一些移民群体也习惯性地向大城市集中。

第二，城市体系多核心均衡发展。德国的城镇化已经基本结束，其城市体系呈多核心均衡发展，具有多核心化、分散化、特色化、均衡化的特点。据 2006 年德国官方数据显示，德国有 11 个城市群，人口

占比71.98%,GDP占比73.14%。德国城市可以均衡化发展很大程度
上是差异化的特殊产业发展的缘故,如图特林根地区的医学技术研发
区、科隆的展览区、法兰克福的金融服务区等。柏林和汉堡的人口分
别只有340万和180万。2004年,德国有82个10万人口以上的行政
区,70%的人口分布在2000—10000人的小型城镇里。合理的城市布
局,使大多数德国居民分散在众多中小城市里,不会出现超大型城市
的集聚效应,有利于大城市房价涨幅长期保持在合理区间。

（人/平方公里）

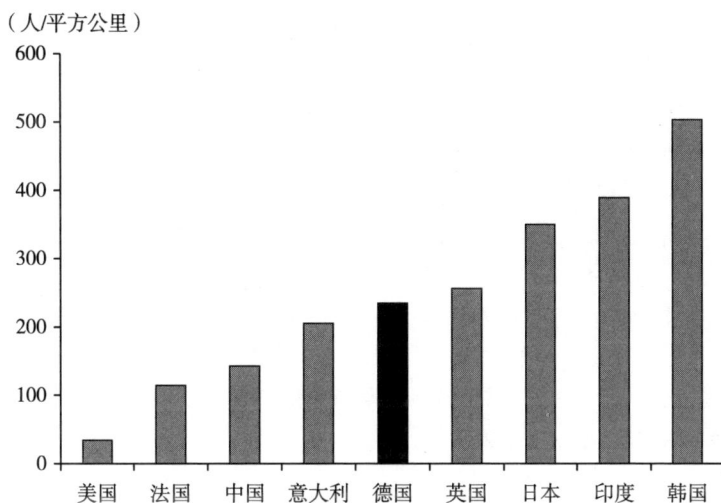

图8-17　德国人口密度高于美法中意

资料来源:Global Property Guide,方正证券。

表8-3　欧洲主要经济体工业化及大城市比较

国别	国家统一时间	第一次工业革命开始时间	总人口（万人）	大中城市个数（个）	第一大城市	都会区或大区人口（万人）	占国内人口比（%）
德国	1871年	19世纪30年代	8200	18	柏林	436.2	5.2
意大利	1861年	19世纪中期	6081	17	米兰	755	12.42
法国	8世纪初	19世纪30年代	6500	5	巴黎	1206.7	18.56
英国	1700年左右	18世纪60年代	6226	4	伦敦	827.83	13.3

资料来源:陈洪波、蔡喜洋(2015),方正证券。

由于德国城镇体系相对分散,即使其工业水平、经济实力、人口密度高于法国,但房价仍比法国便宜。而且德国不同区域的房价差异并不大。

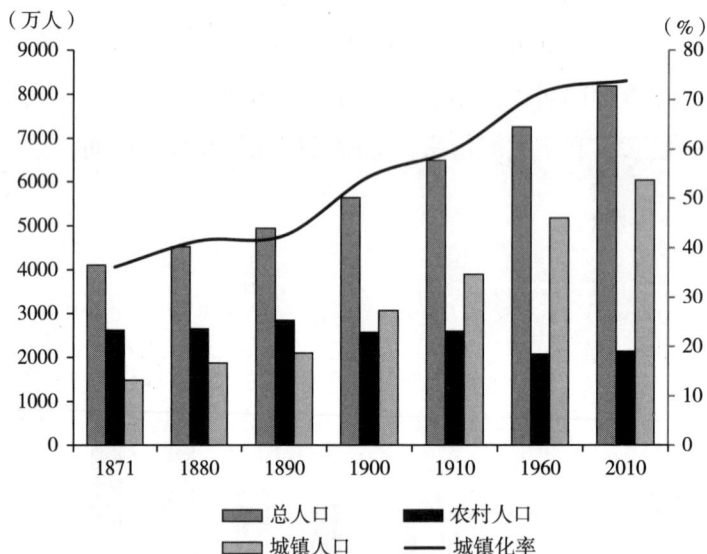

图 8-16　德国城镇化进程

资料来源:德国统计年鉴,方正证券。

第四节　启　示

第一,德国房价合理,房价收入比偏低,保持了长期稳定的房价,在全球"独善其身"。1970—2015 年,德国新建住房名义价格指数增加 90%,扣除通货膨胀的影响,其实际价格下跌 11.3%,实际房价收入比下跌 62%。十次危机九次地产,全球各国普遍受诱惑刺激房地产泡沫,而房地产泡沫崩溃又带来沉重代价,如 1991 年日本房地产泡沫和 2008 年美国次贷危机,而德国一直没有出现过严重的房地产泡沫和危机。

第二,德国长期实行以居住导向的住房制度设计,并以法律形式保障。德国政府始终把房地产业看作是属于国家社会福利体系的一个重要组成部门,没有过多地强调其"支柱产业"的地位。政府重视发展高附加值和技术密集型的汽车、电子、机械制造和化工等产业,成就"德国制造"。德国的《住房建设法》《住房补助金法》《住房租赁法》和《私人住房补助金法》分别为社会保障住房供给、中低收入的房租补贴、租赁市场的规范和私有住房提供了法律框架,被称为德国住房政策的"四大支柱"。

第三,德国有充足稳定的住房供给,规范发达的租赁市场,住房拥有率低、租房比例高。经过战后重建,到1978年,德国平均每户家庭有1.21套住房,长期的住房紧张问题得到缓解。德国政府大力推动廉价住房建设,同时支持建设福利性公共住房建设,政府根据家庭人口、收入、房租给予居民房租补贴,确保每个家庭有足够的租房支付能力,86%的德国人可以享受不同额度的租房补贴。保护承租者的租赁市场,《住房租赁法》规定房租涨幅不能超过合理租金的20%,否则房东就构成违法行为,房客可以向法庭起诉;如果超过50%,就构成犯罪。住房拥有率较低,租房比例较高,德国的住房拥有率平均一直在40%多,有一半多的家庭均通过租房解决住房问题。

第四,德国严厉遏制投机性需求和开发商暴利行为,长期保持合理稳定的住房投资回报率。德国先后出台了多项严厉遏制住房投资投机性需求和开发商获取暴利行为的政策。在住房交易中,若未满10年出售,需缴纳25%的资本利得税。如果开发商制定的房价超过合理房价的20%,购房者就可以向法庭起诉。如果超过50%,就定性为"获取暴利",开发商将面临高额罚款和最高三年徒刑的严厉惩罚。这使得德国住房市场具有较为稳定的投资回报率,长期稳定在4%—5%之间。

第五,德国货币政策首要目标是控通胀,物价长期平稳。德国联邦银行长期实行稳健的货币政策,通货膨胀水平长期维持在较低水平,CPI 涨幅基本控制在 2%以内。德国央行的这一传统也在欧洲央行中得以传承。

第六,德国实行长期稳定的房贷政策。德国实行"先存后贷"合同储蓄模式和房贷固定利率机制,为稳定购房者预期和房价水平提供制度保障。德国对住房储蓄业务实行严格的分业管理,购房者不会受到国家宏观调控政策特别是货币政策变动的影响,也不受通货膨胀、利率变动的影响。一方面,德国居民要得到住房储蓄银行的购房贷款,必须在该银行存足相应款项,一般是存款额达到储蓄合同金额的 50%以后,住房储蓄银行才把合同金额付给储户。另一方面,存贷利率固定不变。存贷款利率分别是 3%和 5%,抵押贷款固定利率期限平均为11 年半。

第七,德国的城市体系是多核心且均衡发展。据 2006 年德国官方数据显示,德国有 11 个城市群,人口占比 71.98%,GDP 占比73.14%。德国城市可以均衡化发展很大程度是因为差异化的特殊产业集群,如图特林根地区的医学技术研发区、科隆的展览区、法兰克福的金融服务区等。合理的城市布局,使大多数德国居民分散在众多中小城市里。

第九章　中国房地产调控二十年：
问题、反思和抉择

[**本章要点**]

1998年房改释放了房地产市场的洪荒之力。过去20年,一方面,房地产业迅猛发展成为支柱产业,对国民经济产生了巨大的带动作用。另一方面,房地产调控在稳增长和控房价之间几经反复,先后动用了货币、信贷、税费、土地等各种政策工具,但越调越涨。

通过比较调控的政策工具及效果可以发现,货币政策直接影响购买力,财税政策直接影响市场供应,土地政策对不同城市效果不同,"限购"等行政措施短期影响直接但不解决根本问题。

过去20年房地产调控存在的主要问题是:重抑制需求,轻增加供给;经常使用行政手段,市场机制不完善;货币超发使得房地产越来越货币金融化,而脱离居住属性和居民收入基本面;土地收入是地方财政的保障,同时土地财政也成为了高房价的推手。

政策应长短结合。短期加强市场监管、消除"恐慌性"购房预期。长效机制是解决高房价问题的治本之策,比如确立大都市圈战略、人地挂钩、热点城市增加土地供应、房产税等。

1998 年房改以来的二十年,房地产调控先后动用了货币、信贷、税费、土地等各种政策工具,但为何房价越调越涨?在"房子是用来住的、不是用来炒的"新定位下,本章回顾历次房地产调控的背景、措施、效果,并反思经验教训。

第一节 1998—2001 年:房改启动市场

1998 年,面对亚洲金融风暴冲击,为扩大内需,《国务院关于进一步深化城镇住房制度改革加快住房建设的通知》(国发〔1998〕23 号,简称"23 号文")正式印发,启动了房地产市场。房改主要目的是刺激住房消费需求,使其成为国民经济的支柱产业。1998—2001 年间房地产以价格平稳趋势得到全面发展;互联网泡沫的破裂催生炒房团,股市大起大落;债券交易活跃;房地产相关的重化工业得到迅猛发展。

一、房改背景:国外亚洲金融危机,国内市场经济改革

(一)国际:亚洲经济危机,出口转内需

由于严格的资本账户管制,1997 年亚洲金融危机期间,中国承诺人民币不贬值。但是,东南亚危机对中国的进出口、投资、旅游等都带来了不同程度的影响。对外出口同比下降,出口金额增速同比从 1997 年 1 月的 27.6%下降到 1998 年 10 月的-17.3%,1998 年全年的出口增速仅为 0.4%,比 1997 年的增速降低了 20.1 个百分点;引进外资也受到经济危机影响而下降,1998 年外商直接投资额基本保持不变,1999 年一反过去趋势,首次出现负增长,同比增速-11.31%。

为了拉动经济增长,不得不将原来刺激出口政策转向刺激国内需求,房地产业被确定为重点支持的产业。政府决定把房地产行业作为中国经济发展新的增长点。1998 年 7 月,国务院颁布 23 号文,明确提出"促使住宅业成为新的经济增长点",标志着城镇住房商品化制度开始建立。

（二）国内：市场经济体制改革，计划经济转市场经济

1989 年，党的十三届五中全会提出"逐步建立符合计划经济与市场调节相结合原则的，经济、行政、法律手段综合运用的宏观调控体系"。1992 年党的十四大明确中国经济体制改革的目标是建立社会主义市场经济体制。房地产业是国民经济的重要部门，计划经济转市场经济必然要对房地产行业进行市场化改革。

1998 年之前，房地产市场的改革已经开始，国务院接连颁布文件进行住房体制改革，虽然那时还没有涉及住房改革的具体措施，但是这些措施为 1998 年的住房商品化奠定了基础。

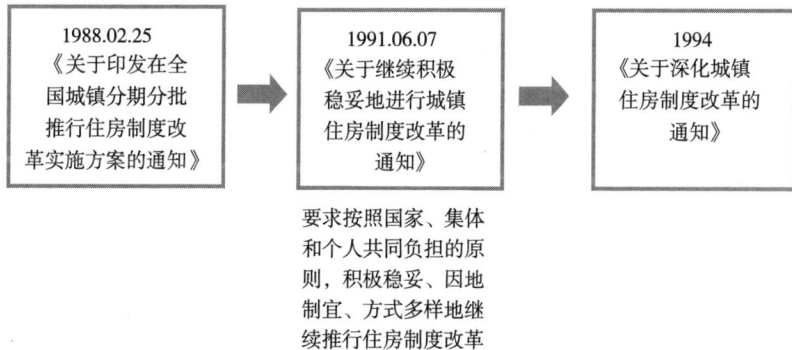

图 9-1　1998 年之前国务院颁布关于住房体制改革的文件

资料来源：方正证券。

二、配套政策：健全市场制度，完善相关措施

1998 年的 23 号文发布之后，城镇住房制度改革快速推进，相应的银行信贷、土地管理等配套政策相继出台，鼓励住房消费的政策框架初步形成。主要政策事件是 1998 年的房改、1999 年的房贷、2001 年

的税费改革、2002 年的土地招拍挂。

第一,管理政策:1998 年下半年开始逐步实行住房分配货币化政策,建立和完善房地产企业、中介收费、住房销售等方面的管理。

第二,土地政策:完善土地流转、使用等方面的制度。经营性用地由协议出让转变为招标、拍卖或挂牌方式出让。

第三,住房供应政策:建立和完善以经济适用房为主的住房供应体系,不同家庭实行不一样的住房供应政策。最低收入家庭可租赁由政府或单位提供的廉租住房;中低收入家庭可购买经济适用房;其他收入高的家庭可以市价购买或租赁商品住房。

第四,减税政策:2001 年 1 月 1 日起,对政府定价出租的住房,暂免征收房产税、营业税,对个人按市场价格出租的居民住房,减征营业税(由 5%降为 3%)、房产税(由 12%降为 4%)、个人所得税(由 20%降为 10%)。对于 1998 年 6 月 30 日以前建成尚未售出的商品住房、商业用房、写字楼,至 2002 年 12 月 31 日之前免征营业税、契税。

第五,金融政策:完善住房信贷、公积金管理等制度。全面推行住房公积金制度,出台住房信贷政策,使居民在只支付首付的情况下购买住房。在贷款利率上,2002 年 2 月央行下调贷款利率 0.54%,公积金 5 年以上贷款利率由 4.59%下调至 4.05%,住房商业贷款利率由 5.58%下调至 5.04%。

表 9-1　1998—2002 年房地产主要政策

时间	机构	政策措施	政策重点
1998.04.24	央行	《关于加强住房信贷投入,支持住房建设与消费》	加强住房信贷投入,支持房地产发展
1999.04.28	国土资源部	《闲置土地处理办法》	制定闲置土地处理办法
1999.05.01	建设部	《城镇廉租住房管理办法》	规定政府和单位在住房领域社会保障职能

续表

时间	机构	政策措施	政策重点
1999.05.06	国务院	《关于加强土地转让管理严禁炒卖土地的通知》	加强对国有土地使用、转让的管理
2000.10.30	国家计委、建设部	《关于房地产中介服务收费的通知》	对房地产咨询费、房地产经纪费的收取额度等方面做了明确的规定
2001.01.01	财政部、国税总局	《关于调整住房租赁市场税收政策的通知》	对个人市场出租的居民住房,减征营业税
2001.04.30	国务院	《关于加强国有土地资产管理的通知》	规范土地审批行政行为,大力推行国有土地使用权招标、拍卖
2001.06.19	央行	《关于规范住房金融业务的通知》	全面规范住房金融业务
2002.08.26	建设部、财政部	《关于加强房地产市场宏观调控促进房地产市场健康发展的若干意见》	提出了加强房地产市场宏观调控,促进房地产市场健康发展的九条意见
2002.08.27	建设部等6部委	《关于加强房地产市场宏观调控促进房地产市场健康发展的若干意见》	强化土地供应、规范建设用地、充分发挥金融对房地产市场的调控作用
2002.11.17	建设部、国家计委	《经济适用住房价格管理办法》	首个针对广大中低收入者购房政策

资料来源:郭兆利(2015),方正证券。

三、房改效果:启动住房市场,运行较为平稳

房地产业全面发展,价格平稳增长。在房地产投资方面,逐年增加,占比不断提高,对中国经济增长贡献维持在15%左右,年均对GDP拉动1.2个百分点;在新开工面积方面,1998年为20387万平方米,2002年为42800万平方米,年均增速20%以上;在房地产销售面积方面,1998年为12185万平方米,2002年为26808万平方米;在房地产价格方面,房地产价格平稳增长,涨幅一直低于5%,低于同期收入涨幅。

1998年改革达到当初目的,房地产成为国民经济的支柱产业。特

别是 1998 年的房改、1999 年的房贷唤醒了民众的购房需求。但是这一时期住房供应结构不合理矛盾突现,招标、拍卖等方式的土地转让为其后来的高房价问题埋下了隐患。

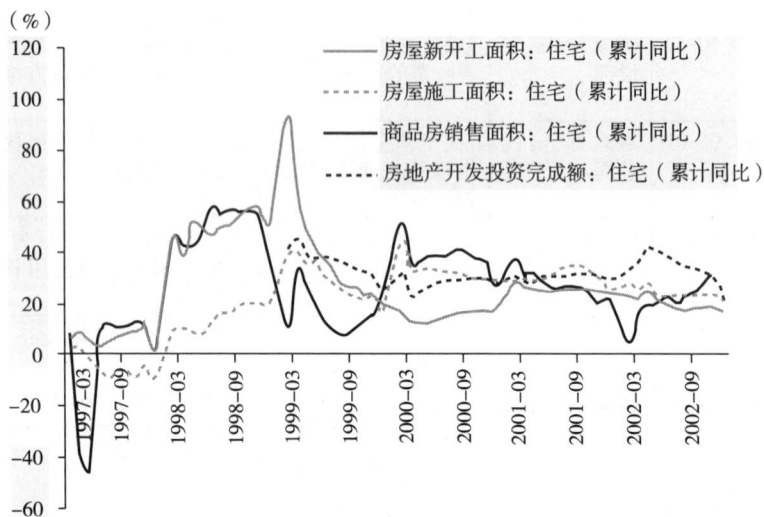

图 9-2　1998 年新政后房地产得到全面发展

资料来源:Wind,方正证券。

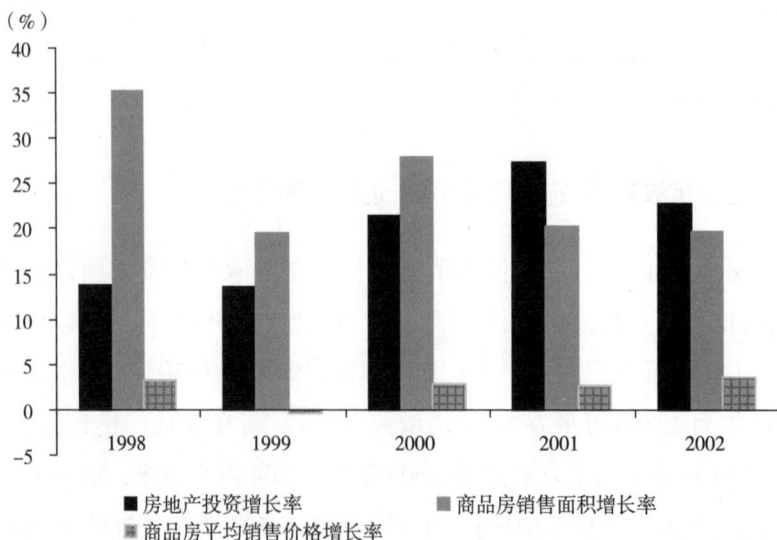

图 9-3　房地产价格平稳增长

资料来源:Wind,方正证券。

282

■ 第二节　2002—2004 年：抑制房地产市场过热

1998 年启动房地产市场以后，2002—2004 年房地产出现过热苗头，2002 年后房地产宏观调控全面展开，控制房价过快上涨的目标未能实现。每次房地产调控都带来股市的下降；债市也处于低迷。

一、调控背景：房地产供求矛盾显现，价格、投资增长过快

2003 年国家确立房地产为支柱产业，同年全国房地产开发投资首次突破 1 万亿元，同比增长 29.7%，全国商品房平均价格同比增长 3.8%。从 2003 年起，房地产出现过热的苗头。2003—2004 年，全国房地产开发投资增长超过 30%；2004 年全国房地产销售均价增长超过 17%，部分地区的房地产价格的增长幅度已超过当地居民收入增长幅度。房地产行业出现投资和需求过热并存的现象。

二、调控政策：加快推进住房市场化，抑制房价过快上涨

为了进一步促进房地产市场健康发展，解决房地产价格投资增长过快等问题，2003 年 8 月 12 日，国务院发布《国务院关于促进房地产市场持续健康发展的通知》（简称"18 号文"）。提出"房地产业已经成为国民经济的支柱产业"，还提出要"促进房地产市场持续健康发展"。相关部门出台相应政策进行辅助。

第一，管理政策：明确住房市场化改革方向。强调搞活住房二级市场。18 号文提出鼓励居民换购住房，这使得"卖旧换新"的需求大大增加。

第二，土地政策：加强调控。要求各地从严土地管理，严格控制高档商品房的土地供应，停止别墅类用地的土地供应；明确 2004 年 8 月 31 日后，不得再以历史遗留问题为由采用协议方式出让经营性土地使用权,一律实行招标、拍卖、挂牌出让。

第三,住房供应政策:控制房地产开发。将房地产开发项目(不含经济适用房)资本金比例由 20% 提高到 35%;控制拆迁规模,确保2004 年全年拆迁总量比 2003 年有明显减少。

第四,金融政策:加大信贷调控。对购买高档商品房、别墅或第二套以上(含第二套)商品房的借款人,适当提高首付款比例,不再执行优惠住房利率规定。同时,央行首次上调存贷款基准利率 0.25 个百分比。

表 9-2　2002—2004 年房地产主要调控政策

时间	机构	政策措施	政策重点
2002.08.27	建设部等6 部委	《关于加强房地产市场宏观调控促进房地产市场健康发展的若干意见》	强化土地供应、规范建设用地、充分发挥金融对房地产市场的调控作用
2003.06.05	央行	《关于进一步加强房地产信贷业务管理的通知》	提高高档商品房、第二套商品房首付款比例
2003.07.30	国务院	《关于清理整顿各类开发区加强建设用地管理的通知》	清理整顿各类开发区加强建设用地,控制土地供给
2003.08.12	国务院	《国务院关于促进房地产市场持续健康发展的通知》	确立了房地产为国民经济发展的支柱产业
2004.03.18	国土部等	《关于继续开展经营性土地使用权招标拍卖挂牌出让情况执法监察工作的通知》	"831 大限"
2004.04.27	国务院	《国务院关于提高钢铁等固定资产投资项目资本金比例的通知》	房地产开发项目最低资本金比例由 20% 提高到 35%
2004.05.13	建设部等	《经济适用住房管理办法》	完善经济适用住房和廉租住房保障政策
2004.06.06	国务院办公厅	《关于控制城镇房屋拆迁规模严格拆迁管理的通知》	合理确定拆迁规模和建设规模,确保 2004 年房屋拆迁总量比 2003 年减少

续表

时间	机构	政策措施	政策重点
2004.10.29	央行	加息	央行10年来首次上调存贷款利率

资料来源：郭兆利(2015)，方正证券。

三、调控效果：房价涨幅过大

房地产投资和供给下降，但房地产价格上涨势头并未控制住，反而加快了上升速度。受"831大限"政策影响，新开工面积增长率由2003年的27.82%下降到2004年的10.43%，城镇住宅占固定资产投资比重也出现下降；2003年受"非典"影响，全国新建商品房价格上涨4.84%，2004年上涨17.76%，远远超过城镇居民人均收入增长率。

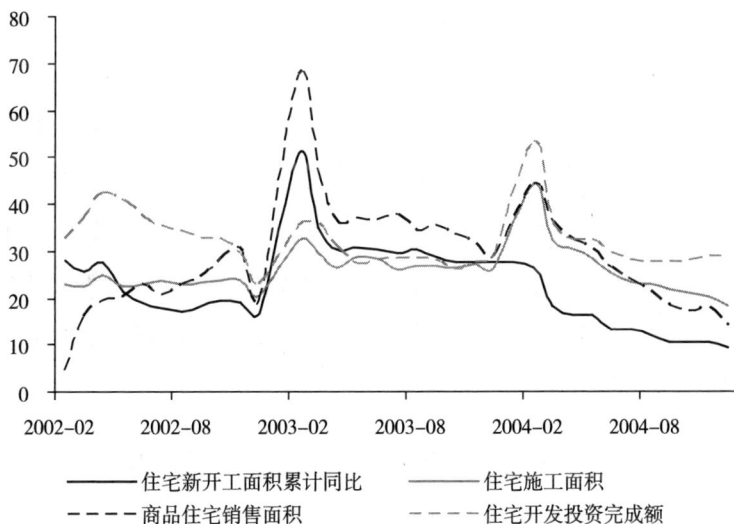

图9-4　"831大限"之后房地产开发下降

资料来源：Wind，方正证券。

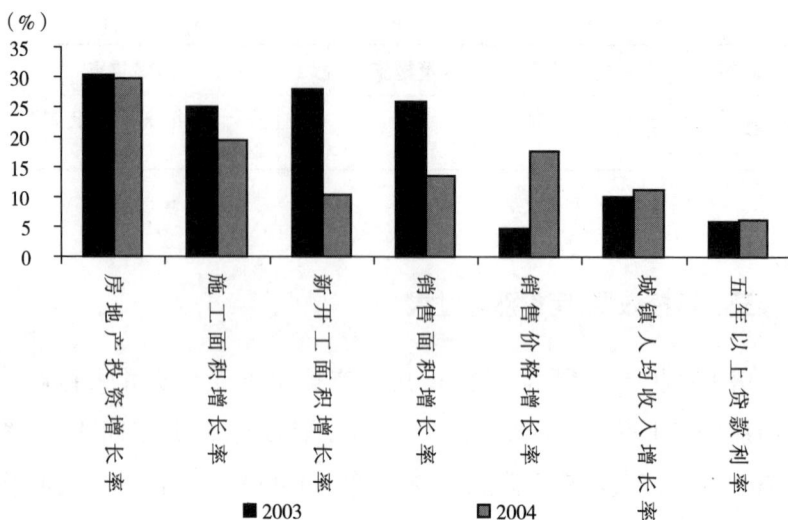

图9-5 房地产价格上涨势头没得到控制

资料来源：Wind，方正证券。

第三节 2005—2007年：稳定住房价格

如果说2003年是房地产宏观调控全面开展的一年，那么2005年则是房地产历史上首个大举"宏观调控"之年。房地产从出现过热的苗头，到上涨压力巨大，政府先后出台调整土地供应、调节市场、信贷结构和开征交易税费等措施；但这么多政策之下，2007年频现天价"地王"，稳房价的目标实现并不理想；股楼双牛，后股市大跌；债券由牛转熊。

一、调控背景：投资得到控制，价格上涨问题仍突出

房地产居住需求和投资需求大量增加。受政府调控影响，虽然城镇房地产投资占全社会固定资产的比重开始下降，但是由于城镇化率的提高，住房需求大量增加，同时房地产行业投机行为普遍存在。

二、调控政策：金融成主要手段，限制外资进入

18号文出台后，房地产投资过热现象得到一定缓解，但住房价格上涨过快的问题仍很突出。温家宝总理在"两会"上专门提到抑制高房价。2005年3月26日，国务院发布8号文，要求高度重视稳定住房价格工作。

表9-3　2005—2007年房地产主要调控政策

时间	机构	政策措施	政策重点
2005.03	国务院	《关于切实稳定住房价格的通知》	强调稳定住房价格的重要性
2005.03	央行	调整商业银行自营性个人住房贷款政策	下限利率为相应期限贷款基准利率的0.9倍；住房公积金贷款利率上调0.18%；对房价上涨过快的城市或地区，个人贷款最低首付款由20%提高到30%
2005.05	税务总局、财政部、建设部	《关于加强房地产税收管理的通知》	个人将购买不足2年的住房对外销售的，应全额征收营业税
2006.05	国务院	《关于调整住房供应结构稳定住房价格的若干意见》	进一步细化"国六条"，试图从信贷、经济适用房建设、增加小户型住房、扩大住房的有效供给等方面平抑高房价
2006.07	国务院	《关于加强土地宏观调控有关问题的通知》《关于修改〈中华人民共和国城镇土地使用税暂行条例〉的决定》《关于促进节约集约用地的通知》	加强土地市场的管理和建设用地的审批，要求严格依照法定权限审批土地，禁止非法压低地价招商，从严从紧控制农用地转为建设用地的总量和速度
2006.07	国土资源部	限制/禁止用地项目、招标拍卖挂牌出让国有建设用地使用权规定	进一步完善土地出让、使用等规定

287

续表

时间	机构	政策措施	政策重点
2006.07	建设部等	《关于规范房地产市场外资准入和管理的意见》	加强管理外商投资企业开发、房地产,限制境外机构与个人购房
2007	央行	六次上调金融机构人民币存贷款基准利率	1年期存款基准利率由2.52%上调至3.87%,1年期贷款利率由6.12%上调至7.29%
2007.05	商务部、外汇管理局	《关于进一步加强、规范外商直接投资房地产业审批和监管的通知》	加强对外商投资房地产业的审批和监管
2007.08	国务院	《关于解决城市低收入家庭住房困难的若干意见》	以住房保障措施为主要议题,要求解决好城市低收入家庭住房困难
2007.09	央行、银监会	《关于加强商业性房地产信贷管理的通知》	调整了利用贷款买房的首付比例,并明确指出贷款利率不得低于中国人民银行公布的同期同档次基准利率的1.1倍

资料来源:方正证券。

第一,管理政策:控制房价过快上涨。2015年4月,国务院常务会议明确表示,宏观调控的突出任务是解决房地产投资规模和价格上升幅度问题。

第二,土地政策:深化土地调控。严格土地审批,从紧控制农用地转为建设用地的总量和速度,完善土地出让、使用等规定。

第三,住房供应政策:调整住房结构。明确新建住房结构比例,要求套型面积90平米以下住房须达到开发建筑总面积的70%;以廉租住房为重点,解决低收入家庭住房问题。

第四,金融政策:从紧调控。提高贷款首付比例,从2007年9月27日开始二套房首付不低于40%,利率不低于基准利率1.1倍;加强对外商投资房地产的审批。同时,央行加息、上调存款准备金率(2007年上调十次)、上调基准利率。

三、调控效果：稳房价不理想

稳定房价不是很成功。2005 年房地产市场密集的政策让整个行业猝不及防，房价在经过短暂停顿后报复性上涨，价格和成交量双双上升；2006 年调控政策之多、措施力度之大都抵不住房价的飙升；2007 年地王频现，多次加息；2008 年销售面积出现下降，这是 1998 年以来首次新建住房销售面积下降，价格也相应下降 1.9%，一方面是受货币政策收紧的影响，另一方面是受国际金融危机的冲击。

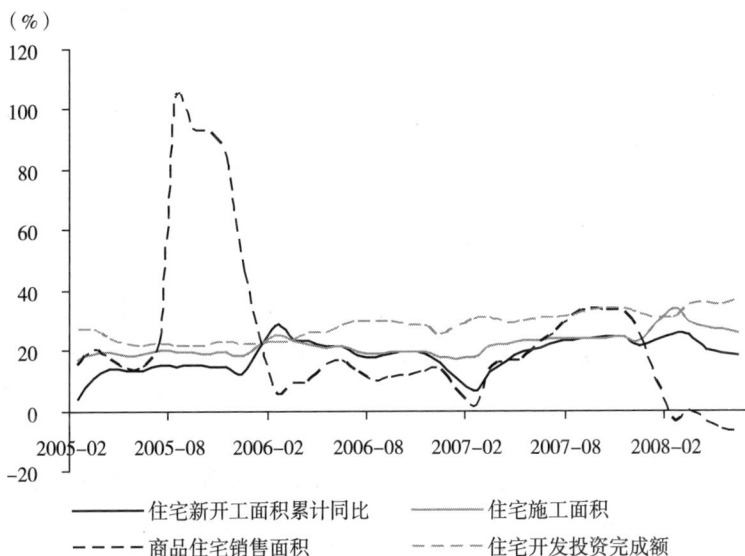

图 9-6　房地产开发投资及施工仍然增长

资料来源：Wind，方正证券。

■ 第四节　2008—2009 年：刺激住房消费

国际金融危机爆发，为稳定经济增长、避免房地产市场下滑，政策开始转向刺激住房消费，推出信贷支持、增加保障房供应和税收减免政策，房价大涨。

（％）

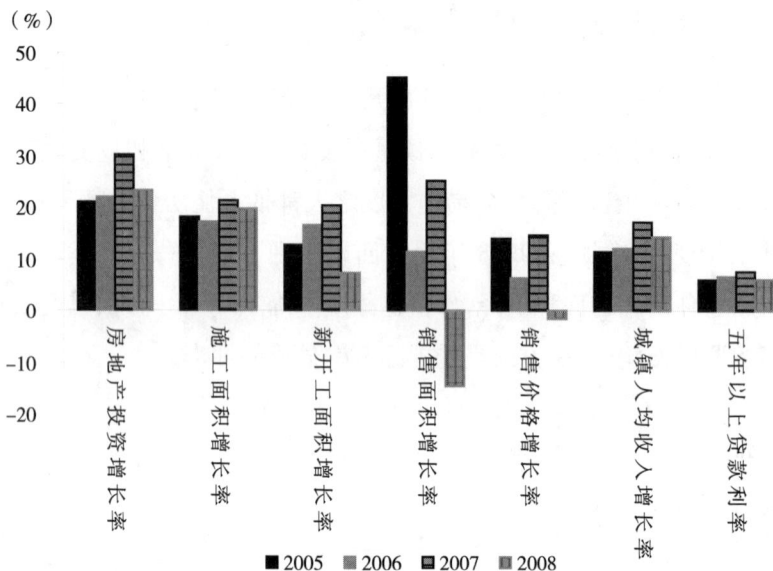

图9-7　房价起伏中上升

资料来源：Wind，方正证券。

一、调控背景：次贷危机导致全球经济衰退，国内四万亿元投资刺激

由美国次贷危机引起全球经济衰退。美国金融危机导致美国经济下滑、消费者信心不足，对进口的需求大大减少。美国次贷危机及随后的欧债危机迅速向全球蔓延，升级成国际金融危机和世界经济危机，中国经济也受到冲击。不仅如此，国际金融危机还打击了投资者的信心，国际资本大量撤离，中国利用外资总额在2009年下降了3.6%。

国家推出四万亿元投资计划。2008年11月5日，国务院常务会议决定在未来2年内投资四万亿元以刺激经济。中国宏观经济政策第一次采用"积极的财政政策和适度宽松的货币政策"进行描述，并罕见地提出"出手要快、出拳要重、措施要准、工作要实"执行该计划。

四万亿元投资计划中对房地产有影响的主要有两部分："加大金融对经济增长的支持力度。取消对商业银行的信贷规模限制,合理扩大信贷规模。""加快建设保障性安居工程。加大对廉租住房建设支持力度,加快棚户区改造,实施游牧民定居工程,扩大农村危房改造试点。"并于 2009 年 3 月的"两会"对保障性住房的规模进行调整,由 2008 年计划投资 2800 亿元增加到 4000 亿元。

二、调控政策：以保增长为目的,刺激房地产

2008 年 12 月,为应对国际金融危机和国内房地产销量下降的情况,国务院发布《关于促进房地产市场健康发展的若干意见》,体现政府态度。地方政府纷纷出台救市措施。

第一,管理政策：积极支持房地产业。面对土地拍卖市场的大逆转、万科的降价销售,2008 年 9 月 27 日,南京市政府打响"救市"的第一枪,出台《关于保持房地产市场稳定健康发展意见》。11 月国务院再次把房地产作为"重要的支柱产业"提上台前。

第二,住房供应政策：加大保障房建设。强调主要以实物方式、结合租赁补贴等形式解决城市低收入者住房问题。

第三,金融政策：加大自住型和改善型住房的信贷支持。自住型住房贷款利率七折优惠,降低贷款首付比、最低两成;宽松的货币政策,下调房地产项目最低资本金比例到 30%,下调法定准备金率至 15.5%。

第四,税收政策：调整交易税、减免营业税。首次购买 90 平米以下普通住房的,契税税率下调至 1%,免征印花税、土地增值税;个人销售 2 年以上的普通住宅免征营业税。

表9-4　2008—2009年房地产主要调控政策

时间	机构	政策措施	政策重点
2008下半年	央行	宽松的货币政策	四次下调存贷基准利率,两次下调法定准备金率
2008.08.14	住房和城乡建设部、发改委、财政部	2008年廉租房工作计划	新增廉租住房保障户数250万户,达到350万户
2008.10.22	财政部、国税总局	《关于调整房地产交易环节税收政策的通知》	首次购买90平方米及以下普通住房的,契税税率统一下调到1%
2008.10.27	央行	扩大商业性个人住房贷款利率下浮幅度	扩大商业性个人住房贷款利率下浮幅度,贷款利率的下限下调为0.7倍,首付比例下调为20%
2008.12.23	国务院办公厅	《关于促进房地产市场健康发展的若干意见》	加大保障性住房建设力度;进一步加大对住房消费的信贷支持力度
2008.12.29	税务总局、财政部	《关于个人住房转让营业税政策的通知》	个人销售购买2年以上的普通住宅,免征营业税
2009.07.17	银监会	《关于进一步加强按揭贷款风险管理的通知》	重点支持借款人购买首套及符合改善型标准的自住住房的贷款需求
2009.11.26	国税总局	《关于个人转租房屋取得收入征收个人所得税问题的通知》	个人将承租房屋转租取得的租金收入,缴纳个人所得税

资料来源:方正证券。

三、调控效果:销量、价格大涨

房价空前暴涨。2008年和2009年GDP增长率分别为9.6%和9.2%,保增长目的达到,大量资金流向房地产,房地产市场触底复苏,2009年房价大幅上涨。全国平均房价增长率23.3%,上海达到56.7%,大幅超过城镇居民人均可支配收入的增长幅度。虽然销售面积回到2008年之前的水平,但是投资、开工面积还远远落后于2008年之前的水平。

（%）

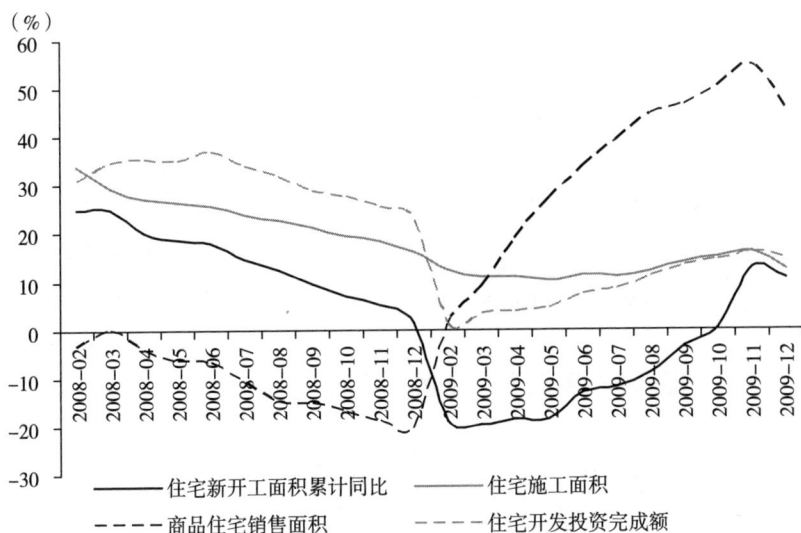

图 9-8　2009 年房地产反弹明显

资料来源：Wind，方正证券。

（%）

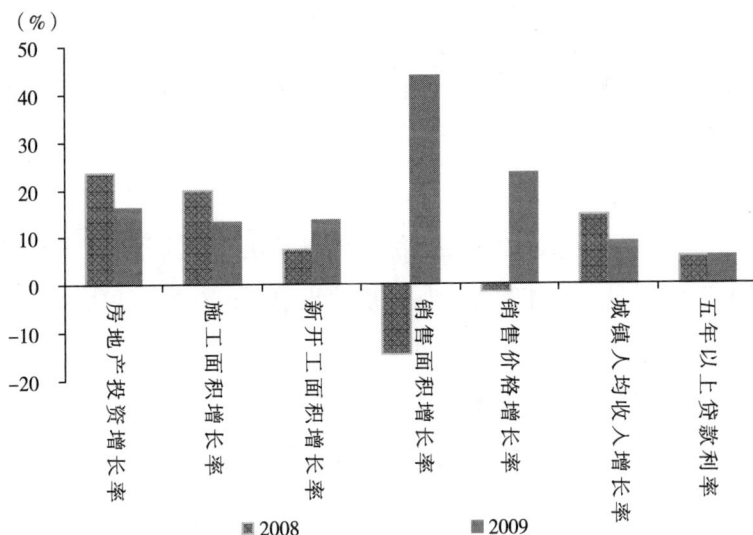

图 9-9　2009 年房地产销售、价格增长明显

资料来源：Wind，方正证券。

293

第五节　2010—2013 年:遏制房价上涨

2010 年 4 月,一方面,"史上最严厉的调控"在"两会"之后拉开序幕;另一方面,对"二次房改"的呼声越来越大,要求加大保障房的建设。在土地供应、市场结构、税收和信贷调控基础上,全面祭出限购措施,房地产过热势头得到暂时限制。

一、调控背景:房地产市场强势复苏

2009 年中国经济率先从金融危机中复苏,宽松的信贷和投资政策导致 2009 年房价过快增长。2009 年 12 月 14 日国务院出台"国四条",要求继续综合运用土地、金融、税收等手段来遏制部分城市房价的过快上涨。以此为标志,房地产调控政策从刺激转向遏制。

二、调控政策:部分城市开始限购,加大保障房建设

从 2010 年 4 月 14 日以来,调控措施接二连三的出台,由调控姿态升级到坚决遏制,"国四条"、"国十条"、全面叫停销售定金等高密度政策震惊国内外。

第一,管理政策:遏制价格上涨。国务院出台多项通知,明确房地产调控以遏制房价上涨和加大保障房建设、增加普通商品住房供给为主要目标。

第二,土地政策:加强土地调控,增加普通住房有效供给。适当增加中低价位、中小套型住房和租房用地供应,提高土地供应和使用效率。

第三,住房供应政策:重视保障房建设。在土地、金融政策方面给予保障房积极支持;落实 2013 年的保障房建成 470 万套、新开工 630 万套任务。

第四,金融政策:差别化信贷政策。首付比例调整到30%以上;二套房首付比例不低于50%,贷款利率不低于基准利率的1.1倍;暂停第三套房贷款;不能提供一年以上纳税证明或社保证明的非居民停发房贷。

第五,税收政策:房产税试点。营业税免征期限从2年恢复到5年;沪渝房地产税试点。

第六,住房需求政策:部分城市开始限购。北京等一些房价过高的城市颁布家庭限制购房套数政策,上涨过快的二三线城市也要采取限购。

表9-5　2010—2013年房地产主要调控政策

时间	机构	政策措施
2010.01.10	国务院	严格二套房贷款管理,首付不得低于40%
2010.04.17	国务院	《国务院关于坚决遏制部分城市房价过快上涨的通知》、新"国十条",采取限购政策
2010.09.27	国土部	土地闲置一年以上的企业禁止参加土地竞买活动
2010.09.28	财政部、国税总局	公共租赁住房建设和运营实施税收优惠政策
2010.09.29	央行、银监会	严格执行差别化房贷政策,暂停发放第三套及以上住房贷款
2010.09.29	财政部等	出售自有住房并在1年内重新购房的纳税人不再减免个人所得税
2010.09.29	住建部等	关于进一步贯彻落实国发[2010]10号文件的通知、限购政策
2011.01.26	国务院	把二套房贷首付比例提至60%,贷款利率提至基准利率的1.1倍
2011.01.27	财政部	规定个人将购买不足5年的住房对外销售的全额征收营业税
2011.07.12	国务院	国务院常务会议制定新"国五条",要求继续严格执行限购政策,上涨过快的二三线城市也要采取限购
2013.03.01	国务院	抑制投资性购房、增加住房及用地供应、加快保障性安居工程建设

续表

时间	机构	政策措施
2013.04.03	住建部	《关于做好 2013 年城镇保障性安居工程工作的通知》,加强保障房落实力
2013.07.05	国务院	认真执行房地产调控政策,落实差别化住房信贷政策
2013.07.12	国务院	《关于加快棚户区改造工作的意见》,推进棚户区(危旧房)改造
2013.12.13	财政部等	首购 90 平米以下安置房征 1%契税

资料来源:方正证券。

三、调控效果:房价过快上涨势头得到暂时抑制

总体房价过快上涨的势头得到暂时抑制,但区域分化明显。房价仍有增长,但增长已放缓,且有进一步放缓的趋势。最先实施限购的北京的销售面积增长率由 2009 年的 76.9% 下降到 2010 年的 −30.6%,其房地产市场大幅波动问题突出。

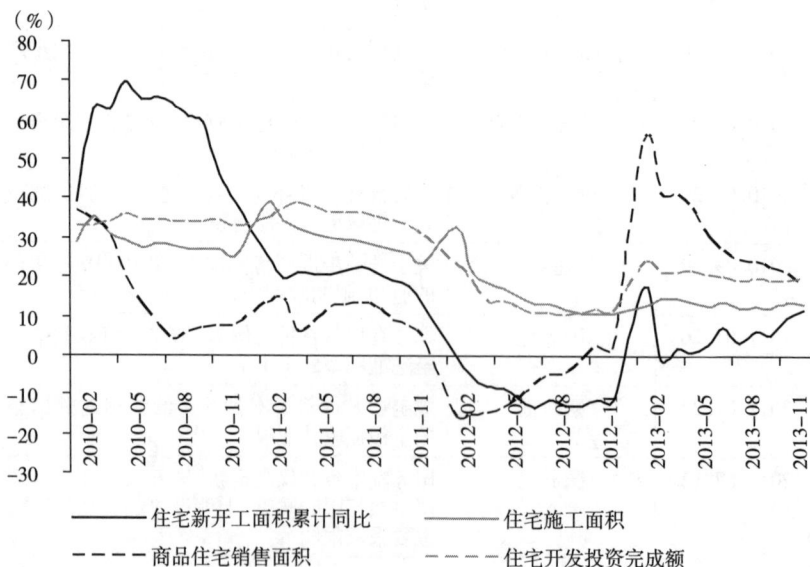

图 9-10　房价上涨的势头得到抑制

资料来源:Wind,方正证券。

296

（％）

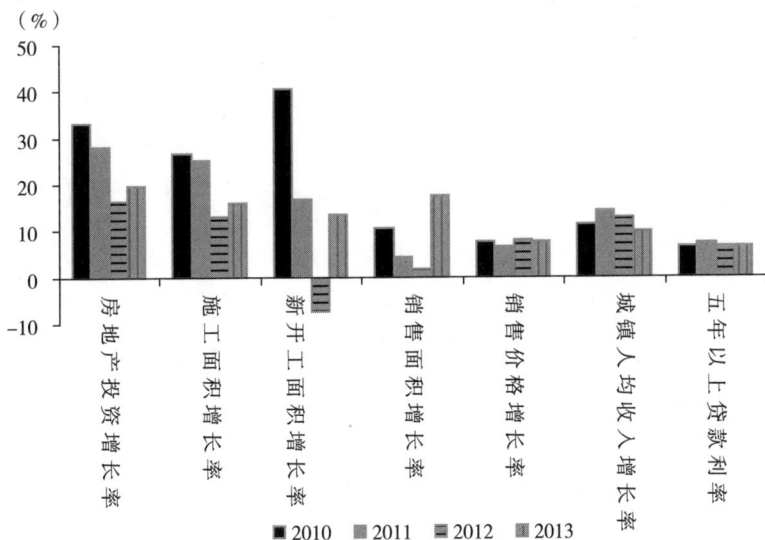

图9-11　价格增长率低于人均收入增长率

资料来源：Wind，方正证券。

不过，2012年货币政策宽松使得部分区域房价从2012年下半年开始进入一轮小周期上涨。从2011年底开始到2012年中，央行先后两次降准、两次降息，存款准备金率由2011年底的21.5%下调到2012年中的20%，同期基准利率由3.5%下调到3%。降准、降息后，销售和地产投资回暖回暖，2012年下半年，一线城市房价明显回升。

■ 第六节　2014—2016年9月：借稳增长和去库存，再度刺激

中国经济进入新常态，在"稳增长"和"去库存"的政策诉求下，出台了四轮房地产刺激政策，主要是放松限购限贷，加强信贷支持和税收减免。2015—2016年一二线城市房价暴涨，三四线城市平稳，区域分化明显。

一、调控背景：总量放缓，区域分化

2014 年中国经济再度面临下行压力，稳增长诉求凸显。

经济增速换挡，进入新常态。新常态不仅意味着经济增速发生变化，经济发展方式、结构、体制等也在不断变化。

房地产市场步入"总量放缓、区域分化"的第二发展阶段。一二线城市高房价和三四线城市高库存并存。

针对国内经济及房地产市场的新形势，住房政策也相应地出现变化，并逐渐把目标聚焦在去库存及分类管理上。

二、调控政策：放松限购限贷，货币宽松

2014 年 5 月首次出现 70 个大中城市新建商品住宅价格环比下跌。

2014 年 6 月，呼和浩特首先取消实施三年的限购政策。截至 2014 年底，除北上广深，大部分实行限购的城市取消了限购政策。

2014 年 9 月 30 日，央行、银监会公布《关于进一步做好住房金融服务工作的通知》（"930"新政），通知明确规定调整房贷政策，二套房认定标准由"认房又认贷"改为"认贷不认房"。通知要求：对于贷款购买首套普通自住房的家庭，贷款最低首付款比例为 30%，贷款利率下限为贷款基准利率的 0.7 倍，具体由银行业金融机构根据风险情况自主确定；对拥有 1 套住房并已结清相应购房贷款的家庭，为改善居住条件再次申请贷款购买普通商品住房，银行业金融机构执行首套房贷款政策；银行业金融机构要缩短放贷审批周期，合理确定贷款利率，优先满足居民家庭贷款购买首套普通自住房和改善型普通自住房的信贷需求。

2015 年 3 月 30 日，央行、住建部、银监会联合发文（"330"新政）：二手房营业税免征限期由 5 年改为 2 年；二套房商业贷款最低首付比

例降至 4 成；公积金贷款首套房首付比例调整为 20%。

从 2014 年 11 月 22 日至 2015 年底 6 次下调存贷款基准利率，中长期贷款利率下降至 4.9%。多次下调存款准备金率。

2015 年 12 月中央经济工作会议强调"化解房地产库存"。

2016 年 2 月 17 日，财政部、国家税务总局、住房城乡建设部三部门联合发布《关于调整房地产交易环节契税营业税优惠政策的通知》：首套房 144 平方米以上房屋契税由 3%降至 1.5%；二套房契税由 3%降至 1%（90 平米以下），由 3%至 2%（90 平米以上）；购买 2 年以上房屋交易全部免征营业税，不再征收购买 2 年以上非普通住宅的营业税；北上广深仅适用第 1 点，第 2、3 点优惠不享有。

2016 年 2 月 29 日，央行再度降准。

三、调控效果：一二线城市房价大涨，三四线城市平稳

2014 年"930"新政和"1121"降息以后，房市开始触底回升。2015 年"330"新政、持续降息降准以及 6 月股灾以后，一二线城市房价、销量开始加速上涨。2016 年 2 月税费减免政策和降准以后，一二线城市房价启动暴涨模式，部分区域房价甚至接近翻倍。

值得注意的是，2015—2016 年房地产市场出现明显分化，在一二线城市房价暴涨的同时，三四线城市房价稳定并持续去库存，体现了"总量放缓、区域分化"的新发展阶段特征。

■ 第七节　2016 年 9 月至今：长短结合，促进健康发展

2016 年房地产市场呈现"一二线城市高房价、三四线城市高库存"的区域分化现象。2015—2016 年全国一二线城市房价暴涨引来新一轮调控，政策长短结合，短期依靠限购限贷，长期寻求建立长效机制。

一、调控背景:经济 L 型企稳和政策强调防风险

2016 年随着经济 L 型企稳、通胀预期抬头以及一二线城市房价暴涨,刺激房地产稳增长的阶段性任务完成,但三四线城市去库存效果区域差异较大,同时金融风险凸显。7 月政治局强调"抑制资产价格泡沫"、10 月强调"防风险"、12 月中央经济工作会议强调政策从稳增长转向防风险和促改革,房地产政策开始从刺激转向收紧。

二、调控政策:短期调控和长效机制

2016 年 7 月政治局会议提出"抑制资产价格泡沫"。

2016 年 8 月底,央行为去杠杆重启 14 天逆回购,随后又重启 28 天逆回购,加大 MLF 操作力度,锁短放长,拉长期限提高资金成本,相当于隐性加息。2017 年 1 月央行正式上调 MLF 操作利率。

2016 年国庆前后,房地产调控政策密集出台。自 2016 年 9 月 30 日晚间至 10 月 6 日,短短七天时间,北京、天津、苏州、成都、合肥、南京、深圳等多个城市先后发布新房市调控政策,后又有珠海、东莞和福州三座城市重启限购限贷,再加上严格房市管理的惠州,使得本轮全国加入调控行列的城市达到 19 个。

随后热点城市又不断推出加强版调控政策。以南京为例,在 9 月 26 日出台限购政策,限制拥有 2 套以上住房的居民家庭购买新房。10 月 5 日,短短十天的时间,又发文加大对南京房地产市场的调控力度,单身人士限购 1 套住房,有贷无房或有房无贷的居民再购买住房商贷首付比率最低为 50%。此外,杭州、厦门、苏州、郑州同样在短时期内连续出台加强版限购限贷政策。

2016 年 12 月中央经济工作会议重点强调"促进房地产市场平稳健康发展",首次提出"长效机制":要坚持"房子是用来住的、不是用来炒的"的定位,综合运用金融、土地、财税、投资、立法等手段,加快研

究建立符合国情、适应市场规律的基础性制度和长效机制,既抑制房地产泡沫,又防止出现大起大落。要在宏观上管住货币,微观信贷政策要支持合理自住购房,严格限制信贷流向投资投机性购房。要落实人地挂钩政策,根据人口流动情况分配建设用地指标。要落实地方政府主体责任,房价上涨压力大的城市要合理增加土地供应,提高住宅用地比例,盘活城市闲置和低效用地。特大城市要加快疏解部分城市功能,带动周边中小城市发展。要加快住房租赁市场立法,加快机构化、规模化租赁企业发展。加强住房市场监管和整顿,规范开发、销售、中介等行为。

三、调控效果:迅速降温

由于重新收紧限购限贷政策,2016年国庆过后,一二线城市房价和销量迅速降温。

房地产调控的长效机制仍有待破题。

第八节 历次房地产调控的反思

近20年来,房地产调控在稳增长和控房价之间几经反复,先后动用了货币、信贷、税费、土地等各种政策工具,但越调越涨,北上深一线城市房价排在全球前列,其中经验教训值得深思。

表9-6 历次房地产调控政策、目标及房价变化

时间	调控态度	主要政策	调控目的	房价变化
1998—2002年	鼓励	1998年房改,住房分配货币化	刺激住房需求消费,使其成为国民经济中重要的一个产业	房地产业全面发展,价格平稳增长
		1999年房贷,住房信贷、公积金管理等		
		2002年土地招拍挂		

301

时间	调控态度	主要政策	调控目的	房价变化
2003—2004 年	收紧	2003.3《关于促进房地产市场持续健康发展的通知》 2003.8《国务院关于促进房地产市场持续健康发展的通知》 2004.4 提高房地产项目资本金比例	确立房地产为支柱产业,抑制房价过快上涨	房地产价格上涨势头并未控制住,反而加快了上升速度
2005—2008 年 8 月	持续收紧	2005.3"国八条" 2005.6"新国八条" 2006.5"十五条" 2007 年 3—8 月央行四次加息 2007.9 二套房首付不得低于40%	稳定房价	房价在经过短暂停顿后报复性上涨,价格和成交量双双上升
2008 年 9 月—2009 年	刺激	2008.10 央行系列新政支持房地产 2008.12《关于促进房地产市场健康发展的若干意见》	政府由"控制房市"向"拯救房市"转变	先下降后空前上升
2010—2013 年	收紧	2010.4"新国十条" 2010.9 限购 2011.1 二套房首付提至60%,利率提升至基准利率的1.1倍 2013 加强保障房建设	遏制房价上涨	房价过快上涨的势头得到抑制,但压力仍在
2014—2016 年上半年	刺激	2014.5 央五条 2014.9"930"新政 2015 稳定住房消费,坚持因地施策	去库存	先回落,后一二线城市房价空前上涨,三四线城市去库存

续表

时间	调控态度	主要政策	调控目的	房价变化
2016 年9 月至今	收紧	2016. 9 "930" 新政	抑制一二线城市房价过快上涨，建立长效机制	成交量迅速下降

资料来源：方正证券。

一、调控的政策工具及效果

房地产市场是受政策影响较大的市场，市场的波动通常与政策的调整紧密相关，房地产政策主要包括土地、金融、财税政策，对房地产市场的影响，路径和效果各有不同。

（一）货币政策直接影响购买力

房地产短期看金融，首付比例和贷款优惠利率直接决定房地产购买意愿和购买力。货币超发，资产配置需求强烈，叠加首付比例和贷款利率降低，购买力提升，房地产需求迅速释放。

货币宽松一般会刺激房价回升，时滞 3 个月以上，货币紧缩传导至房价的时间因城市而异，在 3—12 个月之间。货币宽松对刺激房地产具有立竿见影的效果，根据历年经验，当房价出现实质下跌时，调控政策会松绑，进行货币层面上的刺激可以在较短时间内刺激需求，使房市回暖。货币紧缩并不能对抑制房价过快上涨起到决定性的作用。如果总需求旺盛，货币紧缩也难以改变上涨趋势，但如果总需求低迷，货币紧缩会对房价下滑起到助推作用。

（二）土地政策对不同城市效果不同

中国一二线城市和三四线城市房地产市场存在较大差异。在三四线城市土地大量供给的同时，部分一二线城市甚至面临无地可卖的境地。北京土地购置面积在 2002 年达到顶峰,后明显下降。到了 2011 年,只有 2002 年 24.2%的土地购置面积。土地供给减少,人口流入增多,必然带来房价的上涨。

目前中国一线城市短期内可用于开发的土地严重不足,是造成房价上涨预期的主要原因。同时地方政府严重依赖土地财政,有意压低土地供给以期卖出高价,土地成本的高企导致开发商不得不以更高的价格出售楼盘。有些开发商从政府手中拍到土地后不积极开发,而是等待土地升值后转手卖掉,甚至有些开发商在楼盘建好后捂盘惜售,使有效的土地供给没有及时转化成有效的房屋供给。

(三)财税政策直接影响市场供应

税收政策直接影响房地产交易量,营业税、个人所得税、契税的优惠、减免,对增加房地产供应有直接影响。土地增值税的征收和计算,也直接影响开发商的推盘节奏。

2005 年以来,房地产交易环节的税费作为一个调控政策,最初是为了抑制投机投资性需求,2008 年后也作为一种鼓励住房消费的政策。从效果来看,税收政策并不能抑制房价上涨,但是对交易量影响较大。增加交易税会传导到房价,但会对交易量有负面影响。

(四)"限购"等行政措施短期影响直接

2010 年中国开始把限购作为一个抑制投机投资性需求的重要调控政策。从效果来看,短期限购政策对房地产成交量影响显著,但是也导致了一些"假离婚"等其他的社会问题。且限购一取消,房价将迅速上涨,并未解决根本问题。

二、历次房地产调控的反思

第一,重抑制需求,轻增加供给。现有政策中,如"提高首付比例"

"提高贷款利率""限购""限贷""二手房交易征税"等政策，都是为调整和控制市场需求，但需求的压制是暂时的，刚性需求的存在，投资获利的机会都使得消费者在调控松绑时投入到购房大军的人群中。所以，这些政策只是将消费者的需求强制性延后，并没有有效的解决房价增长的问题。这些政策对于炒房和投资者有一定的遏制，但也给刚性需求的消费者带来了更多的经济负担。

第二，经常使用行政手段，市场机制不完善。房地产行业有其市场经济的运行特性，需要建立能平衡供需，抑制投机，促使资源有效利用的长效机制。但现有政策多通过行政指令进行调控，政策在实际实施中，很难落到实处。开发商和地方政府，会将行政指令曲解，如二手房交易征税导致了税负转嫁，反而推高了房价；外地人限购政策催生了与本地人假结婚的结婚潮等。房地产作为一个市场体系中的产业，要遵循市场调控的机制，单纯的依靠行政指令，达不到调控的目的。

第三，货币超发使得房地产越来越货币金融化，而脱离居住属性和居民收入基本面。过去几十年房价持续上涨，一部分可以用城镇化、居民收入等基本面数据解释（居住需求，商品属性），另一部分可以用货币超发解释（投机需求，金融属性）。由于中国城镇化速度、居民收入增速和货币超发程度（M2 与 GDP 增速的裂口）超过美国、日本等主要经济体，造就了中国房价涨幅冠全球。2014—2016 年货币超发导致房价涨幅远超 GDP 和居民收入增速，房地产越来越货币金融化。

第四，土地是地方财政的保障，同时也成为了高房价的推手。高地价推高房价。在房地产开发总成本中，土地成本占直接成本的比例高达 58.2%，成为地方政府财政收入的主要来源。由于地方政府对土地财政的依赖，天然追求土地出让收入最大化，成为高房价的重要推手；要客观看待过去几十年土地财政为中国城镇化融资的历史贡献，但也要正视地价推高房价、拉大财富差距等负面作用。

三、长效机制是解决高房价问题的治本之策

高房价是改革开放以来诸多矛盾的一个侧影,不仅涉及城市发展理念、中央地方财权分配、国有土地供应体制,也与收入分配格局、经济结构转型、信贷等因素密切相关。高房价是市场效率与公共利益失衡的直接体现。解决高房价问题,必须坚持"房子是用来住的、不是用来炒的"定位,政策工具长短结合,长效机制稳定购房预期、行政控制稳定短期价格,形成"长枪短炮"结合的平衡政策火力,才能走出十年来房地产调控"越调房价越高"的泥淖。

(一)短期加强市场监管、消除"恐慌性"购房预期

2016 年部分城市房价暴涨,除刚需、改善型需求入场外,更多的是提前刚需、提前改善型需求释放。在房价即将暴涨的强烈预期下,有些房地产开发企业"捂盘惜售",一些中介机构趁机炒作房价,营造"一房难求"的市场氛围,更有各种"首付贷"押宝房价短期暴涨套利,这些都是市场短期失灵的直接表现。

逐利是房地产开发企业的天性,利用"买涨不买跌"的心理促使迅速成交也是房地产中介的最优选择。但是,房地产市场是先天的垄断竞争市场,老百姓本来就是信息弱势的群体,如果强势的市场主体利用掌握的信息操纵、影响市场,政府就必须出手,对不规范的市场行为进行坚决的打击。政府出手,直接目的在于纠正微观主体的不当行为,最终目的还是防范可能引发的市场风险。住房作为资产,价格具有刚性,"十次危机九次地产",在市场失灵时,政府必须直接亮剑,给百姓吃定心丸。

(二)长期构建房地产健康发展长效机制,构建"阶梯型"消费预期

1998 年以来,我国停止住房实物分配,商品房市场逐渐成为满足

城镇居民住房需求的主渠道。从计划到市场,改革的成就不仅体现在人均住宅建筑面积从 6.7 平方米到 30 多平方米的巨大飞跃,还一举奠定了房地产这个万亿级行业的支柱地位,使其成为拉动中国经济增长的强大动力。

然而,在当前信用货币制度下,房地产的流动性大大提升,有流动性就有货币性,有货币性资产就具有了金融性。

美联储频繁使用"实体经济"这个词,直指除去房地产市场和金融市场之外的部分,就是充分考虑了房地产的"金融性"。当房子从"砖瓦水泥"变成金融产品,就一定具有适合投资、投机的特征,我们对房地产行业的认识也应随之深化。

第一,调控主体应从中央转移到地方,形成中央和地方调控合力。房地产市场宏观调控始于 2002 年,建设部等 6 部委印发的《关于加强房地产市场宏观调控促进房地产市场健康发展的若干意见》,拉开全国一盘棋调控房地产的大幕。今年以来,房地产市场延续了去年的升势,但区域分化、冷热不均的态势更加明显。面对区域分化的市场,作为宏观调控的主体,中央政府应着手建立长效机制,更多的行政调控责任,应交给地方政府,"因城施策"。土地、税收等关键要素在地方,只有地方政府承担主体责任,才能上下联动,在房地产调控上形成合力。

第二,控房价应与防风险并重。房地产调控,目的在于抑制泡沫形成,不能持续高歌猛进,形成"大起";也不能过度影响信心,造成"大落"。日本在 20 世纪 90 年代金融和房地产政策出台的节奏和时机上出现误判,导致房地产泡沫破灭非常剧烈,是为前车之鉴。长效机制的着眼点,在于效果长期、预期长期,目的是促进房地产业的平稳发展。

第三,适应城镇化发展趋势,全面推行"人地挂钩",增加人口迅速增长城市的土地供给弹性。"量出为入"的土地经营思维、要人不供地,是部分城市住房供应短缺的直接因素。改革之初,农民工做候鸟,春来冬去,城市是挣钱的驿站,家乡是最终的居所。随着户籍改革的深入推进,到城市寻找美好生活,不再是一种奢求。每年新就业大学生、进城务工人员,是城市的建设者,也应该成为城市成熟基础设施的享有者。未来的城市也会有人口的争夺,一个土地供应有弹性、房价稳定的城市,才能吸纳就业、吸纳人口,最终实现良性循环。

第四,推进房地产税收改革,降低交易环节税费、提高保有环节税费,适时开征空置房房产税。当前,我国房地产税收体系主要有 10 个税种,涵盖开发建设、交易和保有等各环节。房地产税结构呈"重增量轻存量、重建设交易轻保有"的特征。房地产行业税赋之重,远高于全国整体水平。应推进房地产税改革,对各环节税收进行调整,减少交易环节税费、支持居民置换和房产流通;增加保有环节税费,调节财富分配不公。通过简并税种、优化税收结构,为房地产税替代土地出让收入创造条件。同时,应开展空置房房产税试点,减少社会资源的浪费,引导购房预期,避免住房成为炒作的工具。

第五,改革住房公积金制度,真正发挥政策性金融机构的作用。住房公积金制度作为房改的产物,长期以来,给缴存者提供了低利率的贷款支持,并以税前抵扣的方式,给缴存职工节省了个税支出。制度发展二十年,已面临资金池较为封闭、贷款额对购房支持相对不足等问题,亟须改革。各地公积金中心积累了大量缴存职工的工资收入、职业变动等信息,并已拥有可观的优质贷款资产,已颇具政策性金融机构的雏形。如以改善职工体验为导向,以增加缴存职工购房支持为抓手,深入推进住房公积金制度改革,相信公积金制度会焕发新的生机,也会给房地产供需两端提供长期稳定的资金来源。

第六,在建立长效机制时,应注意划分市场和保障的界线。早在"十二五"时期,我国就已新建各类保障性住房 3600 万套,基本实现"应保尽保",当前,应停止实物保障房建设,变补"砖头"为补"人头",

实现保障房和商品房供应并轨。房改以来,中央和各级政府从财政、金融、土地各方面支持保障房建设,不仅对保障房免收各种行政事业性收费,还对保障房贷款进行利息优惠和财政贴息,对保障房用地优先供应并实行划拨管理。种种优惠,并给予部分保障房产权,可能形成新的"分配不公",也使得诟病保障房的声音屡屡出现。在目前实物保障房已基本满足需求的情况下,将住房供应交给市场,对贫困人群进行精准补贴,是兼顾公平和效率的最优选择。

稳房价,就是稳民心。稳房价,重在稳预期。权威人士早就说过,"在社会主义市场经济条件下,宏观调控本质上是预期管理。国际金融危机后,世界经济更加复杂多变,导致预期不确定性加大。在这种情况下,我们更要注重加强预期引导。怎么稳预期? 关键是稳政策。"房价现已"高处不胜寒",政策腾挪空间已越来越小,只有长短结合,打好"组合拳",才能"好风凭借力",实现房地产行业的平稳健康发展。

第十章 谁是房地产盛宴的最大受益者:房价构成分析

[**本章要点**]

在房地产的盛宴里,谁切得了最大的蛋糕?本章分析了房价构成,以便更好地理解房地产市场的利益主体、激励机制以及各自的行为模式,并有助于判断房市的博弈结构和趋势。

研究发现:

第一,地方政府是房地产市场最大受益者,政府所得占房价的6成左右。从宏观层面看,2014年土地出让金和房地产相关的税收占房地产销售额的85.8%;从中观城市看,2015年土地出让金和税收占房价的56.8%;从微观上市企业看,2015年土地出让金和税收占房价的56%。

第二,由于地方政府对土地财政的依赖,天然追求土地出让收入最大化,成为高房价的重要推手。

第三,要客观看待过去几十年土地财政为中国城镇化融资的历史贡献,但也要正视地价推高房价、拉大财富差距等负面作用。

第四,土地财政难以持续,出路在于建立房产税、消费税、个人所得税等地方主体税,这涉及深层次的经济乃至政治改革。不动产实名制和金融实名制是现代国家治理的基础。

为什么地方政府热衷于经营城市、对调控房价不积极?利益结构决定博弈结构和行为模式。本章旨在透过房价构成,研究房地产市场的利益主体及博弈行为。

■ 第一节 从宏观来看,土地出让金和税收占房价的八成

房地产相关税收占商品房销售额已达八成,房地产相关税收增长迅猛。2014 年全国商品房销售额为 87281 亿元,土地出让金和 11 种相关税收 65599 亿元,房地产相关税收占商品房销售额达 84.2%。1999—2015 年,国有土地出让金从 514 亿元增至 3.25 万亿元,增长 63.3 倍,占地方财政本级收入的比例从 9.2%增加至 39.2%。5 个房地产特有税种税收合计从 2004 年的 1207 亿元,飙升至 2014 年的 1.38 万亿元,十年之间增长 11 倍,占地方财政本级收入之比也从 2004 年的 10.16%上升至 2014 年的 18.21%。6 个房地产业相关的税种税收合计,从 2004 年的 1028 亿元,上升到 2014 年的 7294 亿元,增长 7 倍,2014 年 6 种房地产相关税种税收合计占地方财政本级收入的比重为 9.61%。

一、1999—2015 年土地出让金增长 63.3 倍,2015 年占地方财政本级收入 39.2%

1999—2015 年间,国有土地使用出让金收入增长 63.3 倍,复合增长率 29.6%。1999 年城市住房制度改革后,国有土地使用权出让收入增长速度大幅提升,1999 年为 514 亿元,2001 年即达 1296 亿元,到2014 年已经达到 4.26 万亿,2015 年虽降至 3.25 万亿,但复合增长率仍然达 29.6%,占地方财政本级收入的比例从 9.2%增加至 39.2%。

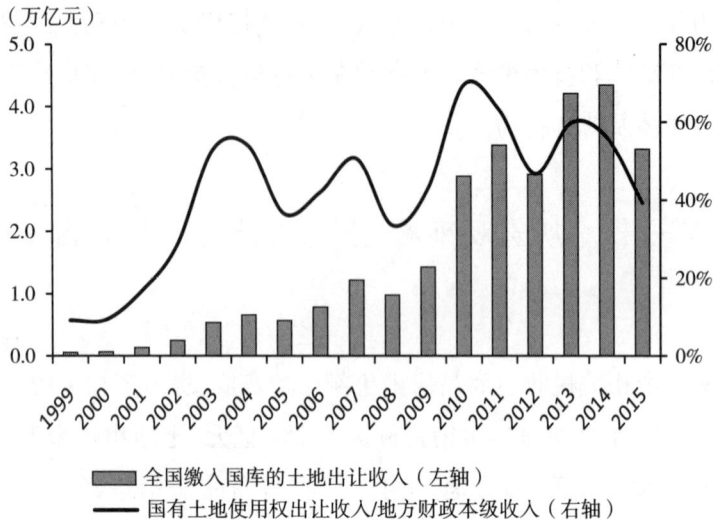

图 10-1　1999—2015 年土地出让金及其占地方财政本级收入比重

资料来源:中国国土资源统计年鉴,国家统计局,方正证券。

二、2004—2014 年 5 种房地产特有税收增长 11 倍,占地方财政本级收入之比从 10.16%上升至 18.21%

　　目前涉及房地产业的税种有 11 个,其中 5 个税种为房地产行业所特有,包括房产税和城市房地产税、城镇土地使用税、土地增值税、耕地占用税以及契税。5 个房地产特有税种税收合计从 2004 年的 1207 亿元,飙升至 2014 年的 1.38 万亿元,十年之间暴涨 11 倍。占地方财政本级收入之比也从 2004 年的 10.16%上升至 2014 年的 18.21%。

表 10-1　5 个房地产特有税种

税种	说明
房产税和城市房地产税	房产税是以房屋为征税对象,按房屋的计税余值或租金收入为计税依据,向产权所有人征收的一种财产税;城市房地产税是对属于中外合资经营企业、中外合作经营企业、外国企业和外商的房屋、土地按照房价、地价或租价向房地产所有人或使用人征收的一种财产税

续表

税种	说明
城镇土地使用税	城镇土地使用税是以开征范围的土地为征税对象,以实际占用的土地面积为计税标准,按规定税额对拥有土地使用权的单位和个人征收的一种资源税
土地增值税	土地增值税是指转让国有土地使用权、地上的建筑物及其附着物并取得收入的单位和个人,以转让所取得的收入减除法定扣除项目金额后的增值额为计税依据向国家缴纳的一种税赋(不包括以继承、赠与方式无偿转让房地产的行为)
耕地占用税	耕地占用税是国家对占用耕地建房或者从事其他非农业建设的单位和个人,依据实际占用耕地面积、按照规定税额一次性征收的一种税,属行为税范畴
契税	契税是以所有权发生转移变动的不动产为征税对象,向产权承受人征收的一种财产税。应缴税范围包括:土地使用权出售、赠与和交换,房屋买卖,房屋赠与,房屋交换等

资料来源:方正证券。

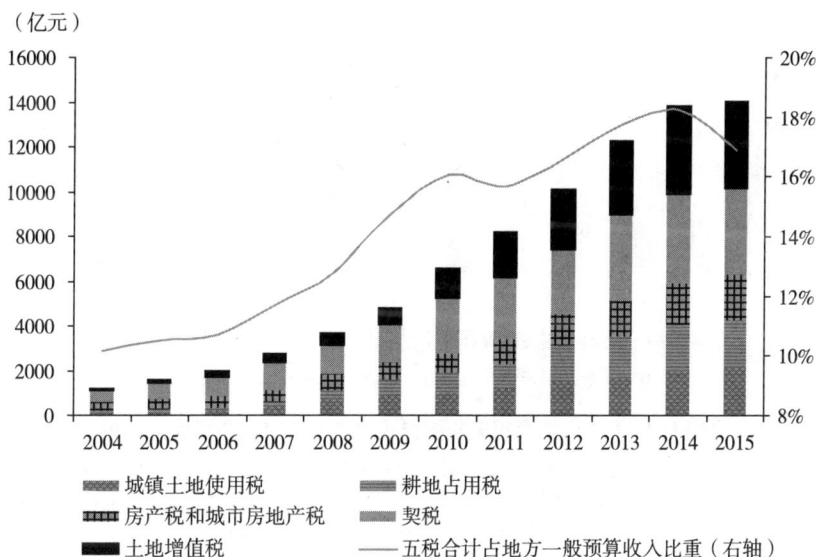

图 10-2 5个房地产特有税种税收及占地方财政本级收入比重

资料来源:《中国税务年鉴》,国家统计局,方正证券。

三、2004—2014 年 6 种房地产相关税收增长 7 倍,2014 年占地方财政本级收入 9.61%

除房地产行业特有的税种外,还有 6 个与房地产相关的税种。这 6 个税种无法直接获取,但可以从分项目中间接获取。包括教育附加费、城市维持建设税、房地产企业营业税、房地产企业所得税、房屋转让个人所得税和印花税。这 6 个房地产业相关的税种税收合计,从 2004 年的 1028 亿元,上升到 2014 年的 7294 亿元,增长 7 倍。2014 年,上述 6 个税种税收合计占地方财政本级收入的比重为 9.61%。

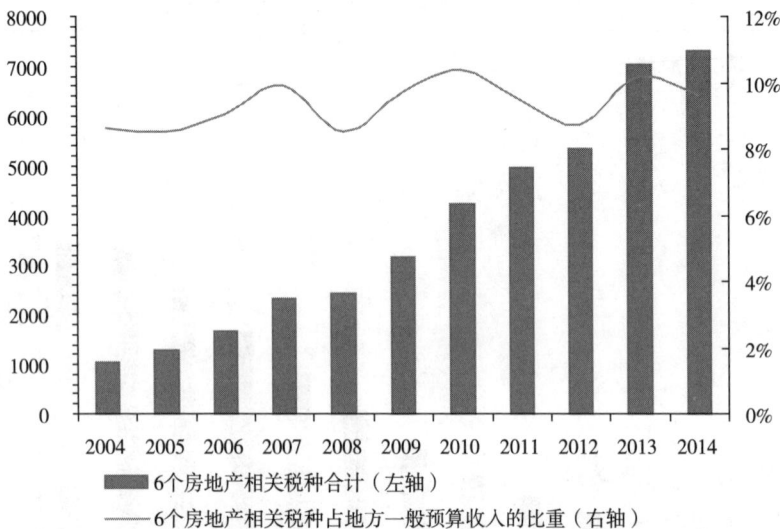

图 10-3　6 个房地产相关税种税收及占地方财政本级收入比重

注:1.房地产企业营业税包括销售不动产营业税和转让土地使用权的营业税,从《中国税务年鉴》直接获取。2.教育附加费=房地产企业营业税×3%。3.城市维护建设税=房地产企业营业税×7%。4.房地产业企业所得税地方部分=全国相关税收数据×40%(地方分成比例)。5.房屋转让个人所得税地方部分 2004—2007 年数据由全国财产转让个人所得税×0.35 得出,该比例为 2007—2009 年全国房屋转让个人所得税占全国财产转让个人所得税之比的均值;2008-2014 年数据为全国税收数据×40%(地方分成比例)。6.印花税。财政部与国家税务总局于 2006 年 11 月发文,开始对与政府部门签订的土地使用权出让合同征收印花税。因此,2004-2006 年数据为销售不动产营业税×0.05%×2÷5%,2007-2014 年为(销售不动产营业税+转让土地使用权营业税)×0.05%×2÷5%。

资料来源:《中国税务年鉴》,国家统计局,方正证券。

四、地方政府获得房地产盛宴的 80%

房地产相关税收占商品房销售额的比重已达八成。2014 年国有土地使用权出让收入和 11 个房地产相关税种税收占当年全国商品房销售额的 81.74%，仅仅考虑国有土地使用权出让收入和 5 个房地产特有税种税收，也占到当年全国商品房销售额的 72.18%。

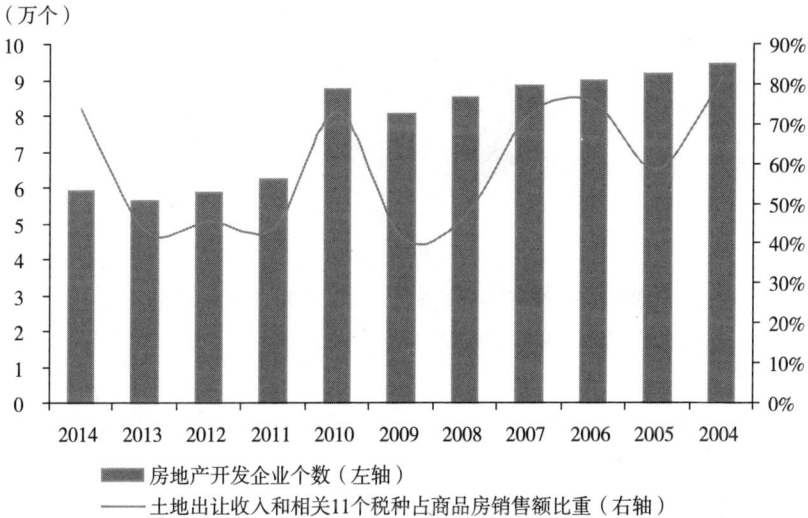

图 10-4　房地产相关税收占商品房销售额比重

资料来源：《中国税务年鉴》，国家统计局，方正证券。

■ 第二节　从中观城市来看，土地出让金和税收占房价的六成左右

土地出让金和税收占房价的六成左右。我们抽取北京、上海、广州、深圳、杭州、天津、南京、武汉、重庆、成都、苏州这 11 个城市进行中观城市层面房价构成的核算。房价分解为以下四个部分：楼盘建设成本（建安费用）、土地出让金、政府税收（不区分征收对象）、企业毛收

入(不考虑企业财务成本、人员成本等)。我们计算发现,2015 年,土地成本占房价的 40.1%,税收成本占 16.7%,建安费用占比 11.1%,企业毛收入为 32.1%,土地成本加税收成本占房价的六成左右。

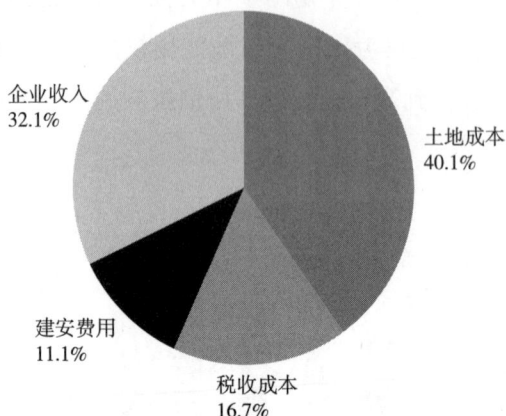

图 10-5　2015 年土地加税收成本占房价的 56.8%

资料来源:《中国税务年鉴》,国家统计局,方正证券。

一、房价分化严重,建安成本差别不大

房价分化严重,建安成本差别不大,建安成本的差异不足以解释地区间房价的巨大分化。2014 年北京、上海、深圳的房屋均价分别为 37416 元/平方米、30591 元/平方米、26559 元/平方米,2015 年分别为 36750 元/平方米、33067 元/平方米、35072 元/平方米,均超过 3 万元/平方米。2015 年,广州、杭州、天津、南京房屋均价在 15000—20000 元/平方米之间;武汉、重庆、成都房屋均价介于 5000—10000 元/平方米,除深圳外,其他地区房屋均价变化较小。考虑到房地产开发的周期,我们用 2013 年、2014 年的建安成本分别作为 2014 年、2015 年的楼盘开发成本。从成本上来看,各地差别不大,位于 1300—2400 元/平方米区间内,而且两年变化不大。

（元/平方米）

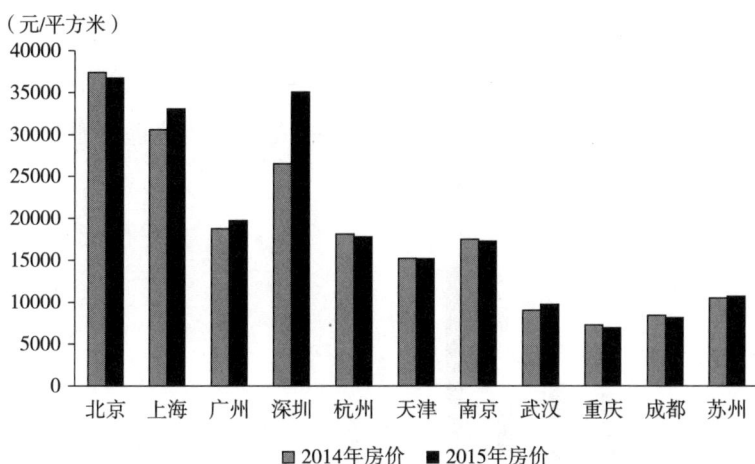

■2014年房价　■2015年房价

图10-6　各地房屋均价分化严重

资料来源：中国房地产业协会，方正证券。

（元/平方米）

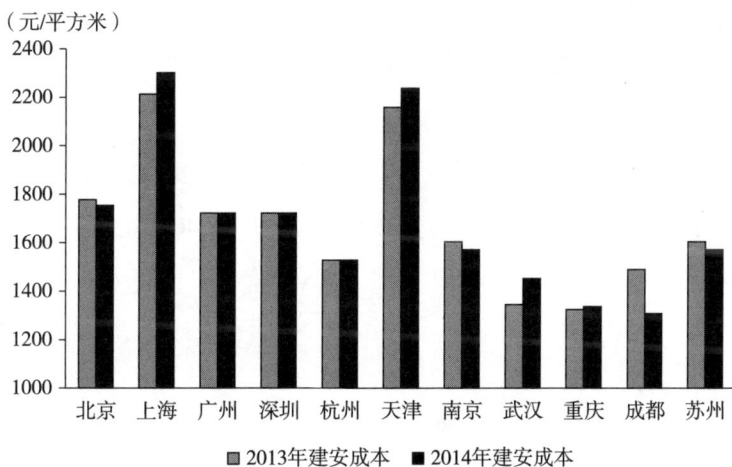

■2013年建安成本　■2014年建安成本

图10-7　建安成本差异较小

资料来源：中国房地产业协会，方正证券。

二、土地成本增速高于房价增速，推高房价

土地成本增速高于房价。考虑到房地产开发周期，我们将上一年的土地出让价格作为下一年房价的成本，即将2014年的土地出让价

格作为 2015 年房子的土地成本。2015 年,11 城市房价的平均涨幅为 3.8%,深圳的涨幅为 32.1%,而相应的 2014 年土地出让价格的平均涨幅为 26.4%,深圳的涨幅为 135.6%,土地成本的增速远高于房价,是房价的重要推动因素。

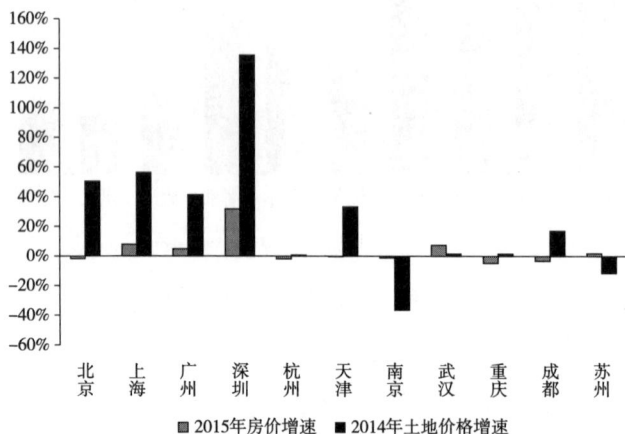

图 10-8　土地出让金增速超房价增速

资料来源:中国指数研究中心,方正证券。

土地成本占房价的比重增加。在 11 个城市,2014 年土地成本占房价比例的平均值为 34.2%,到 2015 年上升为 40.1%,深圳更是从 40.1% 上升到 71.5%。

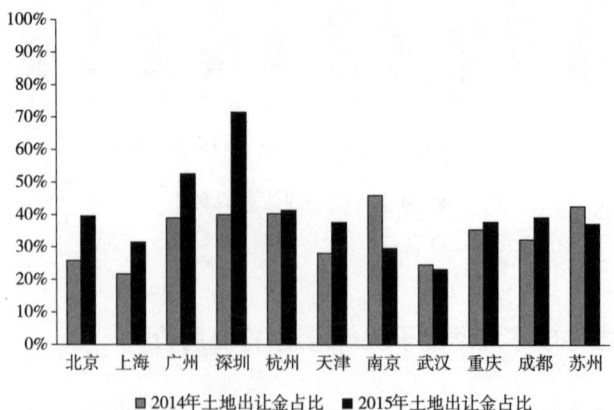

图 10-9　一线城市土地出让金占比上升

资料来源:中国指数研究中心,方正证券。

土地成本推高房价。我们将房价增速对土地价格增速进行回归之后发现，拟合线的斜率为 0.18，这就意味着土地价格每提高一个百分点，房价就提高 0.18 个百分点，回归的 R^2（拟合优度）为 0.64，表明土地成本上涨对房价上涨解释力很强，房价上涨的绝大部分可由土地价格的上涨来解释。

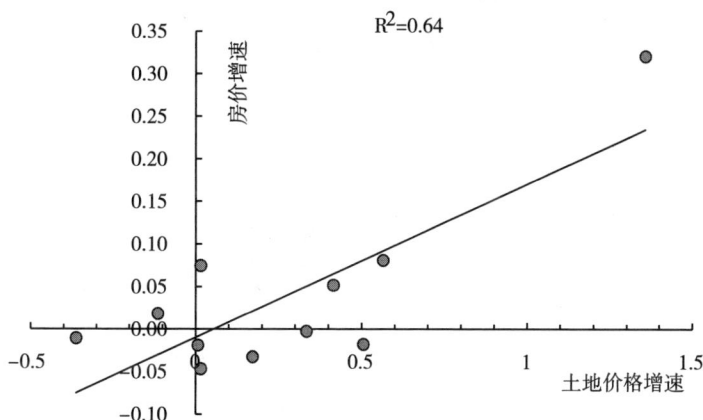

图 10-10　土地价格增速越快房价增速越高

资料来源：Wind，方正证券。

三、房地产税费占房价比重平稳，约为两成

房价中另一个重要的组成部分是税费。我们把房地产相关的 11 种税收归为土地税和营业税，两者之和为房地产相关税费。土地相关税收约为土地出让金的 15%，营业税约为房价中扣除土地出让金、土地税费和开发成本之后的 25%。

2015 年一线城市土地税费总额上升，占房价比重上升。一线城市土地税费上升，北京、上海、广州、深圳的土地税费分别从 1450.5元/平方米、996.6 元/平方米、1099.8 元/平方米、1597.5 元/平方米上升为 2183.6 元/平方米、1560 元/平方米、1557 元/平方米、3764 元/平方米，增速分别为 50.5%、56.5%、41.6%、135.7%；2014 年，北京、上

319

海、广州、深圳土地税费占房价比例分别为3.9%、3.3%、5.9%、6.0%，到了2015年，比例上升为5.9%、4.7%、7.9%、10.7%。

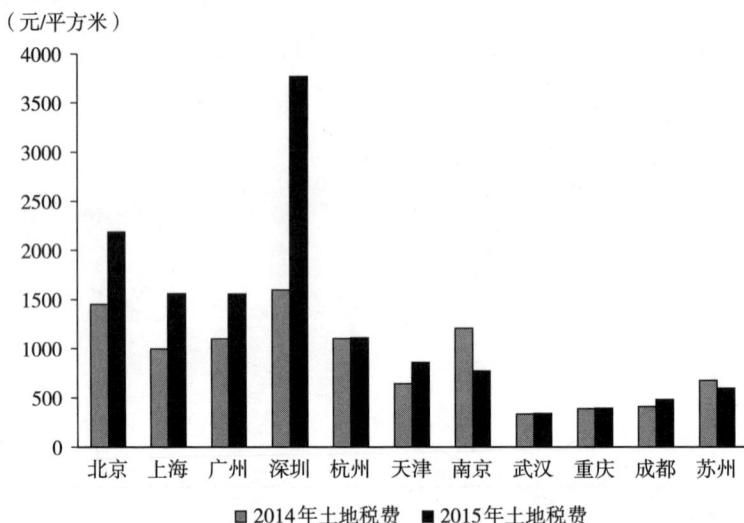

（元/平方米）

图10-11　一线城市土地税费总额上升

资料来源：中国指数研究中心，方正证券。

房相产相关税费占房价比例平稳，约为房价的2成。2014年税费平均占房价的17.3%，2015年平均为16.7%，保持平稳。

四、政府所得占房价的比重大约为六成，企业毛收入占比三到四成

政府所得占房价的比重大约为六成。我们将土地出让金和政府税收加总，计算出2014年政府所得占比平均为51.5%，2015年为56.8%，呈上升趋势。分地区来看，深圳的上升幅度最大，从2014年的57.9%上升至2015年的73.5%。

企业毛收入占比三到四成。2014年，除去政府所得和建安成本的企业毛收入平均占比为36.6%，而到了2015年，这一比例下降为32.1%。

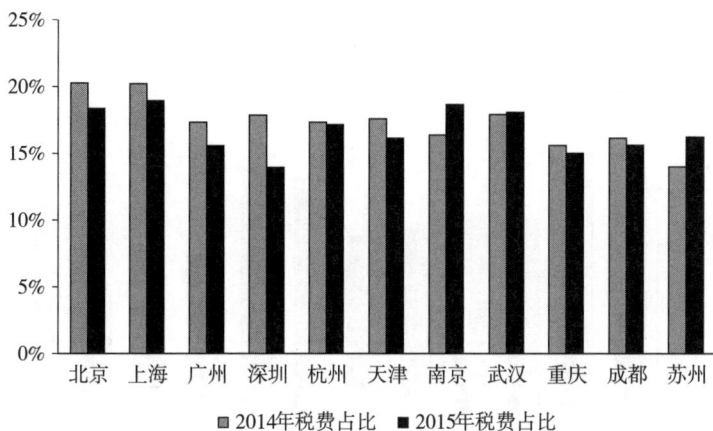

图 10-12 各地总体税费占房价比例几乎不变

资料来源:中国指数研究中心,方正证券。

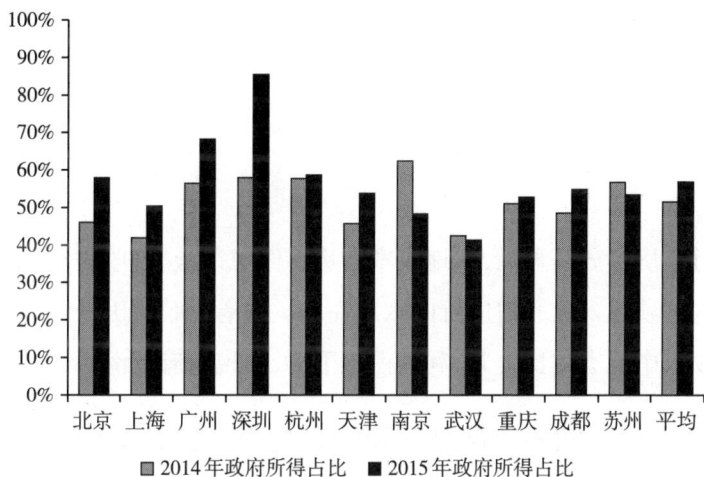

图 10-13 政府所得占比上升

资料来源:中国指数研究中心,方正证券。

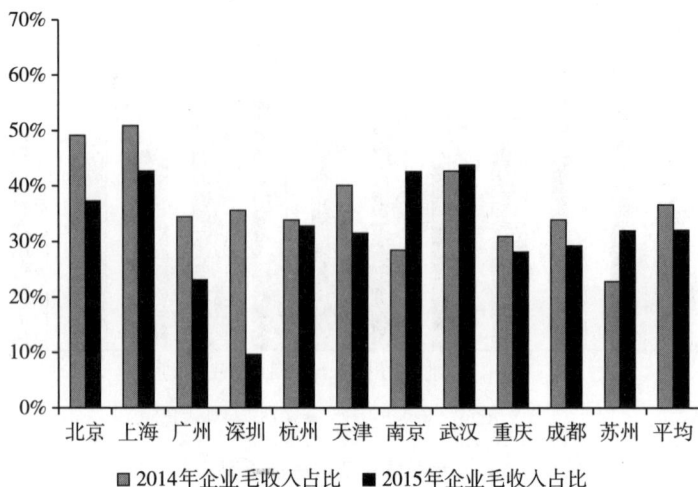

图 10-14　企业所得占比下降

资料来源：中国指数研究中心,方正证券。

■　第三节　从微观企业来看,土地出让金和税收约占房价的六成左右

行业房价分解显示,拿地成本占房价四成以上,税收占比约 13%,政府这两项收入之和占房价的六成左右。随着地价上升,上市房企的营业收入中成本占比上升,利润占比下滑,缴税略有下滑。

一、行业层面看,房价中拿地成本占四成,土地成本与税收约占六成

2015 年,通过加总企业数据进行行业层面数据的估计,从整个房地产行业来看,拿地成本占房价四成有余,税收(不含计入成本部分)约占 13%,净利润约占 7%,政府通过卖地与税收可获得房价的 56%。

我们使用 2015 年利润表的数据分析整个行业的房价结构。营业税金及附加一项的数据缺乏,我们按照万科与保利的平均水平 10% 来

估算。由于近几年地价上涨，我们按照地价占营业成本48%来测算房价结构。

2015年拿地成本占房价的43.23%，政府获得的地价和税收收入占当年房价的56.05%。房价分解结果显示，2015年，营业成本占房价比重最高，为71.62%，其中拿地成本占房价的43.23%，开发建设及其他成本占房价的28.39%。占房价比重第二高的是税收（不含计入成本的税收），约为12.82%，包含2.82%的企业所得税和10%左右的营业税金及附加。政府获得的地价和税收收入占当年房价的56.05%。房企获得当年房价占比7.11%的净利润。房企财务费用占当年房价比重小，约为2.21%。包含销售费用、管理费用、资产减值损失的其他项占房价的比重为6.24%。

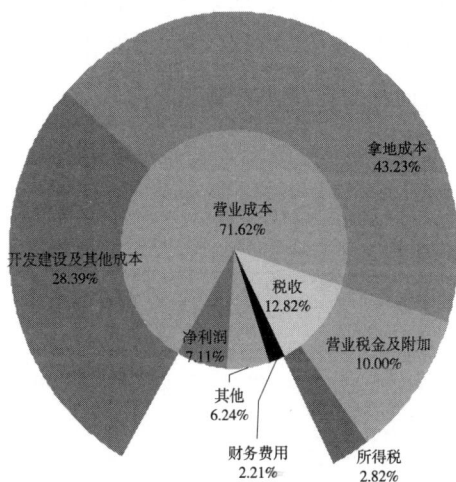

图10-15　2015年土地与税收成本占比56.05%

资料来源：Wind，方正证券。

二、企业层面来看，房企净利占营收比重低且在下降，土地成本持续攀升

随着近几年地价的持续上涨，上市房企的营收中，营业成本占比

不断上升,净利润占比则出现下降,受利润影响,缴税占比略有下滑,财务费用占比变化不一。

我们选取房地产行业中一直以房地产开发与经营或房地产销售作为主营业务的六家大中小型上市公司来进行分析,分别是万科、保利地产、张江高科、万业企业、天房发展、栖霞建设。

房企营业成本占营收的比重高,且仍在上升。大部分房企营业成本占比保持在 60%—70% 之间,2013 年之后占比出现上升势头,到 2015 年,中小房企如张江高科、万业企业、天房发展、栖霞建设的上升幅度达 15% 以上,而大型房企万科、保利地产上升幅度只有 5% 左右。

营业成本中的大头是土地成本,近两年占营业成本的比重不断提升。从公布地价数据的万科和金地集团来看,拿地成本平均占营业成本四成左右,2013 年以来这一占比大幅上升,万科从 38% 上升至 55%,金地集团从 31% 上升至 65%。

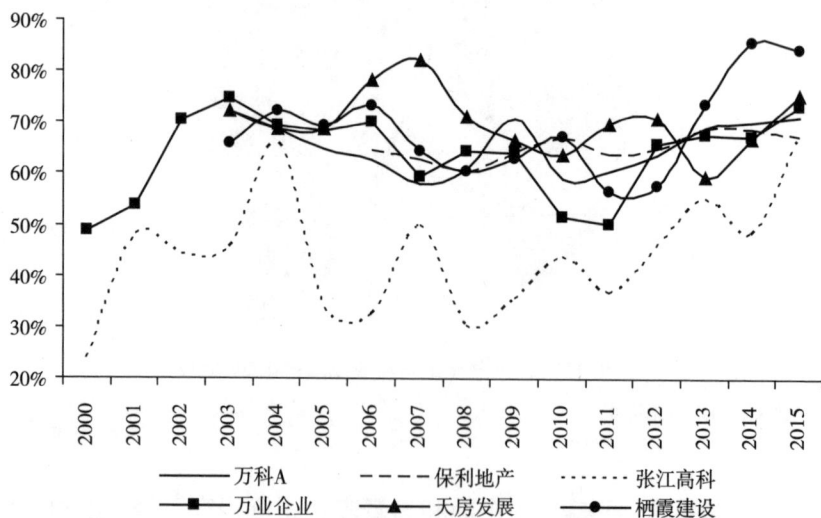

图 10-16 上市房企营业成本占比出现上升

资料来源:方正证券。

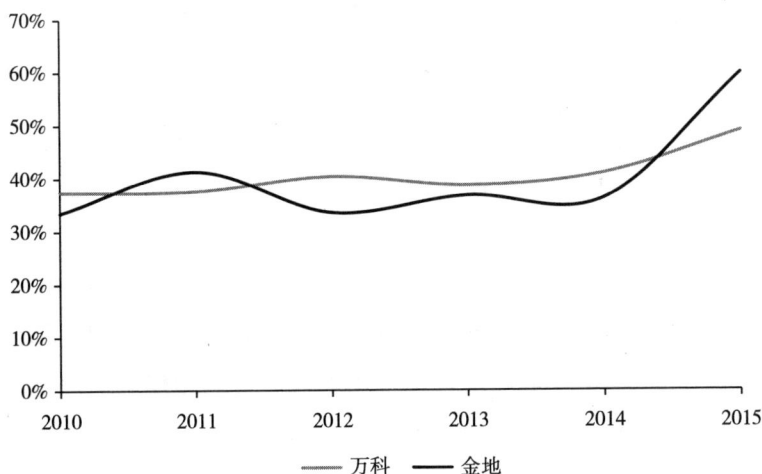

图 10-17　土地成本占营业成本比例不断提升

资料来源：方正证券。

　　六家房企平均净利润占比从 2010 年的 19% 下降至 2015 年的 11%。具体来看，大型房企万科、保利地产的净利占比稳定在 10% 至 15% 之间，而中小型房企总体呈下行趋势。

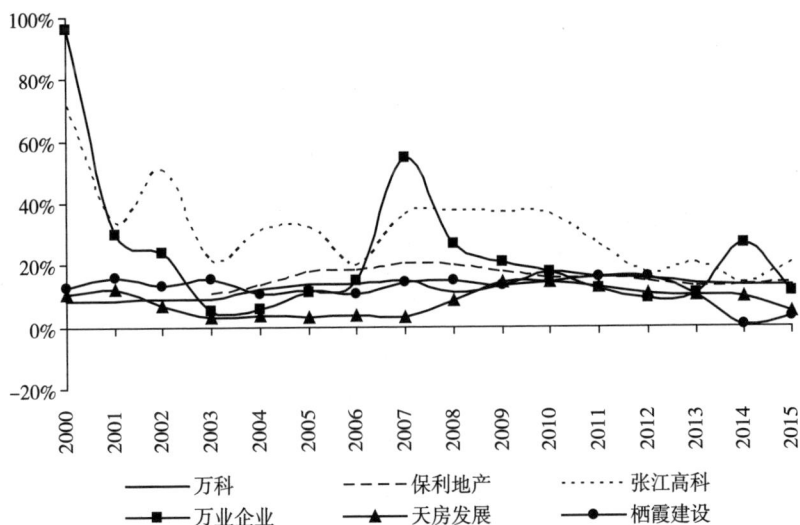

图 10-18　上市房企净利润占比下降

资料来源：《中国税务年鉴》，国家统计局，方正证券。

2015年，受净利润下滑影响，所得税也出现下滑，这导致上市房企缴税占比略有下滑。2003—2007年，平均而言上市房企缴税占营业收入比例从9%上升至15%，而后保持15%的水平直到2015年下滑至13%。较特殊的张江高科在2014年缴税大幅上升，但2015年也有所下降。

各上市房企的财务费用占比较分化，大企业财务费用较低，小企业财务费用较高。总体趋势是2008年之前上升，2008年之后下降，但保利地产和张江高科近几年财务费用上升。万科和保利地产的财务费用保持在1%左右，其他房企在3%—5%不等，张江高科2010年之后财务费用在15%以上。

第十一章 地王之谜：来自地方 土地财政视角的解释

[**本章要点**]

土地成本是房价的关键组成部分,成为推高房价的重要原因。近年为什么地王频出？谁是地王的制造者和获益者？

本章研究了地王频出和高房价背后的制度因素:土地财政。研究发现:

根据测算,土地出让金和房地产相关税收占房价的6—8成,是高房价的主要推手。

土地出让金约为地方一般预算收入的一半,再加上与房地产相关的税收收入,土地财政是地方政府财政的核心,地方政府是地王的最大获益者。

在土地财政制度设计中,地方政府和开发商是房价上涨的受益者,也是地王的制造者。除非受到来自中央调控措施的压力,一般来说地方政府在房价上涨时无逆周期调节动力,反而在房市萧条时,出台刺激政策。

土地财政形成于分税制改革后,中央上收财权但把大量外部性事权留在地方,地方财政存在巨大收支缺口,在中央允许和土地收储制度下,地方政府开始经营城市土地,政府对农地征收的国家垄断和土地变更的政府用途管制是土地财政的基础,地方政府"GDP 锦标赛"提供了激励机制,城镇化工业化快速发展提供了机遇。

应客观认识土地财政在调动地方积极性、推动经济增长、完善城市公共基础设施方面的历史积极作用。

要正视土地财政带来的推高房价、滋生寻租空间、扩大收入差距、增加地方债务风险等待解问题。

改革土地财政,需要建立和完善与事权相匹配的地方财政体制,扩展消费税、房产税等稳定、持续的地方主体税,增加地方政府在就业、创新、环保等方面的考核权重,完善土地的征地范围、征地程序和补偿机制等制度建设,建立规范的地方债制度。

2016 年地王频出,高地价是高房价的重要推手,谁是地王的制造者和获益者? 土地出让金约为地方一般预算收入的一半,再加上与房地产相关的税收收入,根据我们在《谁是房地产盛宴的最大受益者:房价构成分析》的测算,土地出让金和房地产相关税收占房价的 6—8成,土地财政是地方政府财政的核心。地方政府是地王的最大受益者。

■ 第一节 地王频出和高房价背后的制度因素:土地财政

2016 年 8 月 17 日融信中国以 110.1 亿拍下上海静安区的一地块,可售楼板价达到 14.3 万/平方米,创下中国最贵单价地王纪录。

2016 年上半年,全国已出现 219 宗地王,成为有史以来地王出现最密集的年份。地王由一线城市蔓延至二线城市,"高总价、高单价、高溢价率"的"三高"地块普遍出现在一二线城市。219 宗地王中溢价率超 100%的地块有 109 宗,超 50%的达 167 宗。

土地成本是房价的关键组成部分。2014 年,土地成本和房地产相关税收占商品房销售额已达八成,其中土地成本单项占商品房销售额的比例也达 54%,成为推高房价的重要原因。

为什么地王频出? 谁是地王的制造者和获益者? 土地出让金约为地方一般预算收入的一半,再加上与房地产相关的税收收入,根据我们在《谁是房地产盛宴的最大受益者:房价构成分析》的测算,土地出让金和房地产相关税收占房价的 6—8 成,土地财政是地方政府财政的核心。因此,在土地财政制度设计中,地方政府和开发商是房价上涨的受益者,也是地王的制造者。除非受到来自中央调控措施的压力,一般来说地方政府在房价上涨时无逆周期调节动力,反而在房市萧条时,出台刺激政策。

一、地方政府是地王的最大获益者

地价是由土地市场供求决定的,土地供求平衡是住房市场供求平衡和平稳运行的基础。短期供应过多会导致库存,供应过少会推高地价和房价。

一二线城市和三四线城市地方政府采取不同的行为,产生了截然不同的后果。在一二线城市,地方政府土地供应不足,过多的资金追逐过少的土地,造成土地的高溢价成交,地方政府是地王的最大获益者,一线城市无需大量供给土地即可获得高额的土地出让金,地价上涨和供应不足进而推高房价。香港、日本、北上深住房市场波动历史表明,土地供应不足是房价过快上涨的重要原因。在三四线城市,地方政府为了获得财政收入,不顾当地土地供应过剩的格局,仍然大量供地,造成高流拍率和土地的过量供应,房地产高库存。

二、地方政府处于房市利益分配的中心

地方政府处于房市利益分配的中心,其行为对土地市场、房地产

市场、产业结构、经济增长、社会福利等都产生了重要甚至是决定性的影响。以地方政府为中心,农民、城镇居民、房地产(开发)商、工商企业、地方政府进行着博弈。

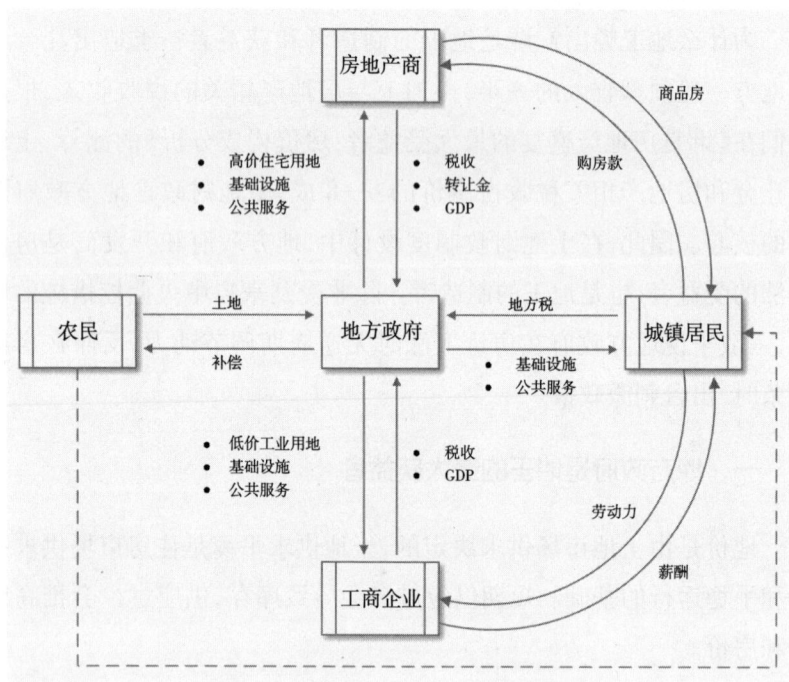

图 11-1 地方政府处于房市利益分配的中心

资料来源:方正证券。

土地财政对地方政府运作具有极其重要的支撑作用,其收入包括出让土地所有权为条件的土地出让金收入、与土地出让相关的各种税费收入、以土地抵押为融资手段获得的债务收入。土地出让金约为地方一般预算收入的一半,与土地、房地产关联的税收占地方一般预算收入已接近28%,土地融资余额已达3万亿元。

土地财政既有积极的一面,比如缓解地方财政压力,推动基础设施和城市建设,促进经济增长,加快城镇化进程。但另一方面也带来了很多负面作用,造成三四线城市房地产高库存、一线城市高房价;推高了房价,形成资产泡沫;地方政府债务累积违约风险加大;创造寻租空间;加剧收入和财富不平等;抬高实体经济成本,开工厂不如炒房子诱发产业空心化风险。

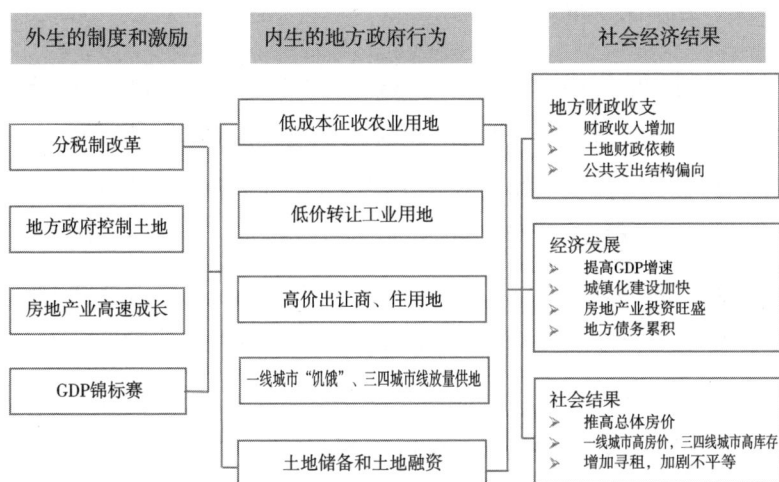

图 11-2　土地财政的分析框架

资料来源:方正证券。

■　第二节　土地财政的历史和成因

土地财政不是一个正统的学术概念,也不是规范的政策用语,但其大致内涵却被人广泛接受。本报告中,土地财政是指地方政府通过"经营土地"获得的收入,包括:以出让土地所有权为条件的土地出让金收入、与土地出让相关的各种税费收入、以土地抵押为融资手段获得的债务收入。

土地财政的形成过程可概括为:在分税制改革后,中央上收财权但把大量外部性事权留在地方,地方政府事权多财权少,在中央政府默许和土地收储制度下,地方政府开始经营城市土地,政府对农地征收的国家垄断和土地变更的政府管制是土地财政的基础。在地方政府"GDP 锦标赛"激励下,受益于快速城镇化带来的房地产业爆发式增长,最终形成土地财政的独特现象。

一、分税制改革是起点

分税制改革使得"财权上移,事权下放"。1994 年分税制改革后,中央重新上收了财政收入权,但对财政支出权的调整有限,省级以下各级政府需负责提供重要的社会支持和几乎所有的公共服务。

受分税制改革的影响,1994 年地方财政收入占全国财政收入的比重由上一年的 77.98%剧降到 44.30%,但地方财政支出占全国财政支出的比重下降幅度不大,由上一年的 71.74%下降到 69.72%。地方政府事权和财权的不对等一直延续至今,2015 年,地方财政收入占全国财政收入的 54.52%,而支出占全国的 85.46%。

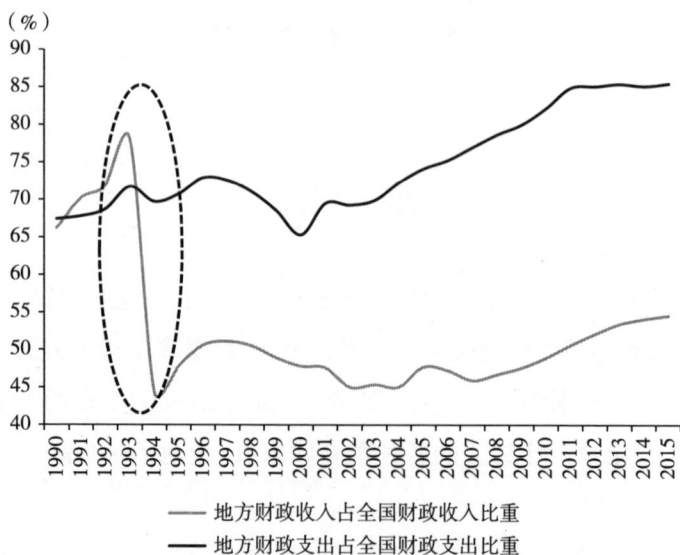

（％）

—— 地方财政收入占全国财政收入比重
—— 地方财政支出占全国财政支出比重

图 11-1 分税制改革后地方财政收入比重剧降

资料来源:国家统计局,方正证券。

分税制改革使得地方财政自给率剧降。地方财政自给率从 1993
年的 1.02 迅速降为 1994 年的 0.59,后来一直在 0.59 左右徘徊,地方
政府预算内财政收支差额巨大,除寻求中央政府的财政转移支付外,
逼迫地方政府努力通过土地财政获得资金。

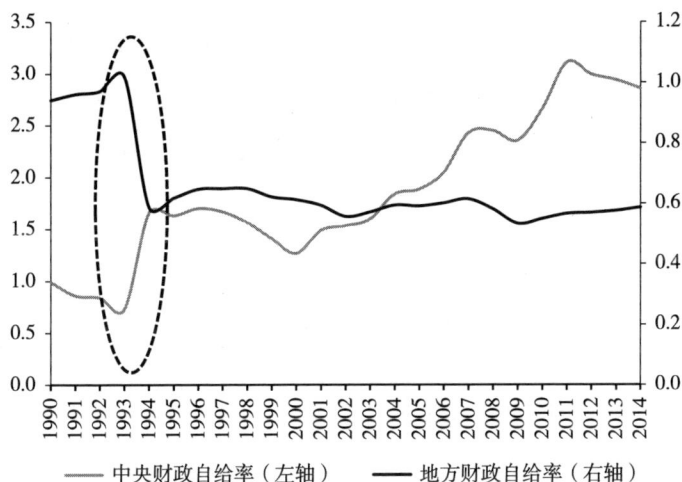

图 11-2　1994 分税制改革彻底改变了地方的财政自给情况
资料来源:国家统计局,方正证券。

分税制改革促使地方政府向土地要收入。在 2016 年 5 月 1 日实
施的全面推开营改增试点前,1994 年的分税制改革将城市土地有偿使
用收入、土地增值税、房产税全部划归地方政府;也把与服务有关且未
被增值税涵盖的营业税,包括交通运输、通讯、建筑、文化和体育、娱
乐、旅馆和餐饮等产业的税收,归入地方政府征收。这些举措,导致地
方政府收入与土地开发、房地产及建筑业产生直接连结;而服务业的
发展,也与大规模土地开发和基础设施投资密切相关。

二、土地国有和用途管制是基础

现行的土地产权制度给予地方政府对土地的实质控制权,使地方
政府可以低成本的征收土地和变更土地用途。1986 年《中华人民共

和国土地管理法》和 1994 年《中华人民共和国城市房地产管理法》实施后,中国的土地交易市场开始逐步形成,为地方政府的土地出让创造了条件。1994 年的分税制改革后,中央政府不再参与土地出让权益的分配,土地出让金全部纳入地方政府收入,地方政府和土地的关联进一步提升。

地方政府既负责土地管理,又负责国有土地经营,集"裁判员"与"运动员"于一身,在分税制后地方财政收入和支出失衡的压力下,利用手中的垄断权力、寻求土地增值最大化是地方政府的自然选择。

三、城镇化带来房地产业高速发展是契机

分税制后地方政府财政收支有巨大缺口,在 1999 年城市住房制度改革后得以缓解,随后房地产业高速发展为地方政府"因地生财"创造了契机。

过去三十多年,中国经济高速增长、快速城镇化带来了房地产业大发展。1978—2015 年间,中国 GDP 年均名义增长 15.3%,城镇居民可支配收入年均名义增长 13.2%。1978—2015 年间,中国城镇化率从 17.92% 上升到 56.1%,城镇人口从 1.7 亿增加到 7.7 亿,净增 6 亿人。

四、地方政府"GDP 锦标赛"是关键

长期以来,经济增长是中央考核地方政府的重要指标,也是地方政府官员升迁的重要政绩,形成了中国独特的"GDP 锦标赛"机制。在这一考核激励机制下,地方政府官员高度关注其主管区域的相对经济表现,并致力推动区域的经济增长。

地方 GDP 锦标赛下,高增长需要高投资,高投资需要高融资,高融资需要土地财政。

■　第三节　土地财政是地方政府的核心

分税制改革后，土地财政成为地方政府弥补财政收入不足的重要手段，支撑了地方政府的运作。进行"GDP 锦标赛"需要的工商业发展离不开土地的需求，城镇土地使用税、房产税、耕地占用税、土地增值税及国有土地有偿使用收入等都与土地有关，各地方政府在城市化与工业化的驱动下，纷纷以"经营城市"的名义大量征用农村集体土地。城市规模的扩张也带来了房地产业和建筑业的繁荣，成为地方财政预算的支柱性收入。对大多数市县来说，土地财政可以说是政府财政之核心，同时与土地相关的财政收入已经成为地方财政收入来源的重中之重。以土地抵押等为融资手段获得的债务收入是地方财政收入的重要补充。

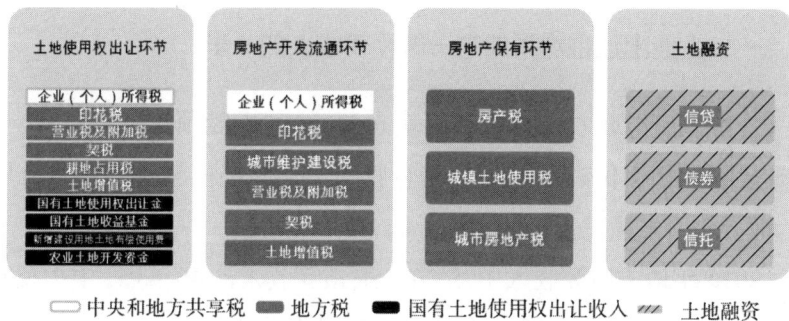

图 11-3　地方政府与土地相关的收入来源及项目

资料来源：国家统计局，财政部，方正证券。

2014 年，仅考虑地方一般预算收入、中央税收返还和转移支付、政府性基金收入的地方政府财政收入为 17.88 万亿元。其中地方一般预算占 17.88 万亿元地方财政收入的 42.43%，与土地、房地产关联的税收占地方财政收入的 11.81%；政府性基金收入占地方财政收入的 28.72%，土地出让金占地方财政收入的 23.83%。在不考虑土地融资的情况下,土地财政贡献了地方财政收入的 35.64%。

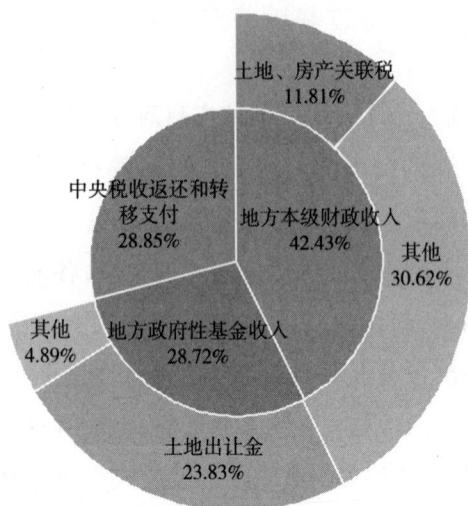

图 11-4 2014 年不考虑土地融资,土地财政贡献地方财政收入的 35.64%

资料来源:Wind,《中国税务年鉴》,国家统计局,方正证券。

一、土地出让金约为地方一般预算收入的一半

地方政府财政收入主要有三块来源:地方一般预算收入、中央税收返还和转移支付以及政府性基金收入。还有规模较小的预算外收入、地方政府发债以及一些制度外收入。

2015 年地方财政收入中,地方一般预算收入占 46.43%,中央税收返还和转移支付占 30.88%,地方政府性基金收入占 22.69%。地方政府性基金收入与地方一般预算收入之比为 48.87%,其中国有土地使用权出让收入(土地出让金)占地方政府性基金收入的 80.26%。

1992—2014 年间,国有土地使用权出让收入(土地出让金)增长迅速。1999 年城市住房制度改革后,国有土地使用权出让收入增长速度大幅提升,2000 年为 596 亿元,2001 年即达 1296 亿元,到 2014 年已经达到 4.26 万亿元。

地方政府对土地出让收入十分依赖。2003—2015 年间,土地出让

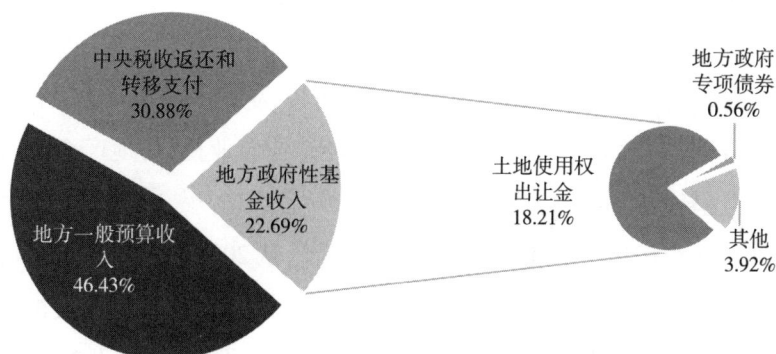

图 11-5　2015 年土地出让金占地方政府性基金收入的八成

资料来源：国家统计局，财政部，方正证券。

金与地方一般预算收入的比例平均为 49.74%，其中在 2010 年达到最高的 69.43%。

二、与土地、房地产关联的税收占地方一般预算收入已接近 28%

2014 年，与房地产相关税收合计（地方所得）占地方一般预算收入的比重达 27.82%；其中 5 个房地产特有税种税收占地方一般预算收入之比为 16.9%，6 个房地产相关税种税收占地方一般预算收入之比为 9.61%。

目前涉及房地产业的税种有 11 个，其中 5 个税种为房地产行业所特有，包括房产税和城市房地产税、城镇土地使用税、土地增值税、耕地占用税以及契税。另外 6 个相关税种包括营业税、企业所得税、个人所得税、城市维护建设税、印花税、教育附加费。

5 个房地产特有税种税收合计从 2004 年的 1207 亿元，飙升至 2014 年的 1.38 万亿元，十年之间暴涨 11 倍，2015 年进一步上升到 1.4 万亿元。占地方一般预算收入之比也从 2004 年的 10.16% 上升至 2014 年的 18.21%，2015 年虽有下降，但仍达 16.9%。

契税和土地增值税是土地财政的主力军，两者在 2014 年都已基本达到 4000 亿元水平,其中土地增值税更是在十年间增长了 52 倍。

除房地产行业特有的税种外,土地财政还包括 6 个与房地产相关的税种。这 6 个税种无法直接获取,但可以从分项目中间接获取。包括教育附加费、城市维持建设税、房地产企业营业税、房地产企业所得税、房屋转上个人所得税和印花税。

这 6 个房地产业相关的税种税收合计,从 2004 年的 1028 亿元,上升到 2014 年的 7294 亿元,增长 7 倍。2014 年,6 个房地产相关税种税收合计占地方一般预算收入的比重为 9.61%;而 2016 年开始施行的"营改增",将对地方政府财政结构带来重大影响。

三、土地融资余额高达 3 万亿元

地方政府通过设立投融资平台以土地等为抵押向银行和社会举债。地方融资平台通常由地方政府或相关部门通过划分土地、转让股权、财政补助等资产设立,包括地方城市建设投资公司、城市建设开发公司、城市建设管理公司等。

地方政府土地融资金额可在估计出地方政府债务后得出。地方政府债务主要包括银行贷款、债权融资、信托融资等。

对地方融资平台银行贷款余额,主要有银监会、央行和审计署三种口径,考虑到银监会较早开始统计相关数据,本研究采用银监会的口径,截至 2013 年 6 月 30 日,地方融资平台贷款余额达到 9.7 万亿元。

城投债是地方政府债务融资平台的主要形式,包括一般企业债、公司债、私募债、中期票据、定向工具、ABS 等。截止到 2016 年 6 月 30 日,城投债发行总额为 58709 亿元,总计 7420 支。

地方融资平台借道信托发行基础产业信托,是地方政府的融资渠道之一。基础产业信托的融资方通常为地方政府,可以使用国有土地使用权抵押担保。投向基础产业的信托资金总余额不断增加,2015 年

（万亿元）

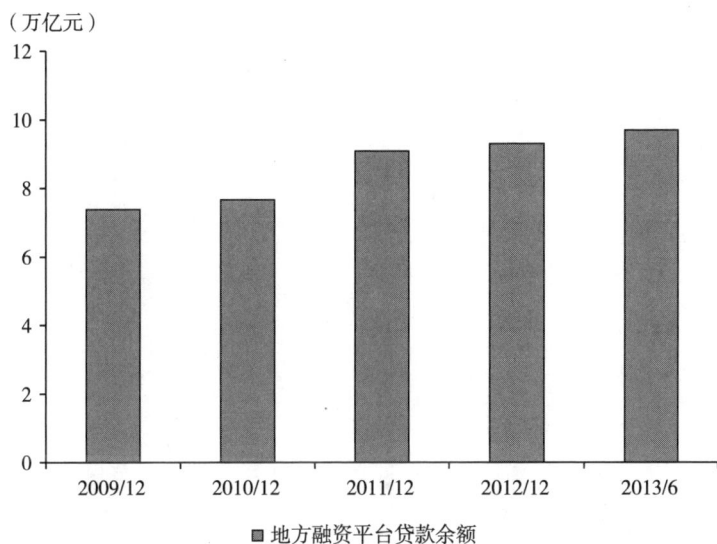

图 11-6 地方融资平台贷款余额已接近 10 万亿元

资料来源:银监会,方正证券。

（亿元）

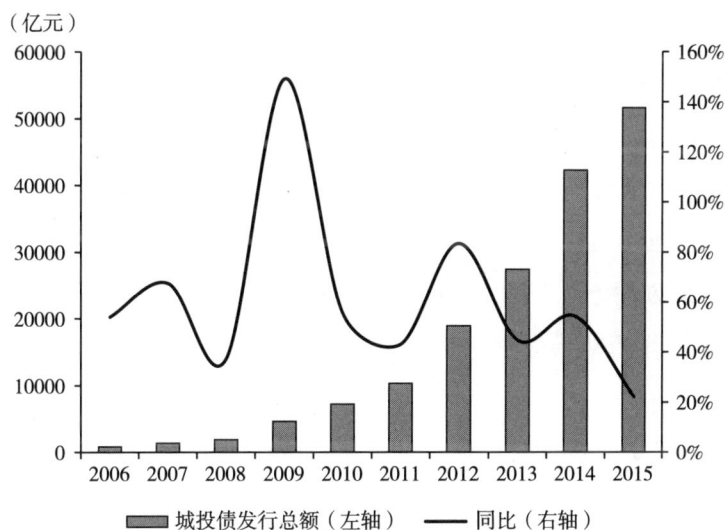

图 11-7 城投债发行规模庞大

资料来源:Wind,方正证券。

底已达 2.63 万亿元。

（万亿元）

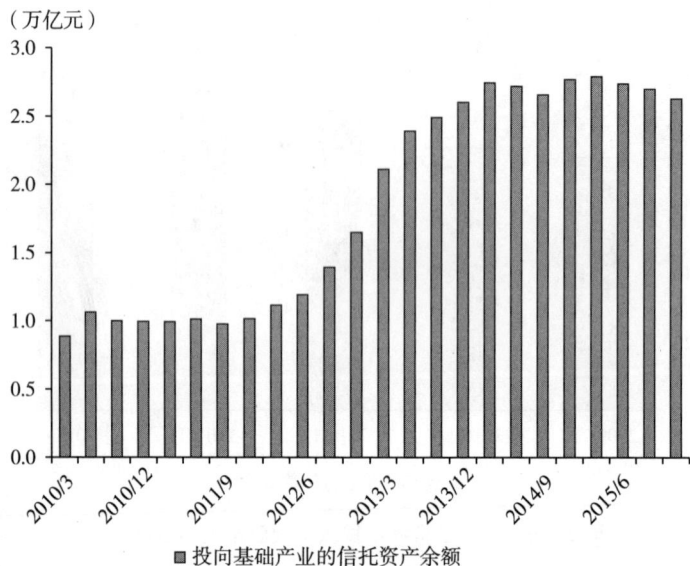

图 11-8　投向基础产业的信托资产余额已达 2.63 万亿元

资料来源：Wind，方正证券。

截至 2013 年 6 月，地方融资平台在银行贷款、债权融资、信托融资三方面的债务总和估计为 14.52 万亿，央行发布的《2010 年中国区域金融运行报告》表示，土地使用权抵押的贷款占比超过 20%。按此比例与土地使用权相关的债务总规模达到 2.94 万亿。我们估计，到 2014 年地方债务总和为 17.3 万亿元，2015 年地方债务总和为 18.4 万亿元，土地融资规模分别为 3.46 万亿元、3.68 万亿元。

■ 第四节　客观认识土地财政的积极作用

用历史的眼光来看，土地财政在调动地方政府积极性、推动经济增长、完善城市公共基础设施建设等方面起到了积极作用。地方政府通过低成本征收农业用地，低价格转让工业用地，高价格出让商、住用地,一方面刺激投资,另一方面获得高额土地出让金弥补财政缺口。巨额的土地出让收入用于征地和拆迁补偿、土地开发、城市建设、基础设施建设,也成为中国经济发展的一个内生逻辑。

一、缓解了地方政府支出压力

分税制改革后地方财政收入和支出不匹配。1994 年,地方财政收入和支出之间的差额由上一年的 61 亿元转变为–1727 亿元,此后再未转正过,而且收入和支出之间的缺口越来越大,2015 年已达 67236 亿元。为了弥补收入和支出之间的缺口,地方政府除了争取中央政府的转移支付外,地方政府积极以地生财。

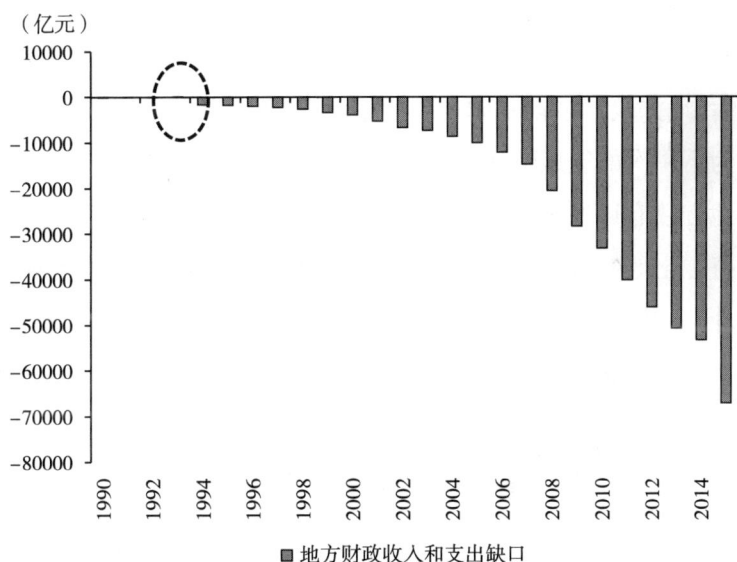

图 11-9　1994 年地方财政收入和支出缺口由正转负

资料来源:国家统计局,方正证券。

二、"经营城市"推动了经济增长

土地财政将土地要素激活,通过出让土地使用权,为基础设施建设融资,开创了一条以土地信用为基础,积累城镇化、工业化、现代化原始资本的道路,极大的增大了投资规模,推动了经济成长。

其模式可以总结为"经营城市",即先由地方政府推动"科技园""工业园"建设,整理出现一块土地拍卖,卖地所得再用于当地基础设施建设,经建设后的土地升值带动周边地区土地价格上涨,地方政府又可以借此卖地获得更多财政收入,实现 GDP 和财政收入的双增长,形成一种地方官员津津乐道的具有"良性循环"的"经营城市"经验。

三、加快了城镇化进程

地方政府有动力将土地低价批租给工商企业,以吸引投资、发展工商业并获得未来的税收、增加 GDP。土地转让后,村民转化为居民,农村转化为城区、城乡结合部、工业园区,城市外延向外拓展。在获得资金后,地方政府推动基础设施的建设、改善公共服务,既改善城市面貌也为下一次的土地转让作好准备。

地方政府还通过土地质押等方式融资,为城镇化和工业化提供资金支持。土地融资所获得的资金,根据地方发展需要和政府偏好,投入当地基础设施和各种工业建设。近年来,许多城市基础设施投资资金的 60%—70%是土地融资贷款。

■ 第五节　正视土地财政带来的待解问题

在看到土地财政积极作用的同时,也应看到其带来的问题:创造地王、推高房价、造成腐败、扩大收入分配、加大库存等。

一、土地出让金新趋势:总量放缓、结构分化

房市"总量放缓、结构分化"。在置业人群开始减少、住房饱和度达到城镇户均 1 套、城镇化进程趋缓的背景下,未来人口迁移决定房

市前景,将呈"总量放缓、结构分化"特征。

土地财政与房地产市场息息相关,也将呈现"总量放缓、结构分化"的特征。自2015年以来,土地市场呈现冰火两重天。

2013年全国土地出让金达到高点4.37万亿元,2014年回落21.4%至3.44万亿元,2015年继续回落20%左右。但分区域看的话,一线城市2014年、2015年土地出让金持续增长,土地市场分化明显。

土地市场分化的局面仍将持续,三四线城市土地财政难以为继。2016年前5个月,北上广深和苏州、合肥、南京土地市场火爆、"地王"频出。据中原地产统计,截止到2016年6月29日,内地一共出现205宗地王,远高于2015年的95宗,其中苏州、合肥、南京等二线城市成为出现地王最多的区域,三城市2016年前5个月拍地所得土地出让金已接近2015年全年。

二、一二线城市高房价,三四线城市高库存

对土地财政的依赖,使得一二线城市高房价难降。在旺盛的市场需求下,通过高溢价成交,一线城市无需大量供给土地即可获得高额的土地出让金,2015年一线城市土地成交平均溢价达27%,而三四线城市土地成交平均溢价仅为8%。2015年一线城市推出土地面积2848万平方米,同比减少23%;而三四线城市推出土地面积69762万平方米,同比减少14%,一线城市土地供应量收缩明显大于三四线城市,但一线城市的土地出让金与上一年持平。

对土地财政的依赖,使得三四线城市房地产的库存难去。土地财政所带来的财政收入、经济利益和其他关联利益极大的激发了地方政府的土地批租热情,在很多城市导致土地批租总量失控、结构失调,居住、商业及办公室比例过高,工业、房地产等建设用地供过于求,房地产高库存难以消化。

地方政府短期化行为使得土地超量供应。地方官员的相互轮调

及有限任期制形成的"届别主义"造成政府短期化行为,往往与城市永续发展产生冲突,本届政府透支下几届政府的财政收入,有的地方政府在 3—5 年间已经耗用未来 50—70 年的地租收入,形成土地的超量供应。

三、推高房价,形成资产泡沫

地方政府作为土地市场垄断者,运用其优势地位,获得了房地产业绝大部分的"收入",而开发商处在一个相对高度开放的竞争市场,其议价能力很有限。可以看到,全国的房地产开发商个数一直在增加,行业的毛利率自 2011 年后稳步向下,品牌地产商的毛利率水平也持续下降。

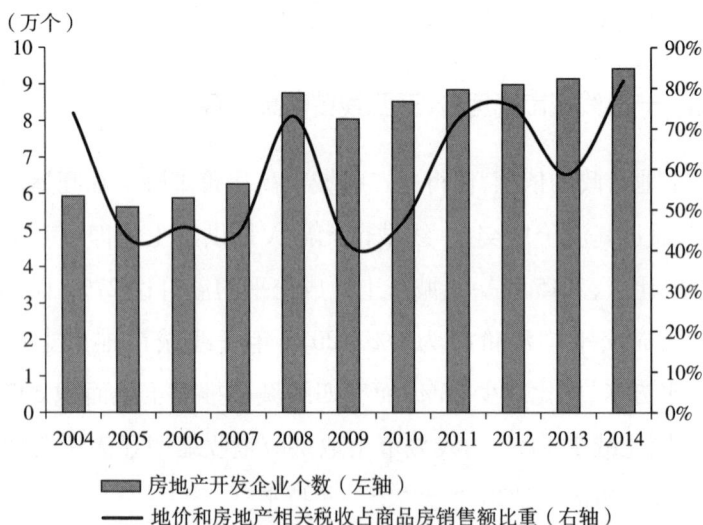

（万个）

图例:
- ▨ 房地产开发企业个数（左轴）
- —— 地价和房地产相关税收占商品房销售额比重（右轴）

图 11-10　地方政府获得了房地产行业收入的绝大部分

资料来源:《中国国土资源统计年鉴》,国家统计局,方正证券。

在土地财政制度设计中,地方政府和开发商是房价上涨的受益者,也是地王的制造者,地方政府是地王的最大获益者。除非受到来自中央调控措施的压力,一般来说地方政府在房价上涨时无逆周期调

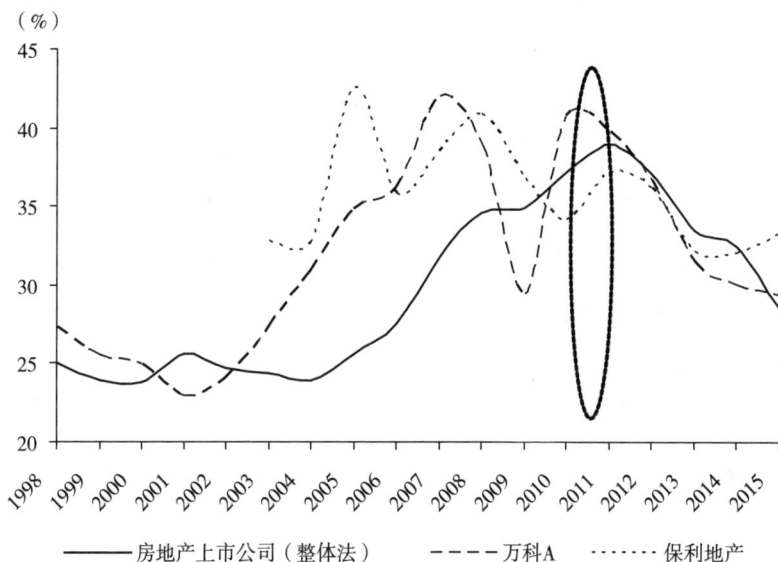

图 11-11 房地产行业的毛利率自 2011 年开始稳步向下

资料来源：《中国国土资源统计年鉴》，国家统计局，方正证券。

节动力，反而在房市萧条时，出台刺激政策。

2016 年以来，在一线城市甚至一些二线城市，很多地王的楼板价已经高于同区域在售商品房的均价，即所谓的"面粉"贵过"面包"现象。当然价格由供需关系决定，而不是"楼板价+建安"等核算出来的成本，但地王的出现，改变了居民对房价的预期，预期会影响消费行为，刺激改善需求、投资需求、投机需求，从而推高房价。

四、增加地方政府债务风险

为了解决基础设施建设、城市开发的资金需求，地方政府可以利用政府信用，通过土地融资在短期内筹集到大量资金，旺盛的资金需求使得地方政府频频使用土地融资来获取资金，但这种融资模式面临四个方面的风险。

第一，地方政府债务率持续增长。据财政部数据，2015 年地方政府债务率为 89.2%,虽然整体仍低于国际通行警戒值 100%,但一些省市债务率早已突破 100%,债务风险增大。

第二,融资期限错配。基础设施项目属中长期项目,建设周期一般在 5 年以上,而地方投融资平台的银行贷款期限一般在 5 年以内,部分信托贷款的期限甚至为 1 年,导致地方政府面临贷款集中到期的偿还压力。

第三,还款来源不稳定。土地出让金是偿还地方政府债务的主要来源,但土地出让金与房地产市场密切相关,易受调控政策影响,导致地方政府的土地出让收入不稳定。土地出让金以土地供给为前提,但可供转用的农用地数量不是无限的,一旦未来无地可卖,地方财政将陷入困境。

第四,依赖于房价上涨。当土地出让价格在高位时,地方政府通过借新还旧等模式,还本付息尚可继续维持,因此在"房价——地价——抵押品价格"的正反馈过程中,价格上涨是核心因素,系统性风险逐步放大,却不存在纠偏的机制。一旦房价不振,风险将在此链条上快速传导,地方政府土地转让金会受到极大影响,很可能还本付息困难,地方政府将面临很大的债务风险,甚至影响到医药、教育、环保等民生领域的刚性支出。

五、滋生寻租空间,扩大收入差距

地方政府一方面运用计划经济的方式低价购地,另一方面利用市场经济方式高价供地,形成巨大的"地价剪刀差",借此获得财政收入,但同时也滋生了"寻租"空间和贪腐机会。

土地财政在财政收入和支出两端,都扩大了城乡消费差距。从财政收入来看,政府低价从农民手中征得土地,再以较高的价格进行出让,获得了"地价剪刀差",虽然地方政府获得的"地价剪刀差"是经营城市、促进城镇化的手段,但这让失地农民遭受了巨大的物质损失。

从财政支出来看，土地财政支出过程中，存在着向城市严重的倾斜，对城镇居民消费的促进作用远大于农村。

土地财政拉大贫富差距。土地财政不仅给地方政府带来巨大收益，同时也给个人快速致富提供通道，不动产财富的鸿沟提高了不同阶层的流动难度。土地财政直接造成的收入不平等和财富不平等还将通过代际传播的方式延续，在更深远的层次影响中国未来几十年的经济发展。

六、抬高实体经济成本，开工厂不如炒房子诱发产业空心化风险

全民炒地炒房增加社会投机气氛，阻碍产业升级。地价房价持续大涨，吸引了大量社会资本进入，资金脱实向虚，使得企业热衷于"挣快钱"，开工厂不如炒房子，而对实体经济部门的研发投入缺乏热情，不利于产业升级。

地价房价成本过高，削弱实体经济竞争力，导致大量产业往境外转移，诱发产业空心化风险。

■　第六节　改革完善土地财政

客观认识土地财政的历史积极作用，同时通过改革完善其带来的负面作用。

第一，深化财税体制改革。建立和完善与事权相匹配的地方财政体制，调整中央和地方政府支出责任，深化改革房地产税和转移支付制度，减少地方政府谋求预算外收入的动机，赋予地方政府更多的税收权限。

第二，减少地方政府对土地财政的依赖。扩展消费税、个人所得税、房产税等地方政府稳定、持续的收入来源，发掘培育地方主体税，构建地方税收体系，改变地方政府单纯靠土地收益作为地方政府收入

主要来源的现状,保证地方政府提供公共产品的长期稳定税源。

第三,改革地方政府的激励和考核机制。改变过去地方政府唯GDP论,降低GDP增长在考核中的比重,增加就业、创新、环保等权重,转变政府职能,从"投资型政府"向"服务型政府"转变。

第四,完善土地制度建设,规范土地流转收入。明确农村土地产权有利于将农村集体土地的产权主体清晰的确定下来,保护农村集体对土地的占有权、使用权和收益权。完善土地的征地范围、征地程序和补偿机制等制度建设,通过税收等解决土地暴利问题。

第五,建立规范的地方债制度。防范地方政府土地融资的风险,推动地方政府全口径预算,全面编制资产负债表,使地方政府土地融资有一个透明公开的判断依据。

第十二章 供需错配、人地分离：
一线城市高房价、三四线城市高库存的根源

[本章要点]

长期以来,中国长期实施"控制大城市规模、积极发展中等城市和小城市"的中小城镇化战略,与人口向大都市圈集聚的趋势背离,人口城镇化与土地城镇化明显背离,土地供给向三四线城市倾斜,但人口向大都市圈集聚。由此形成了人地分离、土地供需错配,这是当前一线城市和部分热点二线城市房价泡沫、三四线城市库存泡沫的根源。解决之道不是控制需求的短期调控,而是建立居住导向、人地挂钩、大都市圈战略的长效机制。

人口迁移趋势:大都市圈化。大城市比中小城市和城镇具有更大的集聚效应和规模效应。从国际经验看,在美国、日本人口迁移过程中,经历了人口从农村向一二三四线城市普遍迁移,到从农村和三四线城市主要向一二线大都市圈迁移的转变。

人口城镇化与土地城镇化背离:土地供需错配。从官方文件来看,中国城镇化战略经历了"控制大城市规模、积极发展中等城市和小城市"到"大中小城市和小城镇协调发展"的转变,控制大城市规模、

积极发展中小城市的倾向长期存在,这与人口大都市圈化趋势明显背离。由于人口流动主要由市场机制决定,土地供给由政府决定,实行中小城市发展战略的结果是:一线城市和部分热点二线城市人口快速增长、土地供给不足,三四线城市人口增长缓慢、土地供给过多,由此造成土地供需错配。土地供需错配是形成当前一二线城市房价泡沫、三四线城市库存泡沫的关键原因。

解决之道:从短期调控转向长效机制,从限制需求转向供给侧改革。中央经济工作会议提出"要坚持'房子是用来住的、不是用来炒的'的定位,综合运用金融、土地、财税、投资、立法等手段,加快研究建立符合国情、适应市场规律的基础性制度和长效机制",关键在于解决土地供需错配问题。(1)以超越行政边界的大都市圈战略替代中小城市战略,合理增加一线城市和部分热点二线城市居住用地供给,合理规划布局圈内产业、居住、交通和公共服务资源等。(2)适时重启跨省换地、占补平衡:实行跨省域的耕地占补平衡政策和城乡建设用地增减挂钩政策。(3)加快推进一线城市和热点二线城市低效工业用地转居住用地。(4)加快推进一线城市和热点二线城市的农村集体建设用地入市,并在符合规划和用途管制前提下,允许作为居住用地。(5)严格控制投资、投机性需求,对炒房课以重税。(6)完善一二线大都市的城市规划、产业布局和轨道交通,改善出行效率。

中国长期实施"控制大城市规模、积极发展中等城市和小城市"的中小城镇化战略。1980年10月,中国第一次城市规划工作会议提出:"控制大城市规模,合理发展中等城市,积极发展小城市"的城市发展方针。1990年4月开始实施的《城市规划法》规定,"严格控制大城市规模,积极发展中等城市和小城市"。这与人口向大都市圈集聚的趋势背离。这一不符合经济规律的城镇化战略认识,是供需错配、人地分离以及一线高房价、三四线高库存的根源。

■ 第一节　人口迁移趋势：大都市圈化

我们在《人口迁移的国际规律与中国展望：城市的胜利》和《从国际经验看北京、上海等超大城市人口发展趋势：人口控制 VS 城市规划》中研究了人口迁移和城市化的基本规律趋势，研究发现在城市化的第二阶段，大都市圈的人口集聚效应更加明显。这也就意味着，中国过去推行的控制大城市人口、中小城镇化战略和大规模西部造城运动可能是不符合人口迁移和城市化规律的。

城市的胜利：大城市比中小城市和城镇具有更大的集聚效应和规模效应。经济活动、公共服务等成本会因为城市规模的扩大而摊薄，聚集在大城市的个人、企业乃至整个社会都将因相互之间的正外部性而受益。

从国际经验看，美国日本人口迁移呈两大阶段：第一阶段，人口从农村向一二三四线等各类城市迁移，这可能跟这一阶段产业以加工贸易、中低端制造业和资源性产业为主有关。第二阶段，人口从农村和三四线城市向一二线大都市圈迁移，三四线城市人口面临迁入停滞，大都市圈人口继续增加，集聚效应更加明显，这可能跟产业向高端制造业和现代服务业升级，以及大都市圈学校医院等公共资源富集有关。

中国正处于人口迁移的第二个阶段，在未来中国的人口迁移格局中，一线城市和部分二线城市人口将继续集聚，城市之间、地区之间的人口集聚态势将分化明显。在东部地区，北上广深津等大城市将可能继续呈现大量人口净迁入；其他城市，特别是外来人口众多的中小城市，人口增长有可能放缓甚至停滞。在中西部地区，重庆、郑州、武汉、成都、石家庄、长沙等区域中心城市人口或将快速增长。

第二节　人口城镇化与土地城镇化背离

中国城镇化战略长期存在控制大城市规模、积极发展中小城镇的倾向,这与人口大都市圈化趋势明显背离。由于人口流动主要由市场决定,土地供给主要由政府决定,上述政策结果是:一线城市和部分二线城市人口增长、土地供给不足,三四线城市人口增长缓慢、土地供给过多,由此造成土地供需错配,形成当前一二线城市房价泡沫、三四线城市库存泡沫。

一、小城镇战略与人口大都市圈化趋势背离

长期以来,中国官方和学界对城镇化战略存在争议,即是以大城市(群)为主体,还是以中小城市和城镇为主体。从官方文件来看,中国城镇化战略经历了"控制大城市规模、积极发展中等城市和小城市"到"大中小城市和小城镇协调发展"的转变,控制大城市规模、积极发展中小城市的倾向长期存在,这与人口大都市圈化趋势明显背离。

1980年10月,中国第一次城市规划工作会议提出:"控制大城市规模,合理发展中等城市,积极发展小城市"的城市发展方针。1990年4月开始实施的《城市规划法》规定,"严格控制大城市规模,积极发展中等城市和小城市",以法律形式确定了城镇化发展道路。2000年10月,中共中央在关于制定"十五"计划的建议中提出,走大中小城市和小城镇协调发展的城镇化道路。之后的中共十六大、十七大和十八大均坚持大中小城市和小城镇协调发展。虽然,官方在《全国主体功能区规划》和《国家新型城镇化规划(2014—2020年)》中均强调以城市群为主体形态推进新型城镇化,但核心思想还是:严格控制特大和超大城市规模,积极发展中小城市。2016年2月,《国务院关于深入推进新型城镇化建设的若干意见》(国发〔2016〕8号)提出,除极少数超

大城市外，允许农业转移人口在就业地落户；加快培育中小城市和特
色小城镇。

　　一方面，试图引导人口流向中小城市，严控特大城市和超大城市
人口规模。《国务院关于进一步推进户籍制度改革的意见》（国发
〔2014〕25 号）和《国家新型城镇化规划（2014—2020 年》均要求，全面
放开建制镇和小城市落户限制，有序放开中等城市落户限制，合理确
定大城市落户条件，严格控制特大城市人口规模。北京市要求 2020
年常住人口规模不得超过 2300 万人，上海市要求到 2040 年不得超过
2500 万人。在人口严控政策下，近几年北京、上海人口增长明显放缓，
但从国内外经验看，人口控制政策在长期很难奏效。与此同时，在北
京周边的河北廊坊燕郊、上海周边的江苏昆山等地，逐渐聚集了大量
人口居住，但分别在北京、上海就业。

　　另一方面，重点控制东部地区、特别是特大和超大城市建设用地
规模。2014 年 2 月，国土资源部在《关于强化管控落实最严格耕地保
护制度的通知》中要求，"重点控制东部地区特别是京津冀、长三角、珠
三角三大城市群建设用地规模，对耕地后备资源不足的地区相应减少
建设占用耕地指标。……除生活用地及公共基础设施用地外，原则上
不再安排城市人口 500 万以上特大城市中心城区新增建设用地。"北
京市提出，实施减量化发展战略，严格控制城镇建设用地规模，2020 年
城乡建设用地控制在 2800 平方公里以内。上海市提出，到 2020 年规
划建设用地总量实现负增长，建设用地总量控制在 3185 平方公里以
内，到 2040 年把建设用地总量控制在 3200 平方公里以内。

二、土地供需错配

　　在发展中小城市战略下，由于人口大都市圈化态势难以控制，政
府实际上只控制住了相应土地供给，由此造成土地供需错配。

　　从地区层面看，城镇人口增长与城镇用地供给错配。由于耕地占

补平衡政策的实施范围多局限在地级市范围内,至多是省内,当前耕地后备资源不足的东部地区难以获得足够的建设用地指标。2010—2015年东部地区人口增量占比为36.0%,高出其城镇建设用地增量占比8.6个点;东北地区人口增量占比3.8%,低于其城镇用地增量占比4.1个点;中部地区人口增量占比30.1%,高出其城镇用地增量占比

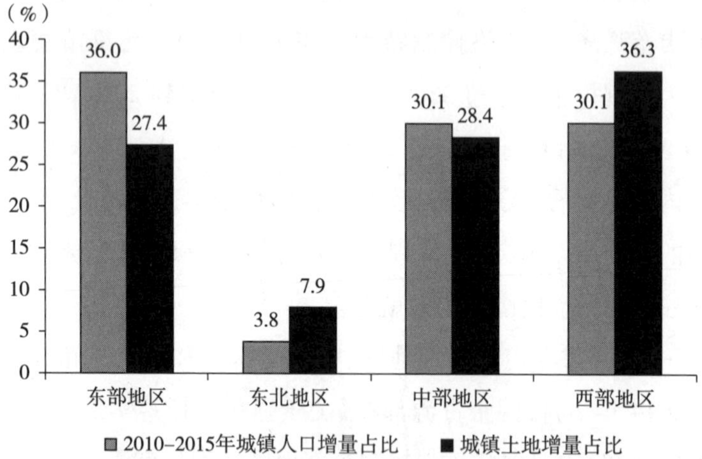

图 12-1 分地区城镇人口增量和土地增量占比

资料来源:国土资源部,国家统计局,方正证券。

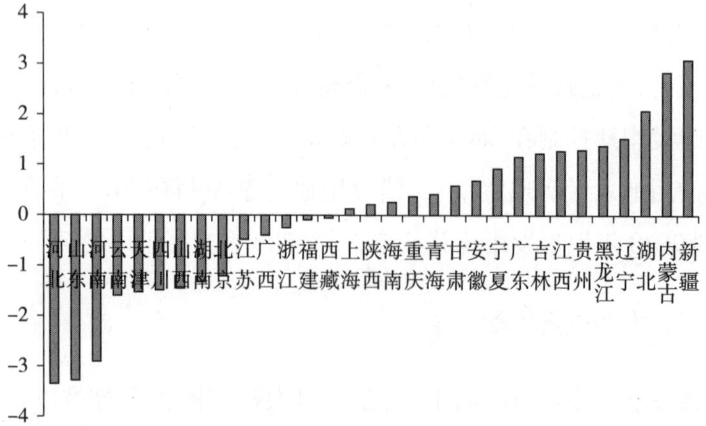

图 12-2 分省份占比城镇土地增量占比和人口增量占比差额

资料来源:国土资源部,国家统计局,方正证券。

1.7 个点；西部地区人口增量占比 30.1%，低于其城镇用地增量 6.2 个
点。分省份看，河北、山东、河南、天津、北京等地人口增量占比明显高
于其城镇用地增量占比，而新疆、内蒙古、湖北、辽宁、黑龙江等地人口
增量占比明显低于其城镇用地占比。

从城市层面看，流入大量人口的一线城市和部分二线城市土地供
给被严格控制，而人口增长明显放缓乃至停滞的三四线城市土地供给
较多。当各省份建设用地指标给定时，中小城市战略使得一线城市和
部分二线城市土地供给较少、居住用地不足。根据住建部《中国城市
建设统计年鉴》数据，2006—2014 年，1000 万人以上、500 万—1000 万
人的城市城区常住人口增量占县级以上城市城区人口比例远大于其
居住用地增量比例；而 500 万人以下的城市城区常住人口增量占比明
显小于其居住用地增量占比，特别是 20 万人以下城市城区人口增长
为负，但居住用地仍然增长了 17.4%。

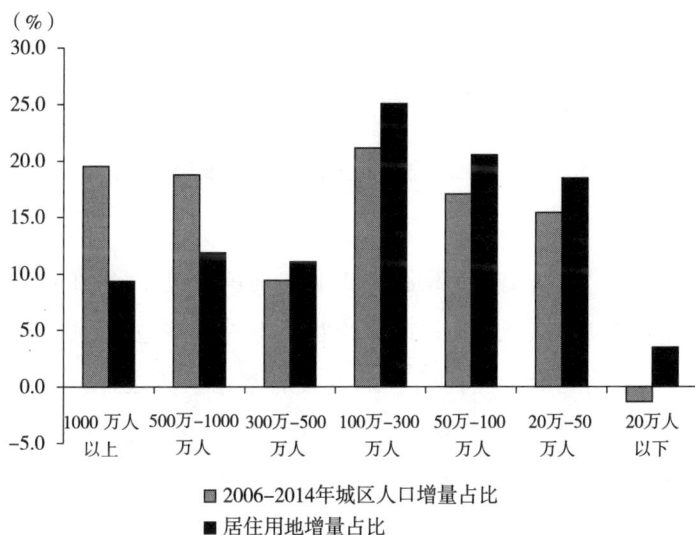

图 12-3　分规模城市城区人口、居住用地增量占比

资料来源：住建部，方正证券。

从 100 个大中城市看,一线城市居住类用地供应面积和比例也是明显下降。2009—2016 年,100 个大中城市的住宅类用地供应面积合计下降了 29.6%,但一线城市下降了 65.2%。一线城市住宅类用地供应面积从 2009 年的 2585 万平方米降至 2016 年的 899 万平方米,占 100 个大中城市住宅类用地比例从 8.2% 波动降至 4.1%。

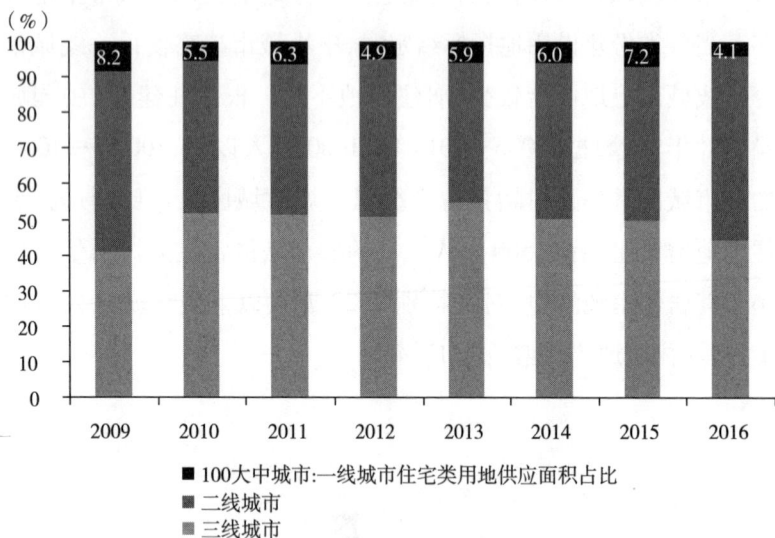

图 12-4 一线城市住宅类用地供应面积明显下滑

资料来源:Wind,方正证券。

从用地类型看,中国长期存在工业用地供给过多、利用低效,这对居住用地供应形成挤压,在一线城市也不例外。在地区经济竞争和分税制下,工业用地低价出让是各地方政府常用手段之一,由此造成供给过多、利用低效,对居住用地供给形成挤压。发达经济体居住用地占城镇用地比例一般在 50% 左右,而中国仅为 33%;发达经济工业用地占城镇用地比例一般不到 10%—15%,而中国则高达约 20%,2013年中国单位面积工业用地产出效益仅相当于日本的 26.43%、韩国的 38.39%。在一线城市,中国工业用地比例也明显高于国际大城市。2014 年北京、上海、广州、深圳工业用地占城市建设用地比例分别为

15.1%、25.1%、25.9%、35.3%，而纽约、东京、伦敦、芝加哥等国际大城市这一比例多不足 10%。

从城乡建设用地结构看，乡村用地不减反增，也抑制了一线城市和重点二线城市城镇用地及居住用地供给。根据国土资源部数据，2010—2015 年，乡村常住人口减少 10.1%，但乡村建设用地却增长了 2.8%，直接原因是农民工群体在城镇和乡村"双重占地"，即由于户籍制度及土地制度等制约，规模庞大的农民工及其家属子女未能市民化，这些人口既占用了城镇建设用地，还保留甚至扩大了宅基地等乡村建设用地。当前，全国乡村建设用地规模达 19.1 万平方公里，是城镇建设用地规模的 2.1 倍；乡村人均用地面积为 316.8 平方米，是城镇人均用地面积的 2.7 倍。在北京，2015 年乡村建设用地高达 1174 平方公里，相当于城镇面积用地的 70.5%；在上海，乡村建设用地为 819 平方公里，相当于其城镇建设用地的 40.4%。

三、一二线城市价格泡沫，三四线城市库存泡沫

土地供需错配是造成当前一线城市和部分热点二线城市房价泡沫、三四线城市库存泡沫的关键原因。过去十余年里特别是 2012 年中期以来，一线城市房价上涨幅度大、回调小、反弹快，造就其只涨不跌的神话，一个关键原因就是土地供给不足。2005 年 6 月到 2012 年 5 月，全国房价普涨，一线城市、二线城市、三四线城市房价涨幅差异不大，新建商品住宅价格分别累计上涨 47.2%、38.9%、38.4%。2012 年中期以来，房地产市场逐渐进入大分化时代。2012 年 6 月至 2014 年 4 月，一线城市、热点二线城市、其他二线城市、三四线城市房价分别累计上涨 25.7%、15.1%、11.9%、9.3%。在之后的调整阶段，一线城市和热点二线城市房价调整均为 10 个月，均下跌 5.0%；其他二线城市调整 13 个月，下跌 7.0%；三四线城市调整 21 个月，下跌 8.0%。

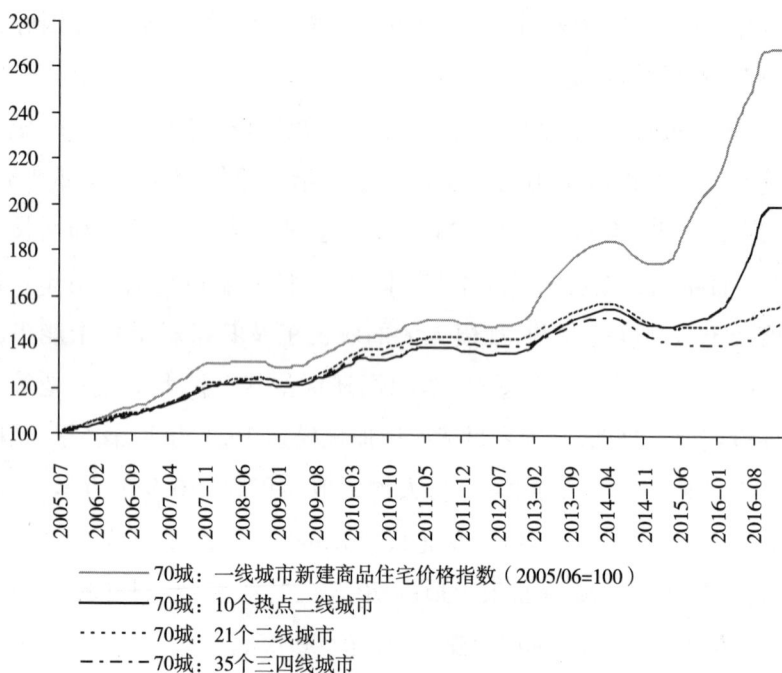

图 12-5　一线和热点二线城市房价暴涨

资料来源：Wind，方正证券。

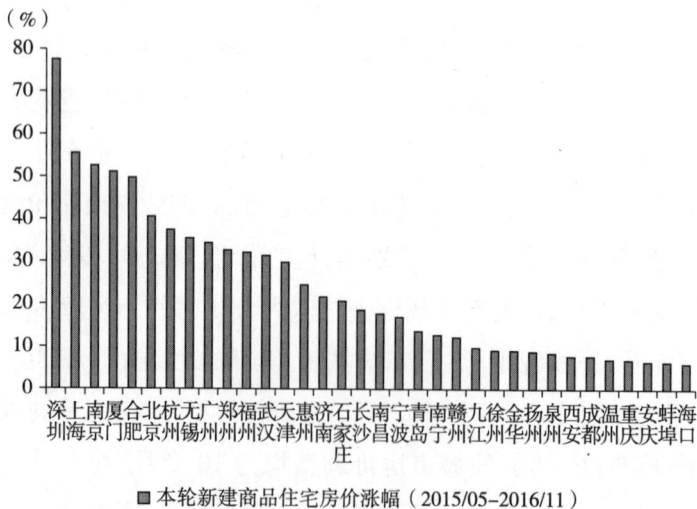

■ 本轮新建商品住宅房价涨幅（2015/05-2016/11）

图 12-6　部分城市本轮房价涨幅

资料来源：Wind，方正证券。

在本轮房价上涨中,土地供需错配的效果被放大到极致。一线城市和部分热点二线城市率先反弹且暴涨,其他二三四线城市反弹较慢且涨幅有限,部分城市甚至仍然下跌。2015 年 5 月至 2016 年 11 月,一线城市新建商品住宅价格上涨 53.1%,10 个热点二线城市上涨 35.9%,其他二线城市上涨 5.6%,三四线城市上涨 4.4%。其中,深圳新建商品住宅价格涨幅接近 80%,上海、南京、厦门、合肥 4 个城市涨幅介于 49%—56%,北京、杭州、无锡、广州等 8 个城市涨幅介于 29%—41%,惠州、济南、石家庄等 9 个城市涨幅介于 12%—25%,14 个城市涨幅介于 5%—10% 之间,25 个城市涨幅介于 0%—5%,8 个城市下跌,锦州跌幅最大为 -5.6%。

■ 第三节　解决之道:从短期调控到长效机制,从限制需求转向供给侧改革

中国房地产市场调控长期依靠限购限贷等控制需求,但由于人口大都市圈化态势在市场机制作用下无法阻止,这种做法只能是压抑需求,一线城市和热点二线城市房价在调整后仍会暴涨,给经济社会带来巨大风险。

2016 年 12 月中央经济工作会议提出:促进房地产市场平稳健康发展。要坚持“房子是用来住的、不是用来炒的”的定位,综合运用金融、土地、财税、投资、立法等手段,加快研究建立符合国情、适应市场规律的基础性制度和长效机制,既抑制房地产泡沫,又防止出现大起大落。要在宏观上管住货币,微观信贷政策要支持合理自住购房,严格限制信贷流向投资投机性购房。要落实人地挂钩政策,根据人口流动情况分配建设用地指标。要落实地方政府主体责任,房价上涨压力大的城市要合理增加土地供应,提高住宅用地比例,盘活城市闲置和低效用地。特大城市要加快疏解部分城市功能,带动周边中小城市发

展。要加快住房租赁市场立法,加快机构化、规模化租赁企业发展。加强住房市场监管和整顿,规范开发、销售、中介等行为。

关键在于解决土地供需错配问题,增加一线城市和部分重点二线城市居住用地供给,减少三四线城市供给;只有这样,才有可能让房子回归居住本质。

一、以超越行政边界的大都市圈战略替代中小城镇战略

人口大都市圈化态势不可阻挡,应根据 2016 年 12 月中央经济工作会议的精神,落实人地挂钩政策,根据人口流动情况分配建设用地指标;合理增加一线城市和热点二线城市土地供应,提高住宅用地比例。并且,以超越行政边界、大都市圈的视角,合理规划布局区域内产业、交通、公共服务资源。包括加快疏解特大城市部分城市功能,带动周边中小城市发展;提高三四线城市和特大城市间基础设施的互联互通,提高三四线城市教育、医疗等公共服务水平。大都市圈战略也将成为城市群战略的基础。

二、适时重启跨省换地:实行跨省的耕地占补平衡和城乡用地增减挂钩

长期以来,耕地占补平衡政策和城乡建设用地增减挂钩政策多局限在地级市内、至多省域范围内,这严重限制了土地资源在全国范围内的优化配置,限制了东部地区的建设用地供给,特别是一线城市和热点二线城市的建设用地供给。当前耕地占补平衡政策已从早期的数量平衡发展到数量—质量—生态平衡,这意味着只要严格执行该政策,被占用的优良耕地可以得到补充平衡。并且,只要价格合理,当前日益进步的农业技术可以逐渐改良提升耕地质量。同时,探索并推行中西部地区外出农民工大省与东部地区农民工接收大省之间的城乡建设用地增减挂钩政策。

三、加快推进一线城市和热点二线城市低效工业用地转居住用地

2016 年 11 月，国土资源部发布《关于深入推进城镇低效用地再开发的指导意见（试行）》，要求规范推进城镇低效用地再开发，促进城镇更新改造和产业转型升级，优化土地利用结构，提升城镇建设用地人口、产业承载能力。但该文件未讨论低效工业用地转居住用地问题。近年来，北京、上海等地开始逐渐清退、关停一般性制造业，特别是高能耗、高污染、高危险、低效益的"三高一低"企业。应按照 2016 年 12 月中央经济工作会议的精神，"盘活城市闲置或低效用地"，在符合规划和用途管制的前提下，将相应的工业用地转为居住用地。

四、加快推进一线城市和热点二线城市农村集体建设用地入市

中共十八届三中全会提出，建立城乡统一的建设用地市场，这是农村土地制度改革的方向，不仅关系到"三农"问题，也关系到城镇用地供给和房价问题。2015 年，全国人大常委会授权国务院在全国 33 个县市区组织开展农村土地征收、集体经营性建设用地入市和宅基地管理制度改革试点。据新华社消息，《土地管理法》修改已列入十二届全国人大常委会立法规划，农村土地与国有土地不能同等入市、同权同价的问题有望得到解决。从试点情况看，农村集体建设用地入市还局限在过去的乡镇企业用地等经营性范围内，占据农村集体建设用地约 7 成的宅基地并不能入市，而且入市后也不能用于居住用地。应进一步解放思想，允许一线城市和热点二线城市的农村集体建设用地全面入市，并在符合规划和用途管制等前提下，允许作为居住用地。

五、完善一二线大都市的城市规划、产业布局和轨道交通，改善出行效率

政府之所以要求严控大城市人口规模，主要基于大城市病问题。

但是,北京、上海等大城市的问题主要不在于人口过多,而主要是城市规划和城市管理等方面的问题。应优化人口的空间分布,促进职住平衡,严格控制中心城人口增长,推进新增人口向新城集聚,并积极在新城布局相应产业,包括向新城特别是重点新城疏解中心城部分功能及部分优质公共服务资源。进一步发展城市轨道交通,大力提高城市轨道交通路网密度,推进轨道交通系统制式多元化发展,改变当前以中心城为核心的放射型轨道交通体系为环状"井"字形,改善出行效率。

六、严格控制投资、投机性需求,对炒房征收重税

参考德国经验,实行以居住导向的住房制度设计,并以法律形式保障。建立充足稳定的住房供给,发展规范发达的租赁市场。政府根据家庭人口、收入、房租给予居民房租补贴,确保每个家庭有足够的租房支付能力。保护承租者的租赁市场,规定房租涨幅不能超过合理租金的 20%,否则房东就构成违法行为,房客可以向法庭起诉;如果超过 50%,就构成犯罪。

严厉遏制投机性需求和开发商暴利行为。在住房交易中,若购房未满 10 年出售,需缴纳 25% 的资本利得税。如果开发商制定的房价超过合理房价的 20%,购房者就可以向法庭起诉;如果超过 50%,就定性为"获取暴利",开发商将面临高额罚款和最高三年徒刑的严厉惩罚。

第十三章 房产税会推出吗：从历史和国际视角推断

[**本章要点**]

房产税是在保有环节、针对存量房征收的税种，区别于中国现行的在建设和交易环节、针对增量房征收的房地产相关税收，是保障地方公共服务、调节收入分配甚至一度被认为是抑制投机性需求调控房价的重要工具。随着存量房时代来临、土地财政难以为继，房产税改革的紧迫性上升。

推出个人住房房产税，应立法先行，并满足6个前提条件：开展全国的住房普查，掌握全国住房的基本情况；建立全国统一的不动产登记系统，准确及时的采集房屋登记和交易数据，实现全国联网、实时查询；统一界定房屋性质；完成房地产税改革，在开征房产税的同时，相应减少交易环节税负，简并税种、优化税收结构；完成《城镇住房保障条例》立法，清楚界定居民"基本住房标准"，以确定房产税的免征条件；完成修订《税收征管法》，为依法治税提供依据。目前这六大前提条件尚不具备，需要加快推进。

未来房产税可以成为重要地方财源，但短期难以完全替代土地出让收入。由于较高的豁免设置、较低的累计税率设置、大量房产难以统计和确权、真实城镇化率较低等因素，即使开征个人住房房产税，短期内也难以替代土地出让收入。

363

国际经验表明,房产税能够增加持有成本,但不是控房价的有效手段。在中国,在一线城市和热点二线城市由于供不应求,一致性预期下房产税转嫁,推高房价和房租;在三四线城市,房产税将抑制改善性和投资性需求,仅剩城镇人口增加和棚改动迁两个途径去库存,去化周期大幅延长。

近期关于房地产税的讨论不断发酵。据新华社 2017 年 1 月 11 日消息,中共中央办公厅、国务院办公厅印发《关于创新政府配置资源方式的指导意见》,提出支持房地产税的探索创新。2 月 23 日,住建部副部长陆克华在国务院举办的新闻发布会上谈到,加快房地产税立法并适时推进改革是中共十八届三中全会明确的改革任务,有关部门正在按照中央要求开展工作。房产税是否有可能在短期推出? 时机合适吗? 房产税真的能有效抑制房价吗?

■ 第一节 房地产税改革的国际经验与国内必要性

房产税是以房屋为征税对象,按房屋的计税余值或租金收入为计税依据,向产权所有人征收的一种财产税,在成熟市场经济国家普遍开征。房产税是在保有环节、针对存量房征收的税种,区别于我国现行的在建设和交易环节、针对增量房征收的房地产相关税收,是保障地方公共服务、调节收入分配甚至一度被认为是抑制投机性需求调控房价的重要工具。随着存量房时代来临、土地财政难以为继,房产税改革的紧迫性上升。

一、房产税是成熟市场经济体的地方主体税之一

从国际经验看,房产税通常被成熟市场经济体作为地方财政收入的重要和稳定来源,具有独特优势:第一,房产税属于直接税,相对间

接税而言不易转嫁。第二，房地产具有收益税的特点，作为地方政府重要财源，用于支持地方公共设施建设和服务，提升地方房产价值，形成正向循环。比如在美国，房产税占美国公立学校教育经费的45%—50%，房产税较高的地区公立学校教育水平也通常更优。房产税收入的增加，可以有效促进地方税收收入的增长，推动地方财政建设投入。房产税取之于民用之于民，这也会导致不同地区之间的公共服务资源不均衡的问题。第三，房产不易损耗，房产税按年征收，征收额根据房价变动而变动，充分反映房地产市场发展状况，收入较为稳定。第四，调节收入分配，占用土地空间资源多的房屋所有人需要缴纳更多房产税，同时由于增加持有环节成本，可以部分抑制投机性需求。

根据经济合作与发展组织（OECD）的统计，OECD国家的房产税占GDP比重近些年逐年增加，特别是法国和英国在2014年的房产税占GDP比重分别达到2%和1.6%。

二、房地产税改革的必要性：存量房时代来临，土地财政难以为继

目前中国的房产税对占总量80%以上的个人住宅免征，税基狭窄，对地方财政收入的贡献仅维持在3%左右。随着存量房时代下土地出让金减少、交易环节税收减少，作为保有环节税收——房产税改革的紧迫性上升。

从大趋势上看，大规模住房建设时代正在过去，存量房时代正在来临，保有环节的税收最终会逐步替代开发建设环节税收和土地出让金。主要原因在于：一线城市和核心二线城市随着城镇化不断提升，城市规模和边界不断扩大，城市新增规划用地将不断减少。目前一线城市已经步入存量房时代（以北京为例，2016年7月，北京房屋总成交2.9万套，其中，新房成交0.7万套，二手房成交2.2万套，市场呈典型"存量房市场"特征），而核心二线城市也有迈入存量房时代的趋势。

在高库存和人口流出三四线城市,开发商拿地和新开工意愿不足,而人地挂钩和去库存政策下,政府出让住宅用地也受限制。

从 15 个样本热点城市的成交数据中,可以看出二手房成交量/新房成交量数值不断提升。北京和深圳从 2009 年开始,二手房成交量就已超过新房成交量,步入存量房时代;2012 年到 2016 年 9 月,二手房成交量/新房成交量比值由 2 提升至 4。重点二三线城市这一比值从 2015 年初开始迅速提升,目前已到 0.7 的水平;部分城市的核心区域已步入存量房时代。

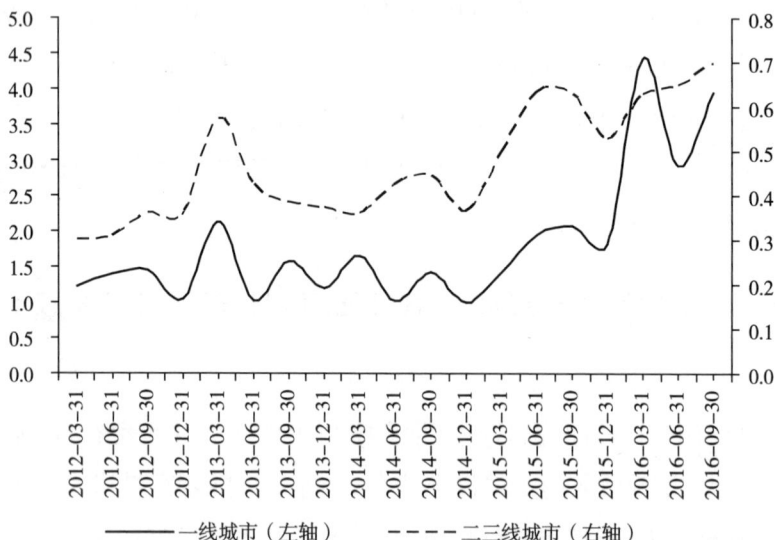

图 13-1　热点城市二手房成交量/新房成交量比值不断提升

注:样本城市中一线城市为北京、深圳;二三线城市为天津、杭州、南京、成都、青岛、苏州、南昌、厦门、长沙、西安、大连、无锡、扬州。

资料来源:Wind,方正证券。

房地产市场区域分化持续。一二线城市新建商品住房供不应求,核心区域可供开发新增用地不足,呈"存量房时代"特征;随着人口持续向大都市圈集中,房企布局也将向大都市圈倾斜,大都市圈以外的三四线城市的城镇化红利降低,房企在这些地区的拿地和新开工意愿不足。因此无论是一二线城市,还是三四线城市,房地产新拿地、新开工总量均会减少,对于税收的影响就是:保有环节的税收应逐渐替代开发建设环节的税收和土地出让金。

从全国土地出让金变化情况看,整体拐点已显现:2014 年达到高点 4.3 万亿元,2015 年回落到 3.4 万亿元,即使在热点城市地价快速上涨的 2016 年,土地成交价款 3.7 万亿元,也低于 2014 年高点 14%。从结构上看:一线城市已步入存量房时代,住房建设用地难以有效增加,导致楼面价飙升,但土地出让总金额却开始呈下降态势;除了环一线等少数热点区域,在很多三四线城市,房企拿地意愿不足,楼面价和土地出让总金额均维持低位;二线城市成为支撑全国土地出让金的主力,楼面价和成交面积均开始迅速提升,带动土地出让金总额增加。

可以预见,未来随着重点二线城市逐步进入存量房市场,土地财政也将减少,届时全国土地出让金下滑难以避免。另一方面,由于土地出让金占地方本级财政收入比例超 40%,土地出让金减少的地方政府有寻找新增财源的动力。因此,保有环节的税收应逐步被重视,成为弥补土地出让金减少的重要途径。

如果房产税改革滞后,随着土地财政的下降,地方财政收支压力和债务风险将上升。在中国,自 1994 年分税制改革以来,地方政府财权被不断上收的同时,事权反而不断下放,地方财政的财政收支平衡困难,地方政府债务问题紧迫,过去几十年正是土地财政填补了地方财政收支的巨大缺口,为地方经济发展、城镇化建设做出了巨大的历史贡献。

三、房地产税改革的思路:简并税种,优化结构

2015—2016 年房价再度暴涨,社会各界热议推出房产税的呼声高涨。2016 年 7 月 23 日,财政部原部长楼继伟在 G20 税收高级别研讨会上表示,应该积极推动房地产税改革,受制于信息征集能力弱以及利益调整阻碍,目前还没有正式推出,但仍将义无反顾地去做。

早在 2014 年,中央政治局会议审议通过《深化财税体制改革总体

方案》,提出"加快房地产税立法并适时推进改革",总的方向是,在保障基本居住需求的基础上,对城乡个人住房和工商业房地产统筹考虑税收和收费等因素,合理设置建设、交易、保有环节税负,促进房地产市场健康发展,使房地产税逐步成为地方财政持续稳定的收入来源。

目前,中国房地产税体系主要有 10 个税种,涉及开发建设、交易、保有三大环节。其中,开发建设环节涉及 7 个税种,交易环节涉及 7 个税种,在保有环节,有 2 个税种。

征税环节	税种	税基	类别	税率
1. 开发建设	(1)增值税	建安销售额-扣除额	流转税	11%(简易5%)
	(2)企业所得税	企业收入	所得税	25%
	(3)契税	土地房屋成交价	财产税	3%-5%
	(4)耕地占用税	耕地占用面积	资源税	12.5-45元/平
	(5)城镇土地使用税	土地面积	资源税	0.6-30元/平
	(6)城建及教育附加	实缴增值税	行为税	(1%-7%)+3%
	(7)印花税	合同金额;按件	行为税	买卖:0.05%;租赁:0.01%;
2. 交易	(1)增值税	房屋销售额-扣除额;	流转税	11%(简易5%,个人出租房产1.5%)
	(2)企业所得税	转让收入-扣除项目	所得税	25%
	(3)个人所得税	转让收入-扣除项目	所得税	20%
	(4)契税	房屋交易合同价	财产税	3%-5%
	(5)土地增值税	增值额	资源税	30%-60%
	(6)城建及教育附加	实缴增值税	行为税	(1%-7%)+3%
	(7)印花税	合同金额;按件	行为税	买卖:0.05%;租赁:0.01%;
3. 保有	(1)房产税	房屋原值-10%或30%扣除额	财产税	1.2%
	(2)城镇土地使用税	土地面积	资源税	0.6-30元/平方米

图 13-2　按征税环节梳理的房地产涉税税种

资料来源:《城市房地产税暂行条例》等文件,方正证券。

表 13-1 按征税税种梳理的房地产涉税税种

税种	征税范围	计税依据	税率	环节
营业税	有偿转让土地使用权(不包括土地租赁),销售不动产,提供建筑业劳务的单位和个人	销售收入:购买方向销售方支付的用于购买不动产、土地使用权或接受建筑劳务的全部价款和价外费用	5%(有偿转让土地使用权、销售不动产),3%(提供建筑业劳务)	建设、交易
城市维护建设税及教育费附加	房地产业中营业税缴纳的单位和个人	实缴营业税额:缴纳义务人缴纳的营业税的税额	1%(其他),3%(县级,镇),7%(市区);教育附加统一为3%	建设、交易
企业所得税	取得房地产产权转让收入和租赁收入的企业	转让和租赁收入减去应扣除项目	25%	建设、交易
耕地占用税	占用耕地建房和从事其他非农业建设的单位和个人	占用耕地面积	定额税率(元/平方米):人均耕地1亩以下10—50;人均耕地1—2亩8—40;人均耕地2—3亩6—30;人均耕地3亩以上5—25	建设
城镇土地使用税	在城镇工矿区拥有土地使用权的单位和个人	使用土地面积	定额税率(元/平方米,年):大城市1.5—30,中等城市1.2—24,小城市0.9—18,县城、建制镇、工矿区0.6—12	建设、保有
印花税	书立产权转移书据、财产租赁合同,领受房屋产权证、土地使用证的单位和个人	书据合同金额;按件贴花	产权转移书据:0.05%;财产租赁合同:0.01%;按件贴花:5元/件	建设、交易
契税	取得土地房屋权属的单位和个人	交易合同价	3%—5%	建设、交易
个人所得税	取得房地产产权转让收入和租赁收入的个人	转让和租赁收入减去应扣除项目	20%	交易
土地增值税	有偿转让土地使用权、房屋产权的单位和个人	增值额	超额累进税率(土地增值额占扣除项目金额的比例Q):Q≤50%,30%;50%<Q≤100%,40%;100%<Q≤200%,50%	交易

税种	征税范围	计税依据	税率	环节
房产税	产权所有人	从价征收是房屋原值减除 10%—30%；从租征收是租金	从价 1.2%，从租 12%	保有

注：2016 年 5 月 1 日起，房地产行业纳入营改增范围，营业税改为增值税。

资料来源：《城市房地产税暂行条例》等文件，方正证券。

表 13-2　营改增后房地产行业增值税涉税一览

征税环节	纳税人	征税范围		征税方式	税率	税基
不动产开发建设	一般纳税人	老项目		简易计征	5%	全部价款和价外费用
			2016 年 4 月 30 日前开工	一般计征	11%	全部价款和价外费用—土地价款
		新项目		一般计征	11%	
	小规模纳税人			简易计征	5%	全部价款和价外费用
不动产项目转让	一般纳税人	外购老项目	2016 年 4 月 30 日前取得	一般计征	11%	全部价款和价外费用
				简易计征	5%	销售收入—购买价款（全部价款和价外费用）
		自建老项目	2016 年 4 月 30 日前自建			全部价款和价外费用
		外购新项目	2016 年 5 月 1 日前取得	一般计征	11%	销售收入—购买价款（全部价款和价外费用）
		自建新项目	2016 年 5 月 1 日后自建	一般计征	11%	全部价款和价外费用
	小规模纳税人	外购项目		简易计征	5%	销售收入—购买价款（全部价款和价外费用）
		自建项目			5%	全部价款和价外费用

续表

征税 环节	纳税人	征税范围		征税方式	税率	税基
不动产经营租赁	一般纳税人	新项目	2016 年 5 月 1 日后取得	一般计征	11%	全部价款和价外费用
		老项目	2016 年 4 月 30 日前取得	一般计征	11%	全部价款和价外费用
				简易计征	5%	全部价款和价外费用
	小规模纳税人			简易计征	5%	全部价款和价外费用
个人转让不动产	房屋出售人	一线四城	购买不满 2 年		5%	全部价款和价外费用
			购买满 2 年			免征
		一线四城以外	购买不满 2 年		5%	全部价款和价外费用
			购买满 2 年非普通住房		5%	销售收入—购买价款(全部价款和价外费用)
			购买满 2 年普通住房			免征

注:2016 年 5 月 1 日起,房地产行业纳入营改增范围,营业税改为增值税。
资料来源:《财政部 国家税务总局关于全面推开营业税收征增值税试点的通知》,方正证券。

房地产税税负结构呈"重增量轻存量、重建设和交易轻保有"的特征。根据《中国税务年鉴》数据:房地产行业税收总额中,房产税占比仅 2%左右,加上城镇土地使用税,保有环节税收贡献不超过 5%;而营业税、企业所得税、土地增值税和契税占比分别为 32%、18%、19%和17%,主力税种集中在开发建设和交易环节。2014 年全国房产税总额1851.6 亿元,对标房地产行业开发和交易环节总税额近 16000 亿元,占比也仅 10%。

表 13-3　房地产保有环节税收占比小

税种	2012 年		2013 年		2014 年	
	金额（亿元）	占比	金额（亿元）	占比	金额（亿元）	占比
营业税	3901.2	31.6%	5173.7	33.3%	5392.3	32.4%
企业所得税	2281.6	18.5%	2851.1	18.3%	2963.0	17.8%
个人所得税	301.9	2.4%	421.5	2.7%	435.8	2.6%
城建税及教育费附加	258.3	2.1%	340.1	2.2%	341.7	2.1%
印花税	72.7	0.6%	94.4	0.6%	107.3	0.6%
城镇土地使用税	317.5	2.6%	355.2	2.3%	423.7	2.5%
耕地占用税	463.9	3.8%	448.2	2.9%	493.6	3.0%
土地增值税	2286.4	18.5%	2770.1	17.8%	3202.7	19.3%
契税	2214.0	17.9%	2801.4	18.0%	2889.3	17.4%
房产税	240.9	2.0%	283.1	1.8%	345.4	2.1%
合计	12338.31	100.0%	15559.6	100.0%	16619.1	100.0%

资料来源:《中国税务年鉴》,Wind,方正证券。

目前房地产行业整体税负偏重,远高于全国整体水平。增加值占 GDP 仅 6% 的房地产业负担着全国 14% 的税收;全国整体宏观税负率 19%,而房地产业宏观税负率达到 44%。以增加值法测算,房地产业增加值 2014 年比 2013 年增加 2013 亿元,同比增长 5.6%;而税负增加 1059 亿元,同比增长 6.8%,增加值增长速度慢于税收增长速度,新增额的 53% 贡献给了税收。

因此,房地产税改革不是简单地开征房产税,而是对建设、交易、保有环节税赋进行重新调整,简并税种、优化税收结构。如果对居民住房开征房产税,则应相应减少交易环节税负。

表13-4　当前房地产行业税收负担重

项目	2013年	2014年	2015年	平均值
国内生产总值(亿元)	595244.40	643974.00	685506.00	641574.80
房地产业增加值(亿元)	35987.60	38000.80	41307.60	38432.00
全国税收收入(亿元)	110530.70	119175.31	124922.20	118209.40
房地产业税收收入(亿元)	15560.00	16619.00	—	16089.50
整体宏观税负率	18.57%	18.51%	18.22%	18.43%
房地产业宏观税负率	43.24%	43.73%	—	43.49%
房地产业增加值占GDP比重	6.05%	5.90%	6.03%	5.99%
房地产业税收占全国税收比重	14.08%	13.95%	—	14.01%

资料来源：《中国税务年鉴》，Wind，方正证券。

■ 第二节　个人住房房产税推出需要具备六大前提条件

一、六大前提条件尚不具备，需要加快推进

中共十八届三中全会提出加快房地产税立法，并适时推进改革，此后房产税要扩围至个人住房的传闻不绝于耳。我们认为，推出个人住房房产税，应立法先行，并满足6个前提条件，而这些前提条件短期内仍难以完全解决，需要加快推进。

第一，开展全国的住房普查，掌握全国住房的基本情况。自1984年以来，中国迄今为止没有进行一次全国性的住房普查，住房基础信息薄弱。

第二，建立全国统一的不动产登记系统，准确及时的采集房屋登记和交易数据，实现全国联网、实时查询。《不动产登记暂行条例》自2014年11月12日公布，2015年3月1日起施行。根据国土部时间表，2017年5月1日，全国所有县市停发房产证，颁发不动产权证；2017年底完成登记机构、簿册、依据和信息平台"四统一"；2018年不动产登记信息管理基础平台投入运行。

第三,统一界定房屋性质。由于历史遗留原因,现存房改房、福利房、央产房、军产房、小产权房、经济适用房、集资房、两限房等不同类型的房屋,产权性质差别大,税基不统一。

第四,完成房地产税改革。目前在房地产税收环节,约有 10 个税种,应重新设置建设、交易、保有环节税赋,避免重复征税。

第五,完成《城镇住房保障条例》立法,清楚界定居民"基本住房标准",以确定房产税的免征条件。2014 年 3 月 28 日,国务院法制办发布《城镇住房保障条例(征求意见稿)》及其说明全文,公开征求社会各界意见。这也是目前发布的较新的关于保障性住房的文件,该条例仍为意见稿,尚有很多问题亟待立法解决。

第六,完成修订《税收征收管理法》,为依法治税提供依据。2015年 1 月 5 日国务院公布财政部、国税总局起草的《税收征收管理法(2015 年修订征求意见稿)》。对比原税收征管法,此征求意见稿对税收征纳权利和义务做了大幅修订。国务院办公厅印发的《关于国务院2016 年立法工作计划的通知》(国办发〔2016〕16 号),就做好国务院2016 年立法工作提出相关意见,并发布了 2016 年立法工作计划的具体安排,其中包括抓紧修订《税收征收管理法》等税收立法项目。

房产税的开征需要得到纳税人的认可。对于一个全新的税种,要想顺利的在全国进行推广并取得预期效果,一方面,需要通过各种渠道对纳税人进行"培训",让纳税人充分了解相关的规定;另一方面,也需要积极采纳纳税人的建议和指导,使双方尽可能的减少信息不对称。在开征之后建立房产税监督机构,建立纳税申辩制度。为保证房产税的公平客观,对房产税的征收及使用都需要监督,纳税人有途径提出异议和申诉。

二、房产税可以成为重要地方财源,但短期难以完全替代土地出让收入

从国外房产税实践来看,美国房产税占地方政府财政收入的 15%

左右,香港差饷占政府财政收入的 5% 左右,韩国地税占政府税收收入的 20% 左右,日本固定资产税占地方税收收入的 40% 左右。上述几个国家和地区的税基为一定比例的土地和房屋评估值,政府形成了一套完善的土地及房屋价值评估体系,每隔一段时间对土地和房屋重新估值,计算税基。总体来说,成熟的房产税制度具有宽税基,低税率,适当减免形成累进税率的特点。

相比国外,中国仍有大量基本居住需求,房产税因免征面积设置、房产评估值豁免设置等,很难形成高税收规模,短期内无法完全替代土地出让收入。

以重庆、上海试点为例,两地的房产税试点办法均设置了很高的免税面积,税率较低且针对高价房采取超率累进税率,充分考虑刚需和改善性需求。

从税收收入看,重庆和上海的房产税绝对值虽然保持增长,主要是因为房产存量价值增加,而非房产税试点带来的增量效应。对标总税收收入:2011 年试点以后,上海房产税税收收入在总税收中占比并未增加,维持在 2.5% 左右;重庆房产税占政府税收收入的比例也并未迅速提升,2011 年到 2015 年仅增长 1.2 个百分点。对标土地出让收入:2015 年上海和重庆的土地出让收入分别在 1671 亿元和 680 亿元左右,目前房产税收入仅分别相当于土地出让收入的 8% 和 7%。

2013 年,杭州曾作为个人住房房产税试点扩围城市,制定房产税"杭州方案",内容包括针对增量住房征收、以户为单位划定人均免征面积、实行超标面积累进税率等,但在进入会签程序后被紧急叫停。但该方案在当时被作为蓝本,曾拟在下一批房产税试点扩围时,在其他城市推广。因此,我们参考该方案对中国征收房产税可能产生的税收收入进行测算。

2016 年,全国总人口为约 13.8 亿,常住人口城镇化率 57.4%,2016 年底全国城镇人均住房建筑面积 36.6 平方米,照此估算全国城

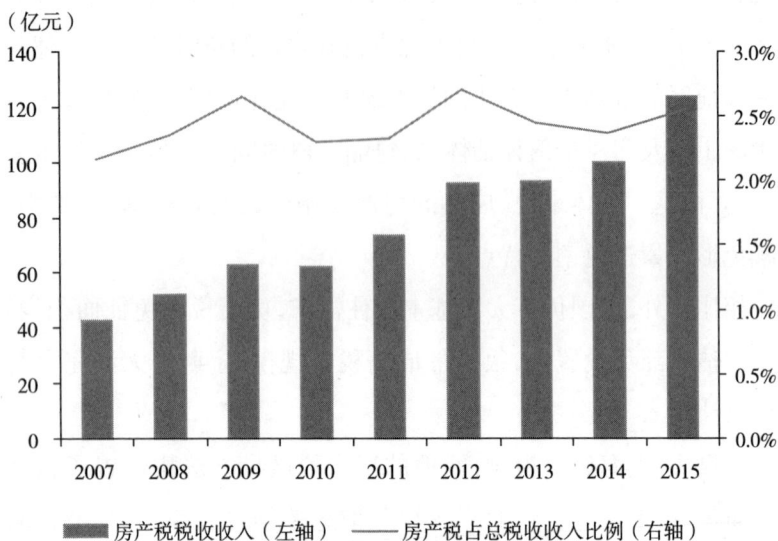

图 13-3　上海房产税占地税收入比例低

资料来源：Wind，方正证券。

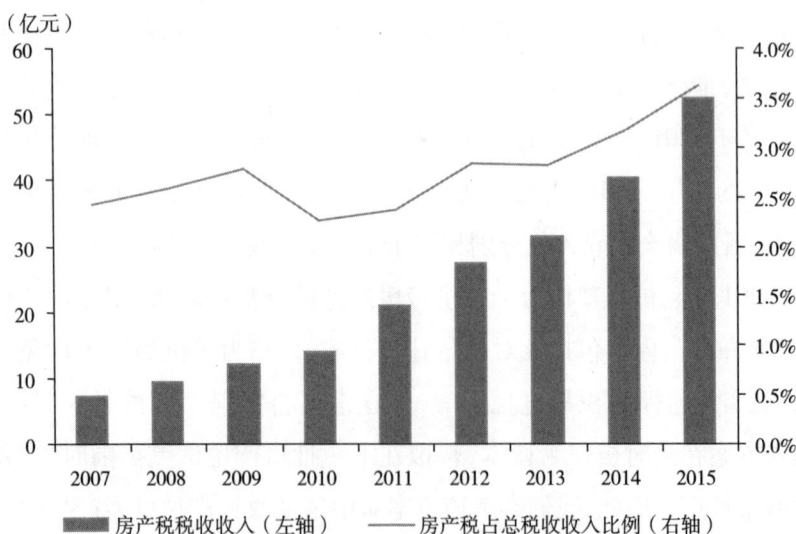

图 13-4　重庆房产税占地税收入比例低

资料来源：Wind，方正证券。

（亿元）

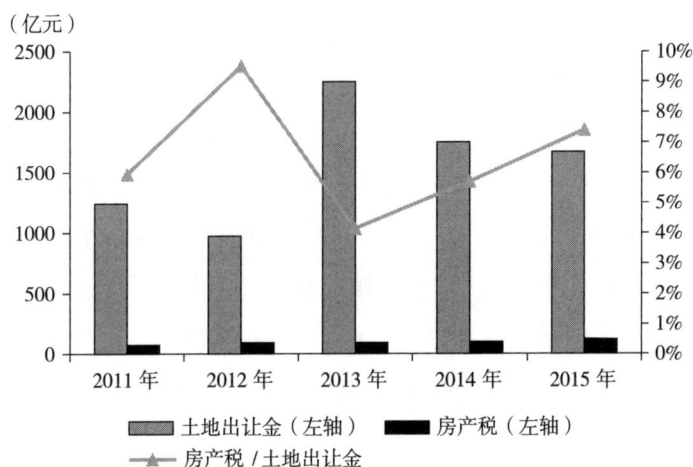

图 13-5 上海房产税占土地出让金 8%左右

资料来源:Wind,方正证券。

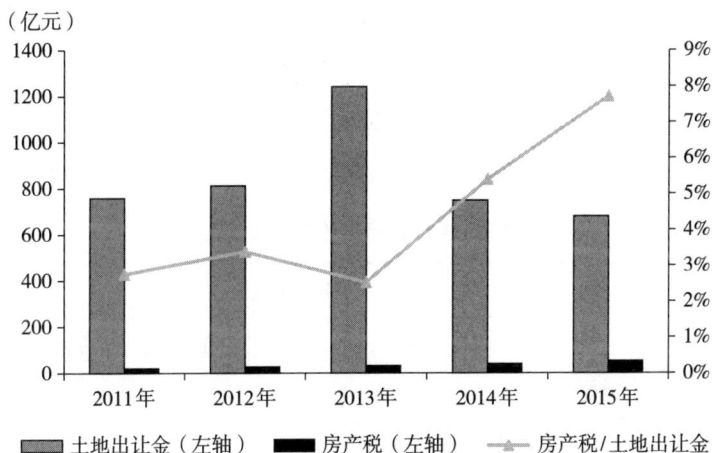

（亿元）

图 13-6 重庆房产税占土地出让金 7%左右

资料来源:Wind,方正证券。

镇住宅总建筑面积 290.2 亿平方米。2016 年全年全国商品住宅销售金额 9.91 万亿元,销售面积 13.75 亿平方米,销售均价 7624.3 元/平方米。因此估算当前全国城镇住房存量价值为 221.3 万亿元。若按照 1%的房产税率,每年房产税总额 2.21 万亿元。但事实上,我们认为如果针对存量房征收,每年征税总额远小于此值。一方面,按照国际通行准则,房产税通常会根据住宅类型、住宅面积等因素形成超率累进税率,因此综合税率会低于1%。另一方面,实际征收面积远低于290.2亿平方米,主要因为:一是为保障刚需,将设置较高免征面积,杭州方案中的免征面积为人均60平;二是中国大量存在小产权房等难以统计和确权的房产;三是在城镇居住6个月以上即计入常住人口,大量农民工等流动人口并未在工作和居住的城镇买房,当前中国户籍人口城镇化率仅41.2%。我们按照综合税率和征税面积对全国房产税测算总额进行敏感性分析,实际征税收入将远小于2.21万亿元。

表13-5 杭州2013年房产税拟定方案

征税对象	增量房屋
免征面积	60平方米
征收单位	以家庭为单位综合计征
税率和税基	两档,普通住宅为交易价格的0.4%,非普通住宅为交易价格的0.8%(后改为0.5%和1%)

资料来源:网易新闻,方正证券。

表13-6 全国房产税收总额敏感性分析

		征税面积调整系数					
		0.5	0.6	0.7	0.8	0.9	1
综合税率	0.40%	4426	5311	6196	7082	7967	8852
	0.50%	5533	6639	7746	8852	9959	11065
	0.80%	8852	10622	12393	14163	15934	17704
	1.00%	11065	13278	15491	17704	19917	22130

资料来源:国家统计局,方正证券。

当前中国地方政府对土地财政依赖度高,地方财政收入中土地出让金占比超40%。2013—2016年,全国土地出让收入分别为4.2万亿元、4.3万亿元和3.4万亿元和3.7万亿元,占地方财政收入的比例分别为 60%、57%、41% 和 43%（地方本级财政收入分别为 6.9 万亿元、7.6 万亿元和 8.3 万亿元和 8.7 万亿元）。

因此，推出个人住房房产税，可能成为重要地方财源，但短期内难以完全替代土地出让收入。

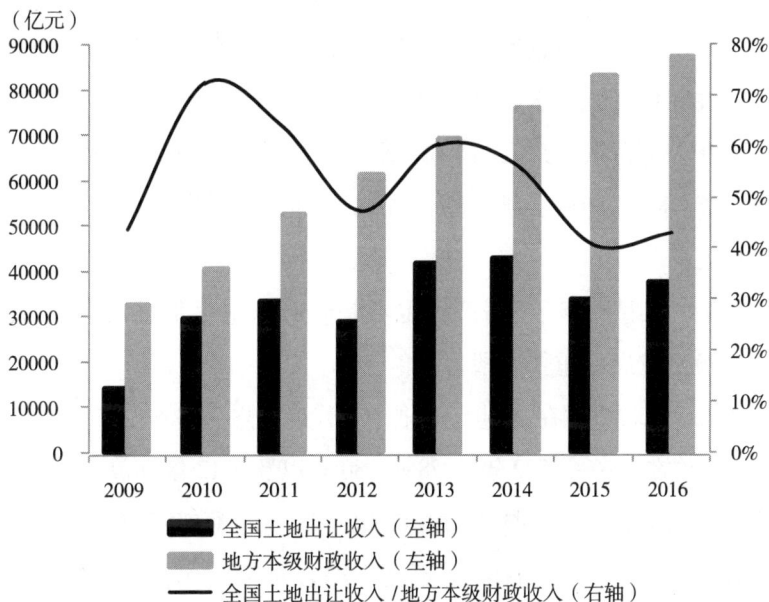

图 13-7　全国土地出让收入和地方财政收入

资料来源：Wind，方正证券。

表 13-7　房产税金额/近四年土地出让金均值：房产税短期内难以替代土地出让收入

近四年土地出让总收入均值：38926 亿元		征税面积调整系数					
		0.5	0.6	0.7	0.8	0.9	1
综合税率	0.4%	11.4%	13.6%	15.9%	18.2%	20.5%	22.7%
	0.5%	14.2%	17.1%	19.9%	22.7%	25.6%	28.4%
	0.8%	22.7%	27.3%	31.8%	36.4%	40.9%	45.5%
	1.0%	28.4%	34.1%	39.8%	45.5%	51.2%	56.9%

资料来源：国家统计局，方正证券。

三、房产税能够增加持有成本,但不是控房价的有效手段

房产税能否抑制房价,主要在于房产税是否会改变市场预期和供需关系。

在房价严重脱离居民消费能力,投资换手率高、投机获利盘巨大的市场环境下,房产税会增加持有成本,促使投资者抛售房产,同时弱化改善性和投资性需求,从而导致房价下跌。

而在人口持续流入、经济和产业发展前景好的城市,市场需求旺盛,供不应求,房产税会被转嫁给需求方,推高房价和房租,并不能抑制房价上涨。

从国外实践经验看,房产税也不是政府抑制房价过快上涨、促进房地产稳定发展的重要手段。

德国房产税方案在20世纪六七十年代确立之后基本没有显著变化。但德国房价在1967—1972年、1978—1980年以及2012年都曾出现较快上涨的现象,年均涨幅分别是9.96%、8.92%和9.1%(邓郁松,2013)。

韩国在2005年8月出台《不动产综合对策》,包括征收综合不动产税,当年市场出现了明显降温(房价降幅为-4.2%),但到了2006年,房价又出现11.6%的报复性上涨,此后继续维持上涨态势。

表13-8　房产税通常不被作为调节房地产市场的重要手段

地区	时期	房地产市场情况	税收政策
日本	1960—1975年	年均上涨12%	开征物业税,税率1.4%
	1986—1990年	年均上涨50%	1987年对土地短时间交易套利征收资本利得税
	1991年	泡沫破灭,开始下跌	出台《综合土地政策推进要纲》,增加土地税负
	1997年	继续维持下跌态势	出台《新综合土地政策推进纲要》,减少税负
	2009年以来	房价企稳,维持低迷	无变化

续表

地区	时期	房地产市场情况	税收政策
德国	1967—1972 年	年均上涨 9.96%	形成房地产税收体系：住房持有税 0.98%－2.84% 之间；交易税率为交易价格的 3.5%，印花税 3.5%，资产所得税 14%—42%
	1978—1980 年	年均上涨 8.92%	无变化
	1981—2011 年	年均上涨 1.5%	无变化
美国	1977—1982 年	年均下跌 7.1%	《1981 年税法》，允许出租收入抵扣、加速折旧。并通过了《复兴经济税改法案》，增加了房地产持有者的免税力度
	1991—2000 年	年均上涨 3%	无变化
	2001—2005 年	年均上涨 8.7%	无变化
	2006—2007 年	泡沫破灭	无变化
香港	1985—1994 年	年均上涨 23.53%	1991 年 8 月，规定临时订金为楼价的 5%，12 月征收楼价 2.75% 印花税
	1995 年第四季度—1997 年 7 月	年均上 24.41%	无变化
	2004—2012 年	年均上涨 15.4%	2010 年 11 月实施针对投机性投资的额外印花税。2012 年 10 月实施 15% 买家印花税，税率随交易时间累进

资料来源：Wind，方正证券。

　　香港也试图运用提高税收的方式抑制房价上涨，同样效果不佳。2003—2015 年香港房价累计上涨超 4 倍，主要原因在于：一是全球持续采取量化宽松政策，热钱涌入香港，港元利率与美元同步，维持在极低水平,导致楼市投资需求大增,特别是买房落户政策刺激内地投资者的投资需求;二是经济增长购买力增强,香港居民收入中位数上涨66%;三是土地供应少,市场维持供不应求态势。在这样的背景下,港府采取提高税收抑制房价并未获得成效。

2010年11月开始,香港针对投机性投资需求开征额外印花税。若买家在6个月内转售,将征收15%的税率;在6个月至1年内转售,征收税率是10%;在1—3年内转售,征收税率是5%。但实施后的2012年1—10月,香港中小型住宅、大型住宅价格仍然分别上涨21%和11%。

2012年10月起,香港又进一步推出两项房地产税收政策:第一,所有外地人士、本地及外地注册的公司购买香港住宅时需缴付15%印花税。第二,提高额外印花税的税阶,将试用期延长至3年。若买家在6个月内转售,额外印花税率增加到20%;在6个月至1年内转售,税率增至15%;在1—3年内转售,税率提高到10%。但香港房价2012—2015年仍然维持快速上涨。直到2015年港府开启第7轮调控,"降低贷款比例,限制还款收入比、缩短还款年限、限制贷款人身份、取消买房落户政策、提高住房供应量"等重磅措施出台,加上经济增速放缓、美国进入加息通道后香港被迫加息,房价才开始进入调整期。

从中国上海、重庆试点征收房产税后的市场情况看,2011年1月28日开始试点后,两市商品住宅成交量价均未走出独立行情。同时,房产税试点也并未改变沪渝两市短周期波动特征:上海作为一线城市房价涨速大幅跑赢全国水平,2010年开始严格实施的限购措施也导致成交量波动较大;重庆因为供应充足、城镇化和整体收入水平较低、独特的组团式城市布局,房价涨速低于二线城市水平,投机性投资需求小,因此成交量波动也明显较小。房价波动幅度基本面主要受置业人口、经济增长以及城镇化进程等因素影响。

四、房产税推出需要兼顾一二线城市控房价和三四线城市去库存

(一)后房地产时代"总量放缓、区域分化"特征明显

对照国际经验,中国人口区域分布结构正逐步从第一个阶段向第二个阶过渡。第一个阶段是人口从农村向城市转移,不同规模的城市人口都在扩张,且在总人口当中的占比均在上升,对应房地产"总量快速增长"的长周期阶段。这一个阶段和经济快速增长、制造业快速发展相关,而城镇化率还没有达到55%。第二个阶段是区域分化和城市群发展,中小型城市人口增长放缓,产业结构落后的城市人口甚至出现流出,而大都市和对应的城市圈人口比重继续上升。这一阶段,对应房地产"总量放缓、区域分化"的长周期阶段,伴随着制造业的绝对衰退、服务业的相对发展,对应的城镇化水平大致在55%—70%之间。

房地产政策不会脱离房地产行业基本面。当前中国房地产市场存在两类泡沫,在一线城市和强二线城市是价格的泡沫,在三四线城市和资源型省份是库存的泡沫。出现泡沫的根本原因,在于城市化第二阶段房地产市场需求区域分化,以及当前供给和需求出现脱节。

(二)房产税推出对一二线城市控房价影响不大

在一线城市和强二线城市,刚需和改善性需求持续旺盛,而库存相对不足,一致性预期下投机性投资需求出现,加速房价上升。中国要保障刚需,抑制房价泡沫,应该增加供给,改善供应结构,降低区域内在房产上的杠杆。而房产税出台,只能在短期内使部分资金成本较高、资金压力较大的投机性投资需求出局,无法改变供不应求的一致性预期,也无法消除投机性投资需求。房产税虽然属于直接税,由房

产持有人直接承担,如果不能逆转供求关系,则税负可以通过租金和房价方式转嫁,导致房租和房价被推高。

(三)房产税推出需要考虑去库存

用完工待售面积表示狭义库存,用累计开工减去累计销售表示广义库存,两者都一路走高,2015—2016年开始回落。库存区域分化明显,三四线城市库存可售口径去化周期虽然有效回落,但广义库存仍高,库存弹性较大。考虑到一二线城市和强三线城市等热点区域库存下降很快,对去库存贡献大,东北和中西部地区人口流出、资源单一型的三四线城市,特别是地级市以下城市,库存仍然较高。这些区域去库存基本靠改善需求、鼓励农民进城购房和棚改货币化安置。

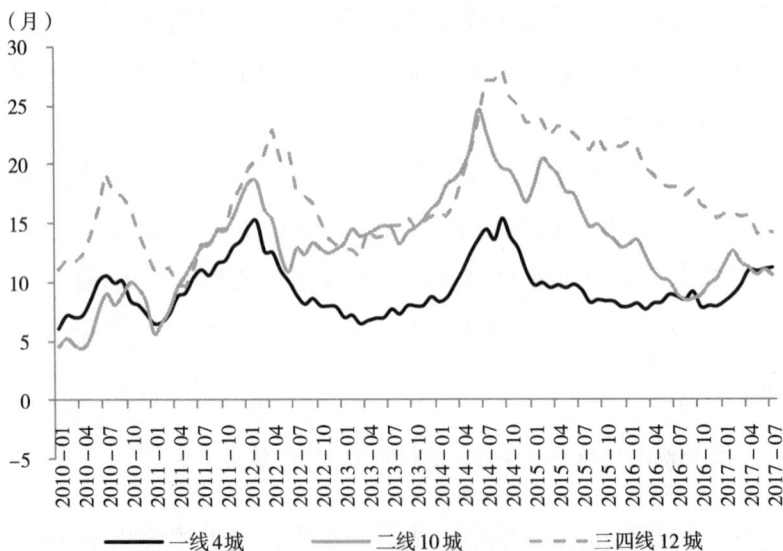

图13-8 一二三四线城市可售口径商品住宅去化周期变化

资料来源:Wind,方正证券。

如果短期推出房产税,即使按照人均居住建筑面积设置免征面积,也只能保障刚需,而将直接抑制二套以上的改善性需求和投机性投资需求,去库存将只能依靠农民工进城、棚改动迁两类新增需求。

表 13-9 全国城镇住房需求分拆

单位:万平方米

年份	新增城镇常住人口住房需求	现有城镇常住人口居住面积增长需求	棚改及动迁新增需求	农民进城未构成需求扣减	总需求
2013	64650	42290	5806	13211	99534
2014	61550	44927	9103	12319	103260
2015	76393	44561	10603	15711	115846
2016	73486	50872	29902	14989	139271
2017E	74441	45266	36329	14936	141100
2018E	75541	51988	30699	15091	143137
2019E	77923	54103	31126	15572	147580
2020E	81720	56068	31559	16369	152978
2017E—2020E 合计	309625	207425	129713	61968	584795

资料来源:国家统计局、方正证券。

我们将全国城镇商品住宅需求分拆为四部分,一是新增城镇常住人口住房需求,代表每年因城镇常住人口增长产生的需求,包括城镇人口自然增长和城镇化带来的农民进城;二是现有城镇常住人口居住面积增长需求,代表每年城镇存量人口的改善性、投资和投机性需求;三是棚改及动迁新增需求,涵盖的是城市存量房折旧产生的新增需求;四是农民进城未构成需求扣减,指农民工自带房入城、通过安置房安置、农民工返乡建房等造成的农民工进城后不产生商品住房需求部分。我们测算,改善性和投机性投资需求占总需求的 36% 左右,考虑到三四线城市人口流入趋缓、棚改和动迁面积和一二线城市相比较小,实际上改善性需求、投机性投资需求的占比更大。

征收房产税会增加房产持有成本,按照"杭州方案"并参考国外经验,房产税通常会根据房屋持有面积设置累进税率,因此会大幅抑制改善性、投资和投机性需求。我们测算极端情况下,如果征收房产税后改善性、投机性投资需求全部被抑制,对去库存造成的影响。不考虑各地区需求的结构性差异,假设所有住房需求均通过商品房市场满足。根据测算,2017 年总需求 14.1 亿平方米,其中改善性、投机性投资需求 4.5 亿平方米。根据国家统计局公布的房地产运行数据,截至 2017 年 7 月,完工待售的狭义商品住宅库存面积 3.4 亿平方米,累计开工减去累计销售的广义商品住宅库存面积为 25.1 亿平方米。可以计算得到,征收房产税后,剔除改善性、投机性投资需求,广义和狭义去库存周期延长 47%。

表 13-10　2017 年去化周期测算

	广义去化周期	狭义去化周期
剔除改善性和投机性投资需求	2.61 年	0.35 年
未剔除需求	1.78 年	0.24 年
去化周期延长比例	47%	

资料来源:国家统计局、方正证券。

■ 第三节　房产税的历史和效果

一、中国房产税的昨天、今天和明天

中国很早就开始了房产税的立法实践,但在征收实践上,受制于客观经济环境和政策需求,一直没有被作为主力税种。

1950 年,中央政府政务院颁布《全国税政实施要则》,房产税成为全国开征的一个独立税种。1951 年,政务院公布《城市房地产税暂行条例》,房产税、地产税合二为一,简并为城市房地产税,只在核准的城市范围内征收。1984 年工商税制改革,房地产税被分为房产税和城镇

土地使用税两个税种。1986年《中华人民共和国房产税暂行条例》实施，成为目前房产税的适用依据，条例中将所有非营业的个人用房纳入免税范围，排除了80%以上的可征税房产。

2003年，中共十六届三中全会通过《中共中央关于完善社会主义市场经济体制若干问题的决议》，提出条件成熟时可以取消不动产的相关收费，改为对不动产统一征收物业税。这是中国首次提到对自住房进行征税。此后，社会各界对房产税扩围争议不断。

2006年，房产部门、财政部等联合对物业进行评估和税收统计，即物业税的空转。2007年，国家税务总局在《2007年全国税收工作要点》中提到继续推进物业税空转试点，北京、江苏、深圳、天津、安徽等十个省市完成物业税空转。

2009年1月1日起，《城市房地产税暂行条例》废止，外商投资企业、外国企业和组织以及外籍个人纳入1986年《中华人民共和国房产税暂行条例》适用范围，内外两套税制完成统一。

2011年，上海、重庆率先开展自住房房产税改革试点。2012年，国务院发文指出，要稳步推进房产税改革试点，让房产税成为财政收入可持续来源。2013年5月，国家发改委发布《关于2013年深化经济体制改革重点工作的意见》，提出扩大房产税改革试点。同年8月杭州、南京等城市制定和上报房产税征收方案，但最终被紧急叫停。

2013年11月，中共十八届三中全会通过的《中共中央关于全面深化改革若干重大问题的决定》提出"加快房地产税立法并适时推进改革"，房地产税立法被提上日程。2015年8月，房地产税纳入了十二届全国人大常委会立法规划，正式为房地产税立法划定时间表。

表 13-11　中国房产税改革历程

阶段	时间	文件或事项	内容
初创阶段（1950—1972年）	1950 年 1 月	颁布《全国税收实施要则》	规定除农业税外,全国统一征收 14 种税,其中包括房产税、地产税等,并统一建立了各级税务机构
	1950 年 6 月	调整税收	合并地产税和房产税,统称为房地产税
	1951 年 8 月	颁布《城市房地产税暂行条例》	全国范围内执行房产税,以标准房价为计税依据,按年计征,税率 1%,产权所有人或出典人缴纳
萎缩阶段（1973—1983年）	1973 年	简化税制	将部分以国营企业和集体企业为征收对象的房产税纳入工商税种范围。经济调节功能大大削弱
萌芽发展阶段（1984—1993年）	1984 年 10 月	改变税种	恢复征收停征超过十年的房产税,将房地产税分为房产税和城镇土地使用税,但不立即征收
	1986 年 9 月	颁布《中华人民共和国房产税暂行条例》	保留对外资企业和外国人继续征收城市房产税,正式面向全国内资企业和国内居民开征房产税,对个人非营业用的房产全部免征房产税
	1987 年	发布《中华人民共和国耕地占用税暂行条例》	保护耕地、促进合理利用土地资源
	1988 年	发布《中华人民共和国城镇土地使用税暂行条例》	合理利用城镇土地,调节土地级差收入,提高土地使用效益,加强土地管理

续表

阶段	时间	文件或事项	内容
改革探索阶段（1994—2010年）	1993 年	发布《中华人民共和国土地增值税暂行条例》	为征收增值税而暂时发布的条例
	2003 年	《中共中央关于完善社会主义市场经济体制若干问题的决议》	提出条件成熟时可以取消不动产的相关收费,改为对不动产征收统一物业税
	2006 年	国家税务总局、财政部	联合对物业进行评估和税收统计,开始物业税空转
	2007 年	实施新的《中华人民共和国城镇土地使用税暂行条例》	统一内外税制
	2007 年	《2007 年全国税收工作要点》	继续推进物业税空转
	2008 年 12 月 31 日	废止《城市房地产税暂行条例》	依照《中华人民共和国房产税暂行条例》全面征收房产税
	2010 年 1 月 1 日	国务院办公厅发文	提出要加快研究完善住房税收政策
	2010 年 4 月 1 日	国务院发文	财政部、税务总局要加快研究制定引导个人合理住房消费和调节个人房产收益的税收政策
	2010 年 7 月 1 日	国家税务总局	研究扩大个人住房房产税改革试点范围
	2010 年 9 月 1 日	出台调控措施	提出加快推进房产税改革试点工作,并逐步扩大到全国

续表

阶段	时间	文件或事项	内容
新型房产税试点阶段（2011年至今）	2011 年 1 月	改革试点	在上海、重庆启动房产税改革试点
	2011 年 2 月	时任国务院副总理李克强《求是》上发表文章	逐步扩大房产税改革试点
	2012 年 2 月	国务院	稳步推进房产税改革试点，让房产税成为财政收入可持续来源
	2013 年 6 月	国家税务总局	提出加快房地产税研究工作
	2013 年 8 月	杭州	制定房产税试点方案（未执行），住建部、财政部和国税总局共识，未来将作为扩围征收的基础性方案之一
	2015 年 3 月 1 日	施行《不动产登记暂行条例》	将有关不动产物权及其变动事项记载于不动产登记簿

资料来源：国务院、住建部、财政部等政府网站，方正证券。

二、住房免征，财源有限

中国目前仍按照 1986 年《中华人民共和国房产税暂行条例》（以下简称《暂行条例》）征收房产税。

表 13-12　1986 年《暂行条例》要点

	内容
适用地区	城市、县城、建制镇和工矿区
纳税人	产权全民所有：经营管理单位；产权出典：承典人；产权所有人、承典人不在房产所在地，或者产权未确定及租典纠纷未解决：房产代管人或者使用人缴纳
税基	房产原值一次减除 10% 至 30% 后的余值；房产出租，租金收入为计税依据
税率	房产余值：1.2%；房租收入：12%

续表

	内容
免征范围	(1)国家机关、人民团体、军队自用的房产；(2)由国家财政部门拨付事业经费的单位自用的房产；(3)宗教寺庙、公园、名胜古迹自用的房产；(4)个人所有非营业用的房产；(5)经财政部批准免税的其他房产
征收单位	房产所在地地税机关
征收方式	房产税按年征收、分期缴纳。

资料来源：《中华人民共和国房产税暂行条例》，方正证券。

《暂行条例》规定，计税依据为房产原值扣除 10%—30% 后的余值，对于出租房产计税依据为房产租金。税率方面，按房产原值扣除后余值征收的，税率为 1.2%；出租房产按租金征收的，税率为 12%。《暂行条例》同时规定了 5 类免征对象，其中包括个人所有非营业用的房产，这意味着占全国城镇商品房存量金额 80% 以上、存量面积 90% 以上的房产被纳入免征范围。目前，办公楼和商业营业性用房成为主要征税对象，两者在全国存量房市值中占比不到 20%，面积占比不到 10%。而采用历史成本法的房屋余值作为税基，和西方采用的房产评估值相比，房产增值额未被纳入征税范围。因此中国现行的房产税，由于征税对象范围窄、税基偏小，导致目前房产税收入在地方财政税收收入中占比十分有限，2007—2015 年维持在 3% 左右。

三、试点效果不理想

（一）改革试点，沪渝先行

2010 年国务院和财政部三次发文，推进个人住房房产税改革。2011 年，上海和重庆响应号召，率先试点进行房产税改革，开始对个人住房征收房产税。当时实施的背景是房地产短周期牛市，房价迅速上涨，2010 年 4 月国务院推出《关于坚决遏制部分城市房价过快上涨的通知》（新国十条），开始在全国主要省会及计划单列市进行限购措施。而房产税也被当做抑制不合理房地产需求和房价过快上涨的工具进行试点。

上海和重庆的试点方案应该是未来全国推广房产税的重要参考，两地方案主要具有以下共同点：(1)征税重点以新增购房为主，同时，买高价房就要交更多的税。(2)差别化税率。上海有两档，重庆有三档，控制高档住房的比例。(3)较为宽松的免税政策。这样可以减少房产税对居民的基本住房需求的影响。(4)限制外来的投资需求。根据是否为本地居民采取不同的征税条件。

由于试点城市的侧重点、调控目标不同，上海主要是抑制投资，重庆主要是抑制高档住房消费，两市的具体细则各有所长：(1)上海调控面更广，覆盖了全市各区，而重庆仅针对主城九区；(2)上海重点调控增量住房，重庆是针对高端住房；(3)上海实行一般比例税率，重庆是差别税率，相对来说，重庆更能体现公平；(4)上海的优惠政策更人性化，符合其一直倡导的人才引进理念；(5)税收用途来看，重庆的更为明晰。

表 13-13　上海和重庆两地房产税试点办法比较(2011 年)

方案	上海	重庆
试点范围	上海全市	主城九区
征收对象	本市居民新购二套及以上住房；非本市居民新购商品住房，但高新人才和住满三年的放宽至第二套及以上	存量独栋商品住宅；新购独栋商品住宅；新购高档住房；三无人员新购第二套普通住房
税率	0.4%—0.6%；单价超过上年度全市均价 2 倍：0.6%；单价低于上年度全市均价 2 倍：0.4%	0.5%—1.2%；独栋、高档住房建筑面积均价为上两年主城均价 3 倍以下的、三无人员新购第二套普通住房：0.5%；3 倍至 4 倍：1%；4 倍及以上：1.2%
计税依据	交易价格 70%	交易价格

续表

方案	上海	重庆
计税标准	市统计局公布的上年度新建商品住房均价	国土房管部门公布的上两年新建商品住房均价
税收优惠	人均住房不超过 60 平米：新购住房免税； 本市具名有无住房成年子女共同居住的：计入免征住房面积	试点前独栋商品住宅：免征面积 180 平米； 新购独栋商品住宅、高档住宅：免征面积 100 平米
纳税期限	12 月 31 日前	每年 10 月 1 日至 31 日
征税目的	抑制投资和投机需求	抑制高档住房消费

资料来源：沪渝房产税试点文件，方正证券。

（二）试点效果不佳，推广陷入停滞

从上海和重庆的试点看，并未达到预期效果。

一方面是没有获得可观的税收收入。上海、重庆房产税在税收总收入中的占比并未明显增长，分别为 2.5% 和 3.6%，是当地土地出让收入的 7% 左右，而扩围的个人住房房产税并不多。

另一方面是对房价影响不大。上海及重庆试点房产税的前 3 个月，两市住宅成交量分别下降 46% 和 26%，比同类城市降幅高 10 至 20 个百分点，但成交均价并未出现明显下跌；第二年，两地成交量均呈现较大幅度的增长。此后房产税试点对房价的影响几乎可以忽略不计。以北京作为上海的对照城市，成都作为重庆的对照城市，可以看出两者的房价变化趋势几乎一致，试点城市的波动并没有比非试点城市波动小，可见房产税并不能抑制房价，打击投机。

另外，重庆房产税还针对高档住宅进行一定的抑制，但是存在开发商将高档住宅归为普通住宅的行列以规避房产税的可能性。

上海、重庆试点并未取得预期效果，此后个人住房房产税试点陷入停滞。2013 年 5 月，因房地产市场热度持续不减，杭州出台房产税"杭州方案"并被视为房产税扩围的基准方案，但在出台前夕被紧急叫停。

（三）试点的不足之处

上海和重庆的房产税试点主要不足之处在于：

1.税基窄，税率偏低

上海的房产税只针对增量房，不涉及存量房；重庆包括了存量房，但只针对高档住房。这样做的确操作性强，但对新、旧买房者来说稍显不公平。同时，上海税率是 0.4% 和 0.6%；重庆是 0.5%、1% 和 1.2%。低税率很容易把房产税转嫁给购房者，降低了抑制投机的作用。

2.缺乏房产价值评估体系

上海和重庆是以房屋的市场交易价格作为计税依据的，且与之相应的房产评估机构还未建立。这样做有失公允，在对房屋刚性需求的情况下，由购买者承担了主要的税负。应该以房产的评估价值作为计税依据，当房产升值时，税负增加，抑制房价上涨；同时，应建立完善的房产评估机构，建立不动产登记制度，解决相关技术难题。2015 年 3 月 1 日颁布了《不动产登记暂行条例》，为全国推开房产税提供了便利的条件。

3.缺乏整体税收结构的调整

上海和重庆只是单纯的增加了一项房产税，并未相应调整税收结构。由于税率较低，并未造成什么不利影响。但是如果新开征一个税种，应该有全局观念，应适当降低其他相关税种的负担。

4.立法不够健全

上海、重庆为了房产税各自颁布了《暂行办法》，这属于规范性文件，不是法律法规。中国针对房产税有《中华人民共和国房产税暂行条例》，里面规定对个人非经营性住房免征房产税，这就与试点城市针对个人自住住房征税矛盾了。法律依据的不足可能会导致征收效果不好，甚至出现偷税漏税等问题。现在《房产税法》还未列入立法计划，只有提高房产税的法律层级，才能提供有力的保障。

■ 第四节 其他国家和地区房产税实践经验

一、概况

世界多国或地区的房产税制改革对中国有很多启示：

第一，房产税制改革需要获得纳税人支持。一方面，纳税人是房产税的有效监督人；另一方面，这直接影响到房产税的实施效率。

第二，坚持"宽税基、少税种、低税率"的改革方向。宽税基：对大多数房地产拥有者征税，仅对公共、宗教、慈善机构等少数免税；少税种：即有关房地产的税种较少，大多数只开征了财产税、所得税、转让税等几个税种；低税率：为了避免居民负担过重，影响房产税的实施，一般把房产税的税率设置较低。

第三，建立有效的房产税收管理体系。这是成功实施房产税制改革的先决条件，主要包括房地产登记管理制度和房地产评估制度。

第四，正确处理房产税和地方财政收入支出的关系。税制方案改革一般都会伴随着地方财政收支的变化。像德国、美国等国的房产税，由于税基宽、效率高，即使税率低，但也能够为地方政府提供充足稳定的收入来源。

表 13-14　一些国家或地区保有环节房产税的概况

国家或地区	税种	简述
美国	财产税	征收则产税，而财产税中最主要的组成部分就是房产税，地方政府以此为收入的最具"支柱"特征的来源，以"宽税基，少税种"为基本原则
英国	住宅房屋税（市政税）	住宅房屋税是对居民的住宅，包括楼房、平房、公寓、出租房屋、活动房以及可供居住使用的船只，依据其基本价值征收的地方税种

国家或地区	税种	简述
日本	固定资产税	在房屋的保有环节征收固定资产税,每一个周期都要对固定资产进行一次价格评估,一个周期的时间通常是3年。在此评估价值的基础上,按照地方税法的相关规定,地方可以设定标准税率为1.4%,最高税率可设定为2.1%
韩国	综合房产税	包括在保有环节对居住性房屋征收的房产税,而且包括在保有环节对经营性房屋征收的房产税。韩国综合房产税征收是为了调节高端,所以征收的标准是以房产价值来衡量的,以家庭为单位,家庭的所有房产加起来总价值如果超过6亿韩元(约合人民币362万元)就要缴纳
法国	房屋税(地方建筑税)	征收标准是基于房屋的价值,这一价值既包括建筑物的价值,也包括建筑物占用范围内土地的价值,这两部分价值高低参照国家颁布的建筑物价格
新加坡	房产税	基于住房的年产值来征收的,所谓"住房的年产值",实际上就是住房按照当年市价进行出租所能够获得的一整年的租金额。新加坡鼓励购买房产的人自住,对于购买自住房的人实行税收优惠,税率仅为4%
澳大利亚	地方财产税	由各州自行确定征税的标准和基础,由各个州根据各自预算程序制订税率
中国台湾	房屋税	征收的标准基于房屋的现值。台湾的房屋税更重视的是房屋的用途。对于居住用房屋,如果属于自住型,规定税率不得超过1.38%
中国香港	物业税	只针对该个人是房屋的所有权人即物业的业主,并且将该套物业出租的情况进行征收。香港物业税的征收标准基于物业出租的价值且税率是每一纳税年度调整一次,每年的税率都会通过《香港税收法规指南》来发布

资料来源:苏京春(2015),方正证券。

二、美国

(一)美国房产税政策

美国是西方国家中房产税制最完善的国家,对土地和房屋直接征收房产税,税基是房地产评估值的一定比例(各州规定不一,从20%—100%不等)。征税对象主要是居民住宅,收入中95%以上由地方政府征收,税法由各州制定,各州和地方政府的不动产税率不同,大约在1%—3%之间。主要是对自住房屋给予减免税,通过减少税基或低估财产价值来实现。

即使美国房产税制度很完善,也曾被列为"最不受欢迎"的税收,还屡次出现"抗税"事件。再加上纳税人"用脚投票"问题的存在。为此,现在美国很多州都立法限制房产税的税率、增长幅度和限制地方政府财政支出。为了保证房产税收入的稳定性,美国将大部分财政收入用于提供能够提高土地价值的公共物品上。

美国的房产税起源于殖民时期,最早可以追溯到1671年的新泽西州。1796年到内战期间各地的物业税政策逐渐统一,按统一税率征收。

美国以房产税为主的财产税曾多次成为社会改革的主要目标。1929—1933年美国经济大萧条时期和20世纪70年代先后形成两次大规模抗税风潮。1978年通过的《加州宪法第13条修正案》规定,加州房地产税的征收不应超过房产评估价值的1%,同时此法案限制了加州政府房地产税率每年上涨的幅度,房地产税率的增加限于加州消费者物价指数或2%,以较低者为准。

加州的该法案对其他各州的房产税政策带来了重大影响。因而20世纪90年代以来,美国各州政府所征收的房地产税大为减少,主要是州以下的政府征收了大部分的房地产税,其税率要受到州政府和州法律的管制。

目前美国50个州都征收房产税,美国房产税是财产税的一部分,属于地方性税种,主要目的是维持地方政府的各项支出、完善公共设施和福利,征税主体是县政府、市政府和学区,是地方政府的重要收入来源。

美国实行联邦政府、州政府和地方政府的分税制,房产税一般由州以下地方政府征收。税基方面,定期评估房屋市场公允价值,并按照评估值的一定比例作为税基,地方政府会根据房屋的所在地、房屋类型等设定不同比例,从而实现政策引导。税率方面,州政府立法设定最高税率,地方政府自行设定具体税率。在税收减免方面,地方政府基本对自用住宅提供不同形式的减免,实行累进税率,照顾低收入等特殊人群的基本住房需求。如在总应纳税额基础上进行固定金额税基减免、在应纳税额超出家庭所得一定比例时,给予所得税抵扣或返还。

大致来说,美国房产税的年税率中值为房屋价值的1%,在美国的50个州以及首都哥伦比亚特区中,密苏里州的房产税税率为1%,排名第26;房产税税率最低的是夏威夷州,只有0.28%;税率最高的是新泽西州,为2.38%,是夏威夷的8倍多,也就是说,一栋100万美元的房屋,在夏威夷每年只要缴2800美元的税,在新泽西却要缴23800美元。

美国房产税沿袭了英国财产税的制度,财政分权、地方自治、私有财产保护和民主政治制度相辅相成。主要特点如下:

第一,美国的房产税经过历年改进,已成为地方政府最主要的税种及最重要的收入来源。如新泽西州的泽西市在2005年房产税已是地方政府总收入的96%。同时,还是学区收入的主要来源。

第二,以房地产价值为计税依据,且计税价值的评估与房产税收的征收管理是分开的。为保证房地产评估结果客观公正,核税官员不属于正式工作人员,只负责核税,不负责征收与管理。

第三,税率根据预算和税基变化情况不断调整。总税率是州政府的税率及各级政府税率的加总。州政府一般通过税法确定某个值或范围;地方政府根据当年预算、应纳税财产总价值、其他收入来源等确定具体税率(地方政府具体步骤如下:首先,对当地财产进行估价,确定应纳税财产价值,用 V 表示。其次,确定下一年财政年度总预算以及除房产税外其他总收入,两者之差用 T 表示。最后,地方政府税率为 T/V,总税率=州税率+县、市税率+其他机构税率)。

第四,征管程序独特、严密便捷。首先,核税官员核定所管辖区房地产的计税价值;其次,地方政府根据本地预算及计税价值确定税率,报州或县政府同意后,令地方税务局执行;再次,税收征管员根据计税价值和税率得出应纳税额,将每个人的税单打印邮寄给纳税人,有些发给银行等金融机构,由其代收房产税;最后,纳税人根据税单,开支票连同税单寄给征税机关,有些通过银行等金融机构代缴,只有极少数到征税机关上门纳税。

表 13-15　美国房产税政策

税种构成	税权归属	征税范围	纳税主体	计税依据	名义税率	税收豁免	税基评估
对土地、房屋实行一体化的征税模式,统一征收财产税	赋予州,由州议会负责制定基本法律,确定税收要素;大多数州又将税率、税收减免、税款征收等权限进一步下放给地方	涵盖农村和城镇的所有土地和房产	拥有房地产的自然人和法人,包括住宅所有者、住宅出租者,但不包括住宅承租者	以评估价值或评估价值乘以折算比例	比例税率,根据下年预算缺口和财产估价计算得出。各地税率差异较大,一般在0.4%—3%之间	有些州对居住性财产给予税收抵免政策	地方下属职能部门,与征税部门分开,还建立了三级争议处理机制

资料来源:方正证券。

(二)地方政府主力税种,家庭负担轻

房产税是美国州一级地方政府的重要税收来源,如 2012 年加州房产税占地方政府总收入的 12%左右,纽约州房产税占地方政府总收入的 16%左右,考虑到地方政府还有经营性等收入,房产税收入在税收总收入中的比重更高,能达到 30%以上。地方政府一般根据预算收入和总支出情况决定房产税的总征收数额,再结合辖区房产评估的公允价值总额,在州政府允许的范围内确定税率,因此房产税在地方政府的财政收入中保持比较稳定的占比。

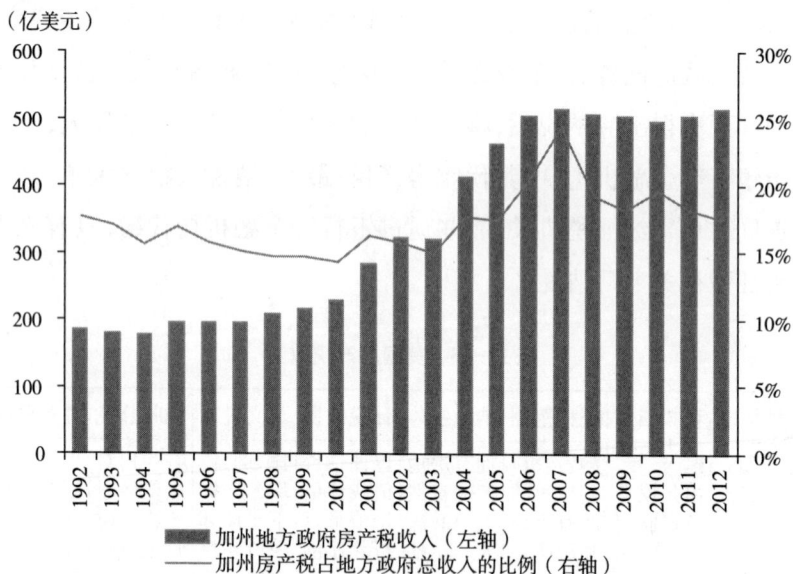

（亿美元）

图 13-9　加州房产税占地方政府总收入的比重

资料来源:Wind,方正证券。

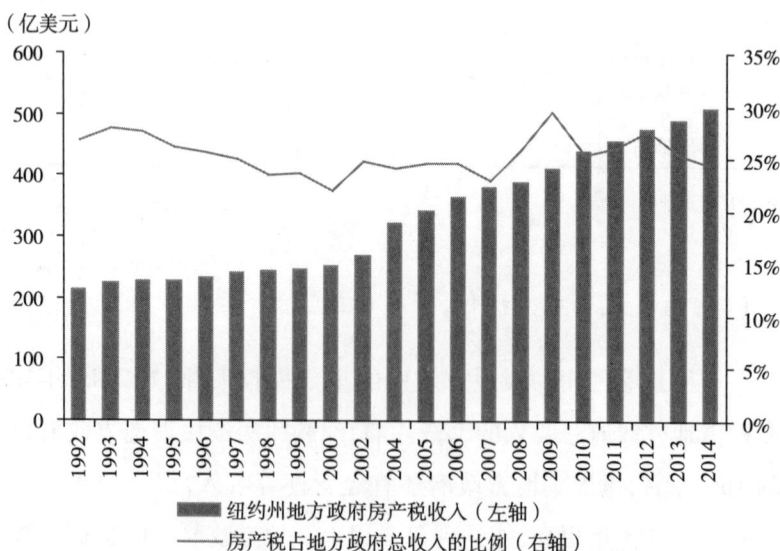

（亿美元）

图 13-10　纽约州房产税占地方政府总收入的比重

资料来源:Wind,方正证券。

美国居民的房产税税收负担并不重。一是税率较低，平均在1.5%左右；二是通过设定免税额度等方式，保障低收入和特殊人群居住需求；三是设定房产税可抵减所得税，即房产税和住房贷款利息支出可以从个税税基中税前扣除。

表13-16 美国家庭房产税在总收入中占比较小

	房产税占房屋价值	房产税占家庭收入
中位数	0.96%	2.85%
最高	2.99%	8.79%
最低	0.12%	0.25%
加州	0.57%	5.94%
华盛顿州	0.84%	3.52%

资料来源：赋税基金会，方正证券。

三、英国

（一）英国房产税政策

英国房产税起源于十七世纪中期英格兰的"炉灶税"，即以一户所拥有的炉灶数量作为征税对象的税种。现今英国住房财产税是地方政府重要的税收收入来源，主要用于英国地方政府的公共事业开支。

表13-17 英国房产税政策

项目	内容
纳税主体	英国房产税的纳税主体既包括房屋所有人也包括房屋的承租人英国住房财产税纳税人是年满18岁的住房所有者或承租者。
征收范围	仅对城市的房产征税，农村是不征收房产税的

续表

项目	内容
税基	英国房产税税基为房产的价值,由国内税收部门所属的房产估价部门评估,一般每5年重估1次。政府根据房屋的市场价值,将房屋划分为A-H八个级次,其中又规定以D级为基准税级。各等级房产税的纳税额每年都会调整,从情况看,房产税纳税额呈逐年增长的态势
税率	英国房产税税率采用的是累进税率,但各个郡的税级和边际税率均不相同

资料来源:国家统计局,方正证券。

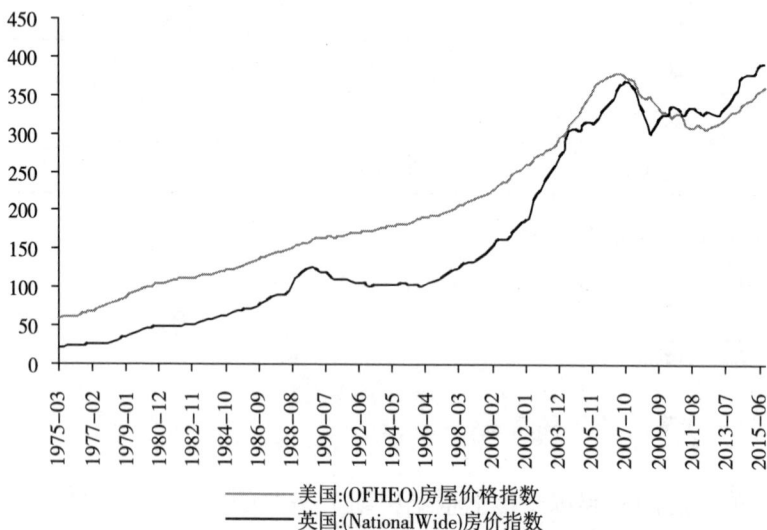

图 13-11　英国房产税抑制房价效果不显著

资料来源:Wind,方正证券。

(二)地方政府主力税种,抑制房价效果不显著

尽管英国房产税对于炒房者具有一定震慑作用,但总体上看对房地产市场影响有限,抑制房价上涨作用不明显。加之英国房产税是由居住者承担的(任何居住者,包括租客租房子也需要承担房产税),因此房产税对于房价的影响微乎其微。

四、中国香港

（一）香港房产税政策

香港的房地产税分三类：差饷、地租和物业税。香港的差饷自1845年开始收取。1931年，政府开始统一各区差饷，按17%的税率进行征收。2000年起，所有差饷税收统一成为政府的一般收入。政府曾多次采取差饷豁免政策。物业税起征于1940年，税额是物业估定租值的5%，税率是每一纳税年度调整一次。

表13-18　香港房产税种类

种类	内容
差饷	差饷由租赁、持有或占用物业者按土地及建筑物出租市值的5%缴纳给物业估价署。从1989年到2014年，差饷占香港政府收入的比例平均为3.6%，2001年最高为7.25%，1998年最低为1.67%
地租	地租由土地契约业主按土地及建筑物出租市值的3%缴纳给物业估价署
物业税	物业税由物业所有者按土地和建筑物的租金收入的15%缴纳给香港税务局。从1989年到2014年，物业税收入占香港政府收入的比例平均为0.65%，1990年最高为1.28%，2008年最低为0.26%。

资料来源：弥敦商务中心，方正证券。

表13-19　香港物业税税率调整

课税年度	税率
2008年9月至今	15%
2004年5月—2007年8月	16%
2003年4月	15.50%
2002年3月	15%

资料来源：弥敦商务中心，方正证券。

（二）改善市场、调节收入作用不大

（百万港元）

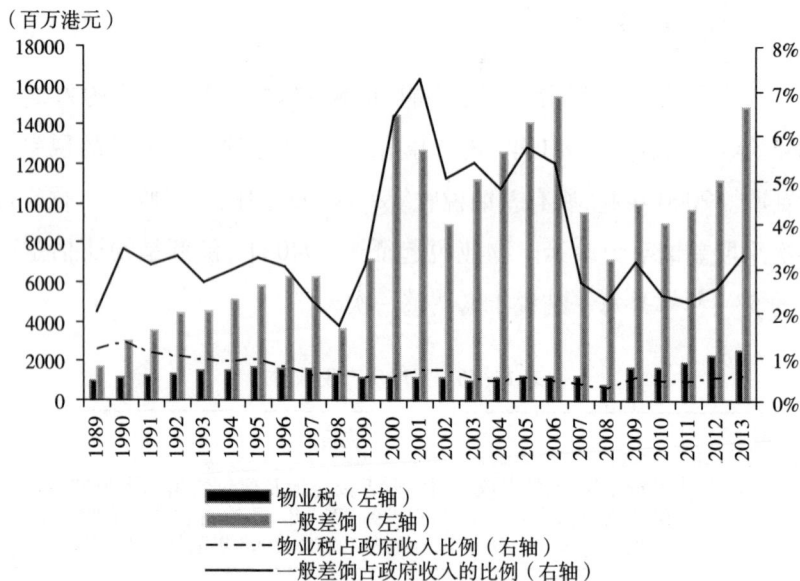

图 13-12　香港房产税占政府收入比例不高

资料来源：Wind，方正证券。

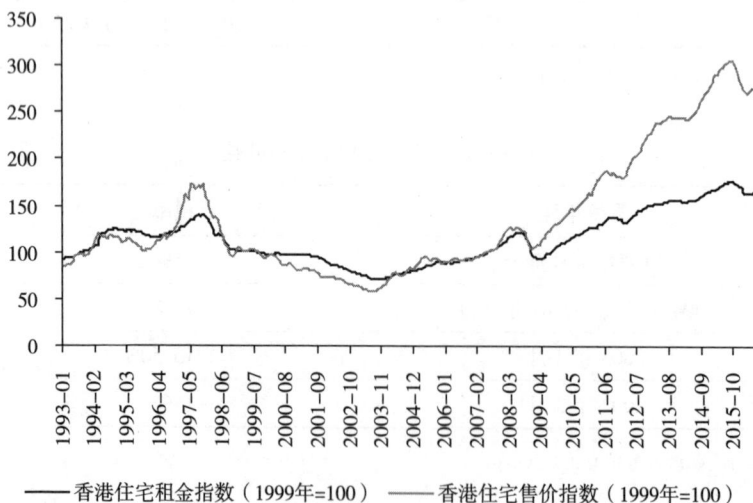

图 13-13　房产税对香港房地产市场影响不大

资料来源：Wind，方正证券。

香港房产税由殖民地时期相关税费演化而来，征收目的在于增加财政收入。香港房产税具有宽税基、低税率的特征，各类减免相对较少，整体税率也并不高，对房地产市场影响并不大。就收入分配来说，实行比例税率，对收入分配调节意义不大。

五、中国台湾

（一）台湾房产税政策

台湾的房产税是一个体系，包括土地税、房屋税和契税等，其中房屋税和中国大陆改革后的房产税相似。房屋税的标准基于房屋的现值，根据房屋的用途征收不同的税率。台湾的土地税制度主要是基于孙中山先生的"平均地权"与"涨价归公"的思想主张。现已形成一套成熟和完善的税制。台湾的房产税有以下几个特点：

第一，房地分开，体系完整。土地的取得、持有和转让三个阶段都分别规定了不同税种。

第二，以规定地价为标准。创立了一套以公告地价和公告土地现值为征税标准的土地税收制度，使计税依据更加客观、标准，并简化征税手续。

第三，以地价税为中心。台湾的土地税税收总额约为房屋税的三倍左右。

第四，政策功能凸显。主要在于资源配置，抑制投机，还承担着"平均地权"的重要使命。

（二）稳定的财税来源

台湾的土地税和房屋税是财政收入的稳定财源。其中房屋税占总税收比例稳定在4%左右，土地税占总税收比例在20世纪90年代初达到峰值20%，此后逐年下降，从2000年开始稳定在9%左右。因此台湾的房产税形成了稳定的财税来源，能贡献总税收超过13%的比例。

表 13-20　台湾房产税政策

税种构成	税权归属	征税范围	纳税主体	计税依据	名义税率	税收豁免	税基评估
双轨运行，对房屋和土地分别征收房屋税和土地税	有相应的立法依据，各地方当局只拥有税收征收和限定范围内的税率的选择权	土地税：都市已规定地价的土地 房屋税：各市、县的房产	使用人界定为纳税主体，并设纳税主体的选择顺序	房屋税：房屋现值，由核定单价、折旧、地段等计算； 土地税：政府公告地价为基准	房屋税：实行差别税率，住房1.2%—2%；非住营业房3%—5%；非住非营业房1.5%—2.5%等 土地税：基本税率1%，设置级距，对空闲土地征收3—5倍土地税	居住性房屋现值在新台币10万元以下的全免	不动产评价委员会负责，民意代表和团体代表于人体不少2/5

资料来源：洪江（2015），方正证券。

（百万新台币）

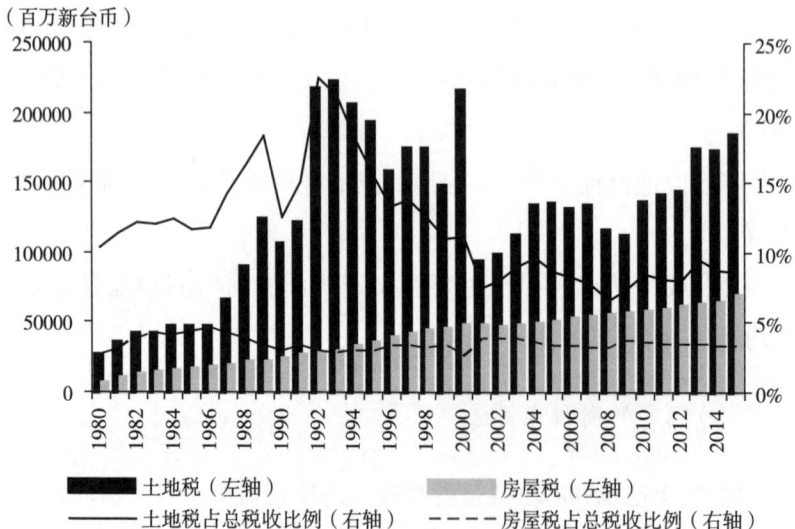

图 13-14　台湾的土地税及房屋税是稳定财税来源

资料来源：Wind，方正证券。

六、韩国

（一）韩国房产税政策

韩国的房产税主要分为房屋财产税、土地综合税和综合房地产税。韩国财产税从 1950 年开始征收，对土地和房屋实行单一税率。在 1990 年之前，韩国对土地和房屋实行单一税率，税赋较轻，1990 年物业税改革，打击囤地，一定程度上增加了土地的供给，改革后房价并没有立刻出现下降，而是维持一段时间的高速增长后才出现增速的一定回调。2005 年推出综合房地产税后，韩国房价出现小幅短暂下降，但之后又加速上涨。长期来看，单单一个房产税对房地产市场并不能产生趋势性的影响，长期趋势是供求关系等一系列因素作用的结果。

表 13-21 韩国房产税政策

项目	内容
土地综合税	由物业所有者按土地或住宅的政府标准价的一定比例缴纳给地方政府。对住宅而言，是标准价值的 60%；对土地和建筑物而言，是标准价值的 70%
房屋财产税	实行累进税率，税率较低，除高尔夫球场和别墅 4% 以外，其他从 0.07%—0.5% 不等
综合房产税	实行累进税率，纳税税基按土地和房屋的用途和价值分为不同情况，综合房产税税率从 0.5% 到 2% 不等

资料来源：房天下，方正证券。

（二）并非抑制泡沫、打击土地囤积的长效机制

韩国房地产税主要目的在于打击房地产投机，尤其是土地投机和囤积，提高有限土地的利用效率。短期来看，税收对房地产市场产生影响，但不改变房地产的价格走势，长期来看，没能起到抑制泡沫、打击土地囤积的效果，土地集中度变大。因综合房产税是对拥有高档住宅的富人征收的税种，可以起到一定的调节收入分配的作用。

图 13-15 韩国房产税抑制房价效果不显著

资料来源:Wind,方正证券。

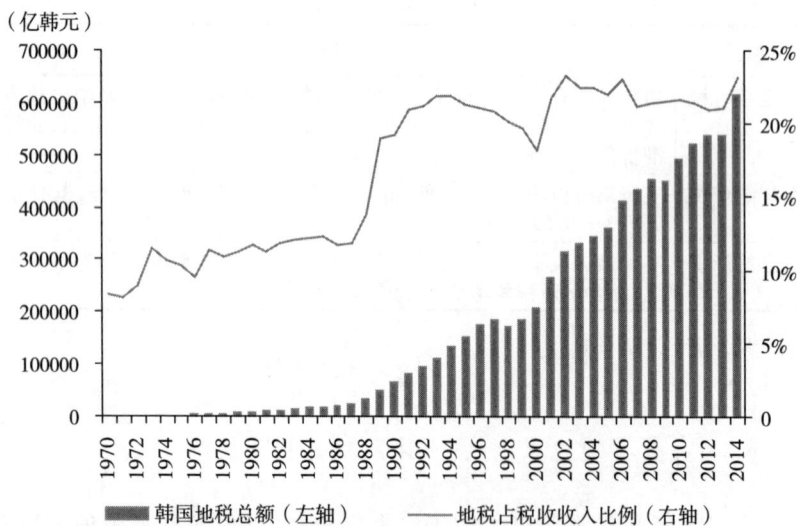

图 13-16 韩国地税占税收收入比例稳步提升

资料来源:Wind,方正证券。

七、日本

(一)日本房产税政策

日本房产税主要分为固定资产税和都市规划税,两者都是分别对土地及土地上的房屋进行征收。计税依据为土地和房屋的市价,通常每3年评估一次,没有特殊情况不会修改。

表 13-22　日本房产税政策

	内容
固定资产税	由物业所有者以土地和房屋评估价的一定比例缴纳给地方政府。标准税率是 1.4%,上限为 2.1%
都市规划税	对城市区域内的房屋所有人征收的税,原则上同固定资产税一并征收。征税主体是市町村政府,纳税义务人、纳税依据、纳税方式与固定资产税相同。税率由市町村自定,但不能超过 0.3%的最高限制税率
税基和计税方法	根据土地和房屋的具体情况而采取差别税率;根据市价作为计税依据,每3年评估一次

资料来源:房天下,方正证券。

(二)地方政府重要财源,改善市场作用小

日本的房产税作为地方税种,其收入大约占地方税收入的40%,是地方政府重要的财政收入来源;但对房价的调控作用不显著。1988年对于持有期在两年以内的土地转让征收最高96%的税金,1989年制定《土地基本法》,但地价飙升一直持续到1991年。而1991年《综合土地政策推进要纲》提出加强土地税收和对土地的合理评估,核心是增加土地税负来抑制土地价格,也仅是刺破泡沫的一个因素。在日本房地产泡沫破灭后,地价持续下滑,1997年日本出台《新综合土地政策推进要纲》,从"抑制地价"转向"从拥有转向利用",也实施了一些减税措施,如扩大贷款利息的个税可抵扣金额、冻结地价税等,但日本地价并未改变持续下滑的态势。

409

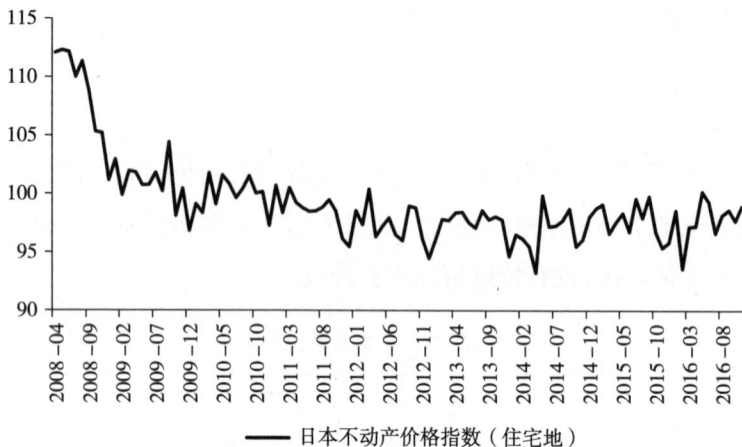

图 13-18 日本不动产价格持续低迷

资料来源:Wind,方正证券。

表 13-23 日本 1991 年《综合土地政策推进要纲》增加土地税负

项目	具体内容
开征地价税	计税依据是土地价值评估;地价税的税率是 0.3%(首年 0.2%);居民自住宅地免税(有两处以上住宅,只能一处免税;一处住宅超过 1000 平米以上部分也纳税)
强化特别土地保有税	降低三大都市圈特定都市免税点;保有时间超过 10 年的城市区域内具有一定规模的土地列入征税对象范围;制定加强课税的特例措施
改革遗产税	遗产税的计税依据由原先市价的 50% 提高到 80%;小规模宅地,提高免税扣除限额
强化农地征税	城市化区域范围之内农地,1993 年前被划分为"必须保护的农地"和"必须宅地化农地",前者按农地征税,后者从 1993 年开始与宅基地一样征税
强化转让所得税	对土地转让收益征税同时加征法人税
下调物业税	将保持 40 年的税率从 1.6% 下调至 1.4%

资料来源:日本 1991 年《综合土地政策推进要纲》,方正证券。

参考文献

艾肯格林等:《从奇迹到成熟到成熟:韩国转型经验》,任泽平、张彩婷译,人民出版社 2015 年版。

爱德华·格莱泽:《城市的胜利》,上海社会科学院出版社 2012年版。

安格斯·麦迪森:《中国经济的长期表现(公元 960-2030 年)》,伍晓鹰、马德斌译,上海人民出版社 2003 版。

安介生:《现代化进程中的人口迁移规律——略论中外"移民法则"研究及其警示意义》,《人民论坛·学术前沿》2014 年第 16 期。

巴里·埃肯格林、朴东炫、申宽浩:《快速增长的经济体何时减速:国际证据及对中国的启示》,《比较》2012 年第 2 期。

巴里·艾肯格林:《资本全球化:国际货币体系史》,彭兴韵译,上海人民出版社 2009 年版。

巴曙松:《房地产大周期的金融视角》,厦门大学出版社 2012年版。

浜野洁、井奥成彦等:《日本经济史(1600—2000)》,彭曦等译,南京大学出版社 2010 年版。

蔡昉、杨涛、黄益平主编:《中国是否跨越了刘易斯转折点》,社会科学文献出版社,2012年版。

蔡昉:《刘易斯转折点:中国经济发展新阶段》,社会科学文献出版社2014年版。

蔡翼飞、张车伟:《地区差距的新视角:人口与产业分布不匹配研究》,《中国工业经济》2012年第5期。

陈洪波、蔡喜洋:《全球房地产启示录之稳定的德国》,经济管理出版社2015年版。

陈建华:《广场协议对日本经济的影响》,《中国金融》2014年第12期。

程亦军:《卢布危机的原因、影响与启示》,《俄罗斯学刊》2015年第2期。

大野建一:《从江户到平成:解密日本经济发展之路》,臧馨、臧新远译,中信出版社2006年版。

戴维·马什:《欧元的故事:一个新全球货币的激荡岁月》,向松祚、宋姗姗译,机械工业出版社2011年版。

丹特、刘念、熊祥:《下一轮经济周期》,中信出版社2009年版。

邓茂:《北京市人口规模与合理分布的经济分析》,清华大学博士学位论文,2015年。

邓郁松、邵挺:《不同政策工具组合对住房市场的影响及效应分析——典型经济体的做法及启示》,中国经济新闻网,2013-06-26。

樊纲、刘鹤等:《中国经济50人看三十年:回顾与分析》,中国经济科学出版社2008年版。

辜朝明:《大衰退:如何在金融危机中幸存和发展》,东方出版社2008年版。

管涛、谢峰:《重温亚洲金融危机期间的泰铢狙击战和港币保卫战:从技术角度的梳理》,《国际金融》2015年第11期。

郭连成、仲晓天:《俄罗斯货币政策演进及其特点》,《国外社会科学》2015 年第 6 期。

郭晓琼:《解析卢布暴跌的深层原因及其应对之策》,《欧亚经济》2015 年第 3 期。

郭兆利:《我国房地产市场调控政策对房地产价格的影响研究》,财政部财政科学研究所硕士学位论文,2015 年 6 月。

哈里·兰德雷斯、大卫·C.柯南德尔:《经济思想史》,周文译,人民邮电出版社 2014 年版。

韩国财政经济部、韩国开发研究院编:《与国民同启未来之门:韩国总统金大中的经济哲学》,尹哲爱、朴永光译,中央民族大学出版社 1999 年版。

洪江:《房地产税改革:基本形势、经验借鉴与对策建议》,《经济与管理》2015 年第 5 期。

黄小虎:《解析土地财政》,《红旗文稿》2010 年第 20 期。

霍利斯·钱纳里、谢尔曼·鲁宾逊等:《工业化和经济增长的比较研究》,吴奇、王松宝等译,格致出版社、上海三联书店、上海人民出版社 2015 年版。

吉野直行、孔丹凤:《日本泡沫经济及对中国的启示》,《国际经济评论》2009 年第 2 期。

金大中:《金大中自传》,中国人民大学出版社 2012 年版。

金德尔伯格:《疯狂、惊恐和崩溃:金融危机史(第六版)》,中国金融出版社 2014 年版。

金光根:《韩国总统金泳三》,时事出版社 1997 年版。

金泳三:《开创二十一世纪的新韩国》,东方出版社 1993 年版。

拉斯·特维德:《逃不开的经济周期》,中信出版社 2008 年版。

莱因哈特、罗格夫:《这次不一样:八百年金融危机史》,机械工业出版社 2010 年版。

李诚:《1992 年海南那一场泡沫》,《中国土地》2010 年第 2 期。

李扬、刘慧、汤青:《1985—2010 年中国省际人口迁移时空格局特征》,《地理研究》2015 年第 6 期。

李扬、张晓晶、常欣等:《中国国家资产负债表 2015》,中国社会科学出版社 2015 年版。

李众敏:《日本泡沫经济崩溃及其启示》,《国际经济评论》2008 年第 1 期。

刘鹤等:《两次全球大危机的比较研究》,中国经济出版社 2013 年版。

刘世锦等:《陷阱还是高墙? 中国经济面临的真实挑战和战略选择》,中信出版社 2011 年版。

刘世锦等:《陷阱还是高墙》,中信出版社 2011 年版。

刘世锦主编:《中国经济增长十年展望(2015-2024):攀登效率高低》,中信出版社 2015 年版。

刘守英:《直面中国土地问题》,中国发展出版社 2014 年版。

刘义巧、杨红林:《世界历史上的三次房地产大泡沫》,《资源导刊》2008 年第 1 期。

陆铭:《大城市人口还有增长空间》,《财新·中国改革》2013 年第 3 期。

罗伯特·M.哈达威:《美国房地产泡沫史(1940—2007)》,海峡书局 2014 年版。

马克·C.卡恩斯、约翰·A.加勒迪:《美国通史》,吴金平等译,山东画报出版社 2008 年版。

马克思:《资本论》,人民出版社 2004 年版。

孟啸宇:《亚洲金融危机的回顾反思与经验总结》,东北财经大学硕士学位论文,2007 年 11 月。

Niemira M.P.and Klein P. A.:《金融与经济周期预测》,邱东等译,中国统计出版社 1998 版。

任泽平:《大势研判:经济、政策与资本市场》,中信出版社 2016
年版。

任泽平:《宏观经济结构研究:理论、方法与实证》,格致出版社
2012 年版。

上海易居房地产研究院:《50 城住宅库存报道》,研究报告,2016
年 4 月。

上海易居房地产研究院:《全国 35 个大中城市房价收入比偏离度
排行榜》,研究报告,2016 年 4 月。

邵挺:《德房价涨幅低水平的经验及启示》,《中国经济时报》2012
年 7 月 20 日。

沈红芳:《东南亚国家的汇率制度改革与变迁研究》,《东南亚研
究》2008 年第 3 期。

斯基:《稳定不稳定的经济》,清华大学出版社 2010 年版。

斯坦利·L.恩格尔曼、罗伯特·E.高尔曼:《剑桥美国经济史》,高
德步等译,中国人民大学出版社 2008 年版。

宋丙洛:《韩国经济的崛起》,张胜纪、吴壮译,商务印书馆 1994
年版。

苏京春:《房地产税国际经验述评及借鉴——以全球十一个国家
和地区为例》,《经济研究参考》2015 年第 71 期。

唐明:《东南亚、日本金融事件与房地产关系的启示》,《金融研
究》1997 年第 10 期。

腾讯房产研究院、中国房地产报等:《2015 年 5 月全国城市住房市
场调查报告》,2015 年 6 月。

童玉芬:《北京市水资源人口承载力的动态模拟与分析》,《中国
人口、资源与环境》2010 年第 9 期。

王桂新、潘泽瀚、陆燕秋:《中国省际人口迁移区域模式变化及其
影响因素——基于 2000 和 2010 年人口普查资料的分析》,《中国人口

科学》2012 年第 5 期。

王玉波、唐莹:《中国土地财政地域差异与转型研究》,《中国人口.资源与环境》2013 年第 10 期。

王玉波:《土地财政的成因与效应及改革研究综述》,《经济问题探索》2013 年第 2 期。

威廉·阿瑟·刘易斯:《增长与波动,1870—1913 年》,梁小民译,中国社会科学出版社 2014 年版。

吴炳辉、何建敏:《中国土地财政的发展脉络、影响效应及改革方向》,《经济管理》2015 年第 3 期。

武汉大学中国科学评价研究中心、中国教育质量评价中心、中国科教评价网:《2016 年中国大学及学科专业评价咨询报告》,2016 年 2 月。

西蒙·库兹涅茨:《各国的经济增长:总产值和生产结构》,常勋等译,商务印书馆 2015 年版。

项卫星、李宏瑾、白大范:《银行信贷扩张与房地产泡沫:美国、日本及东亚各国和地区的教训》,《国际金融研究》2007 年第 3 期。

熊柴、邓茂、蔡继明:《控总量还是调结构:论特大和超大城市的人口调控——以北京市为例》,《天津社会科学》,2016 年第 3 期。

徐奇渊:《"广场协议"之后日本经济泡沫化原因再探——基于泰勒规则的日德比较分析》,《日本学刊》2015 年第 1 期。

许国林:《20 世纪 20 年代美国社会经济问题分析》,《北京工商大学学报(社会科学版)》2004 年第 1 期。

许伟:《城镇住宅:年度需求接近峰值区域结构出现分化》,载刘世锦主编:《中国经济增长十年展望(2014—2023)——在改革中形成增长新常态》,中信出版社 2013 年版。

许伟:《城镇住宅:需求峰值临近》,载于刘世锦主编:《中国经济增长十年展望(2013—2022)——寻找新的动力和平衡》,中信出版社

2014 年版。

薛翠翠、冯广京、张冰松:《城镇化建设资金规模及土地财政改革——新型城镇化背景下土地财政代偿机制研究评述》,《中国土地科学》2013 年第 11 期。

亚当·斯密:《国民财富的性质和原因的研究》,杨敬年译,陕西人民出版社,2001 年版。

约瑟夫·熊彼特:《经济分析史》,商务印书馆 2015 年版。

张车伟、蔡翼飞:《人口与经济分布匹配视角下的中国区域均衡发展》,《中国人口科学》2013 年第 6 期。

张智:《国外土地供给限制制度及其对我国房地产市场的启示》,《中国房地产》2009 年第 7 期。

赵晖、杨开忠、魏海涛、赵文炜:《北京城市职住空间重构及其通勤模式演化研究》,《城市规划》2013 年第 8 期。

郑德龟:《超越增长与分配:韩国经济的未来设计》,金华林等译,中国人民大学出版社 2008 年版。

周弘、彼得·荣根、朱民:《德国马克与经济增长》,社科文献出版社 2012 年版。

Greenlaw, D., Hatzius, J., Kashyap, A. K., Shin, H. S., "Leveraged Losses: Lessons from the Mortgage Market Meltdown", US Monetary Policy Forum Conference Draft, February, 2008.

Hobbs, F. and Stoops, N., "Demographic Trends in the 20th Century", United States Census Bureau, CENSR-4, 2012.

Krugman, P., "The myth of Asia's miracle", *Foreign Affairs*, 1994, 73(6):62-78.

Ravenstein, E.G., "The Laws of Migration", *Journal of the Statistical Society of London*, 1885, 48(2).

Rostow, W.W., The Stages of Economic Growth, Cambridge UniversityPress, 1960.

Sakong, I. and Koh, Y. S., The Korean Economy: Six Decades Growth and Development, Seoul: Korea Development Institute, 2010.

United Nations, Department of Economic and Social Affairs, Population Division, *World Urbanization Prospects: The 2014 Revision*, CD-ROM Edition, 2014.

后　记

研究房地产周期的意义是什么？探索真相,致良知,为民生。

大萧条号称是宏观经济研究的圣杯,伯南克在研究大萧条时曾得出结论:"货币紧缩是大萧条的一个重要原因,货币放松是经济恢复的主导因素。"2009年当美国实施大规模QE、中国实施4万亿元刺激计划时,全球曾宣称"我们找到了避免大萧条的办法!"现在看来过于乐观了,全球经济虽然逐步走出低谷,但是房市、股市等资产价格大涨以及收入分配恶化的代价十分沉重。

回顾宏观经济思想史可以发现,宏观经济学是一个伟大的学科,因为它试图拯救世界。1929年"大萧条"是宏观经济思想的第一次分野,在此之前,世界信奉古典自由主义,市场这只"无形之手"和谐地进行资源配置,政府应仅充当"守夜人"。但是大萧条却打破了这个神话,全球经济陷入长期的深度衰退,更为严重的是世界各国通过关税、竞争性贬值等以邻为壑,并从金融危机蔓延到经济危机、社会危机、政治危机最终到军事危机,爆发了第二次世界大战。经济学家普遍反思,如果能够避免大萧条或许就能够避免第二次世界大战。因此,研究大萧条被称为宏观经济学的圣杯。在这一时代背景下凯恩斯主义崛起,建议政府这只"有形之手"通过积极的财政货币政策进行干预,

419

以弥补有效需求不足。20 世纪 70 年代的"大滞涨"是宏观经济思想的第二次分野,经济学家把滞涨归因于政府干预过多而非成本冲击,凯恩斯主义面临挑战,货币主义、新自由主义、新古典主义、供给学派、奥地利学派等兴起,古典主义精神复兴。2008 年次贷危机是宏观经济思想的第三次分野,全球对放任自由进行反思,新凯恩斯主义再度兴盛,全球普遍采用量化宽松、低利率、积极财政政策等手段,甚至把货币宽松发挥到 QE、零利率甚至负利率的极致,虽然避免了大萧条,但房市、股市、债市等资产价格轮番上涨积累金融风险,恶化居民收入分配。

为什么放了这么多货币,全球通胀却依然低迷?根据货币数量方程 MV＝PQ,货币增长无非是因为经济增长 Q、物价 P 和货币流动速度 V。广义货币供应和名义 GDP 增速的裂口不断张大,超发货币未流入实体经济和推升通胀。超发的货币可能核心是两个去向:一是维持国企、房地产、地方债务循环和庞氏融资滚动,资金大量沉淀从而导致货币流通速度 V 下降,金融加杠杆。二是推升资产价格 P,股市、房市泡沫先后涌现。

中国 2009 年 4 万亿元刺激虽然缓解了国际金融危机冲击,但遗留一大堆过剩产能,随后经历了漫长的通缩和出清,2014—2015 年货币超发遗留一堆股市、房市泡沫,2015 年去杠杆触发股灾,一二线热点城市房价暴涨抬升实体经济成本、拉大收入差距。公共政策经过长期实践表明,结构性和体制性问题难以通过总需求管理政策解决,供给侧结构性改革需要落地攻坚、久久为功。增速换挡期应避免寄希望刺激房地产重回高增长,按照"房子是用来住的,不是用来炒的"导向,加快房地产长效机制建设。经历过改革转型洗礼后的中国经济,前景将更加光明。

本来受朋友和客户建议只打算整理出本报告集,因为金融市场是一场没有硝烟的战争,我们必须学会在丛林中不断奔跑,才能保持动物直觉和一线分析师的状态。后来在整理过去报告的时候,发现错漏颇多,因此决心重新修订,认认真真系统梳理逻辑关系和框架体系,前后竟然用了半年时间。当然即使如此,书中仍有不尽如人意之处。希望此书能够抛砖引玉,就教大家。

本项研究是集体智慧的结晶,本书的完成要感谢多年的师友和同事,他们是刘世锦、余斌、刘守英、邓郁松、许伟、邵挺、夏磊、熊柴、宋双杰、杨为敩、卢亮亮、熊义明、甘源、黄什等。著书立说是在不断探索中化石般地积累知识的漫长过程,感谢家人长期以来的理解和支持。感谢人民出版社陈登先生认真细致的编审工作,并提出了大量建设性的宝贵意见。当然不足和错误之处由作者负责。

岁月荏苒,即将不惑,终于结稿《房地产周期》。天地者,万物之逆旅;光阴者,百代之过客。前三十多年正心诚意,格物致知,探索真相,从参与研究提出"增速换挡",到独立提出"新5%比旧8%好""5000点不是梦""改革牛""一线房价翻一倍""经济L型"。龙场悟道,迷途未远。旅行的意义在于沿途的风景,人生的意义在于内心的修行,周期的意义在于过程的追逐。周期不仅是技术过程,背后是亘古不变的人性轮回。

人生是一趟心灵的伟大旅程,我们一起来到尘世修行智慧。十多年来深爱宏观研究,云游四海,遍访名师。感恩生命中遇到的每个人和每件事,赞赏我们的人鼓励我们勇敢前行,批评我们的人激励我们不断完善自己,都让我们获得智慧。正法眼藏,传付何人,有道者得,无心者通。自性若悟,众生是佛,自性若迷,佛是众生。

白驹过隙,沧海桑田,追问人生的终极意义是什么?心即理,知行合一,事上磨练,致良知。心即理,道之所在,虽千万人吾往矣。致良知,勉其一生为改革鼓呼,为公共利益代言,为民生请命。一个人拥有名气或财富,是社会赋予了你更多的信任,以推动社会进步。

任泽平

2017 年 7 月